# as origens da sociologia do trabalho

## COLEÇÃO
# Mundo do Trabalho

**CAPITALISMO PANDÊMICO**
Ricardo Antunes

**O CUIDADO: TEORIAS E PRÁTICAS**
Helena Hirata

**"É TUDO NOVO", DE NOVO**
Vitor Araujo Filgueiras

**GÊNERO E TRABALHO NO BRASIL E NA FRANÇA**
Alice Rangel de Paiva Abreu, Helena Hirata
e Maria Rosa Lombardi (orgs.)

**OS LABORATÓRIOS DO TRABALHO DIGITAL**
Rafael Grohmann

**NOVA DIVISÃO SEXUAL DO TRABALHO?**
Helena Hirata

**PARA ALÉM DO CAPITAL E PARA ALÉM DO LEVIATÃ**
István Mészáros

**A PERDA DA RAZÃO SOCIAL DO TRABALHO**
Maria da Graça Druck e Tânia Franco (orgs.)

**SEM MAQUIAGEM: O TRABALHO DE UM MILHÃO
DE REVENDEDORAS DE COSMÉTICOS**
Ludmila Costhek Abílio

**A SITUAÇÃO DA CLASSE TRABALHADORA NA INGLATERRA**
Friedrich Engels

**O SOLO MOVEDIÇO DA GLOBALIZAÇÃO**
Thiago Aguiar

**SUB-HUMANOS: O CAPITALISMO
E A METAMORFOSE DA ESCRAVIDÃO**
Tiago Muniz Cavalcanti

**TEOREMA DA EXPROPRIAÇÃO CAPITALISTA**
Klaus Dörre

**UBERIZAÇÃO, TRABALHO DIGITAL E INDÚSTRIA 4.0**
Ricardo Antunes (org.)

E mais 57 títulos, ver a lista completa em:
boitempoeditorial.com.br/vitrine/mundo-do-trabalho.

Ricardo Festi

# as origens da sociologia do trabalho

percursos cruzados entre Brasil e França

© Boitempo, 2023

*Direção-geral* Ivana Jinkings
*Edição* Frank de Oliveira
*Coordenação de produção* Livia Campos
*Assistência editorial* Allanis Ferreira
*Preparação* Trisco Comunicação
*Revisão* Sílvia Balderama Nara
*Diagramação* Antonio Kehl
*Capa* Maikon Nery
frente: *Industrial Number* (1901), de Edward Penfield (Rawpixel.com)
internas: Operários na montagem de motores, 1964 (Acervo Centro de Memória de São Bernardo do Campo)

*Equipe de apoio* Elaine Alves, Elaine Ramos, Erica Imolene, Frederico Indiani, Higor Alves, Isabella Meucci, Ivam Oliveira, Kim Doria, Luciana Capelli, Marina Valeriano, Marissol Robles, Maurício Barbosa, Pedro Davoglio, Raí Alves, Thais Rimkus, Tulio Candiotto, Victória Lobo

CIP-BRASIL. CATALOGAÇÃO NA PUBLICAÇÃO
SINDICATO NACIONAL DOS EDITORES DE LIVROS, RJ

F458o

Festi, Ricardo
  As origens da sociologia do trabalho : percursos cruzados entre Brasil e França / Ricardo Festi. - 1. ed. - São Paulo : Boitempo, 2023.

  Inclui bibliografia
  ISBN 978-65-5717-219-3

  1. Sociologia do trabalho - Brasil. 2. Relações trabalhistas - Brasil. 3. Sociologia do trabalho - França. 4. Relações trabalhistas - França. I. Título.

23-83231
CDD: 306.36098144
CDU: 316.74:331(81+44)

Meri Gleice Rodrigues de Souza - Bibliotecária - CRB-7/6439

É vedada a reprodução de qualquer parte deste livro sem a expressa autorização da editora.

1ª edição: maio de 2023

Esta obra contou com ajuda financeira do Programa de Pós-Graduação em Sociologia da UnB.

BOITEMPO
Jinkings Editores Associados Ltda.
Rua Pereira Leite, 373
05442-000 São Paulo SP
Tel.: (11) 3875-7250 / 3875-7285
editor@boitempoeditorial.com.br
boitempoeditorial.com.br | blogdaboitempo.com.br
facebook.com/boitempo | twitter.com/editoraboitempo
youtube.com/tvboitempo | instagram.com/boitempo

*Para minha mãe, meu pai e minhas irmãs.*

# Sumário

LISTA DE ABREVIATURAS E SIGLAS........................................................ 11
INTRODUÇÃO GERAL.................................................................................. 13
    Os fundamentos de uma análise ontológica ............................................ 18
    O gosto pelos arquivos................................................................................ 20
    A exposição do livro................................................................................... 22
    Agradecimentos.......................................................................................... 23

I. AS CIÊNCIAS SOCIAIS NA "ERA DE OURO" DO CAPITALISMO......... 25
INTRODUÇÃO................................................................................................ 27
1. AS ILUSÕES DA MODERNIZAÇÃO........................................................ 31
    A exportação do americanismo................................................................ 32
    Os "Trinta Gloriosos" da França............................................................... 34
    A "era de ouro" do Brasil........................................................................... 42
2. UMA COMUNIDADE INTERNACIONAL DE CIÊNCIAS SOCIAIS...... 51
    As ciências sociais sob os auspícios da Unesco...................................... 52
    As fundações filantrópicas e as ciências sociais..................................... 68
    Intercâmbios internacionais de estudantes............................................. 74
    A desigual expansão dos sistemas universitários.................................. 80

II. A SOCIOLOGIA DO TRABALHO NA FRANÇA (1950-1960).................. 83
INTRODUÇÃO................................................................................................ 85
3. A SOCIOLOGIA DO TRABALHO FRANCESA DO PÓS-GUERRA....... 89
    Construir uma sociologia empírica e aplicada....................................... 89
    O Projeto 164: uma investigação europeia sobre o mundo industrial....... 105
    O Laboratoire de Sociologie Industrielle da Ephe................................. 113
    A revista *Sociologie du Travail*: auge e queda da disciplina.................. 120

4. AS MUDANÇAS TÉCNICAS E ORGANIZACIONAIS E SEUS IMPACTOS SOBRE O TRABALHO INDUSTRIAL.................................................................. 123
    Friedmann: pai da sociologia do trabalho?........................................................... 124

5. RUMO À AUTOMAÇÃO? FASCÍNIOS E CRÍTICAS AO TAYLORISMO-
-FORDISMO.................................................................................................................. 149
    As transformações técnicas, organizacionais e das categorias profissionais dos "Trinta Gloriosos"........................................................................................................ 150
    O debate sobre automação na sociologia do trabalho francesa..................... 156

6. UM DESEJO DE HISTÓRIA: A SOCIOLOGIA DO TRABALHO DE ALAIN TOURAINE............................................................................................ 171
    Uma incansável vontade de refletir e escrever.................................................... 171
    A formação sociológica de Touraine........................................................................ 175
    A América Latina na encruzilhada da modernização...................................... 177
    Os operários de origem agrícola............................................................................... 183
    Uma aproximação com a Teoria da Dependência............................................ 186
    A sociologia da ação: a busca de uma nova teoria sociológica..................... 188
    O florescimento da sociedade pós-industrial?.................................................... 193

III. A SOCIOLOGIA USPIANA DO TRABALHO (1950-1960)........................... 195

INTRODUÇÃO................................................................................................................... 197

7. UMA HISTÓRIA REVISITADA: A CONSTITUIÇÃO DA SOCIOLOGIA USPIANA............................................................................................................................ 201
    O encontro entre Friedmann e a sociologia uspiana....................................... 205
    Os significados da criação da USP para a sociologia brasileira..................... 210
    As disputas e alianças nos espaços de legitimação da sociologia................ 216
    As pesquisas patrocinadas pelo CBPE e os centros regionais....................... 225

8. A CONSOLIDAÇÃO DE UMA TRADIÇÃO: A SOCIOLOGIA USPIANA DO TRABALHO................................................................................................................. 247
    A inserção da sociologia do trabalho na USP...................................................... 247
    As articulações e tensões na criação do Cesit...................................................... 252
    Um centro de estudos do trabalho na periferia capitalista.............................. 256
    Dilemas do Cesit: precariedade financeira, mudanças políticas e exílio.... 263
    O projeto do Laboratoire de Sociologie Industrielle para a América Latina..... 271

9. UMA ANÁLISE CRÍTICA DA SOCIOLOGIA USPIANA DO TRABALHO.... 277
    O projeto de sociologia aplicada de Florestan Fernandes............................. 280
    Trabalho, classe e industrialização no Brasil arcaico....................................... 283
    Azis Simão e os primeiros estudos sobre a consciência operária................ 296
    O Centro de Sociologia Industrial e do Trabalho............................................. 301
    Outros caminhos possíveis?....................................................................................... 316

CONSIDERAÇÕES FINAIS.................................................................................................... 321
FONTES E BIBLIOGRAFIA............................................................................................... 335
    1. Dicionários, obras de referência, catálogos, histórias institucionais comemorativas, anuários estatísticos e verbetes................................................................................. 335
    2. Livros, artigos e teses.................................................................................................. 336
    3. Coletâneas de entrevistas, depoimentos e homenagens, entrevistas e depoimentos individuais, biografias, memórias, discursos proferidos e palestras............................. 346
    4. Documentação institucional, relatórios de atividade ou de pesquisa e atas de congressos..................................................................................................................... 347
    5. Entrevistas realizadas pelo autor................................................................................. 348
    6. Jornais consultados (período consultado: de 1949 a 1973)......................................... 348
    7. Arquivos e bibliotecas pesquisados............................................................................. 349

# Lista de abreviaturas e siglas

AEP: Agence Européenne de Productivité
Afap: Association Française pour l'Accroissement de la Productivité
BNF: Bibliothèque Nationale de France
Capes: Campanha Nacional de Aperfeiçoamento de Pessoal de Nível Superior
CBPE: Centro Brasileiro de Pesquisas Educacionais
CDS: Centre de Documentation Sociale
Cebrap: Centro Brasileiro de Análise e Planejamento
Cems: Centre d'Études des Mouvements Sociaux
Cepal: Centro Econômico para a América Latina
CES: Centre d'Études Sociologiques
Cesit: Centro de Sociologia Industrial e do Trabalho
CGP: Commissariat Général à la Productivité
Cics: Conselho Internacional de Ciências Sociais
Clacso: Consejo Latinoamericano de Ciencias Sociales
Clapcs: Centro Latino-Americano de Pesquisa em Ciências Sociais
CNAM: Conservatoire Nationale des Arts et Métiers
CNI: Confederação Nacional da Indústria
CNP: Comité National de la Productivité
CNPq: Conselho Nacional de Pesquisas
CNRS: Centre National de la Recherche Scientifique
Codiplan: Comissão de Desenvolvimento Industrial e de Planejamento
CRPE-SP: Centro Regional de Pesquisas Educacionais de São Paulo

DCS: Departamento de Ciências Sociais da Unesco
Dieese: Departamento Intersindical de Estatística e Estudos Socioeconômicos
Ecosoc: Conselho Econômico e Social da ONU
Ehess: École des Hautes Études en Sciences Sociales
Eleh: École Libre des Hautes Études (Nova York)
ELSP: Escola Livre de Sociologia e Política de São Paulo
ENS: École Normale Supérieure
Ephe: VI$^e$ Section de l'École Pratique des Hautes Études
Fapesp: Fundação de Amparo à Pesquisa do Estado de São Paulo
FAU-USP: Faculdade de Arquitetura e Urbanismo da Universidade de São Paulo.
FEA-USP: Faculdade de Ciências Econômicas e Administrativas da Universidade de São Paulo
FFCL: Faculdade de Filosofia, Ciências e Letras da Universidade de São Paulo (USP)
FGV: Fundação Getulio Vargas
Fiesp: Federação das Indústrias do Estado de São Paulo
Flacso: Faculdade Latino-Americana de Ciências Sociais
FMSH: Foundation Maison des Sciences de l'Homme
Ibecc: Instituto Brasileiro de Educação, Ciência e Cultura
Ilapes: Instituto Latinoamericano de Planificación Económica y Social
Inep: Instituto Nacional de Estudos Pedagógicos
ISA: Associação Internacional de Sociologia
Iseb: Instituto Superior de Estudos Brasileiros
ISST: Institut des Sciences Sociales du Travail
LSI: Laboratoire de Sociologie Industrielle
OCDE: Organização para a Cooperação e Desenvolvimento Econômico
Oece: Organização Europeia de Cooperação Econômica
Senai: Serviço Nacional de Aprendizagem Industrial
Sesi: Serviço Social da Indústria
Unesco: Organização das Nações Unidas para a Educação, a Ciência e a Cultura

# Introdução geral

O Brasil é um grande país da sociologia, adverte um sociólogo francês na introdução de seu livro sobre a história da disciplina nas terras tropicais[1]. Aqui, foram produzidas importantes interpretações sobre a realidade social, que alimentaram discussões intelectuais e políticas, tendo o país sido terreno de atuação e de investigação de célebres autores das ciências sociais, em especial os franceses e os estadunidenses, que, em suas passagens, colaboraram para a institucionalização da disciplina e para a formação de novas gerações. Vale complementar que a sociologia brasileira tem como uma de suas tradições o hábito de se autointerpretar, isto é, fazer uma espécie de análise coletiva sobre seu passado, revisitando, inúmeras vezes, os grandes embates sobre a formação da nação, em busca de compreender nosso complexo presente com um olhar para o futuro. Esse ciclo contínuo de autorreflexão sobre nós mesmos e nossas produções intelectuais, alimentado por uma estranha sensação de que nossa história se repete em farsa e tragédia, tem criado riquíssimas produções no campo da história da sociologia ou do pensamento social.

No entanto, ainda que essa obstinação por nós mesmos seja uma marca genética das ciências sociais brasileiras, nem todos os períodos, escolas e autores foram estudados, debatidos ou criticados com a mesma veemência com que o foram alguns temas canonizados. Além disso, certos grupos de intelectuais e determinados períodos históricos acabaram sendo exaustivamente interpretados e revisitados, muitas vezes sob perspectivas similares, deixando-se de explorar outros possíveis caminhos ou relações. Nesse sentido, apesar da enorme quantidade de produção e reflexão sobre a sociologia brasileira, pouco se pensou sobre a criação, o desen-

---

[1] Christophe Brochier, *La naissance de la sociologie au Brésil* (Rennes, Presses Universitaires de Rennes, 2016).

volvimento e os embates da sociologia do trabalho em nosso país. Uma lacuna significativa diante de nossa tradição, principalmente pelo fato de que também nos constituímos como um grande país da sociologia do trabalho.

Neste livro, resultado de minha tese de doutorado, proponho um caminho diferente para a interpretação de um dos mais importantes períodos da sociologia brasileira. Busco retornar às grandes reflexões e aos embates sobre a formação do Brasil pela perspectiva do mundo da indústria e do trabalho, compreendendo que esse foi um dos objetos centrais da nossa disciplina ao longo dos anos de 1950 e 1960. A inexistência de uma obra sobre essa temática, que a analisasse conforme sugiro, explica-se pelo grau de especialização e, consequentemente, de fragmentação que tomou as ciências sociais. Em geral, os sociólogos do trabalho não se preocupam com as questões que tradicionalmente estão associadas ao campo do pensamento social brasileiro. Por outro lado, os que estudam esse campo acabam por privilegiar outros temas, como, por exemplo, os estudos da questão racial ou as reflexões acerca da desintegração da sociedade tradicional, marginalizando aqueles que envolveram o mundo do trabalho, vistos como objetos secundários dos intelectuais da época. Ao propor essa paralaxe, ou seja, revisitar o mesmo objeto tantas vezes estudado – no caso, a assim chamada "escola paulista de sociologia" –, sob um ângulo diferente, acredito poder contribuir para uma nova perspectiva de intepretação desse momento histórico da sociologia brasileira, em particular da sociologia do trabalho.

No entanto, não tenho a intenção de produzir uma história dessa disciplina, pois tal tarefa seria demasiadamente pretensiosa para os limites de um livro ou de uma investigação pessoal. Busco oferecer uma contribuição sobre a consolidação de uma tradição sociológica, iniciada com os estudos e as obras a respeito do mundo da indústria e do trabalho produzidos pela geração de sociólogos da Universidade de São Paulo, no decorrer das décadas de 1950 e 1960. Ao tomá-los como objeto, fui levado a estudar os percursos cruzados entre brasileiros e franceses no decorrer dessa empreitada, descobrindo que existia, entre eles, antes mesmo de seus primeiros encontros, no final dos anos 1950, uma afinidade eletiva quanto às instigações intelectuais que contribuíram para consolidar um frutífero intercâmbio de ideias entre esses países. Ainda que os dois grupos estivessem separados por um oceano e por realidades socioeconômicas bastante distintas, suas obras expressaram a visão de mundo da modernização capitalista[2].

---

[2] Não será possível desenvolver e problematizar, como gostaria, o conceito de modernização. Polissêmico, amplo e polêmico, ele muitas vezes serviu para caracterizar todo e qualquer processo de desenvolvimento social e econômico, sem distinção entre seus objetivos, conteúdos e formas de relações sociais prevalecentes. Valeria arriscar definir, a título de ilustração, três tipos diferentes de processo de modernização presentes nos anos 1950 e 1960. O primeiro foi o que abordaremos ao longo deste livro, a modernização numa sociedade capitalista, ou seja, gerida pela lógica do valor e da acumulação do capital. No período especificamente estudado, essa modernização

*Introdução geral* 15

O projeto de modernização formulado e buscado nas três décadas seguintes ao término da Segunda Guerra Mundial acabou por se tornar uma utopia que alimentou o engajamento de toda uma geração de políticos e intelectuais. Na sua forma mais abstrata e simples, modernizar a sociedade pressupunha levá-la a um estágio superior ao anterior por meio do progresso econômico e social, consolidando, se possível, a democracia liberal. Sua efetivação dependia do engajamento dos diversos sujeitos, não apenas no terreno da política, representados por seus movimentos sociais e pelos aparatos de poder, mas no cumprimento de suas funções no interior da complexa divisão do trabalho. A base de sustentação desse projeto estava, portanto, no desenvolvimento das forças produtivas, ou seja, na consolidação e na hegemonização daquilo que se entendia ser o mais eficaz modelo de produção, o taylorismo-fordismo. Por conta disso, as implicações das transformações tecnológicas e organizacionais no trabalho e na sociedade foram o primeiro grande tema abordado pela sociologia da modernização – gênese temática para a criação e o desenvolvimento da sociologia industrial e, posteriormente, da sociologia do trabalho.

Também foi objeto de investigação e reflexão o que se considerava ser as razões para a resistência à modernização da sociedade. Abordar a desintegração do tradicional, assim como a sobrevivência do arcaico no moderno, foi uma das perspectivas de análise das sociologias francesa e brasileira das décadas de 1950 e 1960. Nesse contexto, a emergência da América Latina como nova região da aceleração da industrialização e da urbanização, com suas singularidades tão marcantes, colocou novos desafios para pensar a modernização e o papel dos sujeitos políticos nesse processo.

Na sociologia do trabalho francesa, analisei o grupo de acadêmicos que se constituiu em torno de Georges Friedmann. Apelidado de "pai" da sociologia do trabalho, o francês foi um dos responsáveis por reorganizar a sociologia no período de reconstrução da França após sua libertação da ocupação nazista. Nesse processo, novas instituições de ensino e pesquisa foram criadas, rompendo com as tradicionais e conservadoras estruturas universitárias, permitindo maior autonomia e flexibilidade para os pesquisadores. Foram fundamentais os trabalhos realizados no Centre d'Études Sociologiques, a criação da VIᵉ Section de l'École Pratique des

---

contou com um forte controle político por parte do Estado e de outros agentes, resultado da correlação de forças da luta de classes em escala internacional – isto é, da influência da União Soviética e do "fantasma" da revolução socialista –, o que permitiu o surgimento da utopia da modernização. É evidente, como mostraremos, que existem diferenças entre a modernização capitalista no centro e na periferia. A segunda forma de modernização foi aquela ocorrida nos países ditos socialistas, a URSS e a República Popular da China, por exemplo. Esta alimentou a utopia de outra via possível para a modernização, isto é, da superação das mazelas sociais e econômicas por fora da lógica do capital e da exploração do trabalho. Uma terceira via poderia ser chamada de modernização reacionária, ou seja, aquela praticada pelos regimes fascistas, isto é, o desenvolvimento econômico e social por meio de uma imposição extremamente autoritária e do controle da luta de classes sem que as contradições latentes do capital fossem eliminadas.

Hautes Études, que abrigou o Laboratoire de Sociologie Industrielle, e, por fim, os estudos do Institut des Sciences Sociales du Travail. Essas e outras instituições permitiram o desenvolvimento das carreiras de jovens acadêmicos que marcaram a sociologia do trabalho, como foi o caso de Alain Touraine, personagem central para este livro, Jean-Daniel Reynaud e Michel Crozier.

No caso do Brasil, analisei o que denominei de sociologia uspiana do trabalho, em que englobei todos os sociólogos da Universidade de São Paulo que se voltaram para os estudos e as pesquisas sobre o mundo do trabalho e da indústria ao longo das décadas de 1950 e 1960. Com essa classificação mais ampla, consegui congregar, nesse novo domínio, acadêmicos muito distintos e de cátedras bem diferentes, como foram os casos de Wagner Vieira da Cunha, Juarez Brandão Lopes, Azis Simão e Fernando Henrique Cardoso, entre outros. Também analisei o papel político e intelectual de três outros personagens que foram fundamentais para institucionalizar a sociologia do trabalho: Florestan Fernandes, Fernando de Azevedo e Anísio Teixeira. Desse heterogêneo grupo, aqueles que pertenceram à Cadeira de Sociologia I, dirigida por Fernandes, acabaram alcançando mais projeção com seus trabalhos pelo fato de terem maior controle dos meios de legitimação da ciência e por terem criado o Centro de Sociologia Industrial e do Trabalho.

No entanto, talvez o mais importante e inovador neste livro tenha sido demonstrar, com base nas descobertas feitas nas investigações que empreendi durante meu doutorado em arquivos da França e do Brasil, os percursos cruzados da sociologia francesa e da brasileira no decorrer das décadas de 1950 e 1960, e o quanto esse encontro veio criar uma relação política, pessoal e intelectual que deu origem a diálogos teóricos e articulações acadêmicas que reforçaram uma antiga relação franco-brasileira e, sobretudo, contribuíram para moldar uma tradição de sociologia do trabalho.

Para reconstituir essa rede de relações, foi fundamental a busca de uma análise totalizante, que compreendeu o desenvolvimento da nova disciplina sociologia do trabalho como um projeto encabeçado, apoiado e financiado por inúmeros organismos internacionais – como a Organização das Nações Unidas, a Unesco e a Organização dos Estados Americanos –, organismos nacionais – como os ministérios da educação ou as comissões de produtividade do trabalho – e fundações filantrópicas – como foram os casos da Rockefeller e da Ford. Nesse processo de reorganização das ciências sociais, foi se conformando uma comunidade acadêmica internacional, protagonizada pela Associação Internacional de Sociologia e por seus congressos, boletins e revistas. Um novo campo de circulação de pessoas e ideias surgiu nesse contexto, permitindo a concretização de pesquisas e análises comparativas entre os países e regiões.

A redação deste livro buscou seguir dois movimentos: o dos sujeitos e o das ideias, que caminharam paralelamente, mas nem sempre seguindo os mesmos tempos. O primeiro movimento, o dos indivíduos protagonistas, que inspirou a ordem de exposição do texto, priorizou o desenvolvimento institucional da sociologia do trabalho na França e no Brasil, destacando suas relações e diálogos. Nessa perspectiva, procurei seguir os percursos de figuras importantes dessa empreitada, como Georges Friedmann, Alain Touraine, Florestan Fernandes e Fernando Henrique Cardoso. Portanto, tentei balancear o destaque dado às instituições, em seus devidos contextos socioeconômicos, mas sem me esquecer de que estas não se consolidariam sem a atuação dos sujeitos. Estes ganharam destaque na reflexão da narrativa, não apenas por uma opção metodológica e analítica, que prioriza as estruturas em vez dos sujeitos, mas, sobretudo, porque na história o contingencial, o acaso, o imprevisível, que em inúmeras vezes atingiu a vida desses indivíduos, é determinante.

O segundo movimento, o das ideias, buscou compreender as análises teóricas e as categorias e conceitos produzidos pelos autores estudados a partir de seu movimento interno, porém sem distanciá-los de seus fundamentos sociais e dos percursos dos autores. As ideias, como compreendemos, não são desdobramentos automáticos de uma base concreta. Elas muitas vezes adquirem, em seu movimento reflexivo, uma autonomia relativa ao autor e ao mundo. No entanto, em última instância, ela será sempre o reflexo de uma visão de mundo de uma geração ou de um grupo de intelectuais. Portanto, analisar os percursos dos protagonistas e suas ideias, relevando e confrontando os distintos espaços e tempos de sua criação e de seu desenvolvimento, permitiram-me uma melhor compreensão do estilo de pesquisa e da tradição de sociologia do trabalho surgida nas décadas de 1950 e 1960.

Este livro contém várias limitações teóricas e investigativas, por conta do próprio objeto abordado, mas, também, pelas restrições de uma investigação de doutorado. Entre tantas, considero importante destacar duas. A primeira está no fato de não ter elaborado um balanço crítico sobre a questão de gênero e do trabalho feminino na sociologia francesa e na brasileira do período estudado. Pode-se justificar que essas não foram preocupações latentes nas investigações e reflexões dos grupos abordados, pois os estudos sobre a questão feminina no mundo do trabalho só ganharam força a partir de meados da década de 1960. Porém, isso não justifica o fato de a pesquisa que deu origem a este livro não ter, mesmo assim, ensaiado uma reflexão sobre a ausência dessas temáticas. A segunda limitação, como já apontei em nota de rodapé, está em não ter desenvolvido uma definição mais precisa sobre os conceitos de modernidade e modernização. No entanto, acredito que a reflexão sobre eles apareceu dissolvida ao longo de todo o texto, tendo eles sido abordados a partir de vários autores da sociologia francesa e da sociologia brasileira e de seus projetos políticos e acadêmicos. Ainda assim, reconheço a necessidade de aprofundar essas e outras questões em estudos posteriores.

## Os fundamentos de uma análise ontológica

Os *fundamentos sociais* de um pensamento, principalmente aqueles capazes de hegemonizar um determinado domínio intelectual ao longo de um certo período histórico, devem ser encontrados nas *causas sociais de seu ser-propriamente-assim*[3]. Nesse sentido, para se compreender as razões pelas quais um estilo de sociologia teve grande influência ou até mesmo hegemonia ao longo do período abordado neste livro, é vital uma análise histórica de suas correntes e de seus grupos, levando-se em consideração tanto seu desenvolvimento institucional quanto seus aportes individuais. Segundo Goldmann,

> o pensamento é somente um aspecto parcial de uma realidade abstrata: o homem vivo e inteiro; e este é, por sua vez, apenas um elemento do conjunto do grupo social. Uma ideia, uma obra recebe sua verdadeira significação somente quando ela é integrada ao conjunto de uma vida e de um comportamento. Além disso, acontece frequentemente que o comportamento que permite compreender a obra não é o do autor, mas sim de um grupo social (ao qual ele pode não pertencer) e, principalmente, quando se trata de obras importantes, de uma classe social.[4,5]

Na complexidade e na multiplicidade das relações humanas, às quais os indivíduos estão ligados, cria-se com frequência uma ruptura entre sua *vida cotidiana*, seu pensamento conceitual e sua imaginação criativa. É por esse motivo que, num nível mais simples, uma obra é praticamente ininteligível se buscamos compreendê-la e analisá-la apenas pela personalidade de seu autor. Nem sempre a intenção e a *significação subjetiva* que pode ter um indivíduo sobre sua obra é igual a sua *significação objetiva*. Num outro nível, quando estamos lidando com a história das ideias, nem sempre a forma como estas se reproduzem corresponde às intenções e aos objetivos daqueles que a criaram, justamente porque, ao se tornarem conceitos, estão sujeitas ao processo de autonomização e reprodução, inclusive enquanto ideologia.

Goldmann, ao analisar diferentes obras filosóficas e literárias, produzidas em um determinado período, descobriu que em sua maior parte os elementos essenciais que compõem a estrutura esquemática desses escritos eram análogos, apesar de suas diferenças, o que o fez concluir que existe uma realidade que não é puramente individual e que se exprime por meio das obras. Para captar essa

---

[3] G. Lukács, *Para uma ontologia do ser social*, t. 1 (São Paulo, Boitempo, 2012), p. 29.
[4] Lucien Goldmann, *Le Dieu caché: étude sur la vision tragique dans les* Pensées *de Pascal et dans le théâtre de Racine* (Paris, Gallimard, 1997), p. 16-7.
[5] Devido à grande quantidade de citações retiradas de obras em francês e do número excessivo de notas de rodapé ao longo deste livro, optei por não reproduzir os trechos na língua original, mantendo apenas as traduções feitas por mim, ciente dos problemas metodológicos que acarreta essa decisão. Dessa forma, poupei o leitor de situações em que as notas ocupariam mais espaço que o corpo do texto.

realidade, o autor formou um instrumento conceitual de trabalho que considerava indispensável para compreender as expressões imediatas do pensamento dos indivíduos, a *noção de visão de mundo*[6]. É essa noção que me permite trabalhar com autores da sociologia que tiveram objetos de pesquisas similares, mas conclusões nem sempre iguais, de dois distintos países, o Brasil e a França. Ainda que tivessem perspectivas teóricas diferentes, existiam questões essenciais que perpassavam todas as suas obras.

Uma *visão de mundo* é justamente o conjunto de aspirações, de sentimentos e de ideais capazes de reunir os membros de um determinado grupo ou classe social e colocá-los em oposição a outros grupos. Os elementos que os unificam não necessariamente são os mesmos que fazem deles uma *classe em si*, mas podem ser os que os tornam uma *classe para si mesmos*. Nessa coletividade, os indivíduos excepcionais são, muitas vezes, aqueles que melhor expressam a consciência coletiva, ou seja, a visão de mundo desse grupo. Por isso, toda grande obra literária ou artística é a expressão de uma visão de mundo, um fenômeno da consciência coletiva que alcança seu máximo de clareza conceitual ou sensível sobre a consciência do pensador ou do poeta.

As sociologias do trabalho francesa e brasileira, desenvolvidas ao longo das décadas de 1950 e 1960, foram a expressão de uma perspectiva em que a modernização da sociedade capitalista era o fim tangível. É por isso que os próprios autores viam a si mesmos e a sua disciplina como parte de um projeto político de desenvolvimento da sociedade – nas palavras de Touraine, uma sociologia social-democrata.

Evidentemente não podemos nos restringir a estudar apenas "as visões de mundo", mas também, e sobretudo, suas expressões concretas, isto é, suas bases materiais. É comum nos estudos de história da ciência ou da filosofia as análises de exegese das obras ou, quando se trata de um grupo, a análise comparativa das categorias e conceitos.

O método que utilizei neste estudo foi o da *pesquisa genética*, ou seja, compreender as relações nas suas formas fenomênicas iniciais e verificar com base nelas como podem se tornar cada vez mais complexas e mediatizadas. Entender os fenômenos em seu sentido genético é abordá-los desde o ponto de vista ontológico, investigando o *ente* com a preocupação de compreender seu *ser* e encontrar os diversos graus e as diversas conexões em seu interior. O complexo deve ser estudado como complexo, para depois chegarmos a seus elementos e aos processos elementares. Por isso, não basta isolar certos elementos da realidade concreta e construir as explicações sociológicas com base nelas, pois todos os complexos parciais só são compreensíveis como partes de uma totalidade.

---

[6] Lucien Goldmann, *Le Dieu caché*, cit.

Nesse sentido, tentei empreender uma análise ontológica dos principais autores das sociologias do trabalho francesa e brasileira, o que significa uma confrontação entre suas teorias (e categorias) e a própria realidade social. Segundo Lukács,

> os fundamentos sociais do pensamento respectivo de cada época, incluído o problema das formas privilegiadas de objetividade, dos métodos predominantes etc., só foram investigados criticamente, de maneira excepcional, em especial em tempos de crises agudas, durante os quais a tarefa principal parecia ser a refutação eficaz do adversário, em geral o poder do pensamento do passado, insuficiente na nova realidade, mas não a descoberta das causas sociais de seu ser-propriamente-assim.[7]

Portanto, busquei os *fundamentos sociais* desses intelectuais ou grupos de intelectuais por meio do desvendamento das *causas sociais* de seu *ser-propriamente-assim*. Nessa perspectiva, os acontecimentos históricos, sejam eles de magnitude universal ou de impacto local, terão inevitavelmente desdobramentos sobre o pensamento social. A análise comparativa das produções intelectuais e das realidades sociais de Brasil e França, inseridas sob a mesma ordem societal global, o modo capitalista de produção, permitiram-me uma melhor dissecação das problemáticas listadas e a construção de uma explicação sobre o estilo de sociologia do trabalho produzida nesse período.

## O gosto pelos arquivos

Como aponta Bourdieu[8] em seu último curso ministrado no Collège de France, a análise de qualquer "escola sociológica" deve levar em consideração três aspectos. Primeiro, a dificuldade de reconstruir todo o processo científico de cada pesquisador e de ler e analisar todas as obras, pois o material produzido é imenso. Em segundo, o fato de que essa análise depende de documentos (arquivos, textos) e dos discursos dos cientistas sobre a prática científica. E, por fim, a necessidade de avaliar a legitimidade da ciência produzida, sabendo que esta é, a cada momento, um reflexo das lutas ocorridas no mundo social e no seio do mundo da ciência.

Sob outra perspectiva, Chapoulie[9] defende que uma história da sociologia não deve ser um simples desencadear das ideias, mas também uma história das instituições, de seus agentes e dos frutos de seus trabalhos, pois as ideias não são independentes desse pano de fundo. Nesse mesmo sentido, Tanguy[10] considera

---

[7] G. Lukács, *Para uma ontologia do ser social*, t. 1, cit., p. 29.
[8] Pierre Bourdieu, *Science de la science et réflexivité: cours du Collège de France 2000-2001* (3. ed., Paris, Raisons d'Agir, 2007, coleção Cours et Travaux).
[9] Jean-Michel Chapoulie, *La Tradition sociologique de Chicago: 1892-1961* (Paris, Seuil, 2001) e "Un cadre d'analyse pour l'histoire des sciences sociales", *Revue d'Histoire des Sciences Humaines*, v. 13, n. 2, 2005, p. 99.
[10] Lucie Tanguy, *La Sociologie du travail en France: enquête sur le travail des sociologues, 1950-1990* (Paris, La Découverte, 2011) e *A sociologia do trabalho na França: pesquisa sobre o trabalho dos sociólogos (1950-1990)* (trad. Estela dos Santos Abreu, São Paulo, Editora da USP, 2017).

que, para uma história da ciência, em particular da sociologia do trabalho, é fundamental uma análise das condições sociais, institucionais e políticas em que esses trabalhos foram efetuados. Portanto, uma verdadeira história deveria descrever o conjunto do meio social concernente, as figuras célebres e os participantes que ficaram nas sombras, as condições de trabalho e de carreira, as instituições nas quais evoluíram, a organização das pesquisas e sua valorização, o público, os financiamentos, entre outros elementos. Uma tarefa de pesquisa árdua que não pode ser reduzida a uma pesquisa de doutorado.

Realizar uma análise sócio-histórica das sociologias do trabalho brasileira e francesa das décadas de 1950 e 1960 colocou-me diante de algumas questões metodológicas importantes, principalmente no que diz respeito às *narrativas de protagonistas* que se consolidaram como *verdades* e se reproduziram como *fatos* na maioria dos trabalhos sobre o tema. Essa questão foi objeto de reflexão de Miceli e seu grupo, como ele destacou:

> [...] fomos nos inteirando das representações e hierarquizações com que também os cientistas sociais buscam (re)construir o passado de seus antecessores como parte de seu presente, selecionando mentores, patronos e heróis intelectuais e políticos, firmando reputações e nulidades, estabelecendo filiações, parentescos e linhas de influência, celebrando alianças, rompendo coalizões, num trabalho sistemático de ordenamento e racionalização que cada geração de produtores procura refazer como que tentando moldar a sua própria posição e firmar o valor de sua contribuição para a história intelectual de que se sentem e se veem como participantes.[11]

Seguindo a mesma preocupação do autor, procurei indagar as *narrativas* predominantes, encontradas ao longo da pesquisa, sobre um certo passado da sociologia do trabalho francesa e principalmente da brasileira. Para isso, foi fundamental partir da prerrogativa de que a comunidade científica é um campo de luta entre diferentes forças e "agentes" que buscam conquistar o "monopólio da manipulação legítima dos bens científicos"[12], ou seja, o controle sobre as regras que estabelecem o que é e o que não é considerado científico. A análise e a compreensão das disputas políticas e acadêmicas ocorridas entre os agentes do mundo científico ao longo dos anos 1950 e 1960 foram decisivas para reconstruir o contexto em que a sociologia do trabalho se consolidou na França e no Brasil.

No entanto, se é fundamental considerar e analisar as produções acadêmicas, a localização de cada grupo na estrutura hierárquica de poder do mundo universitário, assim como sua capacidade de vencer uma determinada disputa com outros grupos, também foi crucial para este livro a compreensão da importância que adquire na história o *contingencial*, ou seja, o acaso. As próximas páginas estão permeadas de

---

[11] Sergio Miceli e Fernanda Massi (orgs.), *História das ciências sociais no Brasil* (São Paulo, Idesp, Vértice, Finep, 1989), p. 8.
[12] Pierre Bourdieu, *Science de la science et réflexivité*, cit.

descrições e reflexões sobre momentos em que o acaso, o imprevisível e a sorte determinaram os rumos de um intelectual ou, até mesmo, de toda uma geração.

Foram fundamentais para a elaboração deste livro as pesquisas que realizei nas dezenas de arquivos da França e do Brasil, pois me abriram as portas para um mundo desconhecido. Como sugere Farge, os arquivos não têm nada a ver com os livros[13], pois o seu material é bruto e muitas vezes representa uma pequena brecha da vida cotidiana. Eles contam fatos de pessoas desconhecidas que nunca seriam lembrados nem produziriam algum interesse histórico. No entanto, foi justamente nos arquivos que pude encontrar os documentos não finalizados, os rascunhos, as conversas privadas ou confidenciais, as relações que ocorreram fora dos holofotes, as pessoas que ficaram nas sombras, os projetos irrealizáveis ou interrompidos que propiciaram uma explicação sobre o objeto de minha pesquisa, esclarecendo pontos até hoje ofuscados ou ignorados na história da sociologia do trabalho.

*Métier* considerado exclusivo dos historiadores e ignorado e desvalorizado pelos cientistas sociais, a pesquisa em arquivos deveria ser incorporada, como sugere Tanguy[14], aos projetos que buscam reconstituir e problematizar o pensamento de uma "escola" ou de uma geração de intelectuais. Estou convencido de que a história e a sociologia terão muito a ganhar se essa orientação de Fernand Braudel for levada a sério:

> Eu gostaria que os jovens sociólogos tomassem, em seus anos de aprendizagem, o tempo necessário para estudar, mesmo no mais modesto depósito de arquivos, a mais simples das questões da história, e que eles tivessem, uma vez ao menos, fora dos manuais estéreis, um contato com um *métier* simples, mas que só compreendemos quando o praticamos – como todos os outros *métiers*, sem dúvida.[15]

## A exposição do livro

O livro está dividido em três partes, compostas ao todo de nove capítulos. Na parte I, "As ciências sociais na 'era de ouro' do capitalismo", contextualizo as bases materiais sobre as quais a utopia da modernização capitalista se alçou (capítulo 1) e reconstruo o processo que possibilitou a consolidação de uma comunidade

---

[13] "O livro é um texto intencionalmente destinado ao público. Ele é organizado para ser lido e compreendido por numerosas pessoas; ele procura anunciar e criar um pensamento, modificar um estado de coisas, concretizar uma história ou uma reflexão. Ele se organiza e se estrutura segundo sistemas mais ou menos facilmente decifráveis"; Arlette Farge, *Le Goût de l'archive* (Paris, Seuil, 1989, p. 12). Um guia prático e reflexivo sobre os arquivos pode ser encontrado em Jonathan Barbier e Antoine Mandret-Degeilh, *Le Travail sur archives: guide pratique* (Malakoff, França, Armand Colin, 2018).

[14] Lucie Tanguy, *La Sociologie du travail en France*, cit., e *A sociologia do trabalho na França*, cit.

[15] Fernand Braudel, "Histoire et sociologie", em Georges Gurvitch (org.), *Traité de sociologie*, t. 1 (2. ed., Paris, PUF, 1962, coleção Bibliothèque de Sociologie Contemporaine), p. 97.

acadêmica internacional das ciências sociais (capítulo 2). Portanto, destaquei o contexto socioeconômico que permitiu a atuação política de vários organismos para a construção de uma rede de pensamento e de um estilo de pesquisa no campo da sociologia do trabalho.

Na parte II, "A sociologia do trabalho na França (1950-1960)", composta de quatro capítulos, em primeiro lugar apresento e problematizo a criação e o desenvolvimento da sociologia do trabalho na França com base em suas principais instituições, destacando aquelas pesquisas realizadas nas décadas de 1950 e 1960 que considero fundamentais para a compreensão do nosso objeto (capítulo 3). Em seguida, faço uma apresentação das categorias e das teorias da sociologia do trabalho surgidas nesse período, submetendo-as ao crivo da análise crítica, destacando as obras dos dois principais sociólogos daquele período: Georges Friedmann e Alain Touraine (capítulos 4 e 5). A este último dedico um capítulo à parte, em virtude de sua importância para a sociologia brasileira, com o objetivo de compreender sua aspiração por uma teoria sociológica geral, destacando nisso as influências que teve seu contato com a América Latina (capítulo 6).

Na parte III, "A sociologia uspiana do trabalho (1950-1960)", problematizo o processo de criação e institucionalização da disciplina sociologia do trabalho, com base na importância que a Universidade de São Paulo foi adquirindo no decorrer da década de 1950, destacando as disputas políticas e acadêmicas, assim como as alianças, fundamentais para a consolidação desse novo campo (capítulo 7). Em seguida (capítulo 8), reconstruo o processo que levou ao encontro dos sociólogos franceses e brasileiros em torno do projeto de construção da sociologia do trabalho, questionando as narrativas predominantes e problematizando os dilemas enfrentados por seus protagonistas na construção de um centro de pesquisa na periferia do capitalismo. Fecho o livro com uma análise crítica da sociologia uspiana do trabalho (capítulo 9).

## Agradecimentos

Este livro contou com a colaboração e o apoio de muitas pessoas e instituições. Agradeço imensamente ao professor Ricardo Antunes, meu orientador de doutorado, mestre e amigo, pelo apoio e intercâmbio intelectual. Agradeço também a Lucie Tanguy, Michael Löwy, Alain Touraine, Helena Hirata, Sedi Hirano, José Sergio Leite Lopes, Danièle Linhart, Polymnia Zagefka, Liliana Segnini, Mariana Chaguri, Tábata Berg, Flávio Lima, Mariana Roncato, Murilo van der Laan, Letícia Mamed, Fagner Santos, Patrícia Villen, Felipe Raslan, Neri de Souza, Selma Venco, Patrícia Trópia, Andréia Galvão, Caio Navarro, Fábio Torres, Gilda Portugal Gouvea, Sabrine Fortino, Cedric Lomba, Jane Barros, Sofia Cevallos, Thaís Lima, Gisele Falcari, Mariana Campos, Vanda Souto, Maira Abreu, Flávio

Mendes, Roberto Véras e Daniela Vieira dos Santos. Não posso deixar de mencionar o apoio financeiro dado pelo Programa de Pós-Graduação em Sociologia da Universidade de Brasília para a publicação deste livro e o auxílio na forma de bolsa da Coordenação de Aperfeiçoamento de Pessoal de Nível Superior (Capes), para a realização de um estágio de pesquisa na École des Hautes Études en Sciences Sociales (Ehess), em Paris. Por fim, agradeço todo o incentivo e o apoio que me foram oferecidos por Clarisse Touguinha Guerreiro.

# I
# AS CIÊNCIAS SOCIAIS NA "ERA DE OURO" DO CAPITALISMO

# Introdução

Dois fatos que aparentemente poderiam ser considerados banais na vida de alguns intelectuais nos servem de ilustração do espírito que marcou a geração de sociólogos formada na França e no Brasil no mundo pós-Segunda Guerra Mundial. Trata-se de dois momentos particulares, na existência de duas pessoas, ocorridos no final dos anos 1940, quando eles não imaginariam que seus percursos se cruzariam em algum dia e que se tornariam, cada um a seu modo, um dos mais importantes sociólogos de seus países, responsáveis por definir o curso de um estilo de pesquisa sociológica descrito neste livro. Um e outro tiveram papéis fundamentais na direção e na elaboração de programas de estudos e, principalmente, na formação de novas gerações por meio de suas obras, de seus ensinamentos e de sua influência institucional.

No inverno de 1947-1948, na cidade operária de Raismes, região de Valenciennes, na França, próximo à fronteira com a Bélgica, Alain Touraine, um jovem *normalien*, que havia abandonado, no início de 1947, o curso de história em uma das mais prestigiosas e elitistas instituições de ensino superior de seu país, descobriu a grande obra de Georges Friedmann, *Problèmes humains du machinisme industriel* [Problemas humanos do maquinismo industrial], publicada pela primeira vez em 1946. Naquele ano, Touraine havia decidido conhecer de perto as experiências "socialistas" do Leste Europeu, passando uma temporada na Hungria e na Iugoslávia. Quando retornou à França, agitada pelas históricas greves de 1947, resolveu trabalhar como operário numa mina de carvão. Foi naquele momento que caiu em suas mãos o livro do velho sociólogo. A importância desse encontro justifica a longa reprodução de suas memórias:

> Ele me desconcertou. Publicada em 1946, era uma obra muito nova para a França, pois a universidade francesa não se interessava pelos problemas contemporâneos do

trabalho, e sobretudo do trabalho operário, objeto provavelmente muito vulgar para nossos grandes espíritos. Friedmann foi o primeiro a estudar seriamente as fábricas e a produção, a desenvolver críticas contra o taylorismo e suas pretensões científicas. Ele evocou as objeções de fisiologistas, de psicólogos e de sociólogos; tentou dar uma primeira imagem da organização do trabalho por meio das primeiras grandes enquetes americanas, das atitudes coletivas do trabalho. Eu li esse livro com exaltação. Ele falava de tudo aquilo que me interessava. Ele se aventurava longe do mundo escolar, falando de tudo o que ingenuamente eu teria chamado de "a vida". O mundo operário, ou seja, o trabalho material de produção, uma classe social e o movimento operário tinham irrompido em minha existência. Para mim, jovem burguês hiperescolarizado, a Libertação e o período de 1945-1947 (os comunistas no governo) tinham mudado tudo. Mas a irrupção de minha experiência vivida com a classe operária como realidade e como força foi mais concretamente importante. Se me tivessem pedido para desenhar a sociedade, eu teria feito em seu centro uma fábrica ou uma mina.[1]

Esse relato exemplifica um típico caso em que o encontro entre um indivíduo e uma obra impõe uma inflexão na trajetória pessoal e intelectual. Exemplos como esse não faltam na história das ideias. No entanto, poucos se mostraram tão definidores e capazes de demarcar o início de uma nova tradição de pensamento e de conhecimento, como foi, no caso, a sociologia do trabalho.

A obra de Friedmann apresentava uma nova perspectiva de produção do conhecimento que parecia preencher a distância que separava sua formação intelectual e o mundo do trabalho, o Quartier Latin e Billancourt. "Eu não era conduzido pela teoria ou pelas hipóteses; queria simplesmente refletir sobre o trabalho e não mais somente sobre textos", escreveu Touraine[2]. Tão logo terminou de devorar o livro, o jovem estudante-operário enviou uma carta a Friedmann, que lhe respondeu calorosamente e recomendou que regressasse de imediato a Paris a fim de terminar o curso de história na École Normale Supérieure e se juntar ao recém-criado Centre d'Études Sociologiques (CES), compondo assim a equipe que levaria à frente as primeiras grandes pesquisas empíricas sobre o mundo do trabalho francês. Durante as duas décadas seguintes, Touraine não fez outra coisa senão se dedicar a construir um estilo de pesquisa e uma teoria que fossem capazes de explicar o mundo do trabalho e a consciência operária da sociedade moderna, tendo sua influência ido muito além do mundo acadêmico francês e alcançado, por exemplo, jovens intelectuais da América Latina.

No Brasil, na mesma época em que Touraine descobria Friedmann e dava um passo para a sociologia, Florestan Fernandes, um jovem e brilhante acadêmico, havia acabado de defender sua dissertação de mestrado sobre a organização social dos tupinambás na Escola Livre de Sociologia e Política de São Paulo (ELSP),

---

[1] Alain Touraine, *Un désir d'histoire* (Paris, Stock, 1977, coleção Les Grands Auteurs), p. 44-5.
[2] Ibidem, p. 46.

instituição de ensino e pesquisa fundada em 1933. Escolhido para ser o orador das turmas de bacharéis e mestres em ciências sociais dessa escola, destacou, em seu discurso pronunciado em 1º de março de 1948, uma passagem de Marx segundo a qual "a humanidade não se propõe nunca os problemas que ela não pode resolver, pois, aprofundando-se a análise, ver-se-á sempre que o próprio problema só se apresenta quando as condições materiais para resolvê-lo existem ou estão em vias de existir"[3]. Em seguida, complementou que

> esse trecho foi extraído de uma obra de Marx e indica claramente que a função da ciência consiste em obter um conhecimento preciso das condições em que os problemas sociais emergem e podem ser resolvidos. De acordo com tal ponto de vista, as fronteiras entre o conhecimento teórico e o conhecimento aplicado só se evidenciam em relação ao próprio processo social, sendo as afirmações de outra categoria meras especulações "acadêmicas".[4]

Para assegurar que sua tese não fosse deturpada ou má recebida num meio social construído pelas elites culturais paulistas e para elas, ou mesmo que fosse tachada de intervenção política –, Fernandes cita, logo em seguida, o funcionalista Bronislaw Malinowski, afirmando ser um erro enorme compreender a antropologia prática diferentemente da antropologia teórica ou acadêmica. "A verdade, diz Malinowski, é que a ciência começa com as aplicações. À medida que uma ciência é verdade, ela é também 'aplicada' no sentido de que é experimentalmente confirmada."[5] Fernandes manifestava, prematuramente, uma concepção de ciência e de sociologia que viria a desenvolver e concretizar nas duas décadas seguintes, após substituir o francês Roger Bastide na direção da Cadeira de Sociologia I da FFCL-USP.

O discurso de Fernandes sobre o papel da ciência e o entusiasmo de Touraine com o livro de Friedmann ilustram a preocupação que marcou todos aqueles que trabalharam em seus entornos, ao longo das décadas de 1950 e 1960, ou seja, a produção de um conhecimento capaz de intervir na realidade em plena transformação. Em outras palavras, esses estudiosos tinham a preocupação não apenas de compreender o processo de modernização das sociedades, mas também de influenciar seus desdobramentos, tornando-se, eles próprios, sujeitos e não meros espectadores.

Os tempos acelerados vividos por esses dois homens exigiam deles, como cientistas sociais, respostas rápidas que fossem muito além de uma compreensão contemplativa da realidade. A vontade política e a vocação intelectual, presentes nesses dois jovens, encontraram os meios acadêmicos necessários para o desen-

---

[3] Karl Marx, citado em Florestan Fernandes, *A sociologia no Brasil: contribuição para o estudo de sua formação e desenvolvimento* (Petrópolis, Vozes, 1977), p. 80.
[4] Idem.
[5] Bronislaw Malinowski, citado em ibidem, p. 81.

volvimento de suas aspirações intelectuais. No entanto, as questões colocadas e as respostas dadas por eles expressavam uma visão de mundo que acompanhava e refletia os embates dos anos 1950 e 1960. Nesta primeira parte do livro, vamos, portanto, contextualizar as bases materiais que permitiram o desenvolvimento dessa visão que acabou por incorporar vários elementos do ideário da modernização capitalista (capítulo 1), assim como apresentar as razões que permitiram a conformação de uma comunidade acadêmica internacional de ciências sociais (capítulo 2).

# 1
# As ilusões da modernização

*Os visitantes franceses, quando descobriram as áreas dos estacionamentos reservadas aos operários da fábrica da Ford, tiveram a impressão de avistarem "imensos lagos". Um viajante bastante observador contou 75 carros na área do estacionamento de uma fábrica que empregava 130 pessoas. Os experts franceses enviados descobriram os segredos do* American way of life *no início dos anos 1950 e ficaram abismados com a prosperidade do americano médio. A produtividade do trabalho lhes parecia notavelmente muito mais importante ali que na França: o preço de um Studebaker equivalia a nove meses de salário de um operário das fábricas de Detroit, enquanto o operário da indústria automobilística parisiense não poderia adquirir um simples Citroën, porque esse carro lhe teria custado o equivalente a dez anos e meio de trabalho.*[1]

A Segunda Guerra Mundial teve um impacto significativo no desenvolvimento das ciências sociais, tanto nos países centrais quanto nos periféricos. No caso particular da sociologia, pode-se dizer que há uma inflexão entre o antes e o depois da grande guerra. Seus efeitos não se restringiram à interrupção de pesquisas em curso e ao fechamento de centros e laboratórios, mas também abarcaram o exílio e a morte de intelectuais. Seu trágico resultado criou um abismo entre as gerações do entreguerras e as novas, que tomaram para si a responsabilidade de reconstruir as ciências sociais nas décadas de 1950 e 1960. Portanto, os anos posteriores às guerras foram decisivos no processo de remodelamento e de reorganização do conjunto das ciências sociais em nível internacional, sobretudo no velho mundo e na América Latina. Do ponto de vista institucional, algumas disciplinas foram literalmente criadas durante aquele período, com o decisivo auxílio de vários organismos e instituições nacionais e internacionais, governamentais e não governamentais.

---

[1] Richard F. Kuisel, "'L'American way of life' et les missions françaises de productivité", *Vingtième Siècle, Revue d'Histoire*, n. 17, 1988, p. 21-38.

No entanto, o mundo criado no pós-guerra foi, ao mesmo tempo, objeto de reflexão e gerador de uma influência que marcou um estilo de pesquisa e uma visão de mundo pautada no ideário da modernização capitalista. Neste capítulo, ao analisarmos os aspectos socioeconômicos da França e do Brasil nas décadas de 1950 e 1960, buscamos compreender quais eram as bases materiais de onde emergiram essa forma de pensamento e essa maneira de fazer e compreender a pesquisa científica. Segundo Ianni,

> esse é o contexto mais geral das transformações dos papéis dos sociólogos e das possibilidades de utilização prática do pensamento científico nas ciências sociais. Nesse movimento, dá-se a gênese do técnico. A ciência guarda sempre a sua conotação de técnica de autoconsciência da realidade social. O caráter "instrumental" do conhecimento sociológico é algo de que a sociedade não quer nem pode prescindir. E essa necessidade surge tanto no plano mais amplo, de permuta e correspondência entre as condições de existência social com a estrutura do pensamento científico, como no plano particular da utilização prática, imediata, institucionalizada do conhecimento científico. Neste caso, estamos em face do técnico. É ele que trabalhará diretamente na formulação de programas governamentais e privados, bem como na execução e controle de sua execução.[2]

## A exportação do americanismo

É notório que a vitória dos Aliados na Segunda Guerra Mundial alçou os Estados Unidos ao patamar de principal potência imperialista, tendo o país exercido seu domínio sobre o mundo capitalista ocidental por quase toda a segunda metade do século XX. Sua hegemonia era sustentada por seu poderio econômico e bélico, mas se expressava sobretudo na esfera "cultural". Não foram apenas seus modelos econômicos – como o keynesianismo e o taylorismo-fordismo – que foram copiados e adaptados em diversas nações. O que ali se exportava, para além do econômico, era um modelo de sociedade e um ideal de *modernização* que encontravam no país sua maior expressão ou seu estágio mais desenvolvido. Tal influência ocorria, portanto, por meio daquilo que Gramsci denominou de *americanismo*. Entretanto, obviamente, não foi mecânica ou automática a transposição desse modelo, pois seu "sucesso" dependia de uma base material que apenas os países de capitalismo avançado poderiam atingir, como era o caso da Europa ocidental[3].

Dizer que o modelo de produção taylorista-fordista se tornou hegemônico na Europa ocidental nas três décadas seguintes ao término da Segunda Guerra

---

[2] Octavio Ianni, *Sociologia da sociologia latino-americana* (2. ed., Rio de Janeiro, Civilização Brasileira, 1976), p. 22.

[3] É necessário destacar que, para compreender o atraso das sociedades subdesenvolvidas, é preciso analisar as relações internacionais, ou seja, o imperialismo e o papel que cada nação cumpre ao longo de determinado estágio do desenvolvimento do capitalismo global.

Mundial não se reduz a afirmar que ele se limitou às fábricas. Sua transferência para o velho mundo foi parte de um processo de transformação profunda do conjunto das nações, muito além da esfera econômica e produtiva. Isso significou, num país como a França, superar relações tradicionais – algumas delas advindas do período pré-capitalista e outras desenvolvidas durante o capitalismo não monopolista do século XIX –, bem como alterar os regimes políticos e enterrar toda uma época cultural que não condizia mais com a nova conjuntura que se abria com os anos 1950. As duas grandes guerras, com seu alto grau de devastação das forças produtivas, possibilitaram que a implementação desse novo modelo fosse mais rápida que em situações normais.

Em meados dos anos 1930, Gramsci apontava em seu célebre ensaio "Americanismo e fordismo"[4] que as dificuldades do americanismo em se consolidar na Europa se relacionavam com seu atraso no processo de racionalização da sociedade. No caso, destacava a necessidade de superar o que ele classificou de "classes parasitas", aquelas sem função essencial no mundo produtivo, ou seja, que não contribuíam para a produção de valor na sociedade capitalista. Entre essas classes estariam os burgueses do campo – que viviam da exploração do camponês miserável –, a população dependente do orçamento do Estado, os desempregados endêmicos, entre outros. A essa caracterização de Gramsci, pode-se acrescentar, no caso da França, usando-se do trabalho de Henri Weber[5], os industriais patrimonialistas e tradicionais, isto é, aqueles que se apresentavam resistentes às modernas formas de gestão da indústria no período pós-guerra. Independentemente das denominações, tratava-se, portanto, de um amplo setor empresarial hostil ao taylorismo-fordismo e às alterações nas relações de poder que ele representava.

Nos Estados Unidos, como essas condições preliminares já tinham sido superadas no início do século XX pelo desenvolvimento histórico,

> foi relativamente fácil racionalizar a produção e o trabalho, combinando habilmente a força (destruição do sindicalismo operário de base territorial) com a persuasão (altos salários, diversos benefícios sociais, habilíssima propaganda ideológica e política) e conseguindo centrar toda a vida do país na produção. A hegemonia nasce na fábrica e necessita apenas, para ser exercida, de uma quantidade mínima de intermediários profissionais da política e da ideologia.[6]

A hegemonia do capital nasce nas fábricas, e a racionalização capitalista, que tem um conteúdo de classe, determina um tipo de ser social que se ajusta ao novo tipo de trabalho e ao processo produtivo. No entanto, como se mostra no

---

[4] Antonio Gramsci, "Americanismo e fordismo", em *Cadernos do cárcere*, t. 4 (2. ed., Rio de Janeiro, Civilização Brasileira, 2007 [1934]), p. 241-82.
[5] Henri Weber, *Le Parti des patrons: le CNPF, 1946-1986* (Paris, L'Épreuve des Faits/Seuil, 1986).
[6] Antonio Gramsci, *Cadernos do cárcere*, t. 4 (2. ed., Rio de Janeiro, Civilização Brasileira, 2007), p. 247-8.

período analisado neste livro, essa hegemonia não se exerce sem uma quantidade significativa de intermediários profissionais da política e da ideologia. Pelo contrário, num cenário de latente conflito entre as classes sociais e de complexificação das relações industriais, assim como de aceleração da urbanização, de um maior desenvolvimento das ciências e da necessidade de um grande aparato burocrático estatal para encaminhar as políticas de "planejamento", a reprodução da ordem do capital passou cada vez mais a depender de uma enorme quantidade desses profissionais, algo nunca antes visto na história.

No entanto, para os países da periferia do capital, a industrialização e o modelo taylorista-fordista estavam distantes das realizações ocorridas na Europa ocidental. A divisão internacional do trabalho imposta pelo capital monopolista reservava outro lugar para os países periféricos, em particular para os da América Latina. A situação de dependência econômica, somada à superexploração da força de trabalho, impunha um processo de desenvolvimento que reproduzia e expandia as mais variadas formas de precarização da vida.

No entanto, mesmo diante de um desenvolvimento desigual e combinado da economia capitalista mundial, isso não impediu que, em países como o Brasil, também ocorressem fortíssimas e importantes transformações na sociedade, criando uma sensação de progresso econômico e social, um desenvolvimento exponencial que alimentou as ilusões da possibilidade de superação das dependências estruturais. O ideal latino-americano de modernização da sociedade apresentava uma maior tensão entre o consenso e a ruptura, a persuasão e a violência, a reforma e a revolução.

## Os "Trinta Gloriosos" da França

As três décadas posteriores à Segunda Guerra Mundial foram apelidadas por Jean Fourastié[7] de *Les Trente Glorieuses*, título de seu livro publicado em 1979. Nele, o francês apresenta aquele período como de formidáveis conquistas e transformações. Nele, segundo suas palavras, teriam sido resolvidos "problemas trágicos e milenares" – embora estivessem longe de terem sido resolvidos todos os problemas trágicos e milenares da humanidade[8]. Essa expressão reforça uma visão distorcida da realidade concreta, que exagera e unilateraliza seus aspectos sociais

---

[7] Durante os "Trinta Gloriosos", Fourastié participou de vários comitês de planificação da economia junto ao Estado francês e como representante ou *expert* em organismos internacionais (Oece, Ceca, CEE, ONU, Unesco). Ele não foi apenas um intelectual orgânico da produtividade na França, mas um dos símbolos do *novo manager*, com seu pensamento e ação marcados pela cientificidade empírica.

[8] Jean Fourastié, *Les Trente Glorieuses ou la révolution invisible de 1946 à 1975* (Paris, Fayard, 1979), p. 29.

e econômicos, sem dar conta das contradições latentes que se desenvolviam no interior dessa mesma sociedade. Portanto, ela condizia com a ideologia da modernização capitalista, em voga naquele período, da qual Fourastié foi um dos mais importantes idealizadores e executores. A difusão dessa expressão se devia menos à grandiosidade intelectual dos livros de Fourastié que a sua influência midiática e a seu vínculo com a esfera do poder.

De fato, havia uma base material para a sustentação dessa perspectiva triunfalista. Quando confrontados, os números são impressionantes. De 1951 a 1973, a taxa média de crescimento do produto interno bruto da França foi de 5,4% ao ano, nível antes jamais visto por um período tão longo. Concomitantemente a isso, o emprego cresceu apenas 0,2% nos ramos do mercado (ou seja, fora do setor público e dos serviços domésticos), numa época em que predominou o pleno emprego. Por fim, a jornada anual de trabalho caiu de 2.100 para 1.850 horas, num contexto de aumento constante do valor relativo e real dos salários médios[9].

O que permitiu que esses índices coexistissem sem contradição sistêmica durante um tempo tão longo[10] foi a situação excepcional em que a Europa se encontrava nos anos 1950. Ela havia acumulado, "ao longo do período de 1914-1945, um enorme atraso de crescimento em relação aos Estados Unidos. Tal situação foi logo dirimida durante os 'Trinta Gloriosos'"[11]. Segundo Husson,

> a Segunda Guerra Mundial representou [...] uma ruptura sem precedentes na história. Durante o período de reconstrução no imediato pós-guerra, a produtividade alcançou somas correspondentes ao grau de destruição do aparelho produtivo. A progressão da produtividade não se mantém nesses patamares recordes, mas se estabiliza a um nível sem precedente, mais de 5% ao ano. Estes "Trinta anos gloriosos" (1946-1974) representaram um prodigioso salto adiante, pois a produtividade agora *é multiplicada por 4,7%, enquanto entre 1896 e 1939* ela só havia dobrado![12]

Não será possível, nem é nosso objetivo, aprofundar o conceito de produtividade. Desde uma perspectiva marxista, o aumento da produtividade do trabalho no modo capitalista de produção é sinônimo de aumento da intensificação da exploração da força de trabalho. No entanto, entre os economistas, em geral o

---

[9] Paul Dubois, "Ruptures de croissance et progrès technique", *Économie et Statistique*, n. 181, 1985, p. 3-31.
[10] Para critério de comparação, a economia francesa teria dobrado uma primeira vez entre 1876 e 1953 e uma segunda vez entre 1953 e 1963; Jean Fourastié, *Le grand espoir du XX<sup>e</sup> siècle* (Paris, Gallimard, 1971). Antes dos "Trinta Gloriosos", o maior crescimento da produtividade do trabalho ocorreu entre 1913 e 1929, quando houve um aumento de 2,3% no conjunto da economia e de 3,4% na indústria; Jean-Jacques Carré, Edmond Malinvaud e Paul Dubois, *La Croissance française: un essai d'analyse économique causale de l'après-guerre* (Paris, Seuil, 1972).
[11] Thomas Piketty, *O capital no século XXI* (Rio de Janeiro, Intrínseca, 2014), p. 100.
[12] Michel Husson, *Productivité, emploi et structures de l'appareil productif: une comparaison internationale* (Noisy-le-Grand, Ires, 1996), p. 10

conceito é apresentado de forma mais concreta como "relação entre a produção total obtida num tempo dado e o conjunto de agentes empregados nessa produção". Mas, a partir dos anos 1950 e com a hegemonia do modelo taylorista-fordista de produção, a noção de progresso técnico passou a ser introduzida nas ciências econômicas, dando um novo sentido à produtividade. De fato, ela se alargou de um conceito restrito ao ambiente de trabalho para o macroeconômico – deixando de ser parte da racionalização da produção para se tornar um conceito global de empreendimento e de desenvolvimento econômico e social, associando-se ao de modernização[13].

Na Tabela 1.1 (abaixo), os vários indicadores nos permitem ter uma noção comparativa entre os "Trinta Gloriosos" e os períodos posteriores, levando-se em conta a produtividade, o capital *per capita*, a produção e a taxa de lucro. Desse quadro, é fundamental destacar o que ocorre com as taxas de produtividade e produção industrial em comparação com a taxa de lucro. A produtividade do trabalho cai brutalmente após a crise aberta em 1974, enquanto, no mesmo período, a "substituição capital-trabalho, medida pela taxa de crescimento do capital *per capita*, não baixa absolutamente nada"[14]. Outro indicativo surpreendente está no fato de que, ao mesmo tempo que a produtividade e a produção industrial caem de forma vertiginosa, a taxa de lucro continua praticamente estável. O desvendamento dessa fórmula mágica é a chave para compreender o que deu início ao que alguns autores chamaram de crise estrutural do capital[15].

Tabela 1.1 – Dados da indústria francesa, 1960-1993*

|  | 1960-1975 | 1974-1980 | 1980-1993 |
|---|---|---|---|
| Produtividade | 6,3 | 3,4 | 2,4 |
| Capital *per capita* | 4,4 | 4,3 | 4,1 |
| Produção | 7,3 | 2,1 | 0,4 |
| Taxa de lucro | 17,1 | 16,2 | 15,4 |

Fonte: extraída de Michel Husson, *Productivité, emploi et structures de l'appareil productif*, cit., p. 19 e 41.
* Os dados incluem as indústrias agrícolas e de alimentação.

---

[13] Régis Boulat, *Jean Fourastié, un expert en productivité: la modernisation de la France, années trente – années cinquante* (Besançon, Presses Universitaires de Franche-Comté, 2008).
[14] Michel Husson, *Productivité, emploi et structures de l'appareil productif*, cit., p. 18. Vale esclarecer que a evolução do capital *per capita* mede a substituição capital-trabalho. Essa evolução pode estar relacionada ou com uma redução da força de trabalho (substituição capital-trabalho regressiva) ou com uma forte acumulação do capital (substituição capital-trabalho progressiva). É importante salientar que, para Husson, existe uma forte relação entre *produtividade* e *acumulação de capital* (no entanto, a acumulação e o crescimento não são independentes, não podem se explicar por si sós).
[15] Ricardo Antunes, *Os sentidos do trabalho: ensaio sobre a afirmação e a negação do trabalho* (2. ed., São Paulo, Boitempo, 2009, coleção Mundo do Trabalho); David Harvey, *Condição pós-moderna: uma pesquisa sobre as origens da mudança cultural*, v. 2 (16. ed., trad. Adail Ubirajara Sobral e

O fato é que os "Trinta Gloriosos" foram um período excepcional na história do capitalismo (e da humanidade), principalmente em seus países centrais, pois foi possível combinar ali um incrível crescimento da produtividade do trabalho com um crescimento progressivo dos salários reais e da rentabilidade do capital. Mas isso só se tornou viável graças a uma série de particularidades históricas presente nesses países, como foi o caso da transformação da demografia e do êxodo rural, da urbanização e da industrialização. Em consequência, houve um aumento do conjunto da economia dos países envolvidos e uma capacidade maior de arrecadação dos Estados, o que permitiu a constituição do Estado de bem-estar social. Isso resultou, por sua vez, numa melhoria da qualidade de vida do conjunto da população, sobretudo da classe trabalhadora fordista, e na consolidação de uma sociedade consumista que passou a ter novas exigências materiais e imateriais – como o entretenimento e o lazer, por exemplo.

Como ilustração disso, vale citar que a expectativa de vida da população francesa aumentou de 60 para 73 anos, a taxa de mortalidade infantil foi reduzida em cinco vezes, tornando-se uma das mais baixas do mundo, e a escolarização de adolescentes e jovens adultos se massificou. As residências, em geral, passaram a ter novos padrões de higiene, salubridade e conforto (com a instalação de banheiros e salas de banho no interior, calefação global etc.). O automóvel deixou de ser um produto de luxo e se consolidou como uma mercadoria das classes médias e da classe operária. Os aparelhos domésticos, como era o caso do refrigerador, da máquina de lavar roupa, do televisor, entre muitos outros, passaram a ser objetos comuns nas habitações da maioria da população.

Durante esse período, consolidou-se na Europa ocidental uma conciliação entre as classes antagônicas, sobre a base dos avanços socioeconômicos apontados anteriormente. Segundo Husson, "o capitalismo do pós-guerra é igualmente herdeiro do *New Deal*, ou ainda, no caso francês, da ideologia da Resistência. É também o resultado das relações de forças sociais estabelecidas após a guerra e, desse ponto de vista, o produto indireto da ameaça da União Soviética e dos países ditos socialistas"[16]. A economia capitalista – seus crescimentos e suas crises – não pode ser explicada simplesmente pela análise de suas determinantes endógenas, fazendo-se obrigatório considerar, não apenas as "leis do capitalismo", como os efeitos da luta de classes de determinado período histórico. E o fato é que, no caso dos "Trinta Gloriosos", a "era de ouro" começou com a derrota das greves operárias de 1947 e a crise política que levou à saída dos comunistas do governo nacional e, consequentemente, à chegada dos estadunidenses e de seus programas de créditos, como foi o caso do Plano Marshall.

---

Maria Stela Gonçalves, São Paulo, Loyola, 2007, coleção Temas de Atualidade); István Mészáros, *Para além do capital: rumo a uma teoria da transição* (São Paulo, Boitempo, 2002).

[16] Michel Husson, *Productivité, emploi et structures de l'appareil productif*, cit., p. 45.

Segundo Bihr[17], esse modelo de desenvolvimento do pós-guerra, em grande parte dos países centrais, foi fundamentalmente condicionado pelo compromisso entre a burguesia e o proletariado. No entanto, isso não foi estabelecido de forma direta entre eles, mas por intermediários organizacionais e institucionais que acabavam assumindo um *status* de representação oficial – ou seja, de um lado, as organizações sindicais e políticas do movimento operário e, de outro, as organizações profissionais da patronal[18]. É importante acrescentar um terceiro ator nesta mediação entre a burguesia e o proletariado, os *cadres* ou *managers*. Esses tecnocratas ganharam grande relevância ao longo dos "Trinta Gloriosos" por corporificarem a ideia de tecnocratas, ou seja, aqueles que melhor poderiam gerir as empresas, com seus métodos cientificamente calculados e com certa autonomia das classes. No entanto, não nos enganemos, esta nova figura é um burguês, não somente por sua origem, seu meio e sua função, mas também no sentido econômico, em que os seus "salários" lhe permitem acumular capital. Nós o separamos da classe burguesa somente a título de destacar uma fração que ganhou relevância num período em que ela ainda era novidade, exceção. Esse compromisso fordista não colocou fim ao conflito de classe, mas conseguiu criar um regime de regulação social e política capaz de sustentar a reprodução do regime de acumulação e de organização social durante décadas, ainda que sob uma estabilidade instável[19].

O discurso sobre a modernização da sociedade em torno do aumento da produtividade do trabalho, nos anos 1950 e 1960, que projetava uma melhora progressiva na qualidade de vida das pessoas, superando mazelas endêmicas do capitalismo sem que fossem necessárias rupturas políticas e sociais mais drásticas, como a revolução, mostrou-se uma ilusão a partir da crise instaurada na década de 1970. Demorou para que os envolvidos com aquela euforia da modernização vissem nessa crise, que aparentava ser conjuntural, um esgotamento do modelo anterior e, portanto, os seus limites estruturais – lembremos que o livro que consagrou o termo ufanista da época, os "Trinta Gloriosos", foi publicado em 1979.

---

[17] Alain Bihr, *Du grand soir à l'alternative: le mouvement ouvrier européen en crise* (Paris, Les Éditions Ouvrières, 1991).

[18] Para um melhor estudo sobre os *cadres* na França, consultar Luc Boltanski, "America, America, le Plan Marshall et l'importation du management", *Actes de la Recherche en Sciences Sociales*, n. 38, 1981, p. 19-42; idem, *Les cadres: la formation d'un groupe social* (Paris, Éditions de Minuit, 1982, coleção Le Sens Commun); Luc Boltanski e Ève Chiapello, *Le Nouvel Esprit du capitalisme* (Paris, Gallimard, 2011, coleção Tel, n. 380); e Henri Weber, *Le Parti des patrons*, cit.

[19] Segundo David Harvey, para que um regime de acumulação do capital vigore, é necessário que o comportamento dos indivíduos assuma uma configuração que mantenha o regime funcionando. Portanto, ele se materializa em hábitos, normas, leis, redes de regulamentação etc. que garantem a unidade do processo, isto é, "a consistência apropriada entre comportamentos individuais e o esquema de reprodução"; David Harvey, *Condição pós-moderna*, cit., p. 117. Ver também Ruy Braga, *A política do precariado: do populismo à hegemonia lulista* (São Paulo, Boitempo, 2012, coleção Mundo do Trabalho), p. 97.

Esse tema não poderia deixar mais dúvidas aos autores em meados dos anos 1990, quando era um fato o problema da desaceleração da produtividade média do trabalho na maioria dos países e no conjunto dos ramos econômicos. No entanto, a grande questão é que essa desaceleração ocorreu concomitantemente com a emergência de novas tecnologias e métodos de organização do trabalho que, segundo pressupunham as teorias das décadas anteriores, estimulariam um novo aumento da produtividade.

## *A obstinação pelo aumento da produtividade*

No entanto, no caso da França, a ideologia da modernização capitalista surgiu no seio do sentimento de vergonha e derrota do período da reconstrução após a libertação do país da ocupação do exército nazista. Nesse momento, os franceses redescobrem o "novo mundo", em particular os Estados Unidos, sua economia e sua cultura. Para desgosto deles, como ilustra a epígrafe que abre este capítulo, evidenciou-se o quão atrasada era a França diante da nova potência capitalista que emergia após as guerras[20]. Como ilustra esta passagem de Harvey:

> A indústria de automóveis europeia, com exceção da fábrica da Fiat em Turim, permanecia em sua maior parte uma indústria artesanal de alta habilidade (embora organizada corporativamente), produzindo carros de luxo para consumidores de elite, sendo apenas ligeiramente influenciada pelos procedimentos de linha de montagem na produção em massa de modelos mais baratos antes da Segunda Guerra Mundial. Foi preciso uma enorme revolução das relações de classe (uma revolução que começou nos anos 1930, mas só deu frutos nos anos 1950) para acomodar a disseminação do fordismo à Europa.[21]

A tese que predominou no meio intelectual e político sobre as razões dessa superioridade foi a que colocou a produtividade do trabalho como o elemento central dessa questão. Fourastié, por exemplo, desenvolveu uma teoria econômica que sustentava que o progresso da produtividade criaria a riqueza e a estabilidade de uma nação. "É bem evidente que, se produzirmos mais graças ao progresso técnico, poderemos ter uma economia 'progressiva', ou seja, em que o consumo cresce frente a um trabalho constante ou mesmo decrescente. Este aspecto da evolução econômica contemporânea é fundamental", afirmou o francês[22].

---

[20] São inúmeros os relatos desse confronto de realidades que impactavam os franceses. Um deles ocorreu logo após a libertação da França, com os Estados Unidos ainda sob guerra, quando o Escritório Americano de Informação sobre Guerra (OWI, na sigla em inglês) convidou um grupo de jornalistas, representantes dos grandes jornais franceses, para visitar aquele país. A bordo de um avião militar, Sartre seguiu entre eles e por quase seis meses escreveu artigos para os jornais *Le Figaro* e *Combat*. Seus textos expressavam o espírito de "redescoberta" dos Estados Unidos e de comparação com a França; Jean-Paul Sartre, *Situations, II: septembre 1944-décembre 1946* (Paris, Gallimard, 2012).
[21] David Harvey, *Condição pós-moderna*, cit., p. 124.
[22] Jean Fourastié, *Le grand espoir du XXe siècle*, cit., p. 20.

A tese era relativamente simples: ao se aumentar a produtividade do trabalho, aumenta-se também o salário real dos trabalhadores e, consequentemente, o poder de compra da população. Seguindo esse princípio, ao se aumentar o consumo e a produtividade, se produz uma queda vertiginosa dos preços da maioria dos produtos. Dessa forma, haveria uma relação entre o aumento da produtividade global do trabalho, o aumento real dos salários e do poder de compra e, consequentemente, a melhora na qualidade de vida da população[23].

Esse "estado de espírito" produtivista permitiu a proliferação da ideia do *self-made man* e do *American way of life* no mundo europeu. A importação de tais princípios contou não apenas com o poder de persuasão dos créditos estadunidenses, apresentados como ajuda econômica, mas, sobretudo, com o convencimento do americanismo sobre os atores encarregados do processo de modernização e de reconstrução do país. Eram comuns, no final dos anos 1940 e nos anos 1950, as chamadas "missões de produtividade" de técnicos, políticos, empresários, sindicalistas e cientistas sociais para os Estados Unidos, organizadas pela Associação Francesa pelo Crescimento da Produtividade (Afap), criada em 1950, com vistas a conhecer o modelo a ser reproduzido. Mantida com fundos estadunidenses, entre 1950 e 1953, ela organizou mais de 450 missões que envolveu mais de 4 mil membros, entre patrões, engenheiros, quadros (ao redor de 45% dos enviados), representantes sindicais (aproximadamente 25%), altos funcionários, economistas, psicólogos ou sociólogos (ao menos 30%) etc.[24].

Uma das mais importantes entre as missões francesas para os Estados Unidos ocorreu entre outubro e novembro de 1953, intitulada "Ensino de Ciências Sociais do Trabalho". Ela foi financiada pelo Ministério do Trabalho e Seguridade Social, pela Comissão Geral pela Produtividade (CGP) e pela Afap. Tinha como objetivo central estudar os programas de ensino e de formação oferecidos pelas universidades estadunidenses no domínio das relações industriais. Seus membros conheceram os centros de pesquisa sobre o mundo industrial vinculados às universidades de Chicago, de Madison, de Princeton, de Rutgers e de Boston. Também visitaram fábricas nas regiões de Madison e Cornell e sindicatos em Chicago. Em Nova York,

---

[23] Esse contexto dos "Trinta Gloriosos" criou o alicerce concreto para o surgimento da Escola da Regulação. Para ela, a política salarial seria a base do equilíbrio da regulação social. Os salários deveriam aumentar conforme aumenta a produtividade do trabalho, assegurando, assim, a realização do valor. Para que a taxa de lucro seja mantida, basta que os ganhos de produtividade não levem a um crescimento exagerado na composição em capital. Isso criaria uma contratendência à lei da queda tendencial da taxa de lucro, explicada por Karl Marx em *O capital: crítica da economia política*, Livro II: *O processo de circulação do capital* (trad. Rubens Enderle, São Paulo, Boitempo, 2014, coleção Marx & Engels). Para um estudo crítico sobre a Escola da Regulação, ver Ruy Braga, *A nostalgia do fordismo: elementos para uma crítica da teoria francesa da regulação* (doutorado, Universidade Estadual de Campinas, 2002), e Michel Husson, *Misère du capital: une critique du néolibéralisme* (Paris, Syros, 1996, coleção Pour Débattre).

[24] Luc Boltanski, "America, America, le Plan Marshall et l'importation du management", cit., p. 21.

a missão se encontrou com a American Management Association e conheceu seu programa de qualificação de gestores[25].

Uma das conclusões do relatório dessa missão é representativa de uma das ideias propulsoras da ilusão da modernização capitalista daquele período. Ela foi o dogma que dominou a política francesa ao longo dos "Trinta Gloriosos" e também a base da teoria de Fourastié. Conforme ressaltou o documento, "a elevação dos salários está oficialmente ligada ao crescimento da produtividade[26,27]. No entanto, as conclusões dos "missionários" não se resumiam a esse ponto, ampliando-as para a defesa de uma nova política de pesquisa e ensino que levaria ao surgimento de novos centros de pesquisa e instituições de ensino superior.

Como demarcaram os primeiros "missionários", o atraso da França quanto à produtividade não era um simples retardamento tecnológico. Alguns consideravam que determinadas tecnologias eram, aliás, mais avançadas na Europa que nos Estados Unidos. O desafio era, portanto, e sobretudo, superar as incompetências na gestão das empresas, aplicando bons métodos em relação aos recursos humanos. Para isso, seria necessário um "novo espírito capitalista", um "espírito produtivista" que compreendesse a importância dos "fatores humanos" na produção. Como ressalta Boltanski,

> primordialmente, o que é necessário importar são os modelos de organização "científica" do trabalho e de gestão "racional" das empresas, afim de fazer nascer nas empresas francesas o "clima" que reina nas americanas: este clima é resultado de uma tecnologia, mas de uma tecnologia nova, que não faz somente apelo ao saber do engenheiro, mas também, e sobretudo, às "ciências humanas", à "psicologia" e à "sociologia".[28]

É interessante que Fourastié, o principal ideólogo e homem de ação da política da produtividade do trabalho na França, tinha laços de amizade e profissionais com Georges Friedmann – além de os dois se admirarem mutuamente –, o principal expoente da sociologia do trabalho e crítico das consequências do taylorismo-fordismo sobre os trabalhadores[29]. O ponto de aproximação entre

---

[25] Mission française de productivité, *Enseignement des relations industrielles aux États-Unis: enquêtes en vue de l'accroissement de la productivité* (Paris, Société Auxiliaire pour la Diffusion des Éditions de Productivité, 1953).
[26] Ibidem, p. 9.
[27] Em 1953, a ajuda técnica estadunidense na França destinava um montante de 30 milhões de dólares para empréstimos e garantias de empréstimos às empresas privadas que se engajassem em "melhorar sua produtividade" e que "estabelecessem os arranjos apropriados em vista do compartilhamento equitativo de benefícios resultantes do aumento da produção e da produtividade entre os consumidores, os trabalhadores e os patrões"; Luc Boltanski, "America, America, Le Plan Marshall et l'importation du management", cit., p. 20.
[28] Ibidem, p. 21.
[29] Fourastié manteve frutífera relação com Friedmann (apreciava a tentativa deste de humanizar a técnica) e participou dos seminários realizados no CES em 1948. Em alguns momentos, ele o substituiu no CNAM, quando este saiu de intercâmbio (ver Arquivos do CNAM, Paris). Em

ambos estava justamente na compreensão de que os "fatores humanos" eram de extrema relevância para se pensar a política industrial e de gestão das fábricas. Fourastié, por exemplo, apreciava um artigo do sociólogo, publicado em 1956, na revista *Esprit*, consagrado ao "homem americano", pois nele Friedmann teria justamente definido que o problema central das relações entre maquinismo e cultura era que a aplicação mais intensa das técnicas nas atividades produtivas e no lazer deveriam humanizá-las[30].

No entanto, a política de valorização dos fatores humanos encontrava uma resistência entre os patrões das fábricas, que insistiam em gerir seus negócios de forma familiar ou pouco racional, dificultando sua inserção no novo mundo capitalista monopolista do pós-guerra. Seria necessário, portanto, incentivar o surgimento dos *managers*, uma nova camada de gestores formados pelas grandes *business schools*, sem um vínculo com determinada empresa ou carreira, mas que fosse um "generalista da produção capitalista", ou seja, alguém capaz de gerir tanto uma siderúrgica quanto uma vinícola, uma indústria automobilística ou têxtil, o ramo industrial ou financeiro[31].

Foram, portanto, os *cadres* (quadros) que implementaram o novo sistema de gestão na França, com a ajuda dos conhecimentos "científicos", produzidos por inúmeros organismos, centros de pesquisa e instituições e universidades. Eles surgiram e proliferaram, ao longo dos anos 1950, com a ajuda de centenas de organismos especializados no seu aperfeiçoamento, dos quais alguns, como é o caso do Institut des Sciences Sociales du Travail (ISST), propunham um "aperfeiçoamento geral dos métodos de direção". Foi nesse contexto que surgiu e se desenvolveu a sociologia do trabalho francesa.

## A "era de ouro" do Brasil

O Brasil viveu sua utopia de modernização capitalista ao longo das décadas de 1950 e 1960, mais precisamente no período que vai da redemocratização do país após o término da Segunda Guerra Mundial ao golpe militar de 1964, quando a sociedade viveu um dos mais importantes processos de transformação de todas as suas estruturas econômicas e sociais. Assim como na França, esse ideário se sustentava sobre uma base material, representada por uma economia em expansão, impulsionada pela urbanização e pela industrialização, assim como pelo

---

1951, Fourastié publicou *Machinisme et bien-être: niveau de vie et genre de vie en France de 1700 à nos jours*, na coleção L'Homme et la Machine, coordenada por Friedmann. Ver Jean-Louis Harouel, "Jean Fourastié: l'homme et sa pensée", em Jean Fourastié, *Productivité et richesse des nations* (Paris, Gallimard, 2005, coleção Tel, n. 336).

[30] Régis Boulat, *Jean Fourastié, un expert en productivité*, cit.
[31] Henri Weber, *Le Parti des patrons*, cit.

êxodo rural e pelo crescimento do proletariado industrial e, também, de uma classe média consumista, entre outros fatores. Nesse período, surgiu igualmente uma cultura de massa que representava o que seria nossa identidade nacional: o samba, a bossa nova, o cinema novo, o futebol e muitas outras manifestações que acabaram difundindo e problematizando os assim chamados "anos dourados". O símbolo emblemático da representação desse otimismo foi a construção da nova capital do país, Brasília, em apenas três anos, com uma arquitetura modernista admirada em todo o mundo.

Um dos personagens que corporificou a modernização em curso foi, entre muitos outros, o presidente da República Juscelino Kubitschek. Sua vitória incorporou o pensamento desenvolvimentista ao governo federal[32], e ele pôde colocar em prática o lema de sua campanha presidencial de avançar "cinquenta anos em cinco" – a ideia de que seria possível construir em um mandato presidencial aquilo que deveria ter sido feito nos cinquenta anos anteriores. O cumprimento desse objetivo colocaria o Brasil ao lado das grandes economias centrais, superando as mazelas que tanto nos impediam de sair da condição de subdesenvolvidos[33]. Além disso,

> Seu programa de governo dava voz a uma nova e entusiástica condição de ser brasileiro que poderia contribuir para reparar as injustiças de uma herança histórica de miséria e desigualdades profundas, e serviria para abrir as portas para a modernidade. A chave para construir esse novo país chamava-se "desenvolvimentismo" e defendia a ideia de que nossa sociedade, defasada e dependente dos países mais avançados, repartia-se em duas: uma parte do Brasil ainda era atrasada e tradicional; a outra já seria moderna, e estava em franco desenvolvimento. Ambas, o centro e a periferia, conviveriam no mesmo país, e essa era uma dualidade que se devia resolver pela industrialização e pela urbanização. A confiança que Juscelino depositou nesse projeto de Brasil foi contagiosa, e não é muito difícil entender por quê. O projeto de JK sustentava-se na crença de que a construção de uma nova sociedade dependia da vontade do Estado e do desejo coletivo de um povo que, enfim, teria encontrado seu lugar e destino.[34]

---

[32] Ricardo Bielschowsky, *Pensamento econômico brasileiro: o ciclo ideológico do desenvolvimentismo* (5. ed., Rio de Janeiro, Contraponto, 2004).

[33] O contexto político internacional e, principalmente, do continente americano beneficiou o Brasil. Após a Revolução Cubana, em 1959, e com a vitória de John F. Kennedy, os Estados Unidos alteraram sua política externa em relação à região, passando a fazer maiores investimentos nas economias subdesenvolvidas. Esse período, que contou com as iniciativas da Aliança para o Progresso – amplo programa impulsionado pelos Estados Unidos com o objetivo de acelerar o desenvolvimento econômico da América Latina e conter o avanço da influência do socialismo na região –, teve curta duração, encerrando-se com o golpe militar de 1964. Friedmann, em suas viagens pela América Latina, entusiasmou-se com a possibilidade de uma maior integração das economias americanas, registrando isso em seus livros sobre a região; Georges Friedmann, *Problèmes d'Amérique Latine* (Paris, Gallimard, 1959) e Georges Friedmann, *Problèmes d'Amérique Latine II: signal d'une troisième voie?* (Paris, Gallimard, 1961).

[34] Lilia Moritz Schwarcz e Heloisa Murgel Starling, *Brasil: uma biografia* (São Paulo, Companhia das Letras, 2015), p. 417.

Como para muitos intelectuais, a experiência da reconstrução da Europa e sua rápida reinserção no cenário internacional da economia capitalista, tornou-se chave na formação de Celso Furtado, uma das figuras mais importantes entre os que pensaram e produziram políticas durante a "era de ouro" do Brasil[35]. Transferiu-se para Paris, em dezembro de 1946, onde se inscreveu no doutorado em economia da Faculdade de Direito e Ciências Econômicas (Sorbonne). Em 1947, estudou na London School of Economics. Ao retornar para o Brasil, após defender sua tese, foi trabalhar na então recém-criada Cepal. Foi esse *séjour* na Europa que o convenceu a migrar para a economia e a retornar ao Brasil para refletir sobre a realidade do país e aqui aportar com a nova política de intervenção estatal que estava se consolidando. Ele tinha, também, consciência de que a realidade brasileira apresentava particularidades e que, portanto, o processo de modernização deveria enfrentar os problemas típicos de um país subdesenvolvido.

Segundo Furtado, em seu clássico livro *Formação econômica do Brasil*, o Brasil se encontrava em uma etapa intermediária do desenvolvimento, entre uma economia agrícola extensiva e uma economia industrial intensiva. Nessa segunda fase, o país demanda mais equipamentos mecânicos e assimila processos tecnológicos mais complexos por meio de seu intercâmbio externo. Nesse período intermediário, teria ocorrido, de acordo com esse autor, uma "redução substancial da importância relativa da procura externa como fator determinante do nível de vida" e um aumento das inversões destinadas a "criar capacidade produtiva para atender a uma procura que antes se satisfazia com importações"[36].

A industrialização no Brasil ganhou força após a Primeira Guerra Mundial, com forte concentração na região Sudeste, em razão, principalmente, da prosperidade da cultura cafeeira do estado de São Paulo. As consequências disso foram a concentração regional dos investimentos, as tensões econômicas e políticas do país e o aumento das disparidades regionais[37]. Por conta disso, a principal preocupação intelectual e política de Furtado era com o processo de integração da economia brasileira, em relação ao qual ele defendia a necessidade, por meio da intervenção do Estado, de diminuir as desigualdades regionais produzidas pelas diferenças de inversões, de recursos naturais, de produtividade, de salários etc. Um dos tensionamentos que ganhariam centralidade nas crises políticas dos anos 1950 e 1960 envolvia a demanda pela reforma agrária. Para Furtado, essa seria uma forma de superar o sistema da monocultura, que "é,

---

[35] Ver Celso Furtado, *Obra autobiográfica de Celso Furtado*, t. 1 (São Paulo, Paz & Terra, 1997); idem, *Diários intermitentes* (São Paulo, Companhia das Letras, 2019), e idem, *Correspondência intelectual: 1949-2004* (São Paulo, Companhia das Letras, 2021).
[36] Idem, *Formação econômica do Brasil* (São Paulo, Companhia Editora Nacional/Publifolha, 2000, coleção Grandes Nomes do Pensamento Brasileiro), p. 247.
[37] Essas disparidades podem ser atestadas pelos dados sobre a participação do estado de São Paulo no produto industrial do Brasil. Em 1948, ele foi responsável por 39,6% desse produto. Em 1955, esse índice subiu para 45,3%; idem.

por natureza, antagônico a todo processo de industrialização [...]. Um processo de integração teria de orientar-se no sentido do aproveitamento mais racional de recursos e fatores no conjunto da economia nacional", defendeu o autor[38].

Esse período em que Furtado e Kubitschek atuaram foi favorecido pelo crescimento excepcional da economia mundial. Na Tabela 1.2 (abaixo), podemos ver que o crescimento do produto interno bruto do Brasil esteve acima da média de crescimento da América Latina. Na década de 1950, ele aumentou 6,8%, recuando para 4,5% entre 1960 e 1965, e voltando a crescer nos cinco anos seguintes. Esse crescimento ocorreu num período particular de transição da sociedade brasileira, durante o qual foram decisivos fatores como o aumento significativo do contingente demográfico[39], o êxodo rural e, consequentemente, a urbanização do país. Essas mudanças acabaram por consolidar um relativo mercado consumidor para os bens de consumo duráveis, impulsionando o crescimento das manufaturas.

Tabela 1.2 – Taxas anuais médias do crescimento do produto interno bruto, a preços de mercado, do Brasil e da América Latina, 1950-1980

|  | 1950-1960 | 1960-1965 | 1965-1970 | 1970-1975 | 1975-1980 |
| --- | --- | --- | --- | --- | --- |
| Brasil | 6,8 | 4,5 | 7,7 | 10,3 | 6,8 |
| América Latina | 5,1 | 5,4 | 6 | 6,4 | 5,5 |

Fonte: elaborada pelo autor, com base em Comisión Económica de América Latina y el Caribe, *Anuario Estadístico de América Latina*, edición 1984.

A modernização, como sinônimo de desenvolvimento econômico e social, equivalia, na percepção daqueles que viveram as décadas de 1950 e 1960, à possibilidade de realização dos ideais da ordem social competitiva ou planificada. Ela requeria uma maior diferenciação econômica, "com base na modernização tecnológica do campo e da cidade, na industrialização, na elevação da capacidade de consumo *per capita* e do padrão de vida das massas", como destaca Fernandes[40]. Esses alvos corresponderiam, naturalmente, a aspirações sociais contraditórias que, segundo o autor, acabavam por adquirir homogeneidade e conteúdo "nitidamente revolucionário nos países subdesenvolvidos".

Em um olhar retrospectivo e distanciado desse período, David Harvey caracteriza esse processo de modernização como produtor de resultados sociais pífios, muito longe daqueles conhecidos nos países centrais:

---

[38] Ibidem, p. 251.
[39] A população praticamente duplicou no período abordado. Em 1950, o contingente demográfico do Brasil era de 51,9 milhões de pessoas, passando para 70,1 milhões em 1960 e atingindo a casa dos 93 milhões em 1970 (ver *Recenseamento do Brasil*, de 1872 a 2001, em site do IBGE).
[40] Florestan Fernandes, "Economia e sociedade no Brasil: análise sociológica do subdesenvolvimento", em idem, *A sociologia numa era de revolução social* (2. ed., Rio de Janeiro, Zahar, 1976, coleção Biblioteca de Ciências Sociais), p. 321.

Devem-se acrescentar a isso todos os insatisfeitos do Terceiro Mundo com um processo de modernização que prometia desenvolvimento, emancipação das necessidades e plena integração ao fordismo, mas que, na prática, promovia a destruição de culturas locais, muita opressão e numerosas formas de domínio capitalista em troca de ganhos bastante pífios em termos de padrão de vida e de serviços públicos (por exemplo, no campo da saúde), a não ser para uma elite nacional muito afluente que decidira colaborar ativamente com o capital internacional.[41]

As bases do mundo industrial e do trabalho que se consolidam e se expandem ao longo das décadas de 1950 e 1960 foram construídas durante a "Era Vargas", particularmente no Estado Novo. A assim chamada "Revolução de 30" embaralhou as cartas do jogo de poder instituído no país, dando voz a novas camadas sociais, como a burguesia industrial, o proletariado urbano e as classes médias, ao mesmo tempo que conservava intactos os privilégios daqueles que tinham o poder até então, as oligarquias rurais. Dessa forma, Vargas instituiu um novo regime de regulação social, em que a concessão dos direitos trabalhistas era uma de suas pedras angulares, mantendo, durante décadas, uma estabilidade instável, que pendia mais para a instabilidade que para a normatividade.

Se Vargas criou as bases para a constituição de um novo regime de acumulação industrial no país, foi JK quem deu seu primeiro salto de qualidade e definiu as linhas estratégicas dessa industrialização. Ele privilegiou alocar investimentos para o setor de transporte, em especial o rodoviário, e incentivar a indústria automobilística[42]. Na nova divisão internacional do trabalho estabelecida pós-Segunda Guerra Mundial, que levou a uma nova relação entre os países periféricos e hegemônicos, as economias dependentes deixaram de ser fornecedoras de matérias-primas para produzir manufaturas de consumo e importar produtos de bens de produção[43]. Portanto, ocorreu uma expansão interna na produção de bens de consumo duráveis, como automóveis e eletrodomésticos, como evidencia a Tabela 1.3 (na próxima página), com forte presença de capitais externos, seguida pelo desenvolvimento da produção de bens de produção, este sim com maior participação de capital estatal.

---

[41] David Harvey, *Condição pós-moderna,* cit., p. 133.
[42] "Juscelino pavimentou 6 mil quilômetros de novas rodovias entre 1956 e 1960, num país que até então contava apenas 4 mil quilômetros de estradas, e viabilizou uma rede de integração territorial capaz de garantir a circulação de mercadorias entre as áreas rurais e os principais centros industrializados, além de criar novos mercados"; Lilia Moritz Schwarcz e Heloisa Murgel Starling, *Brasil: uma biografia,* cit., p. 416.
[43] Ricardo Antunes, *Classe operária, sindicatos e partidos no Brasil: um estudo sobre a consciência de classe – da Revolução de 30 até a Aliança Nacional Libertadora* (2. ed., São Paulo, Cortez, 1988); Francisco de Oliveira, *Crítica à razão dualista: o ornitorrinco* (1. ed., São Paulo, Boitempo, 2003).

**Tabela 1.3 – Produção de automóveis domésticos e comerciais\* e de televisores no Brasil, em milhares de unidades, 1960-1977**

|  |  | 1960 | 1965 | 1970 | 1975 | 1977 |
|---|---|---|---|---|---|---|
| Automóveis | Domésticos | 57,3 | 113,5 | 255,5 | 550,7 | 482,2 |
|  | Comerciais | 75,7 | 81,8 | 161 | 370,1 | 424,1 |
| Televisores |  | 194 | 308,7 | 725,7 | 1.606,6 | 2.077,4 |

Fonte: elaborada pelo autor, com base em Comisión Económica de América Latina y el Caribe, *Anuario Estadístico de América Latina*, cit.
\* Inclui furgões, caminhões, vans e chassis para caminhões, ônibus e outros tipos (ambulâncias, reboques etc.)

Como ressalta e sintetiza Antunes:

> Essa industrialização aparentemente avançada, mas na verdade atrofiada e subordinada, é a expressão dos países que ingressaram hipertardiamente no capitalismo pleno. Realizou-se um processo de industrialização, sem que houvesse, entretanto, um rompimento com os laços estruturais de subordinação. Efetivou-se o inchamento de alguns setores e ramos produtivos – como o setor de bens de consumo duráveis – que se oligopolizaram e expandiram-se, graças ao incremento tecnológico com o consequente aumento da produtividade do trabalho e isso sem falar na existência de um contingente industrial de reserva que possibilitou manter extremamente baixos os níveis de reprodução da força de trabalho. O governo de Juscelino Kubitschek retratou isso: enquanto os salários permaneceram constantes, houve um grande incremento na produtividade em vários setores, tornando-se esse diferencial um instrumento básico para o processo de acumulação.[44]

Nos anos 1950, duas novas classes ganharam relevância no cenário econômico, social e político brasileiro, a burguesia industrial e o proletariado urbano. No entanto, resultado das particularidades de nossa "revolução burguesa", processo de transformação ocorrido pelo alto, com presença decisiva do Estado, o Brasil se apresentava como um país estruturalmente contraditório. Sem alterar a estrutura agrária brasileira, a transição "pelo alto" manteve elementos do arcaico e introduziu o moderno, aspecto que custaria muito nas décadas seguintes, pois "a inexistência de uma transição burguesa clássica em nosso país acarretou também a carência das formas liberal-democráticas, onde a presença popular pudesse encontrar canais de expressão e participação"[45].

Em *Crítica à razão dualista*, texto antológico das ciências sociais brasileiras, Francisco de Oliveira ressalta que as leis trabalhistas, instauradas após a "Revolução de 1930" somente para o meio urbano, foram parte de um conjunto de medidas destinadas a impor um novo regime de acumulação no Brasil. Elas permitiam liberar os empresários de um mercado de concorrência perfeita e igualar por

---

[44] Ricardo Antunes, *Classe operária, sindicatos e partidos no Brasil*, cit., p. 105.
[45] Ibidem, p. 73.

baixo o preço da força de trabalho. Isso se complementava com o fato de a nova legislação deixar de fora o meio rural e, dessa forma, ao mesmo tempo permitir um barateamento dos produtos alimentícios[46] e conservar intacta a estrutura e as relações agrárias, mantendo o poder das oligarquias rurais.

> O processo descrito, em seus vários níveis e formas, constitui o modo de acumulação global próprio da expansão do capitalismo no Brasil pós-anos 1930. A evidente desigualdade de que se reveste que, para usar a expressão famosa de Trotsky, é não somente desigual, mas combinada, *é produto antes de uma base capitalística de acumulação razoavelmente pobre para sustentar a expansão industrial e a conversão da economia pós-anos 1930, que da existência de setores "atrasado" e "moderno"*. Essa combinação de desigualdades não é original [...] A originalidade consistiria talvez em dizer que – sem abusar do gosto pelo paradoxo – a expansão do capitalismo no Brasil se dá introduzindo relações novas no arcaico e reproduzindo relações arcaicas no novo, um modo de compatibilizar a acumulação global, em que a introdução das relações novas no arcaico libera força de trabalho que suporta a acumulação industrial-urbana e em que a reprodução de relações arcaicas no novo *preserva* o potencial de acumulação liberado *exclusivamente* para os fins de expansão do próprio novo.[47]

Como apontamos anteriormente, uma das perspectivas da ideologia desenvolvimentista era superar as desigualdades regionais a partir do planejamento estatal. Nessa perspectiva, surgiram no final dos anos 1950 e início dos anos 1960 várias iniciativas com esse objetivo, algumas de âmbito federal e atuação regional, como foi o caso da Sudene, outras vinculadas aos governos estaduais. Esse foi o caso do Plano de Ação do Governo do Estado de São Paulo, lançado em fevereiro de 1959[48]. Ele buscava levar o progresso econômico e social ao conjunto do Estado, a partir do incentivo da formação de "uma tecnocracia democrática para racionalizar o serviço público e promover o desenvolvimento"[49].

No dia em que o decreto estadual de criação do Plano de Ação foi assinado, o governador Carvalho Pinto declarou em entrevista coletiva:

---

[46] O baixo custo da reprodução da força de trabalho rural permitia uma redução dos custos dos alimentos e, portanto, salários menores para os operários rurais e um certo impacto sobre a inflação.
[47] Francisco de Oliveira, *Crítica à razão dualista*, cit., p. 59-60.
[48] O Plano de Ação do Governo foi lançado pelo Decreto n. 34.656, de 12 de fevereiro de 1959. Foi criado um Grupo de Planejamento, responsável por formular o projeto do plano, coordenado por Plínio de Arruda Sampaio e composto de vários profissionais e economistas, entre eles Diogo Adolpho Nunes de Gaspar e Antônio Delfim Neto; ver José Roberto Mendonça de Barros, "A experiência regional de planejamento", em Betty Mindlin Lafer (org.), *Planejamento no Brasil* (São Paulo, Perspectiva, 1974) e São Paulo (Estado), Governador (1959-1963: Carvalho Pinto), *Plano de ação do governo 1959-1963: administração estadual e desenvolvimento econômico social* (São Paulo, Imprensa Oficial do Estado, 1959).
[49] Mônica Junqueira de Camargo, "Inventário dos bens culturais relativos ao plano de ação do governo Carvalho Pinto (1959-1963)", *Revista CPC*, Especial, 2016, p. 164-203.

Não me cansei de proclamar, durante a campanha eleitoral, que, no fundo dos males que assoberbam o nosso povo, se encontra, sempre, o fenômeno do subdesenvolvimento. E o subdesenvolvimento só poderá ser superado com empreendimentos de vulto que venham suprir as lacunas do nosso debilitado sistema econômico, criando, assim, condições de progresso rápido. Tais obras reclamam, quase sempre, investimentos de monta e constituem, na realidade, um esforço extra, voltado para a superação do ritmo econômico tradicional que é, como todos sabem, insuficiente para permitir um padrão de vida razoável ao nosso povo.[50]

Em situação privilegiada de centro dinâmico da economia brasileira graças a sua industrialização concentrada, o estado de São Paulo era o único no país com receita para financiar seus investimentos. Diferentemente de muitos outros, era responsável pela manutenção de seus aparelhos e infraestrutura, dependendo pouco das transferências do governo federal. Portanto, o "planejamento" do governo não tinha a tarefa de alterar a estrutura econômica do Estado, como era o caso da Sudene no Nordeste, por exemplo, mas de estabelecer uma gestão eficiente de seus recursos[51].

As transformações pelas quais passava a sociedade brasileira não deixariam isento o mundo acadêmico. Como ressaltou Fernando Henrique Cardoso, após o suicídio de Getúlio Vargas, em 1954, e as consequentes tensões sociais, a política invadiu a universidade. Nesse período, que se estendeu até 1964, a Cadeira de Sociologia I da Faculdade de Filosofia, Ciências e Letras da Universidade de São Paulo, regida por Florestan Fernandes, buscou formular uma sociologia que pudesse contribuir para esse processo de transição da sociedade. No entanto, para que pudéssemos dar nosso "salto histórico", o mundo industrial não poderia mais ser regido por aventureiros e pioneiros, nem mesmo por membros advindos do mundo tradicional e agrário, carregando seus hábitos patrimonialistas e paternalistas. A nova ordem do capitalismo monopolista exigia, como pensava Fernandes, um novo tipo de empresário, que fosse "homem de seu tempo", "mais ajustado, intelectual e moralmente, ao complexo mundo econômico da livre-empresa e do capitalismo. Um empresário que perceba como 'técnicos' os mecanismos econômicos em que se vê inserido, através da empresa industrial, e que reaja como 'capitão da indústria' no aproveitamento inteligente das inovações tecnológicas, das oportunidades financeiras e dos arranjos políticos de alcance remoto"[52]. Sob essa perspectiva intelectual, no contexto do ideário da modernização dos anos 1950 e 1960, foi desenvolvida e institucionalizada a sociologia uspiana do trabalho.

---

[50] Ver "Assinado pelo governador decreto que estabelece normas para planejamento dos serviços estatais", *Folha da Manhã*, 13 fev. 1959, p. 3.
[51] José Roberto Mendonça de Barros, "A experiência regional de planejamento", cit.
[52] Florestan Fernandes, *A sociologia numa era de revolução social*, cit., p. 324.

# 2
# Uma comunidade internacional de ciências sociais

> *A ideia de campo questiona a visão irênica do mundo científico, a de um mundo de trocas generosas em que todos os investigadores colaboram para o mesmo fim. Esta visão idealista que descreve a prática como o produto da submissão voluntária a uma norma ideal é contradita pelos fatos: estes que observamos, as lutas, às vezes ferozes, e as competições no interior da estrutura de dominação. A visão "comunitarista" deixa escapar o fundamento mesmo do funcionamento do mundo científico como universo da concorrência pelo "monopólio da manipulação legítima" dos bens científicos, ou seja, mais precisamente do bom método, dos bons resultados, da boa definição de bens...*[1]

O desenvolvimento da sociologia do trabalho ao longo das décadas de 1950 e 1960 esteve associado às políticas impulsionadas por diversos agentes, visando à constituição de uma comunidade acadêmica internacional de ciências sociais. Esse conjunto de ações contou com o protagonismo de organizações internacionais governamentais e não governamentais, intergovernamentais, fundações filantrópicas, universidades e órgãos de governo. Não era a primeira vez que se buscava constituir uma rede de cientistas sociais em âmbito internacional, mas foi a primeira vez que tal empreitada se consolidou e adquiriu uma abrangência nunca antes vista.

Neste capítulo, abordaremos o processo de institucionalização das ciências sociais, em particular a sociologia, e sua concomitante internacionalização. Destacaremos as ações de organizações como a Unesco, de fundações filantrópicas e de associações científicas. Mostraremos, também, como essas ações produziram um intenso intercâmbio de pessoas e de ideias, configurando uma comunidade acadêmica internacional[2].

---

[1] Pierre Bourdieu, *Science de la science et réflexivité: cours du Collège de France 2000-2001* (3. ed., Paris, Raisons d'Agir, 2007, coleção Cours et Travaux), p. 92.
[2] Apesar de concordarmos com a crítica de Bourdieu à construção do conceito de comunidade científica como um espaço puro e neutro ou regido por uma lógica interna autônoma às demais

## As ciências sociais sob os auspícios da Unesco

As relações diplomáticas e o intercâmbio cultural entre os povos, em suas mais variadas formas, ganharam impulso com a criação das Nações Unidas em 1945 e, consequentemente, com o desenvolvimento de seus organismos especializados. Em sua carta de fundação, assinada em 26 de junho daquele ano, lançava-se a promessa de um intercâmbio cultural internacional como parte de um esforço de cooperação entre as nações em vários campos (econômico, social, cultural, científico, humanitário etc.). Consolidava-se, no âmbito mundial, uma visão de regulação da sociedade desenvolvida nos anos anteriores, em particular nos Estados Unidos, pautada fortemente na ideia de que o planejamento econômico e social e a constituição de um certo estado de bem-estar social diminuiriam as fricções produzidas pela sociedade capitalista[3]. Esse ideário político se refletiu no desenvolvimento de uma perspectiva utilitarista da sociologia no pós-guerra nos Estados Unidos. A teoria estrutural-funcionalista, que até então prosperou sem grandes pretensões práticas, tornou-se um instrumento importante de interpretação e proposição, já que analisava o mundo sob o prisma da dicotomia entre equilíbrio-harmonia *versus* desequilíbrio-anomia. A sociologia passou, então, a nutrir as políticas públicas e as ações de organizações civis. Evidentemente, essa política era escamoteada pelo ideário da paz, da segurança e da cooperação entre as nações. Tal perspectiva também esteve associada ao projeto modernizador, ideologia que guiará as ações das agências, instituições, organismos e governos, envolvendo inclusive intelectuais críticos ao desenvolvimento capitalista nos trinta anos após o término da Segunda Guerra Mundial.

A consolidação dessa política, desenvolvida por meio dos embates entre os diferentes Estados-membros dos organismos internacionais em questão, necessitava de coordenação e planejamento e, consequentemente, de pesados estudos especializados. Para esse fim, a própria Organização das Nações Unidas criou o Conselho Econômico e Social (Ecosoc) com o objetivo de realizar "estudos e relatórios a respeito de assuntos internacionais de caráter econômico, social, cultural,

---

    esferas da vida social, como deu a entender a teoria de Merton e outros, preferimos usar a expressão *comunidade* em vez de *campo*, ainda que nossa perspectiva esteja mais próxima à do autor francês. No entanto, em várias passagens do livro, não distinguimos campo de comunidade, usando ora um ora outro como sinônimos; ver Pierre Bourdieu, *Science de la science et réflexivité*; cit.; idem, "Les conditions sociales de la circulation internationale des idées", em Gisèle Sapiro, *L'Espace intellectuel en Europe: de la formation des états-nations à la mondialisation – XIX<sup>e</sup>-XXI<sup>e</sup> siècle* (Paris, La Découverte, 2009), e Pierre Bourdieu, *Homo academicus* (Florianópolis, Ed. da UFSC, 2013).

[3] Como aponta Ortiz, a partir dos anos 1950, o Estado passou a investir grandes somas em pesquisas, criando novas carreiras e oportunidades, acentuando a separação entre intelectuais e especialistas, e "transformando as ciências sociais numa espécie de aparato tecnológico para a sua atuação"; Renato Ortiz, "Notas sobre as ciências sociais no Brasil", *Novos Estudos – Cebrap*, v. 2, n. 27, 1990, p. 170-1.

educacional, sanitário e conexos", podendo, assim, fazer recomendações a respeito de tais assuntos tanto para a Assembleia Geral do órgão quanto para suas agências especializadas (ver art. 62 da *Carta das Nações Unidas*). Foi o Ecosoc que, em 1949, solicitou à Unesco estudos e ações para discutir e impulsionar políticas de combate aos preconceitos raciais[4]. Nesse contexto, os vários organismos internacionais e suas agências especializadas contribuíram para que o conjunto das ciências sociais ganhasse, em particular a sociologia, a antropologia e as ciências econômicas, um prestígio nunca antes tido, que durou por apenas algumas décadas. Os conhecimentos que essas disciplinas produziam eram considerados fundamentais para embasar as ações políticas.

A criação da ONU pode ser considerada uma reação à política de identidade e ao nacionalismo da primeira década do século XX. Junto a ela, outros mecanismos foram estabelecidos, na suposição "de que Estados Unidos e URSS continuariam a concordar o suficiente para tomar decisões globais"[5], relação que logo seria azedada com o início da chamada Guerra Fria. Na prática, a ONU "se tornou um clube cuja filiação, cada vez mais, mostrava que um Estado fora formalmente aceito como soberano internacionalmente"[6]. Ela não tinha poderes para atuar de forma independente e estava limitada aos aportes financeiros de seus Estados-membros. No entanto, se ela foi um fracasso no âmbito das relações políticas mais estratégicas, em algumas áreas secundárias, como a educação e a saúde, cumpriu importante papel na sua promoção ao redor do mundo. Em particular, a ONU serviu aos Estados Unidos como instrumento para proliferação de sua hegemonia cultural.

A Organização das Nações Unidas para a Educação, a Ciência e a Cultura (Unesco, em sua sigla em inglês) foi lançada numa conferência organizada por ministros da Educação de 37 países e entrou em vigor no dia 4 de novembro de 1946, após a ratificação de vinte países signatários[7]. Ela foi uma entre as 15 organizações especializadas das Nações Unidas e carrega, como missão, a "paz internacional", a "prosperidade da humanidade por meio da educação, as ciências e a cultura pela promoção da solidariedade intelectual e moral". É uma organização complexa, ramificada em vários órgãos diretivos, comissões e departamentos e que age em escala internacional, regional e nacional. Todos os seus Estados-membros preci-

---

[4] Esse pedido deu origem a um dos mais importantes estudos sobre a questão racial, envolvendo vários pesquisadores de diferentes países, sob a responsabilidade de Alfred Metraux e a supervisão do brasileiro Arthur Ramos, na época chefe do Departamento de Ciências Sociais da Unesco (DCS) (ver Arthur Ramos, "La cuestión racial y el mundo democrático", *El Correo*, publicação da Unesco, v. 11, n. 10, 1º nov. 1949, Arquivo da Unesco, Paris).
[5] Eric J. Hobsbawm, *A era das revoluções: Europa – 1789-1848* (2. ed., Rio de Janeiro, Paz & Terra, 1979, coleção Pensamento Crítico, t. 13), p. 419.
[6] Idem.
[7] Os países signatários foram Arábia Saudita, Austrália, Brasil, Canadá, Checoslováquia, China, Dinamarca, Egito, Estados Unidos da América, França, Grécia, Índia, Líbano, México, Noruega, Nova Zelândia, República Dominicana, Reino Unido, África do Sul e Turquia.

sam criar uma Comissão Nacional para coordenar a implementação de acordos e políticas estabelecidos entre os governos e a Unesco. No Brasil, essa comissão, criada em 1946, logo passou a se chamar Instituto Brasileiro de Educação, Ciências e Cultura (Ibecc). Vinculado ao Palácio do Itamaraty, no Rio de Janeiro, foi presidido, durante quase toda a década de 1950, por Themístocles Brandão Cavalcanti, personagem que ganhará relevância na parte III.

Com a criação da Unesco, na Conferência de São Francisco, o antigo Institut Internacional de Coopération Intellectuelle, criado em 1924 e retomado em 1944 pelo governo provisório francês, foi dissolvido. A nova organização se inscreveu como continuidade desse instituto, herdando parte de seu pessoal e de suas atividades, o que fez com que, durante seus primeiros anos, fosse mantida uma forte influência francesa. No entanto, durante as conferências de preparação da nova organização já se expressava uma forte disputa entre o que Maurel Chloé denominou de "clã latino" e "clã anglo-saxônico"[8], ou seja, entre duas diferentes concepções de como deveria ser o funcionamento da Unesco. Essa tensão permaneceu nas décadas seguintes e foi um fator importante para a compreensão de nosso objeto, como demonstraremos em seguida.

A Unesco foi uma das principais responsáveis por impulsionar e financiar a reorganização das ciências sociais nos trinta primeiros anos depois do término da guerra e de sua criação. Teoricamente, um dos seus objetivos era promover ações que ajudassem o desenvolvimento do conjunto das ciências. No entanto, era evidente que as ciências da natureza e as ciências exatas já possuíam, bem antes que as ciências sociais e humanas, uma forte organização de abrangência mundial. As ciências sociais haviam tido algumas experiências não duradouras de instituições e associações representativas e de revistas de prestígio internacional, que esbarravam nas múltiplas dificuldades de organização dessa área, em particular a barreira da língua, elemento fundamental de sua expressão. A própria sociologia, por exemplo, havia experimentado embriões de organismos internacionais, como foi o caso do Institut International de Sociologie, criado em Paris em 1893, que reuniu importantes sociólogos franceses e norte-americanos[9]. No entanto, eles pereceram com a chegada da Segunda Guerra Mundial e a dispersão dos intelectuais europeus.

Portanto, a criação da Unesco foi um ponto de inflexão na história das ciências sociais, pois, pela primeira vez, tinha-se um organismo transnacional com relativa estabilidade institucional e capacidade de agir em diversos espaços geográficos em prol do desenvolvimento dessa ciência. Desde sua criação, foi organizado o Departamento de Ciências Sociais (DCS), principal órgão responsável pela

---

[8] Maurel Chloé, *L'Unesco de 1945 à 1974* (doutorado, Université Panthéon-Sorbonne – Paris I, 2006).

[9] Esse instituto conseguiu organizar, entre sua criação e a interrupção de seus trabalhos em 1937, treze congressos internacionais e publicar a *Revue Internationale de Sociologie*.

implementação de suas políticas nesse campo das ciências sociais. Ao longo das décadas de 1950 e 1960, as principais ações da Unesco em prol do desenvolvimento das ciências sociais foram o financiamento e o incentivo à pesquisa; a criação e a manutenção de associações não governamentais acadêmicas; os incentivos e a organização de eventos científicos (congressos, seminários, encontros); a publicação de um boletim trimestral; o mapeamento da situação do ensino e da pesquisa das ciências sociais; o envio de *experts* para assessorar e ajudar em políticas específicas; a criação e a manutenção de centros e instituições de ensino e pesquisa; a padronização de termos e métodos; a vulgarização do conhecimento por meio de publicações; a emissão de bolsas de estudos para estudantes e professores; e o incentivo ao intercâmbio internacional, entre outras tantas medidas.

No primeiro volume do *Boletim Internacional de Ciências Sociais*[10], publicado em 1949, um artigo intitulado "A Unesco e as ciências sociais" ressalta o problema da inexistência de associações nacionais e internacionais das disciplinas de ciências sociais, mesmo diante da importância que já tinham áreas reconhecidas como a economia, a sociologia, a ciência política e o direito comparado. Anunciava, portanto, sua primeira grande política nessa área, ou seja, "facilitar a constituição de organizações internacionais não governamentais"[11]. Em meados dos anos 1950, numa publicação especial sobre as ciências sociais, a Unesco explicou seu programa de ação, a visão e as expectativas que alimentava dessa ciência. Entendia que a evolução das estruturas políticas e sociais impulsionadas pelo desenvolvimento prodigioso da técnica, das transformações econômicas e da conflagração de uma ordem mundial impunha à humanidade a produção de uma ciência social que não se contentasse apenas em compreender e explicar os processos e os mecanismos de transformação do mundo contemporâneo, mas que assumisse o papel de "orientar e de controlar os fenômenos que estão na origem das perturbações da vida nacional e internacional"[12].

As ciências sociais não eram vistas apenas a partir de sua possibilidade técnico--instrumental, mas também das pedagógicas. Uma preocupação recorrente, ao longo dos anos 1950 e 1960, por parte da Unesco, era acerca do nível de ensino das ciências sociais, conforme ressalta a citação a seguir:

---

[10] Tratava-se de uma publicação trimestral da Unesco. Nela, divulgavam-se artigos sobre diversos temas relacionados à organização internacional da comunidade de ciências sociais, a pesquisas realizadas em comum e a reflexões de pesquisadores. Também eram divulgados atas e documentos das associações internacionais (economia, ciência política, sociologia, pesquisa de opinião pública), do Comitê Internacional de Documentação das Ciências Sociais, do Conselho Internacional de Ciências Sociais e outros. A partir de 1959, o boletim passou a se chamar, em francês, *Revue International des Sciences Sociales*.

[11] Ver "L'Unesco et les sciences sociales", *International Social Science Bulletin / Bulletin international des sciences sociales*, Unesco, t. 1, n. 1-2, Paris, 1949. Acervo da BnF, Paris.

[12] Unesco, *Les Sciences sociales*, coleção L'Unesco et son programme, v. 12 (Paris, Unesco, 1954).

Cooperação de especialistas, normalização e difusão da documentação, organização e expansão da pesquisa: muitos fatores, dos quais depende o futuro das ciências sociais. Todos esses esforços não seriam em vão se fossem acompanhados de medidas favoráveis ao desenvolvimento e à melhoria do ensino. Não importa apenas garantir a formação de pesquisadores de amanhã e a preparação satisfatória de certas carreiras, tendo por objeto as relações humanas ou as transformações sociais (funcionários, administradores, juristas, engenheiros, urbanistas, médicos, professores, jornalistas etc.); mas, acima de tudo, cidadãos cultivados deveriam ter algumas noções precisas sobre a estrutura e o funcionamento da sociedade à qual pertencem, assim como sobre outras sociedades.[13]

O documento também afirma que, em numerosos países onde o problema do ensino e da pesquisa em ciências sociais se colocou no curso da primeira metade da década de 1950, geralmente foram fixados para essas disciplinas três objetivos:

1. O conhecimento objetivo da realidade concreta, fundado sobre *a análise e a interpretação*. Esse conhecimento serve de base para o estudo de aplicações práticas que podem ser feitas, assim como para o conjunto da *social engineering* em toda comunidade moderna [...]
2. A formação de especialistas, a preparação planificada dos quadros de pessoal de ensino e de pesquisa científica [...]
3. A difusão de conhecimento científico para a troca de ideias e de documentação para a padronização e o aperfeiçoamento da terminologia e para a elaboração de métodos experimentais suscetíveis de serem aplicados em numerosos países em vista de obter dados comparativos.[14]

Foi por meio do DCS que a Unesco colocou em ação suas políticas para esse campo. O DCS tinha relativa autonomia na execução dos programas, mas as definições gerais ocorriam nas instâncias diretivas da Unesco, o que fazia com que entre a deliberação e a execução houvesse uma série de mediações políticas. Como ressalta Chloé[15], não se deve pensar esse organismo internacional como instituição política homogênea. A complexidade de sua estrutura organizativa, ramificada em diversas frentes, com atuação em múltiplos países, cria uma diversidade de ações e, consequentemente, é um espaço de disputa de concepções. Para compreender determinadas políticas adotadas, é necessário considerar menos aquilo que era deliberado na Assembleia Geral da organização e focar mais naqueles órgãos internos que atuavam na sua implementação e, em particular, em algumas personalidades que assumiam papel protagonista em dadas situações. A implementação de qualquer política dependia, portanto, de uma rede de articulações entre diferentes pessoas, agentes e, em muitos casos, Estados. Os acordos prévios às reuniões deliberativas eram momentos-chave que poderiam fazer uma determinada

---

[13] Unesco, *Les Sciences sociales*, cit., p. 25.
[14] Ibidem, p. 3.
[15] Maurel Chloé, *L'Unesco de 1945 à 1974*, cit.

política prosperar ou morrer. Por conta disso, os documentos referentes a essas articulações são objetos riquíssimos para os pesquisadores.

Apesar da sua importância nas décadas de 1950 e 1960, o DCS estava entre os departamentos menos beneficiados no interior da Unesco. Segundo Peter Lenguel, funcionário a partir de 1953, a evolução do DCS refletia um certo prestígio que esse campo tinha no mundo e o apoio dos primeiros diretores gerais da Unesco[16]. Ele teve um plano ambicioso e inovador, mas com resultados medianos e um tanto quanto frustrantes. Suas ações foram intensas nos anos 1950, mas declinaram progressivamente nos anos 1960 até ele se tornar um departamento marginal na década de 1970. Segundo Chloé, que apresenta uma visão menos entusiasta dos resultados do DCS, mesmo durante os anos 1950 ele jamais conseguiu ter um lugar primordial no cenário sociológico internacional, mantendo-se marginal no interior do organograma da organização. Portanto, o papel e o destaque do DCS estiveram relacionados com qual grupo era hegemônico entre os órgãos diretivos da Unesco[17]. No caso do período analisado neste livro, o DCS conseguiu desenvolver importantes ações que deixaram legados, principalmente no Terceiro Mundo:

> A ação da Unesco em ciências sociais consistiu em encorajar, de uma parte, o ensino de ciências sociais, especialmente com a criação de instituições de ensino e pesquisa em ciências sociais, e, de outra, as pesquisas e os estudos. No entanto, a realização de estudos no domínio das ciências sociais pela Unesco foi recorrentemente enfraquecida pelas pressões políticas que pesavam sobre o conteúdo, e o fato é que elas foram bastante censuradas e mitigadas por razões políticas; outro fator de fraqueza foi sua falha em identificar um nível e um público precisos, permanecendo em meia medida entre o público em geral e o público especializado.[18]

Duas visões divergentes de atuação estiveram em disputa no interior da Unesco. A primeira concepção, a "latina", defendida pela França, enfatizava a necessidade de favorecer uma "cooperação intelectual" entre os povos, ou seja, constituir uma cooperação internacional com base na atividade intelectual, pois acreditava-se que, dessa forma, fortaleceria o desenvolvimento da justiça, da lei, dos direitos humanos e das liberdades fundamentais. Essa visão se expressava num humanismo herdeiro da tradição iluminista e exercia grande influência sobre o mundo ocidental devido à localização privilegiada que a França ainda tinha no campo intelectual em meados do século XX. No entanto, ela expressava mais uma concepção do século anterior e da Belle Époque que as novas demandas do mundo do pós-guerra, e refletia também o estágio de desenvolvimento de suas instituições de produção

---

[16] Ibidem, p. 591.
[17] Em 1967, o DCS é incorporado ao Setor de Ciências Sociais, por decisão de René Maheu (diretor-geral, 1961-1974), diminuindo substancialmente sua importância no interior da Unesco.
[18] Maurel Chloé, *L'Unesco de 1945 à 1974*, cit., p. 592.

intelectual, que se mantinham fortemente conservadoras em suas estruturas e elitistas em sua concepção.

A visão "anglo-saxônica", representada sobretudo pelos Estados Unidos e pela Inglaterra, tinha uma preocupação maior com a educação popular e com o uso da comunicação de massa, privilegiando, assim, mais uma cooperação cultural que intelectual, mais de massa e menos elitista. Ressaltava, sobretudo, a importância da planificação e da assistência técnica aos países periféricos. De uma forma simplificada, essa concepção se explicava por dois fatores. Primeiro, pelo fato de o Reino Unido levar para as Conferências de Ministros Aliados da Educação – que ocorreram de 16 de novembro de 1942 a 5 de dezembro de 1945 – sua preocupação em promover a paz no mundo por meio da cultura. Nessa defesa, manifestava-se uma preocupação particular em relação aos povos "subdesenvolvidos", reflexo das tensões políticas que os ingleses tinham com suas colônias. O outro fator, e talvez um dos mais importantes na influência que teria sobre as instituições de produção intelectual criadas no mundo nos anos 1950 e 1960, era a enorme desigualdade de desenvolvimento entre a sociedade estadunidense e os países do velho continente. Nos Estados Unidos, a educação popular e massiva já era uma questão dada e em via acelerada de desenvolvimento, enquanto na Europa as instituições educacionais, principalmente as superiores, se mantinham restritas a uma reduzida camada social.

Nos primeiros anos de existência da Unesco, predominou em sua orientação política a "visão francesa" (de 1949 a 1952), então representada por seu primeiro diretor-geral, o mexicano Jaimes Torres Bodet. Sua eleição expressou a força política dos países "subdesenvolvidos", em particular latino-americanos, no interior da Unesco nesses primeiros anos[19]. Durante seu mandato, os franceses foram os que mais ocuparam postos administrativos ou colaborativos[20]. Porém, se os estadunidenses e ingleses tinham um contingente menor nos quadros da Unesco, essa proporção era inversa, assim como a sua influência política, nas Nações Unidas, onde as diretrizes fundamentais, que orientavam todos os organismos especializados, eram tomadas. Para diminuir as tensões políticas entre "latinos" e "anglo-saxões", Torres Bodet foi incorporando, durante sua gestão, algumas das medidas de assistência técnica, principalmente após o Ecosoc definir, em março de 1949, as condições de sua execução:

> 1) a assistência para buscar o desenvolvimento econômico será fornecida no quadro de uma ação coletiva e sempre por demanda do país interessado; 2) essa assistência terá como objetivo aumentar a produtividade em áreas onde toda a população pode

---

[19] Idem.
[20] Essa proporção foi mantida durante anos. Em 1954, nos 349 postos de quadros superiores da Unesco, 76 eram ocupados por franceses (22%), 60 por britânicos (17%) e 46 por estadunidenses (13%). Mesmo após a alteração da orientação política para uma concepção mais pró-anglo-saxônica, os franceses continuaram exercendo forte influência política na Unesco, em particular sobre as comissões nacionais. Ver Maurel Chloé, *L'Unesco de 1945 à 1974*, cit., p. 113.

se beneficiar; 3) o governo beneficiado assumirá uma parte dos custos (até 50%, na prática); 4) a assistência fornecida não poderá em caso algum servir de pretexto à ingerência política ou econômica do estrangeiro nos assuntos internos do país interessado.[21]

Foi nas administrações de Luther Evans (1953-1958) e Vittorino Veronese (de 1958 a sua demissão em 1961) que se completou o giro de orientação da Unesco em direção à concepção "anglo-saxônica". Apesar de esta se impor hegemonicamente, as disputas e polarizações permaneceram em todas as suas instâncias. Na gestão de Evans, por exemplo, ganharam destaque as ações em prol da alfabetização no Terceiro Mundo[22].

Ao longo dos anos 1950 e 1960, as crescentes pressões políticas do mundo periférico no interior das instâncias da Unesco criaram novos focos de tensões políticas sobre as definições das orientações e das prioridades do organismo. Uma destas, que ocorreu ainda no final dos anos 1940 e permeou toda a década de 1950, tinha a ver com a proposta de regionalização da organização. Em um debate confidencial, ocorrido em fevereiro de 1949, numa sessão privada do Conselho Executivo, o brasileiro Paulo Berredo Carneiro[23] defendeu que a Unesco fosse reorganizada sobre uma base regional, seguindo os modelos da União Pan-Americana e da Liga Árabe[24]. Tal proposta foi derrotada, mas a disputa deixou evidente que os países periféricos pediam maior atenção. Ao longo dos anos 1950, essa pressão deu origem à criação de centros e institutos de pesquisa, ensino e planejamento nesses países, como foi o caso da Flacso, do Clapcs e da Cepal. O próprio DCS, atendendo às orientações do Ecosoc, passou a impulsionar programas de assistência técnica nessa região.

Portanto, a partir do final dos anos 1950, com a incorporação dos novos Estados independentes da África e da Ásia, o bloco do Terceiro Mundo se tornou a principal força política nas conferências gerais da Unesco. Esse fato coincide com a adoção, por parte dos Estados Unidos e da ONU, de uma perspectiva desenvolvimentista. A Unesco, portanto, no plano geográfico, passou a adotar ações cada vez mais focadas para os países periféricos, e, no plano temático, para as atividades de assistência técnica e de formação de quadros da educação[25].

---

[21] Ibidem, p. 95.
[22] Nos arquivos da Unesco, pudemos encontrar inúmeros documentos relativos a missões de *experts* com o objetivo de analisar o campo, prestar assistência técnica etc. na área da educação.
[23] Paulo Estevão de Berredo Carneiro (1901-1982) foi um químico, embaixador e escritor brasileiro indicado pelo governo para participar da Primeira Assembleia Geral das Nações Unidas, realizada em 1946. Colaborou na fundação da Unesco e ocupou, durante anos, o posto de delegado permanente do Brasil nesse órgão (1946-1958).
[24] Maurel Chloé, *L'Unesco de 1945 à 1974*, cit.
[25] Ibidem, p. 130.

## As associações nacionais e internacionais de sociologia

Após a Unesco ter contribuído para a criação das associações internacionais de ciências econômicas e direito comparado, ela se empenhou na criação das associações de sociologia e ciência política[26]. Uma pequena delegação se reuniu na Maison de l'Unesco, em Paris, no dia 14 de outubro de 1948, para debater o estágio do ensino e da pesquisa da sociologia no mundo e conformar um comitê para organizar o congresso fundacional da nova entidade[27]. Um relatório preliminar, enviado para sociólogos de vários países, listava as funções da futura associação, expressas, posteriormente, em seu estatuto. Entre essas funções, destacam-se: a promoção da sociologia como ciência e ação, encorajando seu estudo e o ensino em todos os países, com ênfase em seu caráter científico e em sua contribuição prática; a elaboração de pesquisas internacionais que encorajassem os estudos comparados e a cooperação entre os sociólogos; a troca de informações por meio da publicação de uma revista internacional; a criação de um centro de documentação e também de traduções e publicações; e, por fim, a estimulação de contatos pessoais por meio da organização de encontros e conferências internacionais e de intercâmbio de professores e estudantes em cooperação com agências nacionais e internacionais[28].

Estavam lançadas as bases para a construção de uma rede internacional de sociólogos. O processo de criação da Associação Internacional de Sociologia (ISA, na sigla em inglês) deu origem a uma intensa correspondência entre aqueles diretamente envolvidos na consolidação da nova associação, os membros do Departamento de Ciências Sociais da Unesco e os vários sociólogos espalhados pelo mundo. Algumas dessas cartas chegaram a São Paulo, o que incitou o "grupo paulista" a reanimar a Sociedade Paulista de Sociologia, alterando seu nome para uma representação mais ampla, o que deu origem à Sociedade Brasileira de Sociologia (1950), entidade que logo se filiaria à ISA e teria o *status* de representante da associação no Brasil[29]. Processos semelhantes a esse ocorreram em vários países, fazendo com que, no início dos anos 1950, associações nacionais de sociologia fossem criadas em todo o mundo. Também surgiram entidades regionais, como

---

[26] A Unesco foi responsável pela criação e pelo financiamento das seguintes associações: International Union of Anthropological and Ethnographical Sciences (1948), International Sociological Association (1949), International Political Science Association (1949), International Economic Association (1949), International Association of Legal Sciences (1950) e International Union of Psychological Science (1951).

[27] Estavam presentes na reunião os franceses Le Brams, Davy e Gurvitch, o holandês Den Hollander, o sueco Koenig, os estadunidenses Lazarsfeld e Wirth, o norueguês Erik Rinder e, pela Unesco, Brodersen e Klineberg. Ver *Preliminary Report in Meeting on International Sociological Association, Unesco House, 14 october 1948*. Arquivo IEB-USP, Arquivo Fernando de Azevedo. Código: Fa-D3/1,01.

[28] Idem.

[29] Ver Arquivos da Unesco, Paris; Arquivos de Florestan Fernandes, Ufscar, São Carlos; e Arquivos de Fernando de Azevedo, IEB-USP, São Paulo.

foi o caso da Associação Latino-Americana de Sociologia (Alas), articulada em 1950 durante o I Congresso da ISA.

O resultado desse processo foi que os intelectuais e suas ideias passaram a contar com uma rede internacional estabelecida por meio dessas instituições e associações, além dos intercâmbios e missões técnicas ou acadêmicas, bem como as revistas, os congressos e os seminários acadêmicos internacionais. Essa rede reforçou os laços sociais e acadêmicos, como também estabeleceu uma linguagem e temas comuns[30]. Pode-se argumentar que esses instrumentos acadêmicos, em seu conjunto, "não criam somente um fórum de *socialização* que multiplica as oportunidades para além das fronteiras: eles funcionam também como *grupos de interesse*, estimulando a difusão internacional de saberes e de associações científicas nos países em que estas estão ausentes"[31]. Portanto, pode-se concluir que esses organismos ajudaram a difundir as ideias, os métodos e os procedimentos (além dos temas) das principais metrópoles científicas (Estados Unidos, Grã-Bretanha, França e Alemanha), e também permitiram que as produções intelectuais das periferias fossem propaladas no centro, como foi o caso das criativas teses elaboradas pela sociologia uspiana nas décadas de 1950 e 1960.

A ISA foi fundada em Oslo entre os dias 5 e 11 de setembro de 1949. Foi o primeiro congresso internacional de sociologia desde 1937. Estiveram presentes representantes de 21 países, nenhum delegado do Brasil[32]. Esse congresso constitutivo votou o estatuto da nova entidade, elegeu um Comitê Provisório[33] e, entre as questões debatidas, destacou a questão da internacionalização das ciências sociais, as pesquisas internacionais e a cooperação com a ONU e a Unesco, além da necessidade de facilitar o intercâmbio de documentos relativos à situação da sociologia em diversos países. A Unesco já tinha publicado dois volumes dos

---

[30] Conforme William M. Evan, "L'Association Internationale de Sociologie et l'internationalisation de la sociologie", *Revue Internationale de Sciences Sociales* (Unesco), v. 27, n. 2 (1975), 410-20, p. 411.

[31] Johan Heilbron, Nicolas Guilhot e Laurent Jeanpierre, "Internationalisation des sciences sociales: les leçons d'une histoire transnationale", em Gisèle Sapiro, *L'Espace intellectuel en Europe*, cit., p. 324.

[32] Estava presente o antropólogo Arthur Ramos, mas na condição de chefe do Departamento de Ciências Sociais da Unesco. O único representante da América do Sul era o uruguaio I. Ganon. Os países representados foram Áustria, Bélgica, Canadá, Cuba, Dinamarca, Egito, Finlândia, França, Alemanha, Índia, Israel, Itália, Países Baixos, Noruega, Polônia, Reino Unido, Estados Unidos, Suécia, Suíça, Turquia e Uruguai. Ver *Report on the First Conference of the International Association of Sociology, Approved by the Full Session. Oslo, September 10th, 1949*. Arquivo IEB-USP, Arquivo Fernando de Azevedo. Código: FA-D3/1,04.

[33] O Comitê Provisório foi composto de todos os membros presentes em Oslo. Ele votou um Comitê Executivo Provisório com nove membros, com a seguinte composição: presidente: L. Wirth (Estados Unidos); vice-presidentes: G. Davy (França) e M. Ginsberg (Grã-Bretanha); secretário-geral e tesoureiro: E. Rinder (Noruega); outros membros: Ganon (Uruguai), Th. Geiger (Dinamarca), H. Khosla (Índia), R. König (Suíça), S. Ossowski (Polônia) e A. Zaki (Egito). Ver idem.

*Study Abroad*[34] e o congresso debateu meios de a nova entidade contribuir com esses cadernos, expressando o ponto de vista da sociologia. O professor Zaki, do Egito, propôs que a ISA estabelecesse um centro permanente de informações relativas aos professores suscetíveis de ensinar no exterior e enfatizou, também, o fato de que a Lei Fulbright[35] permitia que parte dos créditos do Plano Marshall fosse destinada aos estabelecimentos de ensino superior dos países envolvidos. O representante da ONU no congresso reforçou a fala de Zaki e lembrou que seu organismo tinha vários projetos em andamento, entre eles um sobre a "questão da assistência técnica aos países de desenvolvimento insuficiente"[36].

A organização da comunidade acadêmica de sociologia em sua extensão nacional e internacional era uma demanda latente que encontrou no apoio da Unesco as condições necessárias para seu desenvolvimento exponencial. Em 1950, ano de seu primeiro congresso[37], a ISA contava com a filiação de 35 coletivos, representando 39 países, enquanto em 1959 esses números passaram, respectivamente, para 66 e 58[38]. Podemos verificar os impactos dessa política na progressão do número de participantes e de países representados nos quatro primeiros congressos mundiais da ISA, conforme a Tabela 2.1 (na próxima página).

Durante os anos 1950, a participação e a influência latino-americana nos congressos da ISA foram bem menores que a europeia e a estadunidense. Os franceses estavam entre as maiores delegações nesses eventos, fato que refletia seu peso político nesse meio acadêmico, mesmo a sociologia sendo, ainda, na França, uma ciência

---

[34] O *Study Abroad* ou *Études à l'étranger* ou *Estudios en el extranjero* era publicado pela Unesco nas suas três línguas oficiais, inglês, francês e espanhol.

[35] Tratava-se de um amplo programa de bolsas de intercâmbio educacional e cultural do governo dos Estados Unidos, criado em 1946, por lei do senador K. William Fulbright.

[36] Ver *Primeira Conferência da Associação Internacional de Sociologia, ocorrida em Oslo de 5 a 11 de setembro 1959*, Fa16 e *Bulletin International des Sciences Sociales*, t. 1, n. 3-4, Paris, 1949. Acervo da Bnf, Paris.

[37] O I Congresso Mundial de Sociologia ocorreu concomitantemente ao I Congresso Mundial de Ciência Política, entre os dias 4 e 9 de setembro de 1950, em Zurique, na Suíça. Os dois foram patrocinados pela Unesco e realizaram algumas mesas conjuntas de debates.

[38] Segundo o Estatuto da ISA, "em princípio, a associação agrupa exclusivamente organizações que se ocupam da sociologia", porém, em países ou regiões onde não existiam organizações-membros da ISA, todo indivíduo qualificado poderia se tornar membro da associação até que tivesse sido constituída uma organização nacional ou regional à qual ele pudesse aderir. Ou, em casos excepcionais, poderia haver adesão de indivíduos ou de associações mesmo já existindo uma entidade de representação nacional (ver *Status de l'Association Internationale de Sociologie, 14 octobre 1949*. Arquivo IEB-USP, Arquivo Fernando de Azevedo. Código: FA 03/1,05). O Brasil sempre foi representado pela SBS, mas a França entrava na categoria de vários associados. Em março de 1950, o Comitê Executivo da ISA admitiu como membros titulares o Centre d'Études Sociologiques, o Institut Français de Sociologie e o Institut National d'Études Démographiques (ver *Bulletin International des Sciences Sociales*, t. 2, n. 3, outono 1950. Acervo da Bnf, França).

**Tabela 2.1 – Participação nos congressos mundiais de sociologia, em total de participantes e países representados – 1949-1959**

| Ano | Congresso | Cidade (país) | Participantes | Países |
|---|---|---|---|---|
| 1949 | Congresso Constitutivo | Oslo (Noruega) | 24 | 21 |
| 1950 | I Congresso | Zurique (Suíça) | 124 | 30 |
| 1953 | II Congresso | Liège (Bélgica) | 281 | 34 |
| 1956 | III Congresso | Amsterdã (Holanda) | 524 | 54 |
| 1959 | IV Congresso | Milão e Stresa (Itália) | 980 | 50 |

Fonte: elaborada pelo autor, com base nas *Atas dos Congressos Mundiais de Sociologia*, ISA, 1959, 1950, 1953, 1956 e 1959. Acervo da BnF, França.

marginalizada e não institucionalizada como curso superior[39]. Nos congressos, as funções de relatores, organizadores de discussões dos grupos de trabalho (subseções do congresso) e expositores de pesquisas eram majoritariamente ocupadas por indivíduos de nacionalidades europeias, com expressivo número de franceses e estadunidenses. No entanto, esses fatores não diminuíam a importância da ISA como espaço político-acadêmico privilegiado que possibilitou criar e aprofundar as relações entre Estados Unidos e Europa e entre norte e sul do mundo ocidental ao longo dos anos 1950 e 1960.

No caso específico dos latino-americanos, se a sua participação era quase ínfima nos congressos internacionais – e isso se justificava, essencialmente, pelos encargos financeiros que representavam as viagens –, o contrário ocorria no âmbito da diretoria da ISA. A presença permanente de latino-americanos e, em especial, de brasileiros em todas as diretorias eleitas nos anos 1950 comprova a importância política e acadêmica dessa região no desenvolvimento do campo das ciências sociais. Dois brasileiros, em especial, tiveram destaque na promulgação dessa relação no âmbito das associações internacionais e regionais: Fernando de Azevedo e Luiz de Aguiar Costa Pinto. O primeiro foi vice-presidente da ISA entre 1950 e 1952, eleito no congresso de Zurique, e teve de assumir, durante alguns meses, as responsabilidades de presidente após a morte de Louis Wirth em 1952. Costa Pinto foi membro do Comitê Executivo (1953-1956) e vice-presidente (1956-1959) da associação.

No que se refere à delegação francesa, o destaque esteve na atuação daqueles que compuseram, no final dos anos 1940, o Centre d'Études Sociologiques[40]. Entre eles, Georges Friedmann foi uma das mais proeminentes figuras e, consequentemente, um dos principais a atuar no interior da ISA. Ele compôs, ao longo da primeira metade dos anos 1950, comissões voltadas para discutir, formular e

---

[39] A associação nacional de sociologia mais bem estruturada e com maior número de associados nesse momento era, evidentemente, a dos Estados Unidos.

[40] Georges Friedmann, Alain Touraine, Edgar Morin, Georges Gurvitch, entre outros.

executar pesquisas, além de marcar presença destacada nos congressos mundiais. Foi presidente da associação de 1956 a 1959, justamente o período em que foram criados, na América Latina, com incentivos da Unesco, o Clapcs e a Flacso – Friedmann presidiu esta última de 1958 a 1964. Sua atuação nesses espaços colocou em relevo os temas de seus estudos, em particular a sociologia do trabalho.

A participação dos brasileiros nos congressos internacionais e nas diretorias da ISA, nos espaços da Unesco e de outros organismos internacionais permitiu--lhes estreitar laços com sociólogos de outras nacionalidades, em especial os franceses. Essa tese é confirmada pela farta correspondência entre os brasileiros e os intelectuais de outras nacionalidades, encontrada nos arquivos pesquisados. A relação de Friedmann com os sociólogos da USP, por exemplo, teve início nesses fóruns internacionais. Como mostraremos em capítulo posterior, foi por meio de Fernando de Azevedo, catedrático da Cadeira de Sociologia II da USP e, na época, da recém-criada Capes[41], chefiada por Anísio Teixeira, que se articulou à vinda de Georges Friedmann e de seu grupo ao Brasil com a missão de contribuir para o desenvolvimento de um polo de sociologia do trabalho em São Paulo. No entanto, e esse é um fator relevante, os temas relativos ao mundo do trabalho e da indústria ganharam destaque no interior dos fóruns da Unesco e da ISA ao longo dos anos 1950, fato que contou com a fundamental contribuição de Friedmann.

Os temas que pautaram os congressos mundiais da ISA refletiram os debates e as pesquisas que vinham sendo desenvolvidos nos principais polos de produção das ciências sociais, fundamentalmente nos Estados Unidos e na Europa ocidental. Uma reflexão presente em todos os congressos era sobre a capacidade da sociologia de intervir no processo de transformação social em curso. Evidentemente, essa problemática era indissociável da nova função social dos cientistas e de sua posição frente às políticas estatais de planificação. A fala de Georges Friedmann, então presidente da ISA, na abertura do IV Congresso Mundial de Sociologia (1959), deixa evidente a concepção de ciência que tal geração buscava produzir. Como muitos outros, ele estava convencido de que a sociologia poderia auxiliar os Estados e as entidades da sociedade civil na prevenção de determinados problemas sociais e na melhor adaptação ao desenvolvimento técnico da sociedade:

> A sociologia, estreitamente vinculada às outras ciências sociais, afirma-se cada vez mais como uma necessidade de tomada de consciência da sociedade industrial por ela mesma [...] Ou seja, em face do progresso técnico do qual as ciências da natureza são as infatigáveis

---

[41] A Campanha Nacional de Aperfeiçoamento de Pessoal de Nível Superior (atual Capes) foi criada em 11 de julho de 1951 e tinha como uma de suas funções dar "início a um duplo programa de emergência, compreendendo a assistência técnica às universidades, mediante o contrato de professores estrangeiros e o preenchimento das lacunas mais instantes do nosso quadro técnico--científico, mediante o aperfeiçoamento no estrangeiro" (Ver *A campanha de aperfeiçoamento de pessoal de nível superior*. Arquivo Anísio Teixeira, Arquivo FGV-CPDOC. Código: AnT p/ Capes 1952/1964.00.00).

promotoras, a sociologia, se fosse mais bem equipada e constantemente consultada, poderia, ao controlar melhor a introdução e a adaptação das coletividades e dos indivíduos, ajudar a encontrar um equilíbrio que ainda não há em nenhuma parte do mundo.
[...] constatamos que a ambição do conhecimento científico se confunde com a exigência (ou a nostalgia) da ação. A ação do sociólogo pode ser projetada por ele essencialmente como a transformação militante do meio. Mas ele pode também considerar que sua missão é, antes de tudo, ajudar o homem na sua adaptação a esse novo meio [...] os sociólogos ocidentais contribuem para a transformação, e em todo caso para a reforma, do meio social com suas pesquisas sobre a urbanização, sobre as grandes organizações administrativas, a saúde mental, o sistema hospitalar, as relações raciais etc. O papel do sociólogo é diferente segundo a coletividade que dele exige: uma grande administração pública (ou seja, o Estado), uma empresa industrial, comercial, financeira, uma corporação econômica, um sindicato, uma associação profissional [...][42]

Em janeiro de 1953, a pedido do DCS, o Secretariado da ISA solicitou ao seu Comitê Executivo e ao Comitê de Pesquisa sugestões sobre quais deveriam ser as pesquisas impulsionadas pelo DCS no período de 1955-1956. Em relatório formulado em junho, destacam-se cinco temas considerados centrais: *estrutura e mobilidade social* (proposta de Glass, Köning e outros); *relações humanas na indústria*, ou seja, os impactos do avanço da tecnologia sobre a estrutura ocupacional, as relações de trabalho, as questões morais e as relações com o lazer etc. (proposta de Clemens e Friedmann); *os problemas sociais de desenvolvimento econômico em áreas subdesenvolvidas*, como a assimilação de novas tecnologias, novos hábitos de trabalho, novos incentivos e novos arranjos econômicos, assim como o declínio do colonialismo (proposta de Clemens, Friedmann, Hollander e Bonne); *fatores sociológicos das relações internacionais* (proposta de Cinsberg, Clemens e Den Holander); e *pesquisa sobre família* (proposta de Glass)[43]. Os três primeiros pontos compuseram os programas de pesquisas e os debates de diferentes naturezas ao longo dos anos 1950 e 1960, promovidos e incentivados pela ISA e pelo DCS.

O tema *estrutura e mobilidade social* já era objeto de pesquisa da ISA, que recebia financiamento da Unesco desde 1950[44]. Essa pesquisa tratou de uma investigação

---

[42] Georges Friedmann, "Société et connaissance sociologique", *Annales: Économies, sociétés, civilisations*, Extrait 1, 1960, p. 11, 15-16.
[43] Friedmann, como membro do Comitê de Pesquisa, destacou no relatório que "em relação aos efeitos do progresso técnico (*human implications of technological change*) nas sociedades industriais avaliadas, sugiro um estudo comparado, entre as empresas de diversos países (Grã-Bretanha, Estados Unidos, França, Alemanha, Itália etc.) dos efeitos da divisão do trabalho em relação com o tamanho da unidade [...] Uma reação se manifesta atualmente contra uma excessiva divisão das operações industriais e seus incidentes sobre as atitudes, o interesse e a satisfação no trabalho. Há aqui uma indiscutível fonte de 'tensões' que seria importante 'prospectar e esclarecer'" (ver *Suggested Recommendations for the Social Sciences Programme of Unesco for the Two-year Period 1955-1956*, Arquivo IEB-USP, Arquivo Fernando de Azevedo. Código: FA-D3/2,13).
[44] Ver *Supplement to Report on Budgetary Matters, 10$^{th}$ of September 1949-31$^{st}$ of December 1951*, Arquivo IEB-USP, Arquivo Fernando de Azevedo. Código: FA-D3/1,25.

sobre a estratificação social, buscando compreender as origens sociais e os padrões de carreira característicos de determinadas profissões, as mudanças nas estruturas ocupacionais em países altamente industrializados e subdesenvolvidos, os fatores educacionais envolvidos na mobilidade profissional, entre outras preocupações. Esse estudo adquiriu tamanha importância que se tornou o tema central do II Congresso Mundial de Sociologia, ocorrido em 1953, na Bélgica. Ele também foi o mais discutido e que mais recebeu comunicações por escrito (cinquenta, para um congresso que contou com 281 participantes), expostas em quatro sessões[45].

Outra importante colaboração entre a ISA e a Unesco no campo da pesquisa foi quanto ao ensino e à pesquisa de ciências sociais. Não vamos nos alongar sobre essa questão neste momento, pois ela será ainda objeto de análise mais aprofundada, mas vale destacar que tal política foi votada no I Congresso da ISA (1950), evidenciando desde sua criação uma cooperação entre as duas organizações com o objetivo de mapear a situação das ciências sociais em vários países e pensar propostas para melhor desenvolvê-las. Entre 4 e 6 de junho de 1952, a ISA e a Unesco organizaram, na Maison de l'Unesco, em Paris, a Conferência sobre o Ensino de Sociologia, Psicologia Social e Antropologia Social, na qual foram apresentados relatórios nacionais organizados por Fernando de Azevedo (Brasil)[46], Edgar Morin (França), Mendieta y Nunez (México), entre outros. Entre os presentes na reunião estavam Pierre de Bie (*chairman*), Georges Davy e Marris Ginsberg (vice-presidentes da ISA), Gabriel Le Bras (Comitê sobre Ensino e Formação da ISA), Bottomore, René Clemens, Friedmann, Gurvitch, Henri Levy-Bruhl, entre outros. Nenhum brasileiro pôde comparecer à conferência[47].

Neste livro, nos interessam os estudos relativos ao mundo do trabalho e da indústria, que foram ganhando relevância ao longo dos anos 1950 no interior da ISA e da Unesco, como consequência, entre vários fatores, da publicação e da socialização dos resultados de grandes pesquisas realizadas na Europa e nos Estados Unidos. Nessa questão, em particular, foi decisiva a atuação de Friedmann no Comitê de Pesquisa e, posteriormente, na presidência da ISA, assim como sua colaboração em espaços que prestavam consultoria à Unesco. Tão logo assumiu a presidência da associação, por exemplo, ele organizou um Subcomitê de Pesquisas

---

[45] Alain Touraine foi responsável por apresentar ao congresso um relatório sobre essa questão, com o título *Rapport sur la préparation en France de l'enquête internationale sur la stratification et la mobilité sociales*. Ele também apresentou uma comunicação no congresso: "Le Statut social comme champ d'action" (ver *Bulletin International des Sciences Sociales*, t. 6, n. 1, 1954. Acervo da Bnf, França).

[46] O *Relatório sobre o resultado da pesquisa sobre o ensino de sociologia, psicologia e antropologia social no Brasil* (Arquivo IEB-USP, Arquivo F. de Azevedo. Código FA-D3/1,32) foi fruto de uma pesquisa supervisionada e elaborada por F. de Azevedo. Os dados foram coletados por Ermalinda de Castro, Zilah Arruda de Novais e Maria Isaura Pereira de Queiroz.

[47] Ver *Round Table Conference on the Teaching of Sociology, Social Psychology and Social Anthropology*, Arquivo IEB-USP, Arquivo F. de Azevedo. Código: FA-03/02,09.

sobre Sociologia Industrial que chegou a realizar um encontro internacional com a participação de sociólogos de diversos países[48]. Também foi durante sua gestão que o *Bulletin International des Sciences Sociales* publicou um dossiê sobre "as consequências sociais da automação"[49]. Como veremos, a visibilidade que Friedmann deu à sociologia industrial lhe possibilitou estreitar relações com instituições da América Latina, como em 1956, quando enviou para o Chile alguns de seus assistentes com o objetivo de desenvolver uma pesquisa empírica no recém-criado Instituto de Sociologia da Universidade do Chile.

*O Conselho Internacional de Ciências Sociais*

No I Congresso Mundial de Sociologia (1950), foi aprovada a proposta de criação de um conselho internacional que funcionaria como órgão consultivo da Unesco e como fator de mediação entre a ISA e o DCS. Ele teria como objetivos centralizar as informações sobre as ciências sociais no mundo, ser um instrumento de facilitação de estudos cooperativos e comparativos, e de treinamento de pessoal, além de buscar atrair recursos e alocá-los de forma eficaz. Essa proposta foi aprovada, também, pela Unesco em sua VI Conferência Geral, ocorrida em Paris, em 1951[50]. Com o objetivo de colocá-lo em prática, a ISA criou em 1950 um subcomitê, com a participação de sociólogos de várias nacionalidades, como Friedmann, Lévi-Strauss, D. Glass e Fernando de Azevedo, além de observadores

---

[48] Uma contribuição de Friedmann nesse momento foi ter proporcionado um diálogo entre sociólogos de países capitalistas e socialistas sobre a questão do trabalho. A convite do governo soviético, sob mediação do presidente do DCS, ele organizou essa reunião em junho de 1957, nas dependências da Unesco. O encontro contou com a presença de Louis Kriesberg (Universidade de Chicago), Alain Touraine (CES), T. B. Bottomore (pela ISA), René Clemens (Universidade de Liège) e Carl Kantke (Hamburgo). Jean-Daniel Reynaud, previsto na lista de presença, não pôde comparecer. O debate girou em torno da propriedade e da participação dos trabalhadores na gerência das empresas industriais. Alguns defendiam a estatização e o controle dos trabalhadores nas empresas, enquanto outros viam a participação dos operários nas decisões das fábricas como uma extensão da atividade sindical (ver *Bulletin International des Sciences Sociales*, t. 10, n. 1, 1958. Acervo da Bnf, França; *Carta de Friedmann a R. Ragey*, diretor do CNAM, de 30 out. 1957. Fonds Thiercelin. Histoire du Travail, Arquivos do CNAM, Paris. Código: 70cH14).

[49] A "Introdução" do dossiê, assinada por Crozier e Friedmann, destaca que essa seria a primeira série de contribuições de especialistas internacionais para o estudo da automação. Foram publicados artigos de P. Naville, P. Einzig, J. Diebold, K. Klimenko e M. Rakovki, A. D. Booth, D. Morse e J. R. Glass (ver *Bulletin International des Sciences Sociales*, t. 10, n. 1, 1958. Acervo da Bnf, Paris).

[50] A resolução 3.17 da conferência, que autorizou seu diretor-geral a tomar as medidas necessárias para concretizar a proposta, previa a criação de um conselho internacional de pesquisa em ciências sociais e de um centro internacional de pesquisa em ciências sociais para o estudo sobre as implicações das alterações tecnológicas (ver *Analytical Survey of Problems and Proposals Relating to the Organization of the International Council of the Social Sciences*, Arquivo IEB-USP, Arquivo Fernando de Azevedo. Código: FA-D3/1,30).

de outras agências especializadas da ONU, como a OMS e a OIT. Em reunião de articulação ocorrida entre 18 e 21 de dezembro de 1951[51], o presidente da ISA, Louis Wirth, e seu vice-presidente, Fernando de Azevedo, "deram grande ênfase à necessidade de incluir entre as tarefas do conselho internacional a promoção geral da compreensão pública das ciências sociais e a sua aplicação prática aos problemas enfrentados pela humanidade na era atual". Azevedo também defendeu, em outra oportunidade da reunião, a importância de estimular a criação de estabelecimentos nacionais de pesquisa[52], algo que coincidiu com a preocupação expressa por Paulo Berredo Carneiro no interior da Unesco.

O Conselho Internacional de Ciências Sociais passou a funcionar em 1953, reunindo as associações internacionais das diversas áreas de ciências sociais e possibilitando uma colaboração mais estreita entre especialistas de diferentes países. Esse conselho foi um dos responsáveis pela organização das conferências regionais sobre o estágio da pesquisa e do ensino de ciências sociais ocorridos na Ásia, no Oriente Médio e na América Latina. Também tomou a tarefa de sistematizar uma terminologia em comum para a disciplina, entre outras.

### As fundações filantrópicas e as ciências sociais

As fundações filantrópicas estadunidenses estiveram entre as principais instituições privadas com atuação internacional que contribuíram para o desenvolvimento das ciências sociais ao longo de todo o século XX, sobretudo após a Segunda Guerra Mundial. Podemos ressaltar dois períodos de atuação delas: o primeiro, que corresponde ao momento de sua criação, no final do século XIX, tendo se estendido até meados do XX, foi marcado por ações guiadas por uma ideologia difusa de que a sociedade poderia ser aperfeiçoada com a utilização de uma parte das grandes riquezas para diminuir, por meio de ações racionais, os problemas e as desigualdades produzidos pelo capitalismo. O segundo teve início durante a Segunda Guerra Mundial e se consolidou na fase da Guerra Fria, quando essas fundações tornaram-se uma peça-chave da política externa do governo estadunidense. Foi durante esse período que as ciências sociais passaram a ter maior

---

[51] Na abertura dessa reunião, o diretor-geral da Unesco, Torres Bodet, marcou presença, mostrando a importância que tinha para o órgão a conformação desse conselho internacional. Também estiveram presentes a diretora do DCS, A. Myrdal, e uma figura associada a esse departamento que cumpriu importante papel para o desenvolvimento das ciências sociais na América Latina, K. Szczerba-Likiernick (ver Arquivo IEB-USP, Arquivo Fernando de Azevedo. Código: FA-D3/2,01).

[52] Ver *Analytical Survey of Problems and Proposals Relating to the Organization of the International Council of the Social Sciences*, Arquivo IEB-USP, Arquivo Fernando de Azevedo. Código: FA-D3/1,30.

relevância para essas fundações filantrópicas, com grandes somas investidas em instituições e na qualificação de pessoal.

Tais fundações filantrópicas são herdeiras da tradição protestante que valoriza não apenas o trabalho capaz de conduzir ao enriquecimento pessoal, mas também a ação de destinar parte dessa riqueza acumulada à comunidade. Elas surgiram durante o período de rápida industrialização e crescimento econômico dos Estados Unidos, entre 1850 e 1900, com personagens do mundo industrial – como Andrew Carnegie e John D. Rockefeller –, que acreditavam que seu país estava numa marcha interminável do crescimento econômico[53]. A novidade das fundações filantrópicas em relação às outras formas de caridade é que elas não visavam apenas ajudar os pobres, mas atacar as causas que supostamente produziam a miséria. Não tinham como objetivo acabar com os ricos, nem mesmo distribuir as riquezas aos pobres, mas "aplicar" parte dessa riqueza em ações precisas, voltadas para o benefício da comunidade e para a criação de novas oportunidades para os mais aptos. Junto com isso, carregavam a racionalidade do mundo industrial, estruturando suas ações por meio do princípio da eficácia e da rentabilidade de seus investimentos. Suas ações ocorriam tanto nos Estados Unidos quanto nos países estrangeiros.

Em 1990, o número de instituições filantrópicas nos Estados Unidos era de algumas dezenas. Essa cifra passa para 7 mil em 1950, 20 mil em 1990 e 60 mil em 2003[54]. As três maiores fundações do século passado que tiveram relevância para o mundo acadêmico foram a Carnegie, a Rockefeller e a Ford. Elas investiram pesado não só em universidades e em instituições de pesquisa estadunidenses como em suas similares na África, na Ásia, na América Latina e na Europa. As principais formas de ajuda das fundações a essas instituições se deram com investimentos em programas de pesquisa, em centros de investigação e na qualificação de pessoal, em particular por meio da concessão de bolsas para intercâmbios e missões de estudo, trabalho ou assistência técnica.

As ações dessas fundações nos países estrangeiros foram marcadas por tensões e contradições, pois, se por um lado visavam exportar e difundir o americanismo, conquistando uma hegemonia cultural nos países considerados estratégicos pela política externa estadunidense durante a Guerra Fria, e formar assim uma elite de intelectuais e de tecnocratas que pudesse encaminhar reformas sociais e manter o país alinhado aos Estados Unidos e distante da influência de ideologias negadoras do capital[55], por outro também deram origem, ao dar certa autonomia aos intelectuais envolvidos em seus programas, a uma produção intelectual crítica, capaz

---

[53] Ludovic Tournès, *Sciences de l'homme et politique: les fondations philanthropiques américaines en France au XXᵉ siècle* (Paris, Classiques Garnier, 2011).
[54] Idem.
[55] Edward H. Berman, *The Ideology of Philanthropy: The Influence of the Carnegie, Ford, and Rockefeller Foundations on American Foreign Policy* (Albany, State University of New York Press, 1983).

de mirar até mesmo o próprio sistema. O fato é que a relação entre as intenções do financiador e os resultados das pesquisas não é mecânica e direta. É claro que as agências de créditos podem definir quais áreas, tipos e temas vão ajudar a se desenvolver. Nos casos em que são as principais ou únicas fontes de recursos, elas têm o poder de excluir determinados grupos. No entanto, também é verdade que, sabendo dessa estratégia, muitos pesquisadores se aproveitaram dos financiamentos para produzir suas pesquisas mantendo certa autonomia, pois, em muitos casos, elas eram a única forma de obter alguma ajuda financeira. Foi nos anos 1950 e 1960, com o surgimento das agências estatais de fomento às pesquisas e com a maior presença das fundações filantrópicas estadunidenses que as ciências sociais passaram a se preocupar em construir uma linguagem acadêmica que pudesse apresentar uma suposta neutralidade frente ao objeto, escamoteando, assim, as intenções políticas de uma das gerações de intelectuais acadêmicos mais politizada de nossa história.

As fundações Rockefeller e Ford investiram grandes somas no desenvolvimento das ciências sociais e em universidades que as sustentavam, pois acreditavam que elas tinham a habilidade de "gerir racionalmente" a mudança social. Em meados dos anos 1950, por exemplo, a Fundação Rockefeller acreditava que as ciências sociais teriam o papel de contribuir para a evolução das sociedades não industrializadas, sem prejudicar sua integridade cultural e política, e ajudar na elaboração de políticas públicas[56]. Segundo Miceli,

> a doutrina oficiosa da Fundação Ford sobre o desenvolvimento na década de 1960 baseava-se numa equação convencional, que envolvia crescimento econômico, avanço tecnológico e competência gerencial, consequentemente vendo as Ciências Sociais quase exclusivamente segundo uma ótica instrumental, buscando uma ligação automática entre os seus resultados e a imediata formulação de políticas governamentais; apesar disso, as Ciências Sociais não econômicas (Ciência Política, Antropologia e, em menor grau, Sociologia) tornaram-se as linhas prioritárias de apoio.[57]

### As fundações filantrópicas na França

Na França, as três principais fundações do século XX concentraram suas ações entre 1910 e 1970, em áreas como saúde, educação e ciências sociais. No período entreguerras, várias instituições de pesquisa francesas receberam aportes financeiros, como foi o caso das subvenções da Fundação Rockefeller à Universidade de Paris, Sorbonne, que permitiram sustentar o importante Centre de Documentation Sociale (CDS), criado em 1920, vinculado à ENS e dirigido por Célestin Bouglé[58]. Dessa forma, os créditos permitiram que o CDS mantivesse, até 1939, atividades

---

[56] Ibidem, p. 79.
[57] Sergio Miceli, *A Fundação Ford no Brasil* (São Paulo, Fapesp/Sumaré, 1993), p. 43.
[58] O CDS foi criado em 1920, com a ajuda financeira do banqueiro Albert Kahn. Depois da falência de Kahn, em 1929, a Fundação Rockefeller passou a financiar o centro. Também se

regulares de pesquisa (empíricas) e dois postos de assistente. Um desses postos[59], destinado a alunos *normaliens* (como são chamados aqueles que se formam na ENS), foi ocupado pelo então jovem Friedmann (de 1932 a 1935), período em que ele se dedicou à reflexão sobre o maquinismo, logo após seu intercâmbio na URSS (1932-1933). As ajudas financeiras da Fundação Rockefeller também permitiram a criação de novos periódicos, como foi o caso de *Annales Sociologiques*, revista anual do CDS, lançada em 1934[60].

O financiamento cessou durante a guerra, mas continuou para os exilados franceses em Nova York[61], o que permitiu colocar de pé a École Libre des Hautes Études de New York, instituição que inspiraria a futura École des Hautes Études en Sciences Sociales (Ehess).

No período de reconstrução da França, o país recebeu um montante ainda maior de financiamento das fundações filantrópicas. Uma parte dessas verbas ajudou na construção do Centre National de la Recherche Scientifique (CNRS) – fundamental órgão de planejamento, incentivo e financiamento de pesquisas na França – e de importantes instituições de ensino e pesquisa em ciências sociais. Nesse domínio, muitas contribuições foram feitas para pesquisas e ações relativas à reconstrução, ao crescimento, à modernização industrial e à estabilidade econômica da França. Cumpriram essa empreitada as fundações Rockefeller (até 1959, quando deixa a Europa para atuar na África e na Ásia) e Ford. O objetivo era formar uma geração de especialistas que fossem capazes de contribuir para a reconstrução da Europa ocidental e para o crescimento econômico, pois acreditava-se que essa seria a melhor forma de combater a influência comunista. "Além disso, o desenvolvimento conjunto das ciências sociais nos Estados Unidos e na Europa permitia a emergência de uma classe de intelectuais que compartilhavam os mesmos esquemas de pensamento de uma parte e outra do Atlântico, favorecendo assim a coesão desse campo frente à URSS."[62]

---

beneficiaram com esses aportes o Institut d'Ethnologie, fundado em 1925 por Marcel Mauss e Lucien Lévy-Brühl.

[59] O outro posto, de secretário administrativo do CDS, destinado a *normaliens agrégés* em filosofia, foi ocupado por Philippe Schwob (1932-1934), que havia permanecido durante dois anos nos Estados Unidos pesquisando para sua tese em economia sobre os Investment Trusts [trustes de investimento], e, em seguida, por Raymond Aron (1934-1939), que se dedicou a avançar em sua tese de doutorado. Friedmann foi sucedido por Raymond Polin, que realizou, em 1934, um trabalho sobre cooperativas na Tchecoslováquia. Além desses dois postos, o CDS concedeu uma bolsa de estudos para Robert Marjolin estudar na Universidade de Yale em 1932; Ludovic Tournès, *Sciences de l'homme et politique*, cit.

[60] Os demais periódicos criados foram *L'Activité Économique*, revista trimestral lançada em 1935; e *Politique Étrangère*, revista trimestral publicada a partir de 1936.

[61] Georges Gurvitch, que já tinha tido uma bolsa da Fundação Rockefeller em 1929, recebeu ajuda em 1940, durante seu exílio em Nova York. Outro francês que também recebeu ajuda dessa fundação quando de seu exílio nos Estados Unidos foi o jovem antropólogo Claude Lévi-Strauss.

[62] Ludovic Tournès, *Sciences de l'homme et politique*, cit., p. 289.

A reorganização institucional e intelectual das ciências sociais no pós-guerra ocorreu com substanciais aportes dessas fundações filantrópicas estadunidenses. Três instituições tiveram destaque, como fruto dessa política, a Fondation Nationale de Sciences Politiques, a VI$^e$ Section de l'École Pratique des Hautes Études (Ephe) e a Maison des Sciences de l'Homme (MSH)[63].

O Centre d'Études Sociologiques (CES), por exemplo, se beneficiou desse contexto. Criado em 1946, e vinculado inicialmente ao CNRS, ele foi herdeiro do CDS. No período em que Friedmann foi seu diretor (1948-1952), os créditos recebidos do CNRS possibilitaram recrutar dois jovens pesquisadores para empreender as pesquisas de campo sobre o mundo do trabalho. O primeiro colóquio organizado pelo CES, em 1948, que teve como tema "Industrialização e Tecnologia", contou com uma publicação sob a subvenção da Fundação Rockefeller. Em 1952, Touraine se beneficiou de uma bolsa de estudos da mesma fundação para estagiar em Harvard, oportunidade que lhe permitiu aprofundar seus conhecimentos em teoria sociológica, em particular o estrutural-funcionalismo. Em 1954, a Rockefeller doaria um montante de 10 mil dólares ao CES para desenvolver um estudo sobre *a estratificação e a mobilidade social*, pesquisa vinculada ao ISA e à Unesco, da qual Touraine também participou[64].

*As fundações filantrópicas no Brasil*

As fundações filantrópicas estadunidenses não priorizavam a América Latina nos anos imediatos após a Segunda Guerra Mundial. Durante a guerra, os Estados Unidos suscitaram uma série de programas de intercâmbio com diversos países da região, por meio de recursos governamentais e das fundações, com o objetivo estratégico de estabelecer uma aproximação política. Essas fontes cessariam com o fim da guerra e com a avaliação do governo estadunidense de que a América Latina não apresentava uma ameaça a seu domínio mundial. A situação se alterou no final dos anos 1950, quando a influência das ideologias nacionalistas, reformistas e socialistas ganhou maior peso político na região. Acrescenta-se a isso a ocorrência da Revolução Cubana em 1959 e as ações estadunidenses em prol do desenvolvimentismo, como foi o caso da Aliança para o Progresso.

---

[63] No que diz respeito ao tema em questão, em 1947 a Fundação Rockefeller foi responsável por um quarto de todo o orçamento da Ephe, passando a financiar projetos e a remunerar um diretor de estudos em tempo integral e três diretores de estudos acumulados (que possibilitava ter cargos em outras instituições, como foi o caso de Friedmann, professor do CNAM); Ludovic Tournès, *Sciences de l'homme et politique*, cit.

[64] Conforme Ludovic Tournès, *Sciences de l'homme et politique*, cit. Consultar *Formulaire de bourse*, 3 novembre 1954, RF 1.1/500S/15s140; G. Dupouy (directeur du CNRS) à Leland de Vinney (directeur de la Division of Social Sciences), 20 octobre 1954, Archives CNRS (França), CAC 19800284/141.

A Fundação Ford abriu seu primeiro escritório no Brasil em 1962, na cidade do Rio de Janeiro. Ela se tornaria, nas décadas seguintes, uma das principais fontes de financiamento privado para as instituições de ensino e pesquisa no país. Nos anos 1960, das vinte maiores doações realizadas por esse escritório, treze foram para universidades. Esse perfil se alterou nos anos 1970, quando essa instituição passou a doar não apenas para programas vinculados às universidades ou à Capes e ao CNPq, mas também para as agências de amparo à pesquisa e para alguns centros de pesquisa, como foi o caso do Cebrap[65]. Durante todas as décadas de 1950 e 1960, o Brasil teve acesso, no cenário internacional, a bolsas de estudos para estudantes de pós-graduação realizarem intercâmbios em outros países.

Em 1959, na preparação para a instalação de seu escritório no Brasil, a Fundação Ford enviou ao país quatro *experts* em missão para avaliar o terreno[66]. O relatório apresentado dá uma ideia dos objetivos dessa fundação em terras brasileiras:

> A leitura do relatório dessa visita é instrutiva tanto a respeito dos valores e expectativas de intelectuais sofisticados da época diante das diferenças impostas pelo "subdesenvolvimento", como acerca da penúria intelectual, material e institucional, em que se encontravam as instituições de ensino e pesquisa locais. Logo nos parágrafos de abertura registram o fascínio exercido pelas belezas do Rio de Janeiro contrastadas com a "pobreza chocante" das favelas nos morros, ao que se segue a identificação das regiões visitadas por conta de sua principal atividade econômica. Aos indicadores econômicos de praxe, quase todos convergindo no sentido de um cenário otimista, seguem-se longas referências às disparidades regionais (em especial, ao Nordeste), e as carências na infraestrutura física (transportes) e humana (educação), na administração pública (clientelismo e corrupção), concluindo-se o retrato com a menção aos 12% de inflação anual, que entre outros efeitos estaria produzindo um "terreno fértil para a atividade comunista", sobretudo nas partes mais pobres do país.[67]

Os investimentos da Fundação Ford nas ciências sociais brasileiras foram significativos durante as décadas de 1960 e 1970. Entre 1970 e 1988, a fundação investiu entre 35% e 40% de todo o seu recurso aplicado no Brasil na expansão das ciências sociais. No entanto, nos primeiros anos, a maior parte desse montante foi alocada nas disciplinas de economia e administração, ficando a ciência política, a antropologia e a sociologia marginalizadas, vistas

---

[65] Nigel Brooke e Mary Witoshynsky, *Os 40 anos da Fundação Ford no Brasil: uma parceria para a mudança social – The Ford Foundation's 40 Years in Brazil: a Partnership for Social Change* (São Paulo/Rio de Janeiro, Edusp/Fundação Ford, 2002).

[66] Estes eram Alfred Wolf, ex-alto funcionário público nas gestões Truman e Roosevelt; Reynold Carlson, economista de Vanderbilt, futuro embaixador dos Estados Unidos na Colômbia; Lincoln Gordon, então professor de Harvard, mais tarde embaixador dos Estados Unidos no Brasil; e Kalman Silvert, um latino-americanista; Sergio Miceli, *A Fundação Ford no Brasil*, cit.

[67] Ibidem, p. 38.

com desconfiança e pouco "eficazes" na compreensão dos processos de desenvolvimento das periferias[68].

Vale destacar que a Fundação Ford expressava forte interesse no estreitamento dos laços entre as instituições de pesquisa e de ensino superior europeias e as latino-americanas, sobretudo quando visassem ao desenvolvimento econômico e social da região do Sul Global. Na década de 1960, por exemplo, a Ephe e a Flacso estabeleceram contínuos acordos de cooperação técnica e de intercâmbio de pessoal e estudantes que contaram, em alguns momentos, com a ajuda financeira da Fundação Ford[69].

## Intercâmbios internacionais de estudantes

Não existia, nas décadas de 1950 e 1960, dados exatos sobre o contingente de estudantes, professores e *experts* que deixavam temporariamente seus países para estagiar, estudar, ensinar ou auxiliar tecnicamente em outros. Nesse período, muitas nações ainda não possuíam eficientes e regulares institutos de produção de indicadores estatísticos e sociais. Portanto, todo e qualquer dado relativo ao fluxo migratório temporário de estudantes e pesquisadores durante essas décadas deve ser tomado de forma relativa, tendo em vista a dificuldade de abranger a totalidade do fenômeno. No entanto, ainda assim, é possível comprovar, em diversas fontes, o progressivo e significativo aumento do intercâmbio de pessoal no mundo acadêmico.

A principal e mais confiável fonte sobre o trânsito de estudantes são os já citados cadernos *Study Abroad*, publicados pela Unesco a partir de 1948. Tratava-se de um manual de informações com o objetivo de facilitar o intercâmbio e os estudos no exterior. Neles, reuniam-se informações sobre bolsas[70] oferecidas por instituições, governos e fundações por todo o mundo. O candidato interessado deveria enviar uma carta à fonte doadora, no endereço indicado pelos "anúncios", com as informações demandadas. A Unesco era apenas um mediador, ainda que

---

[68] Sergio Miceli, *A desilusão americana: relações acadêmicas entre Brasil e Estados Unidos* (São Paulo, Sumaré, 1990).
[69] Esse acordo de cooperação entre a Ephe e a Flacso foi articulado inicialmente por Friedmann e contou com forte apoio financeiro do Ministério de Assuntos Estrangeiros da França. Ver pastas Flacso (Chili) e Amérique du Sud – USA – Chercheurs, Fonds Clemens Heller – Amérique Latine, Arquivos da Ehess, Paris. Código: cpCH34.
[70] Havia uma variedade de bolsas oferecidas nos cadernos da Unesco. Elas se diferenciavam quanto ao valor, à duração ou à possibilidade de sua renovação. Havia bolsas que cobriam apenas os gastos de viagem, outras que financiavam as entrevistas e o material, e outras que cobriam as taxas de "matrícula" ou as "mensalidades escolares". Raras eram as que financiavam todos os gastos de um estudante ou pesquisador. Ver Unesco, *Study Abroad*, t. 7 e 11. Arquivos da Unesco, Paris.

também oferecesse bolsas. Os anúncios continham as informações do doador, a matéria de estudo, o lugar de destino, as condições de atribuição, os objetivos da bolsa, seu valor, sua duração, a quantidade disponível e as instruções para fazer as inscrições. Elas eram destinadas a cidadãos nacionais (que desejavam estudar em outro país) ou estrangeiros (com destinos não necessariamente iguais ao país do doador)[71].

Esses manuais são também interessantes fontes históricas, pelos dados organizados e pelas avaliações qualitativas dos programas de intercâmbio. Cada volume apresentava uma análise estatística do precedente. A partir de meados da década de 1950, por exemplo, entrou em vigor uma pesquisa qualitativa anual com os bolsistas em diversos países, por meio da aplicação de questionários, o que permitiu uma avaliação regular das políticas de intercâmbio. Esses dados nos possibilitam realizar uma análise quantitativa e qualitativa desse aspecto da internacionalização do mundo acadêmico, apontando também quem eram as principais fontes doadoras, os principais destinos dos estudantes e os principais países beneficiados por essas bolsas, além de uma ideia, ainda que quantitativamente incerta, da distribuição das bolsas por domínio de estudo.

O volume 1 de *Study Abroad*, de 1948, apresentava a oportunidade de 15.070 bolsas de 37 países, oferecidas por nove tipos diferentes de fontes doadoras. Em 1963, o manual (t. 14) anunciava a oferta de aproximadamente 128 mil bolsas para estudar no exterior, provindas de 1.650 doadores de 113 Estados e territórios. Essas bolsas eram oferecidas por diferentes instituições e os cadernos as classificavam como "Nações Unidas e instituições especializadas" (ONU, FAO, Unesco etc.), "Programas intergovernamentais" (Conselho da Europa, OCDE, Otan etc.), "Organizações internacionais não governamentais" (União Católica Internacional de Serviço Social, Conselho Internacional de Ciências Sociais, Associação Internacional de Imprensa etc.), "Países e territórios" – apresentados no manual por ordem alfabética[72]. Vale ressaltar que as estatísticas publicadas nesses cadernos não davam conta do número total de estudantes no exterior, pois, segundo o volume 7, apenas um terço daqueles que estavam estudando no estrangeiro receberam algum tipo de bolsa antes de sua partida.

---

[71] O intercâmbio ou viagem para missões ou postos de trabalho de professores no exterior também é um dado difícil de medir ao longo das décadas 1950 e 1960. Foi uma preocupação da Unesco incentivar esse fluxo migratório temporário. Por conta disso, o organismo buscou organizar um caderno, similar ao *Study Abroad*, chamado *Enseignement à l'étranger*, que pudesse reunir as informações sobre bolsas, missões e postos de trabalho para professores estrangeiros.

[72] A classificação "Países e territórios" englobava as bolsas de todos os organismos doadores que tinham sede num determinado país. Por exemplo, o Brasil oferecia bolsas de seus ministérios, de associações culturais, universidades e institutos. No caso dos Estados Unidos, encontrávamos também muitas bolsas oferecidas por fundações filantrópicas. Ver Unesco, *Study Abroad*, cit.

**Tabela 2.2 – Quantidade de bolsas oferecidas nos cadernos *Study Abroad*, segundo as regiões e órgãos internacionais – 1948/1962**

| Vol. | Ano | América do Norte* | Europa | América Latina | Internacional** | Total*** |
|---|---|---|---|---|---|---|
| I | 1948 | 3.223 | 6.486 | 15 | 984 | 15.070 |
| II | 1949-50 | 6.880 | 7.987 | 550 | 2.927 | 24.203 |
| III | 1950-51 | 13.271 | 10.967 | 1.259 | 3.664 | 35.459 |
| IV | 1951-52 | 14.119 | 11.187 | 1.134 | 5.351 | 38.793 |
| VI | 1954 | 18.439 | 13.984 | 1.555 | 6.845 | 50.166 |
| VII | 1955-56 | 21.664 | 14.571 | 2.038 | 9.351 | 58.509 |
| VIII | 1956-57 | 21.429 | 26.283 | 2.205 | 13.293 | 74.000 |
| X | 1958-59 | 26.679 | – | 4.281 | 13.055 | 80.829 |
| XI | 1959-60 | 33.026 | 24.783 | 3.488 | 13.780 | 91.323 |
| XII | 1960-61 | 34.518 | 33.306 | 4.324 | 16.817 | 101.925 |
| XIII | 1962 | 37.995 | 30.862 | 5.042 | 18.449 | 106.315 |

Fonte: elaborada pelo autor com base em Unesco, *Study Abroad*, t.1-14, de 1948 a 1963, Arquivos da Unesco, Paris.
* Na América do Norte, contabilizamos apenas Estados Unidos e Canadá. O México entrou em América Latina.
** Trata-se da ONU, de suas agências especializadas e das organizações não governamentais.
*** Não foram contabilizados os dados das regiões da África, Ásia, Oceania, Oriente Médio e territórios submetidos ou não autônomos.

A institucionalização das ciências sociais nas décadas de 1950 e 1960, na Europa e na América Latina, é elemento-chave para explicar o crescente intercâmbio de estudantes e professores desse domínio. Segundo Miceli,

> o trânsito de estudantes, docentes e pesquisadores do país para os Estados Unidos e Europa e dos países "metropolitanos" para as regiões periféricas é regulado, de um lado, pelas necessidades de formação de cada nova geração das elites "periféricas" e, de outro, pelas exigências da agenda para trabalho de campo formuladas pelos especialistas acadêmicos regionais [...].[73]

Entre 1948 e 1962, os Estados Unidos foram o país que mais ofereceu bolsas de estudo no estrangeiro, progredindo de 6.450 no ano letivo de 1949-1950 para 36.235 em 1962. Esse país também foi, durante todo o período analisado, o principal destino dos estudantes no exterior. No continente europeu, a França se manteve em primeiro lugar entre os países que mais ofereceram bolsas para estudar em outro país, assim como foi o destino preferido desse tipo de estudante que ia para o velho continente. Seu crescimento também foi surpreendente e atesta sua rápida recuperação econômica depois da guerra. Em 1949-1950, foram oferecidas 1.988 bolsas de estudos pela França, enquanto em 1962 esse montante foi

---
[73] Sergio Miceli, *A desilusão americana*, cit., p. 39.

de 12.041, muito acima das 2.842 do Reino Unido[74]. Na Tabela 2.2 (na página anterior), vale destacar também o crescimento substancial das bolsas advindas de organismos internacionais, que passaram de 984 em 1948 para 18.449 em 1962.

Segundo dados dos anuários estatísticos da Unesco, o número de estudantes brasileiros do ensino superior no exterior passou de 1.158 em 1964 para 6.823 em 1977. No mesmo período, os estudantes franceses, na mesma situação, saltaram de 3.212 para 9.559, enquanto os chilenos foram de 798 para 4.493. Quanto aos destinos dos estudantes brasileiros, os Estados Unidos e a França se mantiveram sempre em primeiro e segundo lugar. O número de estudantes do Brasil que estavam na França era de 691 em 1964, contra 2.830 em 1977[75]. O aumento do número de intercâmbios atesta não apenas a importância dessa política para a formação dos estudantes de pós-graduação, deslocando-se da periferia para o centro, como a centralidade que a França tinha nesse processo.

Outra variável importante que ainda podemos notar na Tabela 2.2 é o significativo crescimento de bolsas destinadas a estudantes originados da América Latina, principalmente a partir de 1956. Dois fatores foram determinantes para esse crescimento. Em primeiro lugar, o avanço do processo de institucionalização dos sistemas universitários e a formação de programas e órgãos de fomento à pesquisa nos diversos países da região. Em segundo, o aumento de incentivos financeiros aos países periféricos, fruto de uma concepção desenvolvimentista. Isso resultou, no caso das bolsas, num aumento de ofertas às regiões "em vias de desenvolvimento" por parte de governos e fundações de países centrais e dos organismos internacionais pertencentes às Nações Unidas.

Na Tabela 2.3 (na página a seguir), podemos constatar que, no início da década de 1960, a maior parte das bolsas oferecidas eram destinadas a estrangeiros[76], o que demonstra a importância que os países centrais davam à formação dos estudantes, principalmente de pós-graduação, dos países periféricos[77]:

É difícil precisar a quantidade de bolsas oferecidas por domínio de estudos, pois muitos programas não especificavam isso[78]. No entanto, entre aqueles que

---

[74] Ver Unesco, *Study Abroad*, cit.
[75] Ver Unesco, *Statistical Yearbook: Annuaire Statistique – Anuário Estadístico*, de 1964 a 1995. Acervo da BnF, Paris.
[76] Os programas, quando faziam distinção, ofereciam bolsas ou para estudantes de seus países para estudar no exterior ou para estrangeiros de outros países irem estudar no exterior ou, ainda, para ambos os casos.
[77] Os estudantes de pós-graduação representavam o principal público-alvo dessas bolsas anunciadas no *Study Abroad*. Eles eram cerca de 45% do total entre 1959 e 1962 (ver Unesco, *Study Abroad*, cit., t. 14, p. 677).
[78] "Muitos doadores indicam que as bolsas podem ser concedidas para diversas matérias de estudo. Portanto, não é possível determinar o número exato de bolsas que corresponde a cada matéria concreta. A menção de uma disciplina tem, entretanto, certa significação, pois indica o tipo de matéria cujo estudo e investigação deseja o doador" (ver Unesco, *Study Abroad*, cit., t. 13, p. 670).

**Tabela 2.3 – Nacionalidade dos beneficiados das bolsas anunciadas nos cadernos *Study Abroad*, t. 12 e 13**

| Beneficiados (por categorias) | Bolsas oferecidas | |
|---|---|---|
| | t. 12 | t. 13 |
| Total | 85.108 | 87.866 |
| Cidadãos dos países doadores | 26.441 | 24.979 |
| Estrangeiros | 55.172 | 57.916 |
| Ambas as categorias | 3.495 | 4.971 |

Fonte: elaborada com base em Unesco, *Study Abroad*, cit., t. 14, p. 678. Arquivos da Unesco, Paris.

direcionavam as bolsas para determinadas áreas, as "ciências sociais"[79] representavam, entre 1959 e 1962, o equivalente a 14% do total, perdendo apenas para as "ciências aplicadas" (cerca de 20%).

Nas décadas de 1950 e 1960, o Estado francês disponibilizou um número significativo de bolsas para a formação e a qualificação de estudantes e profissionais de países "em vias de desenvolvimento". É muito difícil fazer um mapeamento de todas as formas de financiamento dessa natureza durante o período estudado, mas alguns dados encontrados nos documentos reunidos nos arquivos da Ehess[80], que contém documentos da antiga Ephe, nos fornecem um certo panorama da importância que tinha essa política de Estado na França. Eles atestam que três ministérios tiveram políticas nesse sentido: o Ministério de Assuntos Estrangeiros, o Ministério das Finanças e Assuntos Econômicos e o Ministério da Educação Nacional. Três formas de bolsas eram financiadas por esses órgãos: bolsa de estudo universitário (para complementação dos estudos), bolsa de cooperação técnica e bolsa para o "terceiro ciclo" (aos residentes na França que desejassem seguir os estudos antes de retornar a seus países).

No início dos anos 1960, a América Latina era a região que mais recebia bolsas de "estudos universitários" do Estado francês fora da Europa[81]. No ano acadêmico de 1963-1964, foram oferecidas 2.341 bolsas dessa natureza, das quais 504 foram destinadas a bolsistas vindos da Europa ocidental e 472 a bolsistas da América Latina. Entre estes, 59% das bolsas foram para estudantes de "letras ou ciências humanas".

---

[79] Segundo a denominação da Unesco em 1963, as ciências sociais englobavam: sociologia, estatística, ciência política, economia política, direito, direito internacional, administração pública, educação, pedagogia, comércio, comunicação, etnografia, entre outras disciplinas (ver ibidem, t. 14).
[80] Ver *Actions interministèrielles relatives à l'Amérique Latine (1963-1964)*.
[81] Essas bolsas eram oferecidas pelo Ministério dos Assuntos Estrangeiros.

As "bolsas de cooperação técnica"[82] se destinavam a estudantes em formação ou para a qualificação de técnicos. No ano de 1963, foram concedidas 4.424 bolsas dessa natureza. Mais uma vez, a América Latina foi a região que mais se beneficiou, com 995 bolsas, seguida pela África (567 bolsas). Nesses casos, as áreas que mais receberam bolsistas foram a de administração pública (21%), a de medicina (25%) e a de pesquisas científicas (30%).

Tabela 2.4 – Bolsas concedidas pelo Ministério de Assuntos Estrangeiros e o Ministério das Finanças e Assuntos Econômicos da França, destinadas aos cidadãos argentinos, brasileiros, chilenos e colombianos – 1963

| País | Bolsas universitárias | Bolsas de cooperação técnica | | | Total |
| --- | --- | --- | --- | --- | --- |
| | | Ministério dos Assuntos Estrangeiros | | Ministério dos Assuntos Econômicos | |
| | Estudantes | Estudantes | Estagiários | Estagiários | |
| Argentina | 52 | 2 | 26 | 182 | 262 |
| Brasil | 120 | 18 | 56 | 148 | 342 |
| Chile | 56 | 16 | 10 | 41 | 123 |
| Colômbia | 288 | 8 | 9 | 46 | 351 |

Fonte: adaptada de *Actions interministèrielles relatives à l'Amérique Latine (1963-1964)*.

No total, ainda no ano de 1963, a América Latina recebeu 1.467 bolsas do Estado francês. Conforme a Tabela 2.4 (acima), a Colômbia (351), o Brasil (342), a Argentina (262) e o Chile (123) foram os quatro países da região que mais receberam esse incentivo[83].

Essas bolsas eram complementadas pelas concedidas por diversos organismos internacionais. Nos três primeiros anos da década de 1960, as bolsas ofertadas por esses organismos cresceram vertiginosamente, passando de 305 em 1960 para 982 em 1963[84]. Nesse ano, as bolsas eram repartidas da seguinte forma: 287 da Organização Mundial da Saúde, 176 da Unesco, 138 da OCDE, 130 da OIT, 71 da ONU, 62 da União Internacional de Telecomunicações, 45 da Agência

---

[82] Bolsas oferecidas pelo Ministério de Assuntos Estrangeiros e pelo Ministério de Finanças e Assuntos Econômicos.
[83] O Ministério de Assuntos Estrangeiros reservava a cada ano um certo número de bolsas para estudantes estrangeiros realizarem seus estudos de doutorado ou correspondentes na França. No ano de 1964-1965, quinze bolsas foram concedidas (para 180 candidatos) e outras quinze foram renovadas para o segundo ano de doutorado. As candidaturas eram depositadas nas Embaixadas da França nos respectivos países. O jovem Michael Löwy, por exemplo, como declarou em entrevista ao autor, provavelmente se beneficiou de uma dessas bolsas para fazer seu doutorado sob a orientação de Lucien Goldmann (ver Ricardo Festi, "Um jovem marxista nos primórdios da sociologia do trabalho: entrevista com Michael Löwy", *Caderno CRH*, v. 31, n. 83, 2018).
[84] Ver *Actions interministèrielles relatives à l'Amérique Latine (1963-1964)*.

Internacional de Energia Atômica, 45 da Agência pela Alimentação e Agricultura, 19 da Organização Mundial de Meteorologia, 8 da União Postal Internacional e 1 da Organização de Aviação Civil Internacional.

## A desigual expansão dos sistemas universitários

A internacionalização do mundo acadêmico acompanhou o processo de expansão do sistema de ensino superior ocorrido em praticamente todos os países ocidentais em meados do século passado, resultado da industrialização e da urbanização. Isso demandou a formação de novos estratos da sociedade com nível universitário. No entanto, como podemos verificar na Figura 2.1, esse processo ocorreu de forma desigual nas várias regiões do mundo. Em 1950, a cada 100 mil habitantes dos Estados Unidos, 1.508 se encontravam matriculados no ensino superior. Nesse mesmo ano, os números do Brasil, Argentina e Chile eram, respectivamente, 98, 483 e 160. Vinte anos depois, os Estados Unidos passaram a ter 4.148 matriculados na universidade, a cada 100 mil habitantes, e o Brasil se manteve no pífio patamar de 452, sendo que a Argentina subiu para 1.157 e o Chile para 837. As universidades brasileiras tiveram, portanto, uma expansão extremamente tímida, mantendo seu caráter elitista e excludente.

**Figura 2.1 – Evolução da matrícula no ensino superior por 100 mil habitantes – Estados Unidos, Argentina, Chile, Brasil e França – 1950-2014**

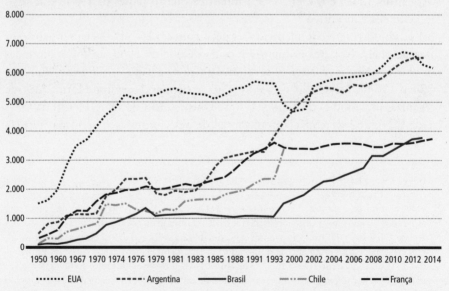

Fontes: elaborada pelo autor, com base em IBGE, *Anuário Estatístico do Brasil* (1950-1980) (Rio de Janeiro, IBGE), v. 11-41; site do IBGE; Unesco, *Statistical Yearbook* (1950-1993), site da Unesco, Institut de Statisque de l'Unesco.

Outra forma de verificar a tímida expansão do sistema universitário brasileiro e a definição de seu caráter elitista e excludente é analisar a porcentagem da população de 25 anos ou mais com nível superior de ensino nos países em questão. Em 1950, essa porcentagem era de 13,6% nos Estados Unidos, 1,2% na Argentina, 0,9% no Brasil, 2,4% no Chile e 1,8% na França. Vinte anos depois, essas cifras passaram para 21,1% (Estados Unidos), 4% (Argentina), 2% (Brasil), 3,8% (Chile) e 2,7% (França). A comparação dos dados desses cinco países num longo período nos evidencia que o Brasil só conseguiu atingir a mesma porcentagem da população no ensino superior que os Estados Unidos tinham na década de 1960 no ano de 2013[85].

Durante décadas, tem se reproduzido no Brasil uma visão positiva do modelo universitário que adotamos, distante do estadunidense e "cópia" do francês, destacando-se a opção por um sistema público e gratuito de universidade. No entanto, esse senso comum difuso entre nós pouco problematizou o fato de que adotamos um modelo conservador, elitista e restritivo, questionado na França pela rebelião estudantil de 1968. Os dados expostos por nós atestam que as universidades dos Estados Unidos, desde meados do século passado, eram as que mais se aproximavam de uma instituição massiva. Obviamente que esse aspecto reflete a complexidade da divisão social do trabalho daquele país e sua crescente classe média, adiantando-se, em muitos aspectos, aos países europeus. Esse fato, assim como a dinamicidade das instituições de pesquisa nos Estados Unidos, também impressionou os franceses, em particular os exilados que lá viveram durante a Segunda Guerra Mundial, e serviu de modelo no período de reconstrução do país e da reformulação de suas instituições[86].

---

[85] Ver Unesco, *Statistical Yearbook. Annuaire Statistique. Anuário Estadístico*, de 1964 a 1995. Acervo da BnF, Paris.
[86] Porém, os números não devem nos enganar quanto ao caráter social das universidades e o fato de que elas também excluíam os filhos da classe trabalhadora.

# II
# A SOCIOLOGIA DO TRABALHO NA FRANÇA (1950-1960)

# Introdução

O contato de Alain Touraine, no inverno de 1947-1948, com o livro de Georges Friedmann, *Problèmes humains du machinisme industriel*, foi a primeira etapa de um longo processo que o levou à sociologia. Naquele período, não existia na França um único curso de graduação na nova ciência social. Para se tornar sociólogo, era necessário realizar uma especialização ou um doutorado de Estado[1]. Portanto, uma série de combinações, tais como o conservadorismo do curso de história da ENS, o contexto político do mundo do pós-guerra e uma curta experiência no mundo operário, fizeram com que Touraine buscasse uma ciência que fosse capaz de analisar, compreender e propor saídas para uma realidade em plena transformação. Tal contexto tinha como centralidade a indústria e a classe operária e, por conta disso, foi natural que o jovem acadêmico francês, após ler a tese de Friedmann, migrasse para a sociologia, em particular a sociologia industrial.

Esse fenômeno de atração e prestígio que a nova ciência social exerceu sobre jovens e velhos acadêmicos, sobretudo ao longo das décadas de 1950 e 1960, não esteve restrito à França. Contribuíram para que esse processo tivesse uma dimensão mundial inúmeras ações políticas de organismos internacionais e nacionais que se colocaram na linha de frente do desenvolvimento das ciências sociais em vários países centrais e periféricos. O objetivo político primordial para esses órgãos era

---

[1] Quase toda a geração de sociólogos franceses que analisamos neste livro formou-se em filosofia. Uma exceção é Touraine, que cursou bacharelado em história. Essa era uma realidade diferente da brasileira, que contava, desde o início dos anos 1930, com cursos superiores de ciências sociais e a forte presença de professores franceses; Elide Rugai Bastos, "Pensamento social da escola sociológica paulista", em Sergio Miceli (org.), *O que ler na ciência social brasileira* (São Paulo/Brasília, Anpocs/Sumaré/Capes, 2002), t. 4; Christophe Brochier, *La Naissance de la sociologie au Brésil* (Rennes, Presses Universitaires de Rennes, coleção Des Amériques, 2016) e Sergio Miceli et al. (orgs.), *História das ciências sociais no Brasil* (São Paulo, Idesp/Vértice/Finep, 1989).

impulsionar conhecimentos e ciências capazes de ajudar no processo de modernização das sociedades ocidentais.

No entanto, em muitos casos, as tarefas para reconstruir ou impulsionar a sociologia em seus respectivos países eram enormes. No Brasil, por exemplo, como abordaremos na parte III, após uma etapa em que foi significativa a presença de professores estrangeiros, em particular franceses e estadunidenses, uma sociologia brasileira, feita por brasileiros, começou a se efetivar nos quadros dos principais eixos de produção intelectual do país na década de 1950. Entretanto, diferentemente do que ocorreu na França, os brasileiros tiveram de sobreviver com a precariedade de suas instituições acadêmicas, além de lidar com um cenário político instável que, a cada mudança de rota, repercutia sobre as políticas universitárias.

Na Europa, em particular na França, um dos maiores desafios, ao longo dos "Trinta Gloriosos", foi reconstruir o universo intelectual pelas mãos de jovens acadêmicos que não tinham uma ligação orgânica com a brilhante geração anterior. As duas grandes guerras tinham custado a vida de milhões de pessoas e a destruição de boa parte do patrimônio material e imaterial do velho continente. A França, após passar quase toda a guerra sob ocupação nazista, teve de encarar nos anos de sua reconstrução a triste realidade da perda de sua hegemonia intelectual no mundo. Além disso, a guerra deixou as novas gerações órfãs de seus decanos, impossibilitando uma continuidade institucional. O destino foi trágico para a maioria que trabalhava com teoria social e com as ciências sociais antes da Segunda Guerra e que resistiu à opressão nazifascista, forçada ao exílio, à clandestinidade ou ao desaparecimento.

Os dois casos mais conhecidos talvez sejam o de Walter Benjamin e Marc Bloch. O primeiro, alemão e judeu, um dos mais influentes intelectuais do círculo da Escola de Frankfurt, após conseguir se livrar de um campo de concentração em Vernuche, perto de Nevers, com a ajuda de amigos, deixou Paris um dia antes de o exército nazista marchar sobre a cidade, para se refugiar na Espanha. No caminho, parou em Port-Vendres, onde recebeu ajuda de Hans e Lisa Fittko. Todavia, quando a ditadura fascista de Franco abriu a possibilidade de extraditar judeus para a Alemanha, Benjamin tomou uma dose cavalar de morfina e morreu em 27 de setembro de 1940. Já Bloch, historiador e um dos fundadores, em 1929, junto com Lucien Febvre, da antológica revista *Annales d'Histoire Économique et Sociale*, aderiu à resistência francesa e foi capturado e fuzilado pelos nazistas em 16 de junho de 1944.

A lista é longa e se estende para figuras menos conhecidas hoje. Esse é o caso de Célestin Bouglé, referência na sociologia francesa nos anos 1920 e 1930, um dos fundadores de *L'Année Sociologique*, em 1896, junto com Émile Durkheim, e diretor do famoso e respeitado Centre de Documentation Sociale (CDS), onde Friedmann trabalhou. Ele morreu em 25 de janeiro de 1940, "após vários meses de uma longa agonia, desesperado pela chegada da guerra"[2], um pouco antes de os alemães marcharem sobre a capital francesa.

Maurice Halbwachs, um dos mais célebres sociólogos de seu tempo, tentou seguir as suas atividades de pesquisa e ensino na Sorbonne e no Collège de France durante a guerra. No entanto, em 1944, foi preso pela Gestapo e deportado para um campo de concentração em Buchenwald, onde, abatido pelos maus tratos, deixou-se morrer. Seus últimos suspiros foram sobre um tablado sujo de fezes de sua própria disenteria, sem forças para falar e abrir os olhos.

Marcel Mauss, a grande referência da antropologia e discípulo direto de Durkheim, logo após a invasão nazista, diante da perseguição aos judeus nas universidades, pediu demissão do seu cargo no Collège de France. Recusou deixar o país, preferindo viver enclausurado em seu apartamento, sob o terror de ser preso. Após perder sua moradia para um general alemão, mudou-se para uma favela no $14^{ème}$ *arrondissement*, piorando a sua frágil saúde. Aos poucos, foi perdendo a sua memória e a sua razão e, quando foi reintegrado ao seu posto, depois da Libertação, Mauss se manteve fechado em seu silêncio e morreu em 11 de fevereiro de 1950[3].

Para aqueles que sobreviveram, como foram os casos de Raymond Aron e Georges Friedmann, o destino reservou o exílio e a clandestinidade. Os dois membros do antigo CDS se juntaram à resistência francesa contra o nazismo. Friedmann desapareceu da vida pública por alguns anos e se refugiou em Toulouse, onde seguiu, sob condições precárias, suas atividades acadêmicas[4]. Aron exilou-se em Londres, onde fundou um jornal da resistência junto com o general Charles de Gaulle[5]. Os dois, assim como muitos que resistiram, assumiram, após o término do conflito armado, importantes postos acadêmicos, quando fizeram contribuições fundamentais para a reconstrução das ciências sociais e das instituições de ensino e pesquisa da França.

Houve também aqueles que se exilaram nos Estados Unidos, em especial em Nova York, como foram os casos de Georges Gurvitch e Claude Lévi-Strauss. Lá, mantiveram relações com a resistência francesa e buscaram avançar em suas reflexões e pesquisas com a criação da École Libre des Hautes Études (Elhe). Tal experiência foi crucial para o modelo de instituição de pesquisa e ensino elaborado

---

[2] Jean-Christophe Marcel, *Le Durkheimisme dans l'entre-deux-guerres* (Paris, PUF, 2001, coleção Sociologie d'Aujourd'hui), p. 220.
[3] Idem.
[4] Georges Friedmann, *Journal de guerre: 1939-1940* (Paris, Gallimard, 1987). Friedmann escreveu sua tese durante a guerra. Em nota de *Problèmes humains du machinisme industriel* (Paris, Gallimard, 1946, coleção Machine et Humanisme, v. 2), destaca que a maioria dos documentos de sua pesquisa foi perdida num incêndio suspeito ocorrido em seu apartamento, em Paris, durante a ocupação nazista.
[5] Raymond Aron, *Mémoires* (Paris, Julliard, 1983).

no processo de modernização da França após o término da guerra. Podemos afirmar que a sociologia foi reconstruída, nos anos 1940 e 1950, tanto sob a influência da tradição durkheimiana do entreguerras quanto das experiências do exílio e da clandestinidade durante a ocupação nazista.

Portanto, se, por um lado, a sociologia francesa do pós-guerra teve de encarar a tarefa de se reconstruir sem a ajuda de seus decanos, pois eles simplesmente desapareceram, por outro as experiências durante a guerra formariam uma geração intermediária – Friedmann, Aron, Gurvitch, Lévi-Strauss – que cumpriria um papel hercúleo na reorganização da pesquisa e do ensino de sociologia na França. Foi sob essas condições que a sociologia do trabalho foi criada, num período em que as novas gerações usufruíram de uma estabilidade acadêmica que lhes permitiu impulsionar suas carreiras com surpreendente velocidade.

Nesse sentido, como buscaremos demonstrar nos capítulos desta parte II, a criação e o desenvolvimento da sociologia do trabalho na França foi um empreendimento que envolveu pesquisadores, professores universitários, *experts*, políticos reformadores e segmentos empresariais – ainda que estes últimos tenham tido uma participação marginal –, e que esteve associado a um projeto político que buscava a modernização da sociedade francesa. A sociologia do trabalho foi, nas duas décadas posteriores ao término da Segunda Guerra Mundial, sinônimo de sociologia, buscando uma visão totalizante da sociedade. Ela foi concebida, como relembra Touraine, em torno de uma visão socialdemocrata[6]. Para se diferenciar das demais ciências sociais e conquistar um espaço de legitimidade, a sociologia se reivindicava o caráter de ciência positiva, que se pautava em pesquisas empíricas e tinha a pretensão de ser uma ciência aplicada[7].

No capítulo 3, buscamos apresentar o desenvolvimento institucional da sociologia do trabalho na França, destacando a importância da construção de novas instituições de ensino e pesquisa e de laboratórios e centros de estudos, analisando algumas das principais investigações empreendidas pelos sociólogos. Nos três capítulos seguintes – 4, 5 e 6 –, seguimos o movimento das categorias formuladas pelos dois principais autores dessa geração, Friedmann e Touraine, destacando as temáticas e os debates que tiveram relevância ao longo das décadas de 1950 e 1960, submetendo-as a uma análise crítica.

---

[6] Touraine, em entrevista concedida ao autor em 22 fev. 2017.
[7] Lucie Tanguy, *A sociologia do trabalho na França: pesquisa sobre o trabalho dos sociólogos (1950-1990)* (trad. Estela dos Santos Abreu, São Paulo, Editora da USP, 2017).

# 3
# A sociologia do trabalho francesa do pós-guerra

*Parece-nos igualmente certo que a sociologia concentrará seus esforços não mais em preferências sobre o passado da sociedade, nem mesmo sobre as estruturas e situações sociais já cristalizadas, mas sobre a sociedade presente, no curso de seu fazer, em seu estado de luta, de efervescência e de criação. O enorme trabalho descritivo fornecido pela sociologia americana mostrou o caminho a seguir, ainda que tenha necessidade, para gozar de todos os seus frutos e mesmo para se tornar utilizável, de ser assentada sobre esquemas conceituais mais claros, mais refinados e mais flexíveis, tais como os que fazem a força do pensamento sociológico francês.*[1]

**Construir uma sociologia empírica e aplicada**

Em janeiro de 1946, no primeiro número da revista *Cahiers Internationaux de Sociologie*, Georges Gurvitch publicou um artigo intitulado "A vocação atual da sociologia", que antecipava o "espírito" que dominaria a sociologia francesa nas três décadas seguintes. Tratava-se da defesa de um projeto político-acadêmico que ele próprio ajudou a implementar na França durante o período da reconstrução da sociologia, inspirado na sociologia estadunidense. Esta teria conseguido enormes avanços em seu trabalho descritivo, mas caberia aos franceses, para ter acesso a todos os seus frutos ou mesmo para torná-lo utilizável, assentar essa tradição sob "esquemas conceituais mais claros, mais refinados e mais flexíveis, tais como os que fazem a força do pensamento sociológico francês"[2].

Gurvitch, que havia acabado de retornar a Paris, vindo de seu exílio em Nova York, estava convicto de que a sociologia, apesar de todas as dificuldades institucionais que encontrava na Europa para se desenvolver, havia chegado a sua maturidade

---
[1] Georges Gurvitch, "La Vocation actuelle de la sociologie", *Cahiers Internationaux de Sociologie*, v. 1, 1946, p. 7-8
[2] Ibidem, p. 8.

e estava pronta para se tornar uma "ciência positiva e empírica", ocupando, assim, um lugar de destaque no sistema de conhecimento. No entanto, ela precisaria se "atualizar" e se "modernizar", incorporando os avanços que essa disciplina adquirira nos Estados Unidos. Assim, a junção desses avanços com a velha tradição filosófica francesa, tão forte no meio sociológico até aquele período, seria o que a colocaria num patamar que superaria as divisões das "escolas" do passado[3].

No mesmo número dos *Cahiers Internationaux de Sociologie*, outro artigo anunciava a criação de um centro de pesquisa que marcaria a história da sociologia. Inaugurado em março de 1946, vinculado ao CNRS e com sede social no Institut de Coopération Intelectuelle, o Centre d'Études Sociologiques (CES) foi o primeiro grande centro de formação e de pesquisa no domínio da sociologia depois do término da Segunda Guerra Mundial. O artigo em questão defendia como objetivo do CES a condução de pesquisas sociais sobre as estruturas da França contemporânea, "convencido de que um grande número de problemas de primeira ordem não pode ser resolvido a não ser por uma observação metódica, seguida de uma interpretação científica"[4,5].

Os partícipes desse projeto construíram uma narrativa de que o CES era pioneiro em uma concepção modernizadora, condizente com os planos de reconstrução do pós-guerra. Segundo eles, formulou-se uma nova ciência contra a "sociologia geral" e abstrata do passado[6]. A construção desse discurso foi comum entre aqueles que carregaram a tarefa de alçar a sociologia ao patamar da legitimidade científica numa época em que predominava uma visão instrumental e prática dela, típica de uma modernização que teve como modelo o progresso inspirado, substancialmente, no aumento da produtividade do trabalho.

---

[3] Segundo Tanguy, para que se efetivasse a ambição dos franceses de construir uma sociologia empírica, foi necessária a reunião de certas condições, tais como o tratamento das questões sociais pautadas e debatidas na cena pública, o acesso ao campo de pesquisa e ao financiamento dos estudos e a definição dos métodos, garantindo, assim, um caráter científico; Lucie Tanguy, *A sociologia do trabalho na França: pesquisa sobre o trabalho dos sociólogos (1950-1990)* (trad. Estela dos Santos Abreu, São Paulo, Editora da USP, 2017).

[4] "Centre d'Études Sociologiques", *Cahiers Internationaux de Sociologie*, cit., 177-80.

[5] Como veremos, na década de 1950, o CES deixou de ser o principal centro de pesquisa empírica sociológica, mantendo-se como uma instituição destinada a empregar os jovens acadêmicos da nova geração. Conforme destaca um relatório, "a vocação do CES é a *pesquisa fundamental* no domínio da sociologia. Certos organismos públicos ou privados podem fazer contratos com o CNRS para que pesquisadores do CES possam realizar estudos que interessem diretamente a esses organismos. Mas esses estudos são aceitos somente na medida em que venham a contribuir para o desenvolvimento de conhecimentos fundamentais, sobretudo no que concerne à colocação de problemas, à verificação de hipóteses ligadas a um sistema teórico..."; Centre d'Études Sociologiques, *Centre d'Études Sociologiques* (Paris, Centre National de la Recherche Scientifique, 1963), p. 13.

[6] Johan Heilbron, "Pionniers par défaut?: les débuts de la recherche au Centre d'Études Sociologiques (1946-1960)", *Revue Française de Sociologie*, v. 32, n. 3, 1991, p. 365.

Assim registrou Gurvitch este momento, anos mais tarde:

> Retornei à França em setembro de 1945 e me vinculei à iniciativa de organização, em 1946, do Centre d'Études Sociologiques no interior do Centre National de la Recherche Scientifique, na esperança de que a junção da sociologia geral e da pesquisa empírica em sociologia se faria mais facilmente na França que nos Estados Unidos. Eu contava com o espírito mais sistemático dos franceses, com a formação filosófica mais precisa de nossa juventude [...]. Eu era, infelizmente, muito otimista. À exceção das discussões públicas interessantes e de três Semanas Sociológicas plenas de ensinamentos (Industrialização e Tecnocracia, 1948, sob minha direção; Cidades e Campo, 1952, sob a direção de G. Friedmann; Sociologia da Família Contemporânea, 1955, sob a direção de Sorre), e fora algumas enquetes que, concluídas com sucesso, originaram publicações de valor, o centro, embora houvesse a seu redor uma série de equipes de trabalhadores sérios, ainda não conseguira aquela junção indispensável da teoria e da pesquisa empírica, da qual a sociologia tem grande necessidade.[7]

Foi sobretudo com os estudos sobre o mundo do trabalho que tal projeto de sociologia empírica deu seus primeiros passos. No entanto, essa tarefa não esteve a cargo de Gurvitch, um catedrático teórico[8], mas de Georges Friedmann, ex--membro da Resistência francesa e que tinha acabado de defender sua monumental tese em sociologia industrial. No CES, ele passou a dirigir as pesquisas junto a uma recém-contratada equipe de jovens acadêmicos, entre eles Alain Touraine, Michel Crozier e Edgar Morin.

Essas pesquisas realizadas no CES sobre o mundo do trabalho e da indústria, coordenadas por Friedmann, assim como as reflexões que acumularam em torno de seus seminários e das publicações[9], foram o primeiro de três momentos importantes para o desenvolvimento da sociologia do trabalho francesa que destacaremos neste capítulo. Não queremos, com isso, simplificar a história desse domínio, e sim dar relevância aos fatos que consideramos serem os mais importantes, já que nos permitem explicar melhor seu desenvolvimento e quais vertentes dessa sociologia influenciaram a sociologia uspiana de que trataremos mais adiante.

---

[7] Georges Gurvitch, "Mon itinéraire intellectuel ou exclu de la horde", *L'Homme et la Société: Revue Internationale de Recherches et de Synthèses Sociologiques*, n. 1, 1996, p. 10.

[8] Nos anos seguintes, Gurvitch se dedicou à reflexão teórica e assumiu a posição de organizador e normatizador da disciplina. Publicou, pela editora Presses Universitaires de France, em 1958 e 1960, os dois volumes do *Traité de Sociologie* (ver Löwy, entrevista concedida ao autor em 6 dez. 2016).

[9] O ato que representa, segundo Tanguy, o nascimento da sociologia do trabalho francesa ocorreu no final dos anos 1940, com o espaço dado a Friedmann na revista *L'Année Sociologique*, na época a mais prestigiosa revista de sociologia, para abrigar uma seção denominada "Sociologie du travail". A maior parte dos textos publicados nesse espaço, durante seus primeiros anos, foi de resenhas, que tinham como objetivo construir um amplo panorama analítico do que era pesquisado e publicado em livros e revistas de outros países, sobretudo os Estados Unidos. Escreveram nessa seção pesquisadores do CES, do CNRS e do ISST; Lucie Tanguy, *A sociologia do trabalho na França*, cit.

O segundo momento do desenvolvimento desse domínio teve início em 1954, quando o recém-criado Institut des Sciences Sociales du Travail (ISST) passou a organizar suas pesquisas, contando com financiamento muito acima do que se via até então nas ciências sociais. Isso só foi possível devido à confluência de fatores políticos e acadêmicos que acabaram por unir em torno do projeto de "modernização" da sociedade francesa atores com diferentes interesses. Foi então que a sociologia do trabalho conseguiu efetivar seu anseio de uma ciência positiva e empírica, com a capacidade de mobilizar seus conhecimentos para produzir ações políticas.[10]

Por fim, o terceiro momento teve início quando a VIe Section de l'École Pratique des Hautes Études (Ephe) se tornou a principal instituição de ensino e pesquisa em ciências sociais da França, situação que coincide com a fundação do Laboratoire de Sociologie Industrielle (LSI), em 1958, sob a direção de Touraine, e a constituição de um corpo permanente de professores. Naquela mesma época, foram lançadas as revistas *Sociologie du Travail* (1959) e publicados os dois volumes do *Traité de Sociologie du Travail* (1961, 1962), organizados por Friedmann e Naville. Esses dois empreendimentos editoriais unificaram os principais pesquisadores envolvidos nos estudos sobre trabalho na França. No entanto, se eles representaram o auge da construção da nova disciplina chamada sociologia do trabalho, marcaram também o início de sua queda.

## *O Centre d'Études Sociologiques*

Nunca é demais destacar a importância que teve o Centre de Documentation Sociale (CDS) para o desenvolvimento da sociologia francesa, tanto no que concerne a sua institucionalização e à formação de jovens acadêmicos que assumiram postos importantes após o término da grande guerra quanto na reprodução de uma tradição criada por Émile Durkheim. Fundado em 1920 e vinculado à ENS, o CDS foi dirigido por Célestin Bouglé até 1940, ano de sua extinção. Tinha a maior biblioteca de ciências sociais da França e organizava ciclos de conferências sobre questões sociais. Durante sua existência, foi financiado pelo banqueiro Albert Kahn – que acreditava na importância de conhecer melhor as diferentes civilizações com o objetivo de manter a paz entre os homens – e a Fundação Rockefeller. Seu objetivo era produzir o máximo de informações e realizar pesquisas sobre os problemas sociais contemporâneos[11].

---

[10] Lucie Tanguy, *Les Instituts du travail: la formation syndicale à l'université de 1955 à nos jours* (Rennes, Presses Universitaires de Rennes, 2006, coleção Des Sociétés); Lucie Tanguy, *A sociologia do trabalho na França*, cit.; Lucie Tanguy, "Retour sur l'histoire de la sociologie du travail en France: place et rôle de l'Institut des Sciences Sociales du Travail", *Revue Française de Sociologie*, v. 49, n. 4, 2008, p. 723.

[11] Jean-Christophe Marcel, *Le Durkheimisme dans l'entre-deux-guerres* (Paris, PUF, 2001, coleção Sociologie d'Aujourd'hui).

Na história da sociologia francesa, o CDS também é destacado como um espaço que acolhia jovens pesquisadores ansiosos por realizar pesquisa de campo[12]. Bouglé mostrou-se um habilidoso revelador de talentos, proporcionando a esses jovens pesquisadores um trabalho em equipe e interdisciplinar, o que por si só era uma ruptura com os hábitos dos durkheimianos da geração anterior. Essa nova tradição alimentará o projeto de reconstrução da sociologia francesa em torno do CES. Além disso, a atuação de Bouglé durante o entreguerras visou contribuir para a construção de uma rede internacional de sociólogos, como atesta a correspondência que manteve com Fernando de Azevedo, idealizador e professor da USP[13].

Após a guerra, durante a segunda metade da década de 1940, podemos dividir os anos iniciais do CES em duas fases. A primeira, de 1946 a 1948, sob a direção de Gurvitch, foi marcada por uma maior dedicação na formação de quadros por meio de conferências e seminários entre seus membros e para um público mais amplo. Como não havia na França nenhum curso dedicado à sociologia nas universidades, coube ao CES essa tarefa de formar as novas gerações. "Não havia debates, nem cursos. Eu jamais fiz uma hora de curso, à exceção dos Seminários de Friedmann no CES", relembra Touraine[14]. Durante aquela fase, as discussões eram externadas em publicações dos *Cahiers Internationaux de Sociologie*.

A partir de 1948, com a criação da VI Seção da Ephe, o CES pôde alterar a função que vinha cumprindo como formador – tarefa que passou a ser responsabilidade da nova instituição –, para de fato adotar a posição de centro de pesquisa. Quando Friedmann assumiu a direção do CES em 1949[15], seu objetivo era transformá-lo em um laboratório de pesquisa. No entanto, com o surgimento de outros centros e instituições de ensino e pesquisa nos anos 1950, o CES se manteve sobretudo como um local que empregava promissores acadêmicos, muitos deles realizando pesquisas em cooperação com outras instituições.

---

[12] Pertenceram aos seus quadros Raymond Aron, Georges Friedmann, Étienne Dennery, Philipe Schwob, Kaan, Stoetzel, Polin, entre outros.

[13] Na carta, escrita em 1936, Bouglé agradece a Azevedo pelo envio de seu livro *Princípios de sociologia* (ver *Carta de Celestin Bouglé a Fernando de Azevedo*, 6 jun. 1936. Arquivo IEB-USP, Arquivo Fernando de Azevedo, Código: Cp-cx6, 57).

[14] Conforme entrevista concedida ao autor em 22 fev. 2017. Partes desta entrevista foi publicada em "Sociologia, modernidade e América Latina: entrevista com Alain Touraine", *Lua Nova: Revista de Cultura e Política*, 20 maio 2019, p. 195-217. Os seminários de Friedmann, assim como os de G. Le Bras, foram essenciais para renovar o meio sociológico. Esses cursos formaram uma fração importante dos sociólogos que se destacaram nos anos 1960. Passaram pelos seminários R. Barthes, M. Crozier, J. Dofny, J. Dumazedier, V. Isambert-Jamanti, H. Mendras, E. Morin, J.-D. Reynaud e A. Touraine; Jacques Revel e Nathan Wachtel, *Une école pour les sciences sociales: de la VIᵉ Section à l'École des Hautes Études en Sciences Sociales* (Paris, École des Hautes Études en Sciences Sociales, 1996, coleção Sciences Humaines et Religions).

[15] Em seus primeiros anos, o CES foi dirigido por Georges Gurvitch (1945-1949), Georges Friedmann (1949-1951), Maxilien Sorre (1951-1956) e Jean Stoetzel (1956-1960).

O crescimento do CES é representativo do quanto a sociologia passou a ganhar maior espaço no mundo científico e político francês. Seus recursos eram provenientes de fontes estatais e de organismos internacionais, como a Unesco, que contratava seus quadros como *experts* para promover o ensino de sociologia e de programas de pesquisa. Seus pesquisadores eram contratados e avaliados pelo CNRS. Em 1949, o CES tinha recrutado apenas três pesquisadores, passando para 37 em 1955 e 43 em 1960[16]. O órgão contava com uma sede própria, auxiliares técnicos, material para ajudar nas pesquisas, uma biblioteca e um serviço de documentação. Os resultados de suas pesquisas eram publicados na coleção Travaux du Centre d'Études Sociologiques[17], da editora do CNRS, e na *Revue Française de Sociologie*.

Concomitantemente às conferências e aos seminários, mas sobretudo a partir de 1949, o CES empreendeu várias frentes de pesquisas empíricas, supervisionadas por seus membros e dirigidas pelos seus jovens pesquisadores. Em 1949, o volume 7 do *Cahiers Internationaux de Sociologie* publicou um dossiê chamado *Enquêtes du Centre d'Études Sociologiques*, que nos permite ter uma ideia das pesquisas empreendidas. Elas cobriam uma enorme gama de assuntos, tais como as diferenças entre as gerações, direito das crianças, sociologia urbana, sociologia das religiões e sociologia industrial[18]. Esta última, coordenada por Friedmann, estava em consonância com as preocupações políticas do momento, o que lhe permitiu um maior financiamento em relação às demais[19]. Ela havia sido dividida em quatro estudos: a indústria de relógios da região de Besançon (Isambert-Jamati), a indústria de confecções masculinas (Raymond), a *laminoirs* da região de Sedan (Verley) e a indústria automobilística nas Fábricas Renault (Touraine)[20].

Porém, apesar das pesquisas empíricas que destacamos, o CES

---

[16] Johan Heilbron, "Pionniers par défaut?", cit., p. 365. Dos 43 pesquisadores que trabalhavam no CES, um era diretor de pesquisa, três eram mestres de pesquisa, dez eram encarregados de pesquisa, 27 eram *attachés* de pesquisa e dois eram estagiários; C. Laude, "Le Centre d'Études Sociologiques", *Revue Française de Sociologie*, v. 1, n. 1, 1960, p. 93-7.

[17] Os estudos publicados nessa coleção nos dão uma ideia clara da importância dos temas relacionados ao trabalho nas pesquisas realizadas pelo CES ao longo da década de 1950. As obras publicadas foram *L'Évolution du travail ouvrier aux usines Renault* (1955), de A. Touraine; *Petits fonctionnaires au travail* (1955), de Michel Crozier; *Travail féminin et travail à domicile* (1956), de M. Guilbert e V. Isambert-Jamati; *La Vie quotidienne des familles ouvrières* (1956), de P.-H Chombart de Lauwe; *Les Travailleurs algériens en France* (1956), de A. Michel; *Les Paysans et la modernisation de l'agriculture* (1958), de H. Medras.

[18] Os responsáveis pelas pesquisas eram Gurvitch (diferença de gerações), Le Bras (trabalho sobre catolicismo), Lévy-Bruhl (prática do direito das crianças), Charles Bettelheim (composição social de uma cidade média do interior); Johan Heilbron, "Pionniers par défaut?", cit., p. 365.

[19] Idem; Jacques Revel e Nathan Wachtel, *Une école pour les sciences sociales*, cit.

[20] Alain Touraine e Étienne Verley, "Enquête française de sociologie industrielle", *Cahiers Internationaux de Sociologie*, v. 7, 1949, p. 109-21.

dedicou-se principalmente à pesquisa fundamental. Entre os métodos utilizados, podemos mencionar: as monografias ou *enquêtes* extensivas por amostragem; certos grupos praticam os métodos experimentais; outros pesquisadores se dedicam mais particularmente a aperfeiçoar certas técnicas; e outros ainda trabalham com documentos, em sujeitos de ordem histórica etc. Alguns desses trabalhos servem na elaboração de teses universitárias.[21]

Entre os pesquisadores daquela época, o interesse pela classe operária era geral. Politicamente, os primeiros a serem incorporados ao CES se consideravam do campo da esquerda, tinham referência na *Résistance* e nos valores que se hegemonizaram no período pós-libertação. Segundo Heilbron, "entre os doze primeiros pesquisadores, cinco pertenciam ao Partido Comunista, alguns eram ligados a grupos de extrema esquerda e outros a grupos de católicos de esquerda"[22].

## A École Pratique des Hautes Études

Tiveram papel importante na "modernização" das ciências sociais francesas do pós-guerra aqueles que se exilaram nos Estados Unidos e se agruparam em Nova York. Ao retornarem para a França, buscaram implementar o que haviam absorvido na experiência do exílio e no contato com a ciência e a academia estadunidenses, levando em suas bagagens novas disciplinas, como foi o caso da medicina do trabalho, da demografia, da psicotécnica, da psicologia escolar[23]. Também carregaram consigo a importância da interdisciplinaridade, pois o modelo estadunidense valorizava uma articulação entre a antropologia, a sociologia, o direito e a economia em busca de colocar em marcha uma unidade do saber em ciências sociais.

A migração forçada de inúmeros intelectuais europeus para os Estados Unidos marcou a proliferação de um tipo de estudo das ciências sociais reconhecido pela preferência metodológica em detrimento da quantificação, uma tendência neopositivista, e pela esperança de que a pesquisa contribuiria para o progresso social. Essas características se aprofundaram durante a Guerra Fria, com a proliferação do behaviorismo e do funcionalismo, ressaltando uma visão linear de modernização e desenvolvimento econômico[24].

Porém, o fator mais importante da experiência adquirida pelos exilados franceses foi a construção da École Libre des Hautes Études (Elhe). Fundada em 14 de fevereiro de 1942, ela teve o prestígio de abrigar importantes intelectuais, como

---

[21] C. Laude, "Le Centre d'Études Sociologiques", *Revue Française de Sociologie*, v. 1, n. 1, 1960, p. 94.
[22] Johan Heilbron, "Pionniers par défaut?", cit., p. 370.
[23] O próprio Gurvitch, por exemplo, que se tornou um admirador da Escola de Chicago, foi responsável por introduzir na França a sociometria de Jacob Moreno.
[24] Johan Heilbron, Nicolas Guilhot e Laurent Jeanpierre, "Internationalisation des sciences sociales: les leçons d'une histoire transnationale", em Gisèle Sapiro, *L'Espace intellectuel en Europe: de la formation des États-Nations à la mondialisation – XIX$^e$-XXI$^e$ siècle* (Paris, La Découverte, 2009).

Gurvitch[25], Lévi-Strauss e Roman Jakobson. A instituição seguia o modelo da New School for Social Research, que abrigava os alemães desde 1933. Dois padrões pedagógicos se complementavam: os cursos, que seguiam a tradição francesa; e os seminários, que se voltavam para a inovação intelectual. Durante essa experiência, as disciplinas que na França tinham pouco prestígio ou espaço nas universidades foram as que ganharam destaque na Elhe, com a exaltação da interdisciplinaridade num ambiente de efervescência intelectual[26].

Durante a experiência da Elhe, Gurvitch foi responsável por dirigir seu Instituto de Sociologia. Segundo Emannuele Loyer, esse instituto não apenas deu continuidade ao projeto do CDS como estabeleceu uma relação com os Estados Unidos que continuou no período pós-guerra[27]. O próprio Gurvitch é um exemplo de sociólogo que se integrou ao meio acadêmico estadunidense e internacional das ciências sociais. Em 1942, ele criou o *Journal of Legal and Political Sociology*, que objetivava um intercâmbio de ideias entre pesquisadores franceses e estadunidenses. Alguns anos depois, essa relação apareceu nos primeiros números dos *Cahiers Internationaux de Sociologie*.

A Elhe teve vida curta, mas seu modelo foi fundamental na reorganização da sociologia na França nos anos 1940 e 1950. Seu legado esteve presente tanto na fundação do CES quanto da Ephe.

Loyer acrescenta que

> o crescimento das ciências sociais na sociedade francesa esteve, portanto, intimamente vinculado *à intervenção* estadunidense, e mais particularmente à filantropia reconvertida desde o New Deal para as redes e as instituições de saber aplicado. Os exilados, nesse contexto, foram um dos vetores de um processo que os ultrapassou em muito.[28]

A VIᵉ Section de l'École Pratique des Hautes Études (Ephe)[29], criada por decreto em 1947, foi articulada pelo ministro da Educação Nacional, Pierre Auger,

---

[25] Segundo relatou Gurvitch em suas memórias, "após o armistício e a desmobilização de 1940, tive a possibilidade de partir para os Estados Unidos, a convite da New School for Social Research de Nova York. Desembarquei nessa cidade em meados de 1940, dificilmente lendo e não sabendo falar inglês. Meu curso, voltado para a história da sociologia francesa, foi dado em francês durante os dois primeiros anos. Participei, em 1941, da fundação da École Libre des Hautes Études em Nova York, sob o patrocínio do governo da França Livre. O primeiro presidente da École, Focillon, confiou-me a direção do Institut Français de Sociologie, vinculado a essa escola. Discussões calorosas ocorreram nesse instituto, das quais participaram numerosos colegas franceses e americanos. O problema da estrutura social da IV República e o futuro da França era, nesse período, o centro de nossas discussões"; Georges Gurvitch, "Mon itinéraire intellectuel ou exclu de la horde", cit.

[26] Emmanuelle Loyer, *Paris à New York: intellectuels et artistes français en exil, 1940-1947* (Paris, Hachette Littératures, 2007, coleção Pluriel).

[27] Idem.

[28] Ibidem, p. 404.

[29] As Écoles Pratiques des Hautes Études foram criadas em 1868, por decreto do então ministro da Instrução Pública do Segundo Império, Victor Duruy. Seu objetivo era promover um ensino

e contou com a colaboração da Fundação Rockefeller. Ela teve o auxílio de historiadores integrantes dos *Annales d'Histoire Économique et Sociale*, tais como Charles Morazé, Fernand Braudel e Lucien Febvre, este último eleito seu primeiro presidente. O objetivo era criar uma estrutura de ensino e pesquisa para as ciências sociais, por fora da estrutura conservadora da universidade francesa, que bloqueava o desenvolvimento de pesquisas modernas. Foi necessária a criação do CNRS e de instituições como o CES e a Ephe para que isso ocorresse[30].

No início, a Ephe sofreu com a precariedade e a falta de recursos financeiros. Sua principal fonte eram os créditos vindos da Fundação Rockefeller[31]. A maior parte de seus docentes ocupava cadeiras de associados, exercendo a docência em outras instituições tradicionais (como o Collège de France, o Conservatoire National des Arts et Métiers etc.). No entanto, desde a sua criação, a Ephe afirmou uma nova cultura de pesquisa baseada na interdisciplinaridade, no trabalho em equipe e na busca de resultados.

No final dos anos 1950, a Ephe ganhou impulso com novas verbas e a criação de postos para diretores de estudos[32], fazendo com que o número de pesquisadores vinculados à instituição quase duplicasse. Em 1951, eram 67, passando para 110 em 1966 quando ingressaram como diretores de estudo H. Deroche, Alain Touraine, Lucien Goldmann, R. Barthes, P. Bourdieu, F.-A. Isambert, entre outros, e foram criados os centros de pesquisa vinculados à Ephe, como foi o caso do LSI (1958), que permitiu acolher em seu interior pesquisadores do CNRS e das universidades.

---

inspirado nos *seminários* alemães, algo que as universidades tradicionais ignoravam, e criar instituições de erudição e pesquisa. Das quatro seções criadas pelo decreto, três eram destinadas às ciências exatas e a quarta para as "ciências históricas e filológicas". No ano seguinte, uma quinta seção foi prevista para as "ciências econômicas e administrativas", que não se efetivou devido à guerra franco-alemã e à queda do Império. O projeto da *cinquième* seção seria retomado por Henri Hauser, em 1903. No entanto, por ter sido criada em 1886 uma quinta seção destinada às ciências religiosas, o novo projeto deveria dar origem à *sixième* seção, algo que novamente não se efetivou. Só após a Segunda Guerra Mundial esse projeto finalmente foi concluído.

[30] Em 1975, a Ephe seria substituída pela École des Hautes Études en Sciences Sociais (Ehess), momento em que se afirmou definitivamente como uma escola doutoral e voltada essencialmente para a pesquisa. O fundador da Ehess, Fernand Braudel, apesar de não ter se exilado nos Estados Unidos durante a Segunda Guerra Mundial, empreendeu, durante os anos 1950, intercâmbios de estudos nesse país.

[31] Haverá um forte investimento nessas novas instituições pela Fundação Rockefeller e, a partir de 1955, pela Fundação Ford (ver Emmanuelle Loyer, *Paris à New York*, cit.)

[32] O *directeur d'études*, título dado aos professores de categoria magistral, é um funcionário público das instituições Ehess e Ephe. Hoje, uma parte dos diretores de estudos, em uma dessas instituições, acumula funções de *directeur de recherche* (diretor de pesquisa) no CNRS ou em outras instituições ou de professor em alguma universidade. Ele é encarregado de questões relativas ao ensino e geralmente é membro da equipe de direção do estabelecimento. Touraine, por exemplo, foi ao mesmo tempo diretor de estudos da Ephe/Ehess e professor da Universidade Paris Nanterre.

Vale destacar que, enquanto Friedmann[33] e Goldmann se tornaram diretores de estudos da Ephe em 1959, quando tinham, respectivamente, 57 e 46 anos, Touraine alcançou a mesma posição, em 1960, com apenas 35 anos de idade e sem contar ainda com o título de doutor. Sem dúvida, o jovem sociólogo foi, entre aqueles de sua geração, o que mais rapidamente ascendeu na nova estrutura de ensino e pesquisa[34].

A VI Seção da Ephe, ao longo dos anos de 1950 e 1960, foi ganhando relevância e prestígio no meio acadêmico. Além disso, ela foi progressivamente contando com um montante maior de aportes financeiros. Uma mudança muito rápida e significativa, que coincidiu com os anos iniciais do LSI (1957 a 1961), foi quando vários intelectuais de carreiras consolidadas optaram por deixar um posto em alguma instituição tradicional para se dedicar integralmente às atividades na Ephe. Outros, ao verem a ascensão da instituição, se associaram com o direito de acumular cargos em outras universidades ou faculdades[35].

## O Institut des Sciences Sociales du Travail

O segundo momento do desenvolvimento das pesquisas sobre o mundo do trabalho na França ocorreu quando as políticas de planificação e modernização ganharam maior abrangência, com apoio dos Estados Unidos e das agências intergovernamentais. Nesse contexto, nasceu, em 1951, por iniciativa do Ministério do Trabalho e em cooperação com a Universidade de Paris, o Institut des Sciences Sociales du Travail (ISST). Na narrativa hegemônica sobre a história da sociologia do trabalho francesa, esse instituto foi, durante muito tempo, simplesmente, esquecido pelos autores[36]. No entanto, os principais nomes dessa disciplina nas

---

[33] Naquele período, é significativa a mudança definitiva de Friedmann para a Ephe, deixando seu cargo no CNAM. Desde sua criação, ele estivera vinculado à nova instituição, mas, agora, ela lhe dava estabilidade, sobretudo com a criação do Centre d'Études des Communications de Masse, em 1960. A saída de Friedmann do tradicional CNAM para ingressar na VIᵉ Section da Ephe expressa a importância que essa nova instituição adquiriu na França. Sua vaga no CNAM foi ocupada por Jean-Daniel Reynauld, que até então estava no ISST.

[34] Brigitte Mazon, *Aux origines de l'École des Hautes Études en Sciences Sociales: le rôle du mécénat américain – 1920-1960* (Paris, Cerf, 1988, coleção Thèses).

[35] Idem.

[36] Essa ausência do papel do ISST no desenvolvimento da sociologia do trabalho francesa é problematizada por estudos recentes. O mais importante dentre eles foi realizado por Lucie Tanguy, mas vale também consultar o livro escrito por Borzeix e Rot sobre o surgimento da revista *Sociologie du Travail*; Lucie Tanguy, *A sociologia do trabalho na França*, cit.; Lucie Tanguy, *Les Instituts du travail: la formation syndicale à l'université de 1955 à nos jours* (Rennes, Presses Universitaires de Rennes, 2006, coleção Des Sociétés); Lucie Tanguy, "Retour sur l'histoire de la sociologie du travail en France", cit., p. 723; Anni Borzeix e Gwenaëlle Rot, *Genèse d'une discipline, naissance d'une revue: Sociologie du Travail* (Nanterre, Presses Universitaires de Paris Ouest, 2010).

décadas de 1950 e 1960[37] tiveram alguma relação com ele e encontraram lá as melhores condições para desenvolverem as investigações empíricas e exercerem uma ciência social aplicada[38].

Criado inicialmente para ser uma espécie de "escola de quadros" para o meio empresarial e sindical, oferecendo cursos de formação, publicando revistas e livros, e financiando encontros e eventos, como forma de disseminar as "modernas" técnicas de gestão do taylorismo-fordismo, inspiradas nas experiências estadunidenses, o ISST passou a realizar, a partir de 1954, pesquisas empíricas. Para compreender as razões que levaram à criação de uma sessão de pesquisas no interior do instituto, precisamos problematizar a missão que os franceses realizaram um ano antes nos Estados Unidos[39].

A Missão de 1953, como passaremos a chamá-la, ocorreu um ano antes do lançamento da primeira grande pesquisa europeia sobre os impactos que as mudanças tecnológicas produzem nas atitudes dos trabalhadores. Nessas missões, um conjunto de intelectuais, gestores empresariais e estatais, sindicalistas, trabalhadores qualificados, entre outros, eram enviados aos Estados Unidos com o objetivo de coletar informações e experiências dos estudos sobre as relações industriais ou mesmo de estagiar em uma determinada empresa, refletindo, assim, sobre as estruturas que sustentavam e alimentavam a indústria estadunidense. A Missão de 1953 focou na relação entre as universidades (e suas pesquisas) e as indústrias, ou seja, em como as primeiras poderiam produzir conhecimentos para serem aplicados na melhoria das segundas[40].

O relatório final dessa missão, publicado em 1958, nos permite ter uma clara ideia das aspirações políticas que moveram uma parte dos intelectuais da geração do pós-guerra nas diversas pesquisas que realizaram sobre o mundo industrial e do trabalho, assim como de seus esforços para criar e gerir instituições e centros de pesquisas. Ele expressava, na realidade, uma reflexão sobre os diversos estudos acerca das relações industriais e sobre as formas de organização, a infraestrutura

---

[37] Mantiveram alguma relação com o ISST, coordenando pesquisas ou dando cursos, Friedmann, Touraine, Reynaud, Tréanton, Crozier, entre outros. Ver Anni Borzeix e Gwenaële Rot, *Genèse d'une discipline, naissance d'une revue*, cit.

[38] Lucie Tanguy, *A sociologia do trabalho na França*, cit; Lucie Tanguy, *Les Instituts du travail*, cit.; Lucie Tanguy, "Retour sur l'histoire de la sociologie du travail en France", cit.

[39] A missão ocorreu de 23 de outubro a 25 de novembro de 1953 e passou pelas cidades de Nova York, Washington, Chicago, Cornell, Madison e Boston, realizando reuniões e visitas em centros de pesquisa sobre o mundo industrial vinculados às universidades de Chicago, de Madison, de Princeton, de Rutgers e de Boston. Também conheceu fábricas nas regiões de Madison e Cornell, assim como sindicatos em Chicago, e se encontrou em Nova York com a American Management Association (ver também o capítulo 1).

[40] Mission Française de Productivité, *Enseignement des relations industrielles aux États-Unis: enquête en vue de l'accroissement de la productivité* (Paris, Société Auxiliaire pour la Diffusion des Éditions de Productivité, 1958).

e o financiamento dos centros de pesquisa. Os doze membros que fizeram parte desta missão de 1953 eram representativos da política de conciliação almejada entre as classes sociais na França dos anos 1950[41].

Em sua introdução, escrita por Jean-Daniel Reynaud, é destacado o fato de que o modelo taylorista teria sido obrigado a ceder espaço à "participação" dos trabalhadores, aos acordos coletivos e aos agentes externos às fábricas, no caso, a atuação de *experts*. Claramente sua reflexão expressava uma leitura que alguns franceses faziam da Escola de Relações Humanas criada por Elton Mayo, ressaltando a importância dos "fatores humanos" na busca de melhoria do rendimento da produção industrial. O importante nesse relatório é menos a justeza de suas teses com a realidade e mais a visão propagada que serviu para pautar e nutrir ações de grupos acadêmicos e *experts* do planejamento do Estado francês.

Uma primeira conclusão, fundamental para esse grupo e que representa a palavra de ordem dominante na política francesa dos "Trinta Gloriosos", é que "a elevação dos salários está oficialmente ligada ao crescimento da produtividade e é este último que servirá de base para as reivindicações"[42].

Os centros de pesquisa visitados pelos membros da missão foram tomados como uma resposta no âmbito universitário para os problemas dos "fatores humanos" na produção industrial. Eles facilitavam uma colaboração entre as disciplinas de sociologia, economia, psicologia, antropologia e outras com o objetivo de proporcionar um melhor desempenho do mundo industrial. O método vigente era o da pesquisa empírica, sobretudo por meio da aplicação de questionários e do tratamento estatístico dos dados obtidos.

Apesar de expressarem, em algumas passagens do relatório, críticas às pesquisas empreendidas nos Estados Unidos sobre as relações industriais, caracterizando-as de superficiais, os autores se mostraram convencidos da necessidade de estabelecer na França uma maior aproximação entre a universidade e a indústria. Ressaltaram, ainda, o aspecto dinâmico que teriam esses estudos e essas instituições estadunidenses, acompanhando as transformações do mundo industrial de uma forma mais eficaz. Também destacaram o caráter mais dinâmico das instituições de ensino superior visitadas, que organizavam seus cursos por meio de seminários e não de cátedras, como na França.

Portanto, o relatório conclui recomendando (1) a criação de instituições ligadas às universidades com o objetivo de estudar as relações industriais, (2) a mobilização das diversas disciplinas a fim de que elas não fizessem recortes sobre o objeto, (3) um esforço permanente de documentação e pesquisa sobre o mundo industrial que

---

[41] Entre os seus membros estavam Yves Delamotte (na época membro do Ministério do Trabalho e depois diretor do ISST) e Jean-Daniel Reyaud (*agrégé* de filosofia e vinculado ao CNRS em Paris); Mission Française de Productivité, *Enseignement des relations industrielles aux États-Unis*, cit.

[42] Ibidem, p. 9.

deveria ser levado em frente por essas novas instituições e, por fim, (4) a realização das pesquisas por meio de investigações de campo, de longa duração e em equipe, com o argumento de que seriam mais frutíferas, combinando os recursos das várias disciplinas (em pesquisa fundamental ou aplicada). O relatório reforçou, portanto, a tendência a empregar a sociologia empírica e a utilizar os métodos estatísticos e matemáticos que vinham sendo construídos na França.

No entanto, para o desenvolvimento desse tipo de sociologia, três dificuldades foram apontadas pelo relatório: a tradição teórica e literária da sociologia francesa, que dificultaria a incorporação de métodos mais científicos e modernos; os altos custos desse tipo de pesquisa para o mundo industrial; a falta de uma carreira e a existência de poucos pesquisadores formados em sociologia. Nesse sentido, conclui que seriam necessárias mudanças radicais na mentalidade dos pesquisadores e nas instituições francesas para poder empreender esse projeto de estudos sobre as relações industriais e, ao mesmo tempo, influenciar nas mudanças em curso na sociedade.

Por conta disso, o relatório destaca ainda a diferença dos sistemas de ensino superior dos Estados Unidos com o resto da Europa. A França era o país com o menor número de professores por habitantes na comparação com a Grã-Bretanha, Alemanha, Itália e, obviamente, Estados Unidos[43]. Portanto, não bastava mudar a mentalidade daqueles que se encontravam estáveis em seus cargos de professores universitários, mas era preciso impulsionar a massificação dos sistemas de ensino e pesquisa do país. Foi nessa oportunidade que os franceses criaram, no bojo de sua expansão, instituições por fora das tradicionais universidades.

O ISST foi apresentado pelo relatório como um modelo em funcionamento que poderia ser mais bem aproveitado para esses objetivos. Já estava em curso, quando ele foi publicado, cinco anos após a realização da missão, uma pesquisa de grande envergadura, financiada pela Agence Européenne de Productivité (AEP). Essa agência, como demonstraremos logo a seguir, foi fundamental na formação da nova geração de sociólogos, ao impor uma metodologia de trabalho (pesquisa empírica e comparada) e incitar a elaboração de políticas para o mundo industrial.

*A Agence Européenne de Productivité*

A Agence Européenne de Productivité (AEP) foi criada em maio de 1953, como organismo autônomo e vinculado à Organização Europeia de Cooperação Econômica (Oece), e tinha a missão de estimular o crescimento da produtividade da

---

[43] Em 1953, tomando os Estados Unidos como referência e índice igual a 100, os números de professores de ensino superior por habitantes na Grã-Bretanha, França, Alemanha e Itália eram, respectivamente, 31, 7, 18 e 9. Ver *Rapport de la Mission Française de Productivité, 1953, e Extraits de l'Oece: comparaisons internationales des produits nationaux*, p. 49.

indústria europeia. Para essas duas organizações, a noção de produtividade englobava numerosos fatores da produção: o capital, as matérias-primas, as instalações e os equipamentos, a terra, a força de trabalho etc. As ações deveriam se concentrar primordialmente nos gargalos de um setor ou de um determinado momento do desenvolvimento de um país. Segundo um de seus relatórios, a ampliação da produtividade era entendida como um meio e não um fim, pois "o objetivo final da campanha é obter um nível de vida mais elevado na Europa. Chegaremos a isso aumentando as disponibilidades de bens e serviços e, consequentemente, melhorando o poder de compra real do consumidor"[44].

Sua existência não deveria durar mais que alguns anos, como de fato ocorreu[45]. Isso não diminuiu a importância que a AEP teve ao longo de suas atividades, influenciando governos, organizações profissionais, industriais e agrícolas, além de centros de pesquisas e empresas públicas e privadas. Um de seus objetivos era "convencer os diretores das empresas e os trabalhadores das vantagens da produtividade, conduzindo-os a colaborar para seu desenvolvimento"[46]. Enquanto a Oece atuava sobretudo no âmbito dos governos e na articulação de seus países-membros com o objetivo de criar as condições políticas e econômicas para o desenvolvimento das ações localizadas[47], a AEP se concentrava no âmbito dos indivíduos e dos coletivos, difundindo a "ideologia" do produtivismo e do progresso técnico e buscando estabelecer, dessa forma, um consenso na opinião pública sobre a questão.

Estava claro para a AEP que uma política de aumento da produtividade enfrentaria problemas técnicos e psicológicos. Todo processo de modernização pautado no progresso técnico encontra resistência de grupos da sociedade que são afetados direta ou indiretamente pelos seus efeitos negativos, como são os casos do desemprego tecnológico, do desaparecimento de profissões, da alteração nas formas de gestão, da alteração das mercadorias, entre outros. O aspecto psicológico era uma das principais preocupações da nova agência[48], pois estava diretamente

---

[44] Ver L'Organisation Européenne de Coopération Économique, *Resumé du Premier Programme Annuel d'Action de l'Agence Européenne de Productivité*, Paris, Arquivos da OCDE, Paris, p. 5.
[45] Quando a Oece passou a se chamar OCDE, em 1961, a AEP deixou de ser uma agência autônoma.
[46] Agence Européenne de Productivité (org.), *Répertoire des recherches et des instituts dans les sciences humaines appliquées aux problèmes du travail... Établi par l'Agence Européenne de Productivité... avec l'aide des centres nationaux de productivité* (Paris, Oece, 1960), p. 1.
[47] L'Organisation Européenne de Coopération Économique, em *Histoire et structure* (6. ed., Paris, Oece, 1957).
[48] "Se é possível admitir que, para um país em seu conjunto, aumentar a produtividade é aumentar a prosperidade, o trabalhador ou o dono da empresa, individualmente, podem estar tentados a apreciar essa questão de um ponto de vista mais pessoal. Isso poderia resultar numa atitude de resistência às transformações, que não podem ser superadas sem dissipar suas fontes de apreen-

relacionado ao "fator humano", elemento fundamental para se colocar em marcha o projeto modernizador.

A AEP atuava na execução de programas em âmbito mais concreto e localizado, em articulação com as agências nacionais de produtividade. Seu foco era abrangente, envolvendo os meios industrial, comercial e agrícola. Ajudava as agências nacionais a cumprir suas metas, fornecendo recursos, quadros e informações necessárias, enquanto estas executavam em seus países os programas estabelecidos no âmbito internacional. Seu objetivo principal era orientar e informar a opinião pública, mas também concentrava seus esforços em indivíduos ou grupos de indivíduos que estivessem mais bem localizados para difundir os efeitos "positivos" do aumento da produtividade. Os grupos prioritários de suas ações eram os gerentes, os empresários e os sindicalistas, agindo por meio da pesquisa, da informação, da formação, do ensino e da ajuda a outros organismos de produtividade[49].

No âmbito da informação, ou da ideologia, a AEP também era encarregada de garantir a difusão de conhecimentos sobre a produtividade por meio de diversas publicações, como revistas e jornais especializados, voltados a públicos diferentes (acadêmicos, empresários e sindicalistas)[50]. Utilizava-se de técnicas de propaganda e *marketing* – fator que havia ganho relevância no plano da atuação ideológica, como foi o caso da difusão de milhares de filmes industriais sobre produtividade[51].

No que diz respeito ao ensino, a AEP estava convencida da necessidade de aproximar o mundo empresarial do universo acadêmico, pois a educação era um campo fundamental na produção do consentimento. Buscava, portanto, incentivar uma maior cooperação entre a indústria e os estabelecimentos de ensino de toda espécie. "A atitude dos futuros chefes de empresa e dos trabalhadores dependerá centralmente do ensino que eles receberam na escola e na universidade", concluiu um de seus relatórios[52].

---

são"; L'Organisation Européenne de Coopération Économique, *Resumé du Premier Programme Annuel d'Action de l'Agence Européenne de Productivité*, cit.

[49] A AEP também organizava grupos de trabalho e missões, assim como empregava consultores e *experts* quando necessário em assuntos particulares. Outra forma de ajuda aos grupos prioritários era por meio de financiamento de encontros, congressos e conferências de grupos profissionais. Por fim, também ajudava com bolsas de estudos e pesquisa.

[50] Entre as diversas revistas publicadas pela AEP estavam: *Bulletin d'Information*, *Bulletin de l'Oece* e *Information Syndicale* (publicados em francês, alemão, inglês e italiano).

[51] Entre as suas funções estava a de difundir a "ideologia" da produtividade e das técnicas relacionadas a ela, em colaboração com os organismos competentes, e a de organizar tarefas operacionais determinadas, tais como cursos, o estabelecimento de normas, o desenvolvimento de zonas-piloto em regiões subdesenvolvidas etc. (ver Productivité Européene, *Bulletin d'AEP-OECE*, n. 16, dez. 1955. Arquivo da OCDE, Paris). A AEP tinha uma cinemateca com mais de 3 mil filmes industriais e sobre a questão da produtividade.

[52] A APE criou um serviço internacional chamado Mesure de la Productivité, em que mediam e se comparavam as atividades entre as empresas. Também teve um braço de atuação no meio sindical, com a formação de sindicalistas em questões técnicas, econômicas e sociais, assim como

Quanto às pesquisas, a AEP não financiava o desenvolvimento de novas tecnologias, pois considerava que isso seria uma tarefa da sociedade civil e fruto da construção de um consenso em torno da necessidade do foco na produtividade. No entanto, buscava favorecer pesquisas que objetivavam esclarecer a natureza dos "obstáculos de ordem econômica, institucional ou psicossocial que impedem o estabelecimento de um 'clima' de produtividade"[53]. Portanto, uma de suas frentes de pesquisa era o mundo industrial e foi por meio dele que se estabeleceu na França uma estreita relação entre o mundo acadêmico e as empresas, entre funcionários modernizadores e pesquisadores[54].

Obviamente que as ações da AEP e da Oece, apesar de apresentarem o aumento da produtividade do trabalho como uma política neutra, comportavam um forte cunho político, em um contexto de Guerra Fria. Isso fica evidente em alguns de seus materiais e em resoluções de encontros que financiavam, como foi o caso da conferência sobre gestão industrial, convocada pela Oece em abril de 1954, em Paris, para discutir os relatórios da missão de *experts* estadunidenses que tinham visitado a Europa e se reunido com empresários e sindicalistas[55]. Na resolução sobre "relações humanas", deliberou-se que

> Os dirigentes das empresas têm o dever:
> De fazer todos os esforços para aumentar o poder de compra e elevar o nível de vida de seus operários, em vista de desenvolver a produtividade dos trabalhadores e de reforçar sua resistência às falsas ideologias [...]
>
> De encorajar a colaboração com seus trabalhadores, com os sindicatos e com o Estado, mais que se esforçar a dominar uns aos outros.[56]

Foi nesse contexto de intensificação das políticas modernizadoras na Europa, com forte apoio financeiro e de pessoal dos Estados Unidos, que se organizou uma das maiores e mais importantes pesquisas a respeito dos impactos das transformações sobre o trabalho produzidas pela inserção dos novos maquinários e das

---

seus envios para missões em outros países (ver *Resumé du Premier Programme Annuel d'Action de l'Agence Européenne de Productivité*, cit., p. 14).

[53] Ver AEP, *Activités au Cours de l'Exercice 1958-1959* (Paris, Oece, 1960), hoje nos arquivos da OCDE, Paris, p. 14.

[54] Lucie Tanguy, *A sociologia do trabalho na França*, cit.

[55] Esse evento ocorreu nos dias 15, 16 e 17 de abril de 1954, no Hotel Royal Monceau. Entre os delegados da França, estavam os representantes das seguintes entidades e organizações: Confederação Francesa dos Trabalhadores Cristãos (CFTP), Bureau des Temps Élémentaires, Syndicat Chrétien des Employés de Chemins de Fer de la Sarre, Commission Générale d'Organisation Scientifique (CGOST), Commission "Formation des Cadres" du Comité National de la Productivité Française, Confédération Générale du Travail – Force Ouvrière (CGT-FO) e vários empresários.

[56] Ver Oece, *Les Problèmes de gestion des entreprises: opinions américaines, opinions européennes* (Paris, Oece, 1954), hoje nos arquivos da OCDE, Paris.

novas formas de gestão do modelo taylorista-fordista. Essa pesquisa monumental, como veremos, ficou conhecida como Projeto 164.

## O Projeto 164: uma investigação europeia sobre o mundo industrial

Um dos mais importantes projetos europeus de pesquisa financiados pela AEP e pelas comissões nacionais de produtividade ficou conhecido, no interior da Oece, como Projeto 164, "As atitudes dos trabalhadores em relação às transformações técnicas da indústria do aço". Ele foi o primeiro estudo efetuado pelo ISST após a criação de seu centro de pesquisa, tendo sido dirigido por Jean-Daniel Reynaud e Alain Touraine, o que o torna particularmente importante para as análises deste livro. Obviamente esse não foi o único projeto financiado pelo órgão da Oece – ou por outros organismos europeus – sobre o mundo do trabalho, mas ele está entre os mais conhecidos e citados nos textos que remetem à história da sociologia do trabalho, menos por suas conclusões teóricas e mais pelo impacto que o projeto teve na formação dos pesquisadores envolvidos e na criação de um estilo de investigação que marcou a sociologia do trabalho francesa durante décadas.

O Projeto 164 foi uma ambiciosa investigação empírica de grande extensão, envolvendo diversos centros de pesquisas de diferentes países. Começou a ser idealizado em 1953, com a formação do Comitê de Investigação Social na Indústria, composto, inicialmente, do Departamento de Ciências Sociais da Universidade de Liverpool (Reino Unido), do Laboratório de Pesquisas Sociais da Universidade de Münster (Alemanha Ocidental), do Instituto de Medicina Preventiva dos Países Baixos, do Instituto de Política Social da Universidade de Chicago (Estados Unidos) e do Instituto de Política Social da Universidade de Helsinque (Finlândia). No verão do ano seguinte, juntaram-se a esse grupo o Instituto de Sociologia Solvay da Universidade Livre de Bruxelas (Bélgica), o Instituto de Psicologia da Universidade Católica do Sagrado Coração (Milão, Itália) e o ISST (França)[57]. Então, foi em 1954, com o apoio da AEP, que os institutos mencionados, menos o estadunidense e o finlandês, assinaram o acordo de pesquisa sobre o tema que teve como título "As atitudes dos trabalhadores em relação às transformações técnicas da indústria do aço":

> A ideia desse estudo surgiu da convicção de que era tempo de realizar uma pesquisa mais sistemática sobre a adaptação ao progresso técnico do ponto de vista da organização e do indivíduo em um dos ramos em que ele aparece: as siderúrgicas. O crescimento

---

[57] Ver *Attitudes des ouvriers de l'industrie sidérurgique à l'égard des changements techniques: une étude pilote* (Instituto Holandês de Medicina Preventiva, Leyde, jun. 1955), hoje nos arquivos da OCDE, Paris.

da produção de aço afeta diretamente os desenvolvimentos técnicos e um tal aumento não seria possível sem inovações técnicas. Portanto, esperamos concentrar a atenção dos pesquisadores nos problemas referentes à adaptação na indústria do aço.[58]

Cada um dos seis institutos envolvidos no Projeto 164 ficou responsável por desenvolver a pesquisa em uma siderúrgica importante de seu país que empregasse, ao menos, 5 mil trabalhadores e tivesse recentemente passado por uma transformação técnica significativa[59], permitindo, assim, um estudo de grande amplitude. Nos Países Baixos, escolheu-se uma fábrica que havia substituído o seu velho *laminoir* por um *laminoir moderne continu à bandes larges*[60]. No Reino Unido, a análise consistiu na reorganização de uma velha *fonderie*. Na Alemanha Ocidental, a usina estudada fez sete inovações técnicas em sua oficina de laminação. Os franceses escolheram uma enorme fábrica consagrada à produção de *tôles* fortes e conseguiram analisar a transformação e seus impactos antes e depois da instalação do novo maquinário. A Bélgica optou por estudar três diferentes firmas, enquanto o caso italiano envolvia a substituição dos fornos por novos e aperfeiçoados. Ainda que as transformações técnicas tenham sido diferentes umas das outras, as consequências sobre os trabalhadores foram com frequência similares, o que tornou possível a comparação entre os casos.

O projeto vigorou de 1954 a 1957 e foi executado em duas etapas. A primeira (1954-1955), composta de um projeto-piloto, buscou realizar uma primeira aproximação com as fábricas escolhidas e apresentar uma fundamentação metodológica para o desenvolvimento da pesquisa nos anos seguintes, sobretudo no que dizia respeito à formulação dos questionários de perguntas a serem aplicados entre os trabalhadores[61]. Os resultados dessa primeira etapa

---

[58] Ibidem, p. 3.
[59] Os estudos buscaram se concentrar em transformações técnicas ocorridas entre 1952 e 1953, com o processo de mudança já terminado quando a pesquisa se iniciou, com exceção do caso francês. Ver AEP, *Travailleurs de l'acier et progrès technique: rapport comparatif sur six enquêtes nationales – Projet AEP n. 164* (Paris, Oece, jun. 1959, coleção Version Industrielle, n. 2,), hoje nos arquivos da OCDE, Paris.
[60] O laminador é uma máquina em que se colocam blocos de metais para laminar com o objetivo de reduzir a espessura de um material ou a produção de barras perfiladas. A laminação é um processo de fabricação por deformação (de diferentes materiais), obtida pela compressão contínua na passagem entre dois cilindros contrarrotativos. Em francês, a palavra laminador é *laminoir*. Em inglês, seu similar é *rolling-mill*. Em português, laminador também se refere ao trabalhador que opera a máquina (sendo que, em francês, ele é *lamineur/lamineuse*).
[61] Nos relatórios, foi feita uma distinção entre *operários*, *empregados* e *quadros*. Na língua francesa, há uma diferenciação entre *ouvrier* e *employé*. O primeiro se refere a todo trabalhador diretamente ligado a máquinas. Numa hierarquia, ele está na situação de maior subjugação. Os *employés* (empregados) englobam aqueles que trabalham no setor comercial ou financeiro (contabilidade) da fábrica, os contramestres e os técnicos, ou seja, aqueles que, ainda que subjugados no interior da fábrica, já possuem um certo grau de responsabilidade e de mando. Os *quadros* são os que ocupam os postos de mando e de gestão, tais como os gerentes, os chefes, os engenheiros etc.

foram apresentados em detalhe em julho de 1955 por relatórios classificados como confidenciais. Nos anos seguintes, foram apresentados vários relatórios parciais e os finais ficaram prontos em dezembro de 1957[62]. Dois anos depois, a AEP e a Oece publicaram, em sua coleção Version Industrielle, um documento comparativo das pesquisas do Projeto 164, escrito pelo inglês O. Banks e pelo francês Reynaud[63]. Quase dez anos após o fim da pesquisa, o ISST voltou a publicar[64], em sua coleção, uma edição atualizada do seu relatório final, escrita pela maioria dos pesquisadores envolvidos[65].

Cada estudo levou em consideração os fatores sociais internos e externos às fábricas, o processo de trabalho, o peso e o papel dos sindicatos, a política salarial e de promoção, a qualificação e a formação dos operários, entre muitos outros aspectos. Foram realizados estudos intensos nos arquivos das empresas a fim de reconstruir as transformações técnicas e suas consequências, em particular seus efeitos sobre os salários e o *status* profissional. Essas informações foram confrontadas com as observações de campo realizadas pelos pesquisadores. Entretanto, a espinha dorsal da pesquisa estava na aplicação de questionários pré-formulados em uma amostra de operários, com questões com respostas fechadas e abertas, que se intercalavam. Também foram realizadas entrevistas com diretores, contramestres e, em alguns casos, representantes sindicais.

As investigações compreendiam tanto uma descrição das transformações técnicas ocorridas na fábrica e suas consequências sobre o trabalho (aspectos objetivos) quanto uma análise da percepção dessas transformações pelos trabalhadores (aspecto subjetivo). Acreditavam que a confrontação dos aspectos objetivos com os subjetivos da pesquisa permitiria analisar as atitudes dos operários frente às transformações e, sobretudo, as origens destas, ou seja, se estavam diretamente relacionadas ao progresso técnico ou se também refletiam fatores ideológicos e culturais. Portanto, dessa forma, o Projeto 164 seguiu o esquema da sociologia industrial estadunidense, que separava a organização da unidade de trabalho entre "formal" e "informal", considerando as atitudes dos trabalhadores como parte

---

Entre as três categorias há também uma diferenciação de nível de instrução e qualificação, sendo os operários os menos qualificados e os quadros os mais qualificados, normalmente com nível superior.

[62] A maior parte dos relatórios do Projeto 164 está agrupada no microfilme *Film OCDE 83. AEP. Projet 164. Recherche en Sociologie Industrielle. Juin 1955 – juin 1959*. Arquivos da OCDE, Paris.

[63] Trata-se de *Travailleurs de l'acier et progrès technique: rapport comparatif sur six enquêtes nationales*, cit.

[64] Outra publicação saiu em 1965 pela Oece, com resultados e reflexões do Projeto 164 e de outros sobre a relação entre os trabalhadores e as transformações técnicas; Organisation de Coopération et de Développement Économiques, *Les Travailleurs et les changements techniques: une vue d'ensemble des recherches par Alain Touraine,... en collaboration avec Claude Durand,... Daniel Pécaut,... Alfred Willener,...* (Paris, OCDE, 1965).

[65] Jacques Dofny et al., *Les Ouvriers et le progrès technique: étude de cas – un nouveau laminoir*, t. 1 (Paris, Armand Colin, 1966).

fundamental da segunda e como fator-chave na implementação de "modernas" formas de organização do trabalho.

Ao longo da execução do projeto, foram realizadas várias reuniões e encontros entre os representantes das instituições de pesquisa e de outros organismos e setores interessados para discutir a metodologia das investigações, as orientações teóricas e assegurar uma coordenação para que os dados coletados pudessem propiciar comparações. Por exemplo, o relatório comparativo publicado em 1959 foi discutido no seio de um grupo internacional que compreendia os sociólogos vinculados aos institutos de pesquisa, os *experts* designados pelo Comitê da Siderurgia da Oece, representantes do Conselho das Federações Industriais da Europa e da Comissão Sindical Consultiva Mista, além de manter a Comunidade Europeia do Carvão e do Aço informada sobre o desenvolvimento do estudo. Trabalhou-se com o método do *feedback* aos diretores das empresas e aos sindicatos, apresentando a estes os resultados parciais e finais das pesquisas, coletando suas opiniões e sugestões, e ajustando os detalhes no percurso.

O Projeto 164 foi realizado durante a euforia da expansão e da modernização da siderurgia europeia no pós-guerra, numa época em que o desemprego não era uma preocupação central para os operários, o que, obviamente, repercutiu nas respostas dos questionários aplicados. Na França, em particular, havia um consenso entre as várias classes sociais da necessidade de reconstrução do país sob a base do desenvolvimento econômico e isso repercutiu nos programas de reivindicações do movimento sindical, que acabaram por apoiar a "expansão das indústrias de base, a reconstrução e o crescimento da produção industrial e agrícola", associando o progresso social ao progresso econômico. O resultado disso foi a difusão da ideia de que era necessário aos operários fazerem alguns sacrifícios na reconstrução do país para terem ganhos no futuro. Por consequência, as principais centrais sindicais francesas (CGT, CFDT, FO) mantiveram, até meados dos anos 1970, um programa predominantemente economicista, questionado de forma radical pela sua base nos levantes de 1968.

## O Projeto 164 na França

A equipe do ISST, encarregada do Projeto 164 da AEP na França[66], escolheu como campo de pesquisa uma *tôlerie*[67] da cidade de Mont-Saint-Martin, localizada na bacia siderúrgica de Longwy, comuna da região da Lorena, no

---

[66] O projeto foi dirigido por Jean-Daniel Reynaud (ISST) e Alain Touraine (Ephe). Trabalharam como pesquisadores, durante a primeira fase do estudo, Jacques Dofny e Bernard Mottez, com a ajuda de Adrien Morel; e, durante a segunda fase, Claude Durand, Paul Pascon e Philippe Pigelet, com a ajuda de Térence Maranta.

[67] Em francês, *tôlerie* é a fabricação, o trabalho ou o comércio de *tôle*. É também o local onde se trabalha o *tôle*. *Tôle* é a folha de ferro ou de aço obtida pela laminação.

leste da França e no limite fronteiriço com a Bélgica e com o Luxemburgo. A fábrica, uma entre as quatro principais produtoras de aço do país, tinha cerca de 5 mil operários e foi escolhida porque iria instalar, em agosto de 1955, um novo laminador de chapas (*plate mill*)[68]. Diferentemente do que ocorreu com outros institutos envolvidos na pesquisa, isso daria aos pesquisadores a oportunidade de avaliar as atitudes dos operários em um caso no qual a transformação estava em curso. Permitiria, portanto, saber as opiniões dos operários antes e depois das mudanças, captando, assim, suas expectativas e julgamentos, e ressaltando suas experiências. "Nós pudemos não somente pedir aos operários que avaliassem as consequências das transformações, mas também comparar, de uma fase para a outra, as expressões gerais de satisfação ou de insatisfação ou as atitudes em relação às transformações técnicas e o progresso."[69] Ademais, o novo maquinário manteria em suas operações os velhos operários que trabalhavam sob a tecnologia mais antiga, permitindo a comparação de respostas de um mesmo grupo de atores.

O relatório final (1957) dessa pesquisa na França reforçou a ideia de que o conhecimento das atitudes operárias, frente às transformações técnicas, permitiria identificar as formas de resistência a tais transformações, compreendidas naquele momento como inevitáveis. Para captar essas atitudes, os questionários buscaram retratar as esperanças, os medos e os anseios dos operários. Essa parte deveria vir ancorada numa análise das consequências dessas mudanças. Isso levou a destacar as alterações ocorridas no emprego e na evolução profissional, nos salários e na jornada de trabalho, nos problemas de adaptação, assim como na posição dos sindicatos e da gerência frente ao processo.

A primeira fase da pesquisa ocorreu antes da transformação tecnológica, entre novembro de 1954 e maio de 1955. Nela, foram realizados estudos sobre a documentação da usina, entrevistados os chefes de seção, produzidos dados dos operários da *tôlerie* e aplicado um questionário a 82 trabalhadores, num universo de 267. No decorrer de dezoito meses entre a aplicação do primeiro e do segundo questionário, foram realizadas visitas à usina e às novas instalações, levantando-se dados sobre as mudanças ocorridas. Nessa nova etapa, foram entrevistados 156 operários de um total de 363[70]. Também entrevistaram mais 54 operários do setor de *train à rails* da usina, por serem os mais próximos possíveis da *tôlerie*, no

---

[68] Uma das grandes alterações ocorridas na fábrica escolhida foi a instalação de uma *linha de produção*. Todo o maquinário foi substituído por novos fornos, prensas e laminadores etc. (ver Jacques Dofny et al., *Attitudes des ouvriers de la sidérurgie à l'égard des changements techniques – Projet AEP n. 164* (Université de Paris, ISST, 1957), hoje nos arquivos da OCDE, Paris.
[69] Idem.
[70] Na aplicação dos dois questionários, foram descartados os homens com menos de 21 anos, as mulheres e os norte-africanos devido a dificuldades com a língua.

trabalho e no salário, que não haviam passado por uma transformação tecnológica recente, permitindo uma análise comparativa.

Não é nosso objetivo abordar todas as atitudes, as expectativas, os medos e as conclusões que os operários expressaram quando responderam aos questionários aplicados pelos pesquisadores. Buscaremos apenas apresentar alguns pontos que consideramos pertinentes nesse estudo e que refletem os impactos que as transformações tecnológicas ocorridas na França e na Europa tiveram sobre os trabalhadores, correspondendo, portanto, a uma tendência geral no mundo industrial. Destacaremos, então, os efeitos sobre o ritmo, a cooperação e os salários.

Após a transformação do maquinário, os operários tinham a sensação de que trabalhavam mais e que suas pausas praticamente tinham deixado de existir. Tal percepção já se expressava, antes mesmo da instalação do novo maquinário, nos questionários aplicados em 1955: "Agora, entre a fabricação, podemos ainda fazer uma pausa, fumar um cigarro, mas com o novo maquinário isso não será mais possível, pois será o trabalho quem nos empurrará sem parar", disse um operário[71]. A expectativa de todos era que as condições de trabalho tenderiam a melhorar, mas que trabalhariam mais. Em 1957, depois da alteração, a maioria dos operários do setor modernizado, que tinham trabalhado no antigo maquinário, considerava-se menos "livres". Eles sentiam que a intensificação ocorrida no trabalho não se expressava em fadiga física, mas sobretudo mental[72].

As inovações ocorridas na fábrica a deixaram racionalmente mais bem organizada e segura. Desde o forno até as lâminas, a organização do trabalho tornou-se rigorosa e centralizada. A implementação da linha de produção aumentou a velocidade de transporte do material de uma máquina para a outra, por meio de esteiras rolantes, organizando espacialmente os setores e os pontos, alterando bastante a forma de relação entre os trabalhadores durante o processo. Portanto, ao mesmo tempo e que passou a ser necessária uma maior cooperação entre os operários, dispostos na linha de produção, as operações ficaram mais individualizadas. No setor modernizado, o vínculo entre as pessoas passou a ser percebido como uma rede e não como uma equipe, como antes. Isso produziu uma percepção

---

[71] Jacques Dofny et al., *Attitudes des ouvriers de la sidérurgie à l'égard des changements techniques*, cit.
[72] Os operários entrevistados na pesquisa alemã chegaram às mesmas conclusões sobre essa questão. Consideravam o novo maquinário mais vantajoso que o antigo, pois facilitava as operações e as tornava menos físicas e mais "intelectuais". No entanto, o novo laminador exigia uma maior concentração e habilidade na realização das tarefas, agora diversas. Também se exigia uma maior cooperação entre os próprios operários, já que o novo maquinário funcionava em fluxo contínuo. Portanto, tinham a sensação de maior responsabilidade que antes. O principal efeito negativo da transformação técnica foi o aumento no nível de estresse e da fadiga mental. "Não é o corpo, mas os nervos que são submetidos à fadiga. Quando volto para casa, não se pode falar comigo durante a primeira meia hora", respondeu um operário alemão (ver *Rapport sur le travail de la première année*. Sozialforschungsstelle an der Universität Münster Sitz Dortmund, Rheinlanddam 199. Jun. 1955. Arquivos da OCDE, Paris).

heterogênea das relações de trabalho, havendo, "de uma parte, um sentimento de isolamento nascido da desagregação das antigas equipes e de espaçamento dos postos de trabalho. As comunicações por interfone não suprimem totalmente as distâncias e o isolamento. Mas, por outro lado, o sentimento de cooperação se reforça"[73]. A conclusão é que a racionalização das informações provoca uma diminuição dos contatos interpessoais.

A instalação do novo equipamento, em substituição ao antigo, produziu uma diminuição e uma eliminação de postos de trabalho. No entanto, no caso estudado, isso não repercutiu em demissões, pois como as demandas por produtos industriais cresciam vertiginosamente na Europa, os operários foram realocados para novos postos. Portanto, a questão central recaía sobre os *salários*, o *status* e o *aspecto profissional* daqueles que tinham assumido os novos postos. Os operários entrevistados entendiam que as repercussões nas condições de trabalho e nos salários, devido às transformações técnicas, eram positivas. No entanto, se de fato houve um aumento do salário bruto dos operários do novo setor de laminação, também houve um encarecimento das condições de vida, o que rebaixou o valor relativo dos salários. A inserção do operário no mundo consumista dos "Trinta Gloriosos" lhe permitiu, ao mesmo tempo, adquirir objetos antes inatingíveis, como o carro ou a motocicleta, mas o distanciou de outros novos nichos do mercado. A discrepância entre o desejo do operário-consumidor e sua condição de vida refletiu em suas atitudes e consciência nas décadas seguintes, como demonstram algumas pesquisas[74].

Portanto, o estudo francês concluiu que os operários analisados pelo Projeto 164, dirigido por Touraine e Reynaud, consideraram a transformação como um aspecto necessário e inevitável, fruto da concorrência do mercado e do progresso econômico, algo que não podiam escolher. Num balanço geral, sua apreciação era positiva, pois as transformações melhoraram suas condições de trabalho e aumentaram seus salários. No entanto, eles expressaram também uma visão pessimista sobre o futuro, receosos de novas crises econômicas e de guerras. Esse foi

---

[73] Jacques Dofny et al., *Les Ouvriers et le progrès technique*, cit., p. 38.
[74] Em 1979, Durand retornou à mesma fábrica localizada em Mont-Saint-Martin para novamente atestar as atitudes dos operários, por meio da aplicação de questionários. As condições eram bem diferentes da época do Projeto 164. Em plena reestruturação produtiva, as siderúrgicas da região demitiam, encerrando postos de trabalho, quando não fechavam as fábricas. Nesse novo contexto, o progresso técnico é questionado. O autor critica as pesquisas dos anos 1950, pois suas problemáticas foram formuladas em torno da adaptação do trabalhador durante a transformação técnica, o que evidenciava um determinismo econômico sobre as atitudes do operário. Essa perspectiva era impossível de ser formulada no final dos anos 1970, após as greves de 1968 e as crises econômicas, pois o progresso social agora era visto como dissociado do progresso econômico. Os operários aparecem no trabalho de Durand como pessimistas quanto ao seu futuro; Claude Durand, "Les Ouvriers et le progrès technique: Mont-Saint-Martin vingt ans après", *Sociologie du Travail*, v. 20, n. 1, 1980, p. 4-21.

um aspecto pouco explorado nas pesquisas do projeto e em outros similares sobre as atitudes dos operários a respeito das transformações tecnológicas dos "Trinta Gloriosos". Nenhum estudo desse período pôde problematizar as questões que estavam germinando no interior da classe operária e que seriam um dos estopins das greves de maio-junho de 1968.

## *Alain Touraine revisitando o Projeto 164*

Nove anos após a publicação do relatório final (terminado em 1957) do Projeto 164 na França, Touraine escreveu uma nova conclusão para a publicação de 1966 do ISST[75]. Nesse novo livro, ele submete as análises empíricas, realizadas quase uma década antes, ao esquema teórico defendido em sua tese, buscando generalizar as conclusões da pesquisa e colocá-las sob uma perspectiva histórica. "Esse modo de análise conduz, na prática, a problematizar sobretudo as formas de introdução da mudança, ou seja, da gestão dos desequilíbrios necessários introduzidos pela inovação"[76], ressalta.

Sua exposição parte de categorias duais para explicar as transformações ocorridas nas atitudes e na consciência operária. O antigo centro industrial, a siderúrgica, dominado por um tipo de trabalho, de relações sociais e de condições de existência tradicionais, é substituído por uma instalação muito mais moderna. Dessa forma, distanciando-se dos casos estudados, o autor considera possível generalizar a mudança de atitude experimentada pelos operários como um exemplo vivo da experiência de redescoberta pela sociedade francesa da expansão (econômica). "De fato, a mudança observada nos informa historicamente mais que as crises vividas pelos setores arcaicos, porque a economia francesa, durante o período estudado, está em expansão."[77]

Após a modernização da fábrica, um quadro novo de referências aparece: a organização racional da empresa. "Esta atende a toda uma linguagem comum, que pode servir tanto ao conflito quanto à negociação." A ideia de que o nível salarial depende antes de tudo da ação coletiva dos trabalhadores é predominante, "mas os operários da nova *tôlerie* aprenderam a definir sua situação, seus interesses, seu adversário em termos mais concretamente econômicos"[78]. Disso desdobra sua principal conclusão:

> Antes da mudança, a empresa é o lugar onde se manifesta a contradição fundamental do trabalho e do dinheiro; após, ela é conhecida como um campo de ação em que os trabalhadores encontram novos meios de defender sua reivindicação. Com a modernização, passamos da ruptura ao conflito.[79]

---

[75] Jacques Dofny et al., *Les ouvriers et le progrès technique*, cit.
[76] Ibidem, p. 241.
[77] Ibidem, p. 242.
[78] Ibidem, p. 247.
[79] Idem.

No entanto, se nos locais de trabalho a consciência de ruptura se enfraqueceu, no âmbito nacional, ou seja, no centro das decisões políticas, ela ainda era viva. Isso se explicaria devido à particularidade do movimento sindical francês e a sua relação com o Estado, e seria a razão do pessimismo dos operários sobre seu futuro.

## O Laboratoire de Sociologie Industrielle da Ephe

O Laboratoire de Sociologie Industrielle (LSI) foi criado em janeiro de 1958 por iniciativa de Fernand Braudel, presidente da VI Seção da Ephe, e de Friedmann. Dois anos depois, a direção desse novo laboratório passou para as mãos de Touraine. Ele havia deixado o CES e o CNRS em 1958 para ingressar na Ephe, vinculando-se ao LSI. Desde sua fundação, o desenvolvimento do LSI esteve amarrado às reflexões de Touraine. As alterações nos eixos e temas de pesquisa ao longo de sua curta e promissora história coincidem com os movimentos que o sociólogo francês realizou em sua obra. Tanto em um quanto em outro, aflorava uma vontade de compreender a nova sociedade que emergia, aventurando-se em temas que transbordavam o âmbito da indústria e do trabalho. Esse movimento levou, após as rebeliões de 1968, à alteração do seu nome para Centre d'Études des Mouvements Sociaux (Cems) em 1970, consolidando assim o início de uma nova fase centrada nos estudos sobre os movimentos sociais.

Vinculado de início à divisão de sociologia da Ephe e se associando, em 1966, ao CNRS[80], o LSI, quando de sua fundação, integrou um processo de renovação institucional que deu origem a novos centros de pesquisa e espaços acadêmicos, os quais alavancaram as carreiras da nova geração de sociólogos, formada no pós--guerra, em sua maioria vinculada ao CES[81].

A criação do LSI, portanto, pode ser considerada parte da evolução que vinha ocorrendo na própria Ephe. Ele teve como objetivo principal e fundador reunir e associar um certo número de pesquisadores orientados para os mesmos problemas e "desejosos de desenvolver um conjunto coerente de proposições teóricas e de

---

[80] Entre os nomes que aparecem como membros do laboratório nos relatórios de 1966 e 1969, estão os de Alain Touraine (diretor), Lucien Larpik (secretário-geral em 1966), Anouar Abdel-Malek, Vito Ahtik, Michel Amiot, Pierre Bardou, Eliane Baumfelder, Georges Benguigui, Manuel Castells, Sabine Erbes-Seguin, Roberto Las Casas, Bernard Mottez, Daniel Pécaut, Jean Lojkine, entre muitos outros; *Le Laboratoire de Sociologie Industrielle* (Paris, Ephe/Laboratoire de Sociologie Industrielle, 1966) e *Le Laboratoire de Sociologie Industrielle* (Paris, Ephe/Laboratoire de Sociologie Industrielle, 1969).

[81] Em 1958, Stoetzel assumiu a direção do CES. Além do LSI, ao longo dos anos 1960 outras instituições impulsionaram as pesquisas no campo da sociologia do trabalho, tais como o Laboratoire d'Économie et de Sociologie du Travail (Aix-en-Provence), dirigido por François Seller; o próprio CES, com as pesquisas de Naville; o CNAM, com Jean-Daniel Reynaud, entre outros.

elevar o nível técnico e metodológico de suas pesquisas"[82]. Nessa perspectiva, os interesses do grupo estavam para além de compreender a sociedade francesa ou os temas exclusivamente vinculados ao trabalho. Interessavam-se "do sindicalismo francês aos nacionalismos latino-americanos, da mobilidade social à urbanização, do hospital às relações de classe"[83].

Segundo o relatório de atividades do LSI de 1966, a inspiração inicial do laboratório era "refletir metodologicamente sobre a razão de ser das sociedades industriais ou em vias de industrialização; compreender como as sociedades inventam sua história, por meio dos movimentos sociais, da dinâmica das organizações, dos projetos pessoais"[84]. No relatório publicado em 1969, ressalta-se que, "mais ou menos diretamente, todos os trabalhos realizados contribuem para uma sociologia do poder ou dos movimentos sociais, de orientações, de debates e de conflitos de sociedades consideradas em sua transformação"[85]. Portanto, foram ganhando relevância os eixos e as temáticas que transbordavam do mundo industrial e do trabalho, seguindo, como apontamos, as inquietações e orientações de Touraine.

O Quadro 3.1 (na próxima página), mostrado na próxima página, nos fornece um panorama das pesquisas realizadas pelo LSI. Se acompanharmos sua evolução ao longo da década de 1960, fica claro um deslocamento das preocupações do grupo com as temáticas sobre o mundo industrial e do trabalho para as relacionadas ao desenvolvimento, em particular no que concerne ao processo de industrialização de países periféricos e às esferas sociais e políticas que passaram a ter relevância no mundo ocidental, como foi o caso das universidades e do movimento estudantil.

Nos primeiros anos e até meados da década de 1960, o LSI se concentrou nos estudos sobre a classe operária e o processo de industrialização, em particular sobre as atitudes e a consciência dos operários frente ao trabalho e suas transformações técnicas e organizacionais. Essas pesquisas seguiam o mesmo universo de preocupação inaugurado pelas investigações conduzidas por Friedmann no CES, mas a abordagem, agora, visava explorar muito mais as experiências dos operários em seu trabalho que as consequências das transformações técnicas sobre eles. O modelo seguido era o das enquetes levadas a efeito pelo Survey Research Center da Universidade de Michigan, onde Touraine havia estabelecido contatos em um de seus intercâmbios nos Estados Unidos. Os resultados parciais ou finais eram expostos por meio de seminários, organizados no interior

---

[82] "Le Laboratoire de Sociologie Industrielle de l'École Pratique des Hautes Études – VIᵉ section", *Revue Française de Sociologie*, v. 1, n. 2, 1960, p. 218.
[83] *Le Laboratoire de Sociologie Industrielle* (Paris, Ephe/Laboratoire de Sociologie Industrielle, 1969), p. 1.
[84] Ver "Rapport d'activité du laboratoire de sociologie industrielle", 1966, Arquivos da Ehess, Paris, código CEMS1, p. 1.
[85] Ibidem, p. 5.

## Quadro 3.1 – Principais pesquisas realizadas no LSI entre 1958 e 1969

| Eixo central | Tema | Período** | Pesquisadores |
|---|---|---|---|
| Atitudes no trabalho e consciência operária | A consciência operária | 1958-1964 | Touraine |
| | Atitudes no trabalho e projeto pessoal | 1958-1960 | René Bassoul, Pierre Bernard, Touraine |
| | Os operários de origem agrícola | 1958-1964 | Touraine e O. Ragazzi |
| | Os operários, a mobilidade e o desenvolvimento econômico | 1958-1966 | Lucien Karpik |
| O sindicalismo | * | 1958-1966 | Claude Durand, Sabine Erbès--Seguin, Daniel Vidal, Eliane Baumfelder |
| Problemas urbanos e regionais | As decisões da localização industrial | 1958-1966 | Touraine, Vito Ahtik, Sylvia Zygel, Manuel Castells |
| Desenvolvimento econômico (mudanças sociais) e movimentos sociais na América Latina | * | 1965-1969 | Touraine, D. Pécaut, M. Pécaut, Bernard Mottez, Cecilia Sella, Roberto de Las Casas e Esteban Pinilla de Las Heras, G. de Sierra |
| Novos aspectos das estruturas sociais na França | * | 1966-? | Karpik, Touraine, Ahtik, Amiot |
| Organizações e empresas | | 1966-? | Bernard Mottez |
| Organização universitária e movimento estudantil | * | 1967-1969 | N. Abboud, S. Bosc, G. Le Maitre, L. Maheu, C. Zaidman |

Fonte: elaborado pelo autor, com base em *Le Laboratoire de Sociologie Industrielle* (Paris, Ephe/Laboratoire de Sociologie Industrielle, 1966) e *Le Laboratoire de Sociologie Industrielle* (Paris, Ephe/Laboratoire de Sociologie Industrielle, 1969).
*. Ocorreram várias pesquisas temáticas que não foram especificadas no quadro.
**. Não foi possível precisar a data de término de algumas pesquisas.

do laboratório, dando ênfase às discussões sobre as elaborações teóricas relativas aos temas abordados nas pesquisas, assim como à apresentação de novos métodos e técnicas de investigação.

Nas pesquisas organizadas em torno do eixo "Atitudes no trabalho e consciência operária", vale destacar os temas sobre a "consciência operária" e sobre "os operários de origem agrícola". A primeira teve início em 1956 no CES, com aportes financeiros da Fundação Rockefeller, e foi levada para o LSI após sua fundação. Ela envolveu mais de cinquenta pessoas, entre pesquisadores, funcionários e estagiários, sendo que foram aplicados questionários a 2.002 operários de oitenta diferentes departamentos, duzentas aglomerações, quatrocentos estabelecimentos em toda a França. O objetivo era compreender a experiência social no trabalho com base na percepção dos próprios operários, alimentando a perspectiva de ação social e de sujeito histórico que Touraine vinha desenvolvendo. Essa pesquisa foi a principal fonte para a elaboração de sua tese secundária, defendida em 1965, com o título *La Conscience ouvrière*.

A segunda pesquisa a se destacar foi aquela sobre os operários de origem agrícola. Tratava-se de compreender como as atitudes dos operários urbanos em relação a sua nova situação social eram determinadas pela experiência de mobilidade (êxodo rural). A conclusão era que "a consciência de ascensão social própria daqueles que conseguiram penetrar na economia industrial e urbana favorece por sua vez um otimismo considerável e uma marginalidade em relação à situação de trabalho". Portanto, não existiria um choque com o trabalho industrial, pois ele era percebido como uma promoção e como uma etapa de curta duração. O resultado dessa pesquisa foi publicado em 1961, no livro *Ouvriers d'origine agricole*[86].

Outro tipo de pesquisa que foi marcante no LSI esteve ligado às relações político-acadêmicas que Touraine e seu grupo estabeleceram com vários institutos e universidades da América Latina. Isso começou em 1958, época da fundação do LSI, menos de um ano após o retorno do sociólogo francês de sua estada em Santiago do Chile, onde fora dirigir uma pesquisa sobre sociologia industrial. A confrontação e a comparação entre as sociedades de capitalismo avançado e a periferia era um elemento fundamental para o desenvolvimento e o amadurecimento da teoria de Touraine. Além disso, era também uma oportunidade de empreender pesquisas empíricas, contando com incentivos financeiros de organismos nacionais e internacionais que tinham como preocupação o desenvolvimento do Terceiro Mundo e a vinculação deles aos jovens sociólogos latino-americanos que despontavam em meio a uma recém-criada estrutura acadêmica em seus países. Além do Chile, a relação do LSI foi muito forte com a Argentina e o Brasil.

Esses laços acadêmicos estabelecidos entre o LSI e os institutos de pesquisa na América Latina permitiram criar um contínuo fluxo de intercâmbios de estudantes latino-americanos para a França[87] ao longo dos anos 1960. No interior do

---

[86] Essa pesquisa teria grande influência nas reflexões de autores da América Latina que mantinham, na época, um forte diálogo com o grupo de Touraine, como demonstraremos nos próximos capítulos. No Brasil, em particular, a tese de Rodrigues foi fortemente influenciada pelas conclusões dessa pesquisa e pela reflexão de Touraine em torno do "projeto pessoal" dos atores sociais que passavam pelo processo de mobilidade social; Leôncio M. Rodrigues, *Industrialização e atitudes operárias: estudo de um grupo de trabalhadores* (São Paulo, Brasiliense, 1970).

[87] No ano de 1965, Alain Touraine orientava os seguintes estudantes na elaboração de suas teses de doutorado: Rodrigo Ambrosio (Chile), "L'Évolution de la mentalité patronale et des relations du travail dans l'industrie chilienne"; Francisco José Delich (Argentina), "Étude sur le péronisme"; Pablo Huneeus (Chile), "Déterminants sociaux de la politique économique du Chili depuis 1938"; Julio Labastida del Campo (México), "Syndicalisme et développement industriel au Mexique"; L. A. Morant (Colômbia), "Le Petit entrepreneur en Colombie"; Dardo Segredo (Uruguai): "L'Église et les problèmes agraires en Amérique Latine", ver "Laboratoire de sociologie

laboratório, por exemplo, um antigo assistente de Gino Germani, Melle Sarfatti, era o responsável pelas bolsas para os estudantes da América Latina. No entanto, a eficácia desses estágios em Paris era limitada por uma série de fatores, em particular pela curta duração e pela quantidade insuficiente de bolsas. Segundo um relatório, o LSI teria condições de comportar de três a quatro bolsistas latino-americanos em seus estudos de doutorado. Esses estágios deveriam durar de dois a três anos e compreender uma missão que se estenderia por oito meses, no país de origem ou na Flacso, para recolher os materiais da tese[88]. Nada indica que essa proposta foi efetivada, mas é seguro que esse fluxo de intercambistas se manteve ao longo das décadas seguintes.

Nos anos 1960, foi planejada uma vasta pesquisa na América Latina, organizada em colaboração com instituições locais. Ela buscava compreender não apenas como acontecia o processo de adaptação dos novos operários de origem agrícola no trabalho industrial e na vida urbana, como já tinha sido feito na França, mas também como se dava a participação deles no processo sociopolítico de desenvolvimento da sociedade periférica. Nesse sentido, analisava como se constituíam e atuavam os movimentos sociais de base operária, tais como o sindicalismo, e também as várias formas de populismo e de nacionalismo. Para eles, era fundamental, para compreender a modernização na América Latina, levar em consideração a interseção entre classe, nação e desenvolvimento.

A pesquisa teve início em 1965, com ajuda financeira da Délégation Générale à la Recherche Scientifique et Technique, órgão de fomento à pesquisa da França, e contava, no começo, com a colaboração de Brasil, Argentina, Chile, Colômbia e República Dominicana – o Brasil acabou não participando, por conta das reviravoltas ocorridas após o golpe militar de 1964, questão que abordaremos na parte III. No início de 1967, cerca de mil entrevistas foram feitas em cada país – em cidades e empresas distintas –, além de pesquisas em documentos de sindicatos, de movimentos sociais e do sistema político nacional.

Ao longo dos anos 1960, principalmente após a defesa da tese de Touraine em 1965, as preocupações e as temáticas abordadas nas pesquisas do LSI foram se afastando da questão do trabalho, alargando o campo de reflexão e buscando compreender as novas problemáticas que estavam florescendo na sociedade ocidental. Era o que ocorria com pesquisas realizadas em eixos como "Novos aspectos das estruturas sociais na França" e "Organização universitária e movimento estudantil". No caso do último, tendo em vista que Touraine havia se tornado também professor da recém-criada Universidade de Nanterre e empreendia pesquisa sobre

---

industrielle". *Rapport sur les activités de l'École Pratique des Hautes Études – VIe Section – concernant l'Amérique du Sud*. Fonds Louis Velay: fonds de dossier sur l'Amérique Latine. Années 1960. Arquivos da Ehess, Paris. Código: CP9/72.
[88] Ver "Laboratoire de Sociologie Industrielle", cit.

os estudantes e seus movimentos nesse local, o LSI estava no olho do furacão das rebeliões ocorridas em 1968 que tiveram um impacto decisivo nas reflexões do sociólogo francês e de seu grupo, a ponto de se alterar o nome do laboratório para Centre d'Études des Mouvements Sociaux.

## Um projeto inacabado no Brasil: industrialização e movimentos sociais

O projeto do LSI "Mudança social e movimentos sociais na América Latina" era parte das investigações que compunham o eixo "Desenvolvimento econômico e movimentos sociais na América Latina", conforme Quadro 3.1. Articulado em 1964, com Gino Germani, e colocado em prática no ano seguinte, ele foi um pretensioso projeto de cooperação entre pesquisadores de diversos países que buscou realizar uma análise comparativa das escolhas econômicas (tipos de investimento, formas de determinação dos salários, inflação etc.) dos atores sociais no processo de transformação da sociedade ou, para usar o vocabulário de Touraine, da manifestação do sistema de ação histórico. Segundo outro relatório, o LSI visava, em colaboração com institutos de pesquisa latino-americanos, realizar um "certo número de enquetes sobre a formação das classes operárias, sobre os efeitos das imigrações internas, os movimentos sociais e nacionais, e a formação dos dirigentes da classe econômica"[89].

As investigações seriam realizadas na Argentina, no Brasil, no Chile, no Peru, na Colômbia e no México. Isso exigia não apenas uma significativa articulação político-acadêmica, algo possível para os franceses num momento de relevantes aportes financeiros advindos de organismos nacionais e internacionais para os temas relativos ao desenvolvimento dos países do Terceiro Mundo, mas sobretudo dependia das condições políticas de cada nação. Os golpes militares foram um dos principais limitadores na articulação dessa e de outras pesquisas. Mesmo assim, estiveram envolvidos na elaboração desse projeto os mais importantes centros de estudos sociológicos da América do Sul, ainda que nem todos tenham participado da sua concretização[90].

Segundo um dos relatórios do LSI,

> Os estudos que serão realizados na América Latina abordam um aspecto essencial desse programa: como a introdução, nos processos de decisão social, das categorias criadas

---

[89] Idem.
[90] Entre eles estão o Cesit, da USP, o Centro de Sociologia Comparada do Instituto Torcuato Di Tella e o Instituto de Sociologia da Universidade de Buenos Aires, os dois dirigidos por Gino Germani, o Departamento de Sociologia da Universidade de Buenos Aires, dirigido por Garcia Rena, a Faculdade de Sociologia de Bogotá, com ajuda de Fals Borda e Rotinof. O Clapcs do Rio de Janeiro, na época dirigido por Manuel Diegues, chegou a manifestar interesse em participar da pesquisa, mas nada confirma a efetivação dessa parceria. Os documentos pesquisados levam a crer que a Fundação Ford também colaborou financeiramente para o projeto.

pela industrialização, em relação tanto aos operários quanto aos dirigentes industriais, determinam as políticas econômicas, as vias sociais do desenvolvimento?
A formulação mesmo dessa questão mostra que a orientação dessas pesquisas é diferente de muitos trabalhos sociológicos, mais interessados pelas consequências ou pelas condições sociais da industrialização. Em vez de situar primeiro uma sociedade em uma escala de crescimento ou de desenvolvimento e de pesquisar, em seguida, os atributos sociais dessa situação econômica, queremos reconhecer a diversidade de caminhos do desenvolvimento e explicar a maneira pela qual cada sociedade combina os dois elementos fundamentais da industrialização: a submissão do presente ao futuro graças a uma taxa elevada de investimentos; a participação de uma parte crescente da população no controle e na utilização dos instrumentos e dos produtos do trabalho coletivo.[91]

Como fica claro no texto acima, as problematizações que colocavam o grupo de sociólogos em torno de Touraine coincidiam com aquelas refletidas por uma parte da sociologia latino-americana, ou seja, as dificuldades do desenvolvimento econômico na periferia do capital[92]. Os atores estudados – fossem os operários, fossem os empresários industriais – eram compreendidos tanto como agentes do desenvolvimento quanto como defensores de interesses privados. Mas o elemento mais concreto desse estudo seria, afirma o documento, a investigação sobre a formação da consciência operária. Ela permitiria compreender o conjunto das formas pelas quais uma categoria profissional se torna um ator político e social, intervindo ativa ou passivamente nas decisões que afetam o desenvolvimento nacional.

As reuniões iniciais das equipes de pesquisa ocorreram ao longo do primeiro semestre de 1965, realizadas em Paris e em Buenos Aires, com participação de Gino Germani. O LSI assumiu a maior parte dos custos do projeto, financiando as missões, os coordenadores e os pesquisadores[93]. A pesquisa se efetivaria com a aplicação de questionários entre os operários – cerca de oitocentos a mil questionários por país – e a investigação em documentos relativos a atuação sindical, a movimentos sociais e ao sistema político. As pesquisas foram realizadas de novembro de 1965 a agosto de 1966, sem a participação da equipe brasileira, como mostraremos na parte III.

---

[91] *Recherche sur les voies sociales de l'industrialisation en Amérique Latine* (mimeo), Fonds Clemens Heller – Amérique Latine, Arquivos da Ehess, Paris. Código: cpCH33, p. 1.

[92] O mesmo documento ressalta a importância da realização de estudos sobre os empresários, aspecto que não foi contemplado pelo projeto francês. No entanto, destacam: "[...] felizmente a Cepal levou à frente um importante programa de pesquisa nesse domínio. Os trabalhos de F. H. Cardoso no Brasil e A. Lipman na Colômbia já demonstram o interesse nesses estudos. F. H. Cardoso deve estender suas pesquisas para o conjunto da América Latina" (ver *ibidem*, p. 3).

[93] Ver *Budget Amérique Latine de la VIᵉ Section de l'Ephe (1963-1964)*. Fonds Clemens Heller – Amérique Latine. Arquivos da Ehess, Paris. Código: cpCH33.

## A revista *Sociologie du Travail*: auge e queda da disciplina

Lançada em 1959, a revista *Sociologie du Travail* foi minuciosamente preparada durante dois anos no seio da administração do ISST, que contribuiu financeiramente para que saísse seu primeiro número. No entanto, assim que veio a público, a revista obteve oitocentas assinaturas, o que lhe deu uma independência financeira e uma durabilidade que outras não tiveram[94]. De início, o público visado eram os chefes de empresas, os sindicalistas e os universitários. No entanto, no final de sua articulação, decidiu-se por constituir uma revista autônoma do ISST e sustentada por uma entidade privada, a Association pour le Développement de la Sociologie du Travail, da qual Friedmann era o presidente e Stoetzel o vice. Além destes, a revista contava em seu Comitê de Redação com Crozier, Reynaud, Touraine e Tréaton, todos vinculados, direta ou indiretamente, ao ISST[95].

Com o passar do tempo, sobretudo a partir de meados dos anos 1960, a revista ganhou um caráter cosmopolita, abrangendo vários domínios das ciências sociais que tinham algum diálogo com a questão do trabalho. Essa perspectiva expressava os novos caminhos que seus patronos mais importantes estavam impondo a suas pesquisas e reflexões teóricas. Por isso, o trabalho, categoria principal analisada na revista, era compreendido como atividade na qual os seres humanos reproduzem e criam sua sociedade[96].

Lajoine analisou os cinquenta primeiros números da revista *Sociologie du Travail*, publicados de 1959 a 1972, equivalente a um total de 262 artigos, e constatou que ela se preocupou, preferencialmente, com quatro domínios de investigação – o que representava 62% do seu conjunto (156 artigos)[97]. O principal domínio abordado, referente a 24% desses artigos, foi o da *sociologia dos movimentos sociais e das relações industriais*[98]. O autor ainda constatou que "de 1959 a 1966, são os estudos sobre os países estrangeiros os mais numerosos (22 contra 10 sobre a França), sendo que a situação muda a partir de 1967, quando os estudos sobre a França se tornam, de longe, os mais abundantes (24 contra 4 sobre o estrangeiro)"[99]. Essas duas constatações atestam que, no primeiro momento, houve um forte intercâmbio da sociologia do trabalho francesa com outros países, em particular

---

[94] Por exemplo, a revista lançada por Pierre Naville, *Les Cahiers d'Études de l'Automation et des Sociétés Industrielles*, contava com a ajuda financeira do CNRS. Quando tal ajuda cessou, ela deixou de existir.
[95] Lucie Tanguy, *A sociologia do trabalho na França*, cit.
[96] Anni Borzeix e Gwenaële Rot, *Genèse d'une discipline, naissance d'une revue*, cit.
[97] Guy Lajoine, "Sociologie du travail: vers de nouvelles frontières", em *Une nouvelle civilisation? Hommage à Georges Friedmann* (Paris, Gallimard, 1973).
[98] Os demais domínios presentes na revista eram os da *sociologia aplicada às organizações*, *sociologia das organizações industriais e das administrações públicas* e *atitudes nas organizações*, dedicado especialmente ao grupo *operário*; Idem.
[99] Ibidem, p. 202.

a América Latina, mas também evidencia a queda drástica dessa relação político-acadêmica após os golpes militares ocorridos na região.

Ao longo dos anos 1960, foram publicados vários artigos e dois dossiês especiais sobre a América Latina na revista *Sociologie du Travail*[100]. Os principais autores brasileiros a publicarem nesses números foram Cardoso, Simão e Brandão Lopes, que mantiveram fortes relações com a sociologia francesa, em particular com Touraine. Dessas publicações, também vale destacar os dois dossiês sobre a região, lançados em 1961 e 1967. O primeiro, "Operários e sindicatos da América Latina", tem importância especial para este livro, pois foi resultado de uma articulação realizada por Touraine em sua primeira viagem a São Paulo, em 1960, e o registro de um giro de perspectivas quanto aos objetos de pesquisa e à análise teórica destes com relação à industrialização e ao papel da classe operária, questão que discutiremos na parte III.

Portanto, se o lançamento da revista *Sociologie du Travail* representou, ao lado da publicação dos dois volumes do *Traité de sociologie du travail*, a consolidação da institucionalização da disciplina, consagrando seus principais protagonistas como referências da sociologia francesa nos anos 1960, ele também marcou, contraditoriamente, o início de sua queda. O enfraquecimento da disciplina não esteve relacionado apenas às questões financeiras, mas, sobretudo, ao distanciamento que cada autor-chave foi tendo da própria sociologia do trabalho. Todos estes buscaram, ao longo da década de 1960, formular sua própria teoria sociológica geral. Como se recorda Touraine, "Michel Crozier foi para os estudos de organização, Jean-Daniel Reynaud para as relações trabalhistas e eu para os movimentos sociais. Isso evidenciava uma maturação que eu considerava positiva, mas muito rapidamente nos tornamos pouco visíveis..."[101].

---

[100] Referimo-nos aos dossiês "Operários e sindicatos da América Latina", ano 3, n. 4, out.-dez. 1961, e "Classes sociais e poder na América Latina", ano 9, n. 3, jul.-set. de 1967. No primeiro, encontramos artigos de Lucien Brams, Torquato Di Tella, Brandão Lopes, Cardoso, Azis Simão, Touraine e Gino Germani. No segundo, novamente Touraine e Cardoso, além de Pécaut, José Nun, Bourricaud e Brant.

[101] Ver Touraine, entrevista concedida ao autor em 22 fev. 2017.

# 4
# As mudanças técnicas e organizacionais e seus impactos sobre o trabalho industrial

> *Sinto em mim as forças e uma energia audaciosas. / [...] este globo terrestre / oferece ainda seus espaços a grandiosos empreendimentos / Admiráveis obras devem surgir.*[1]

> *Tenho a impressão de ser uma minúscula roldana, pronta para engrenar automaticamente numa enorme máquina da qual a extensão e o funcionamento de conjunto me são totalmente estranhos.*[2]

Tendo em vista o conjunto da obra de Georges Friedmann, o extrato do *Fausto* acima citado, que serve de epígrafe ao mais importante livro do sociólogo francês, é emblemático ao se pensar que ele permite ilustrar as contradições entre os projetos políticos de uma geração de intelectuais e o curso que tomou a história. Ele explicita o enorme otimismo do autor com o futuro da humanidade numa época em que o mundo tinha acabado de sair de sua mais devastadora guerra mundial. Essa esperança de um *bouleversement* da sociedade tinha sua base na velha teoria sobre o primado das forças produtivas e, concretamente, no espetacular desenvolvimento da técnica e da racionalização do trabalho verificado ao longo do século XX. Seria daí que emanariam as potencialidades de superação da sociedade irracional do capital. Porém, a admiração desses autores pelo ideário de "modernização" da sociedade se defrontava com o mal-estar produzido pelas barbáries do capital dos anos precedentes, que usara justamente dessas conquistas técnicas para aumentar seu poder de exploração da força de trabalho e de destruição de seus oponentes na economia global.

Mais e mais, desde o início do século, a inteligência sente a consciência pesada diante de sua atividade e de suas criações. E ela tem muitas razões. O destino da civilização

---

[1] Johann Wolfgang von Goethe, *O segundo Fausto*, IV.
[2] Suzanne D., jovem operária francesa, em depoimento a Georges Friedmann, anos 1940.

mecânica, nascida das aplicações da ciência na sociedade, suscita angustiantes questões que o caos material e moral nos quais duas guerras mundiais mergulharam a humanidade não faz mais que exasperar. Filósofos, escritores, jornalistas, poetas os sentem e os disseminam. Nas paredes de nossas cidades, temas de conferência se exibem com toda candura: "O que pensar das máquinas?" – "A máquina é a favor ou contra o homem?". Ensaístas delicados bordam suas projeções sobre o presente e o futuro. Ao mesmo tempo, fala-se muito de humanismo.[3]

O objetivo deste capítulo é analisar, em permanente diálogo com a obra de Georges Friedmann e de Alain Touraine, o debate a respeito dos impactos sobre o trabalho – e, particularmente, sobre a consciência de classe – e das transformações técnicas e organizacionais ocorridas no mundo do trabalho com a implementação do padrão de produção taylorista-fordista. Friedmann é, ao mesmo tempo, um crítico tanto das ideologias burguesas de exaltação da técnica, proliferadas na fase do capitalismo monopolista, quanto das doutrinas reacionárias e/ou céticas da mesma evolução técnica. Nesta pequena apresentação, convém afirmar que o autor francês manteve, ao longo de sua obra, uma confiança no progresso da humanidade, visualizando o surgimento de uma nova sociedade na qual o trabalhador poderia reencontrar sua autonomia e o sentido em seu trabalho. Em suma, a racionalização exigida pelo capitalismo monopolista, prepararia o terreno para o socialismo e, nessa perspectiva, o debate sobre a consciência da classe trabalhadora acabou por dar maior relevância à relação *alienante* do trabalhador com o maquinário capitalista.

## Friedmann: pai da sociologia do trabalho?

É recorrente atribuir a Georges Friedmann o título de "pai da sociologia do trabalho" francesa. Apesar de essa caracterização simplificar e personificar um conjunto de esforços empreendidos por vários autores[4] para o surgimento de um domínio da sociologia, esse *status* não lhe é atribuído gratuitamente. Friedmann foi um dos pioneiros, em seu país, a estudar e pesquisar, de forma sistemática e acadêmica, dos anos 1930 até sua morte em 1973, a indústria e o trabalho organizados sob a lógica taylorista-fordista, modelo de produção predominante nos países capitalistas ao longo do século XX. Como resultado, publicou livros que se tornaram referência para as gerações posteriores dentro e fora da França,

---

[3] Georges Friedmann, *Problèmes humains du machinisme industriel* (Paris, Gallimard, 1946, coleção Machine et Humanisme, v. 2), p. 11.
[4] A criação da sociologia do trabalho foi um empreendimento que contou com a colaboração de vários intelectuais. Os mais proeminentes foram Pierre Naville (1904-1993), Jean Stoetzel (1910--1987), Michel Crozier (1922-2013), Jean-Daniel Reynaud (1922-), Alain Touraine (1925-) e, obviamente, o próprio Georges Friedmann (1902-1977).

tais como *La Crise du progrès* (1936), *Problèmes humains du machinisme industriel* (1946), *Où va le travail humain?* (1950) e *Le Travail en miettes* (1956), assim como organizou um famoso tratado de sociologia do trabalho com Pierre Naville[5]. A influência adquirida por sua obra não foi consequência apenas de sua capacidade como pesquisador e escritor, mas foi também fruto de um longo intercâmbio pessoal e intelectual estabelecido com investigadores de vários países, como os da chamada *sociologia industrial* estadunidense, de suas relações políticas na Unesco e na ISA, e, sobretudo, das importantes pesquisas empíricas sobre o mundo industrial francês realizadas junto com jovens acadêmicos no Centre d'Études Sociologiques (CES), vinculado ao Centre Nationale de la Recherche Scientifique (CNRS)[6].

Seu livro mais importante, *Problèmes humains du machinisme industriel*, uma longa reflexão crítica sobre a organização racional do trabalho e sobre a "civilização técnica", publicado logo após o término da Segunda Guerra Mundial, coincide com o início de um processo de reestruturação industrial na Europa ocidental que culminou com a hegemonização do sistema taylorista-fordista[7]. Nessa época, o mundo industrial, que aparecia como o coração e as artérias da economia capitalista, era o centro das preocupações tanto dos representantes e das organizações do capital quanto dos trabalhadores. Por conseguinte, nesse contexto, suas pesquisas

---

[5] Optou-se por manter os títulos das obras de G. Friedmann em francês, bem como os nomes das instituições relevantes para este trabalho. Encontram-se traduzidas em português: *O trabalho em migalhas: especialização e lazeres* (trad. J. Guinsburg, São Paulo, Perspectiva, 1964); *O futuro do trabalho humano* (Lisboa, Moraes, 1968); e *Sete estudos sobre o homem e a técnica* (trad. Antonio Eduardo Vieira de Almeida e Eduardo de Oliveira e Oliveira, São Paulo, Difel, 1968). Ainda em português, em coautoria com Pierre Naville, *Tratado de sociologia do trabalho* (trad. Octávio Mendes Cajado, São Paulo, Cultrix/Edusp, 1973), 2 v. Em espanhol, pode-se encontrar *Problemas humanos del maquinismo industrial* (Buenos Aires, Sudamericana, 1956).

[6] O CES foi criado logo após o fim da Segunda Guerra Mundial e teve como seu primeiro presidente Georges Gurvitch (1894-1965), que acabara de regressar de seu exílio em Nova York, onde participara da experiência da École Libre des Hautes Études ao lado de Claude Lévi-Strauss e Roman Jakobson; Emmanuelle Loyer, *Paris à New York: intellectuels et artistes français en exil, 1940-1947* (Paris, Hachette Littératures, 2007, coleção Pluriel); e Lucie Tanguy, *La sociologie du travail en France: enquête sur le travail des sociologues, 1950-1990* (Paris, La Découverte, 2011, coleção Recherches). Trabalharam no CES, além de Friedmann, Pierre Naville, Alain Touraine, Edgar Morin, Jean-Daniel Reynaud e Charles Bettelheim. Muitos desses se tornaram, a partir dos anos 1960, intelectuais de relevância na vida acadêmica francesa.

[7] "De desenvolvimento lento fora dos Estados Unidos antes de 1939, o fordismo se implantou com mais firmeza na Europa e no Japão depois de 1940 como parte do esforço de guerra. Foi consolidado e expandido no período de pós-guerra, seja diretamente, através de políticas impostas na ocupação (ou, mais paradoxalmente, no caso francês, porque os sindicatos liderados pelos comunistas viam o fordismo como a única maneira de garantir a autonomia econômica nacional diante do desafio americano), ou, indiretamente, por meio do Plano Marshall e do investimento direto americano subsequente"; David Harvey, *Condição pós-moderna: uma pesquisa sobre as origens da mudança cultural* (trad. Adail Ubirajara Sobral e Maria Stela Gonçalves, 16. ed., São Paulo, Loyola, 2007, coleção Temas de Atualidade, v. 2).

empíricas, realizadas da segunda metade dos anos 1940 aos anos 1950, tiveram como uma de suas preocupações centrais as consequências das transformações técnicas e organizacionais do mundo industrial sobre os trabalhadores.

Nota-se que a obra de Friedmann contém uma tensão entre uma visão crítica e contemplativa da evolução técnica, que transita ora no pessimismo ora no otimismo sobre o futuro da humanidade. Ainda que o autor seja um crítico da industrialização sob a dinâmica do taylorismo-fordismo e aponte, como uma de suas consequências, a perda da autonomia do trabalhador frente ao processo de produção, ele manteve, no conjunto de sua obra, a crença de que o desenvolvimento das forças produtivas prepara as condições objetivas para que a humanidade, num futuro não longínquo, se emancipe e supere o capital. Essa concepção, influenciada pelo ideal de modernização da sociedade, colaborou para que seus autores não percebessem que determinadas transformações técnicas e organizacionais, como foi o caso da automação, apesar de aparentarem em meados do século passado uma potencialidade de melhora na qualidade de vida e do trabalho, acabariam se tornando instrumentos de uma maior exploração e intensificação da força de trabalho.

*As condições históricas e materiais para o surgimento do taylorismo-fordismo*

Numa passagem de *Où va le travail humain?*, Georges Friedmann afirma que "se Taylor não tivesse existido, teríamos de inventá-lo"[8] em alusão ao fato de que o taylorismo corresponderia às necessidades de uma etapa determinada da sociedade industrial, constituída a partir do final do século XIX, com a passagem do capitalismo de livre-mercado para o monopolista[9]. Numa perspectiva mais ampla, a racionalização do trabalho teria sido parte da dialética interna da divisão do trabalho e resultado do desenvolvimento social e econômico impulsionado pelas descobertas científicas, pelas inovações técnicas e pelos aperfeiçoamentos do maquinário, das fontes de energia, dos materiais, dos transportes e das comunicações, consagrados na época da consolidação da grande indústria. Em muitas passagens de sua obra, o autor denomina esse processo de "segunda revolução industrial", ou seja, como uma etapa do desenvolvimento do *maquinismo* e da *civilização técnica*.

Vale ressaltar que o termo *maquinismo* busca ressaltar o processo de incorporação da máquina em vários aspectos da vida social. Não se pode confundir

---

[8] Georges Friedmann, *Où va le travail humain?* (Paris, Gallimard, 1963 [1950]), p. 118.
[9] Sobre essa questão, é interessante salientar a posição de Harvey: "A forma cooperativa de organização de negócios, por exemplo, tinha sido aperfeiçoada pelas estradas de ferro ao longo do século XX e já tinha chegado, em particular depois da onda de fusões e de formação de trustes e cartéis no final do século, a muitos setores industriais (um terço dos ativos manufatureiros americanos passaram por fusões somente entre os anos de 1888 e 1902)"; David Harvey, *Condição pós-moderna*, cit., p. 121.

*maquinismo*, expressão amplamente usada nas obras de Friedmann, com *maquinário* (conjunto de peças de uma máquina ou conjunto de máquinas). O primeiro contém uma noção de totalidade e expressa um movimento, enquanto o segundo se restringe ao meio fabril. Porém, o primeiro abrange o segundo. O sociólogo francês associa o *maquinismo* ao meio em que se desenvolve a *civilização técnica*. Esta compreende não apenas as máquinas industriais, mas também as máquinas de transporte, de comunicação e de lazer (como as estradas de ferro, o automóvel, o avião, o telefone, o cinema, o rádio e a televisão etc.). A *civilização técnica*, segundo o entendimento de Friedmann, implica uma sociedade em que predomina a técnica, ou seja, um meio cada vez mais científico, como explicitado a seguir:

> É bem sabido que os meios da espécie humana, depois do paleolítico, foram sempre técnicos e que o homem, desde que se alçou acima da animalidade, é um *Homo faber*. Contudo, depois de cerca de dois séculos, depois da utilização prática da energia térmica, constatamos uma aceleração crescente do progresso técnico: entramos na era das revoluções industriais, cada uma delas sendo caracterizada pela predominância de uma certa forma de energia.[10]

Para Friedmann, o *maquinismo* e a *civilização técnica* são característicos tanto da sociedade capitalista quanto da socialista. Em muitas passagens pode-se compreender maquinismo como sinônimo de mecanização, fase da industrialização precedente ao *automatismo*. A utilização dessas expressões nos primeiros anos da sociologia do trabalho explica por que uma de suas preocupações centrais era o debate acerca dos impactos da evolução técnica sobre o trabalho e a sociedade. Elas expressavam, também, uma visão positiva da evolução técnica. A partir dos anos 1960, perspectivas mais críticas e negativas sobre a relação ser *humano-máquina* preferiram a utilização de outros termos, como a *cibernética*. Portanto, em seu entendimento do marxismo, esse novo sistema de produção seria "somente um aspecto desse enorme esforço em direção à organização que atravessa todo o sistema e pelo qual ele prepara, em suas profundezas, o socialismo"[11].

A compreensão de que o taylorismo-fordismo seria uma etapa da marcha para o socialismo não impediu Friedmann de disparar suas críticas contra esse sistema. O autor não estava de acordo, por exemplo, com o engenheiro e químico Henry Le Chatelier, que compara Taylor aos grandes pioneiros do conhecimento racional, como Descartes, Bacon e Newton, e que considera o taylorismo uma matemática aplicada à organização do trabalho industrial[12]. Para Friedmann, Taylor, que prefere que seu sistema seja chamado de *scientific management*, não oferece apenas uma "ciência de operações industriais, mas

---

[10] Georges Friedmann, *Sete estudos sobre o homem e a técnica*, cit., p. 118
[11] Idem, *Problèmes humains du machinisme industriel* (Paris, Gallimard, 1946, coleção Machine et Humanisme, v. 2), p. 22.
[12] Henry Le Chatelier, *Le Taylorisme* (Paris, Dunod, 1928).

também uma ciência das relações entre o operário e as modernas técnicas de produção"[13]. Portanto, as debilidades dessa doutrina industrial, evidentes no curso de sua aplicação e que levaram a inúmeros problemas no tocante ao trabalho, poderiam ser corrigidas, tendo como prioridade os *fatores humanos*. No entanto, como bem ressalta Braverman, "Friedmann trata o taylorismo como se fosse uma 'ciência do trabalho', quando na realidade ele pretendia ser uma *ciência do trabalho de outros*, nas condições do capitalismo. Não é a 'melhor maneira' de trabalhar 'em geral' o que Taylor buscava, como Friedmann parece presumir, mas uma resposta ao problema específico de como controlar melhor o trabalho alienado"[14].

É a visão "etapista da revolução", presente no pensamento do sociólogo francês, que torna difícil para sua teoria diferenciar a *divisão e a racionalização do trabalho* do *sistema de dominação do trabalho*, como é o taylorismo-fordismo. Friedmann acaba por conceber este como um desdobramento "natural" daquele.

A divisão moderna do trabalho é um dos temas fundamentais na teoria de Émile Durkheim. Pode-se dizer que uma parte significativa de sua obra se preocupa com seus efeitos na sociedade. Segundo o livro *Da divisão do trabalho social*, publicado em 1893, não haveria mais "ilusão quanto às tendências de nossa história moderna; ela vai cada vez mais no sentido dos mecanismos poderosos, dos grandes agrupamentos de forças e capitais e, por conseguinte, da extrema divisão do trabalho. Não só no interior das fábricas as ocupações são separadas e especializadas *ad infinitum* como cada manufatura é, ela mesma, uma especialidade que supõe outras"[15]. Dentro do seu esquema teórico, sob formas *normais*, a divisão do trabalho produz a *solidariedade social*, pois as *funções* concorrem umas em direção às outras. Mas Durkheim, que fora contemporâneo de Taylor, também via que as *especializações das tarefas*, que começavam a se expressar nas grandes empresas dos Estados Unidos e da Europa na época em que publicou sua obra, eram, "aos seus olhos, formas patológicas em que se manifestava a anomia devida à descoordenação das funções"[16]. É por isso que, para ele, "se a divisão do trabalho não produz a solidariedade, é porque as relações entre os órgãos não são regulamentadas, é porque elas estão num estado de *anomia*"[17].

Pode-se afirmar que a teoria de Durkheim se preocupou com as consequências das crises econômicas e dos conflitos sociais de seu tempo e, acima de tudo, com

---

[13] Georges Friedmann, *Problèmes humains du machinisme industriel*, cit., p. 30.
[14] Harry Braverman, *Trabalho e capital monopolista: a degradação do trabalho no século XX* (3. ed., Rio de Janeiro, LTC, 1987), p. 85-6.
[15] Émile Durkheim, *Da divisão do trabalho social* (trad. Eduardo Brandão, 2. ed., São Paulo, Martins Fontes, 1999), p. 1.
[16] Georges Friedmann, *Le travail en miettes: spécialisation et loisirs* (Bruxelas, Éd. de l'Université de Bruxelles, 1956, coleção UB Lire, v. 23), p. 123.
[17] Émile Durkheim, *Da divisão do trabalho social*, cit.

o que ele entende ser a incapacidade das "regras exteriores" em impor uma *harmonia social*. Para ele, a *anomia* na divisão social do trabalho se expressava, entre outros fatores, pela substituição da cooperação pelo conflito e pela competição. A economia deixava de fabricar produtos para atender às necessidades do coletivo, passando a ter como objetivo central a obtenção de lucros. Portanto, os valores que moviam os indivíduos deixavam de ter como fundamento o coletivo e passavam a ser cada vez mais e mais movidos pelo individualismo. Entretanto, Durkheim se recusou a considerar a luta de classe, em particular o conflito entre operários e capitalistas, como um elemento essencial da sociedade. Para ele, esses conflitos eram a prova da *desorganização* e da *anomia*, que deveriam ser corrigidos. Nesse sentido, sua visão dos problemas sociais está muito mais no campo da moral que no da economia. Suas propostas apontavam para a necessidade de melhor organizar a vida coletiva, a começar por uma "moralização" que tivesse condições de unir os membros da sociedade[18]. Portanto, seu arcabouço teórico é incapaz de explicar as causas dos efeitos degradantes da especialização industrial, pois não pode ver que eles são partes constituintes da forma de ser do desenvolvimento da grande indústria capitalista.

Num determinado momento do século XX, a racionalização do trabalho é vista como sinônimo de taylorismo. "Isso porque, como afirma Lucas, os processos de racionalização do trabalho revelam uma dinâmica em que o desenvolvimento do processo social da produção e sua exploração capitalista aparecem indissociados, o que produz uma legitimação 'científica' para iniciativas de racionalização cujo caráter de classe fica obscurecido."[19] Nesse sentido, é importante diferenciar a noção de racionalização do trabalho, tendência geral de desenvolvimento do processo social, da noção de taylorismo, conjunto de princípios e métodos[20]. Weber foi um dos autores cuja teoria foi marcada pelo debate sobre a racionalidade do capitalismo, em especial em seu clássico *A ética protestante e o espírito do capitalismo*, publicado em 1904. Para ele, a racionalidade da sociedade tem claramente como fim a acumulação do capital. Entretanto, na obra citada, pode-se compreender, como afirma Löwy[21], que Weber analisa o capitalismo como um sistema em que

---

[18] Raymond Aron, *Les Étapes de la pensée sociologique: Montesquieu, Comte, Marx, Tocqueville, Durkheim, Pareto* (Paris, Gallimard, 1988, coleção Tel, v. 8).

[19] Marcílio R. Lucas, *De Taylor a Stakhanov: utopias e dilemas marxistas em torno da racionalização do trabalho* (tese de doutorado, Universidade Estadual de Campinas, 2015), p. 34.

[20] A relação entre racionalização e as "modernas" formas de gestão das empresas e instituições faz parte de uma vasta literatura das ciências sociais, em especial a chamada sociologia das organizações. No que diz respeito ao debate deste livro, pode-se apontar os estudos de Alain Touraine nos anos 1950 e 1960 no Chile e na França e as pesquisas do Cesit no Brasil como representativos desse debate sobre a racionalização do trabalho e da sociedade.

[21] Michael Löwy, *A jaula de aço: Max Weber e o marxismo weberiano* (trad. Mariana Echalar, São Paulo, Boitempo, 2014).

sua racionalidade, por ser instrumental, é irracional, pois seu fim não é a melhoria e o bem-estar da população, mas a produção e o aumento do dinheiro[22].

O crescimento da divisão e da racionalização do trabalho ocorrido ao longo dos últimos séculos foi o resultado de um processo histórico que levou a uma maior complexificação das relações sociais e, sobretudo, à ascensão do modo de produção capitalista. Nessa ordem social, a divisão do trabalho, por estar determinada pela lógica do capital e, portanto, da propriedade privada, produziu uma divisão desigual, tanto quantitativa quanto qualitativamente, do trabalho e dos seus produtos. "A propriedade é o poder de dispor da força de trabalho", afirmaram Marx e Engels[23]. Essa é a condição *a priori* para que o capitalista tenha a sua disposição uma massa de *força de trabalho* pronta para ser consumida no processo de produção, extraindo mais-valor e dele se apropriando. Entretanto, essa divisão do trabalho, que multiplica a força de produção por causa da cooperação entre os trabalhadores, aparece para os indivíduos "não como um poder unificado, mas sim como uma potência estranha, situada fora deles, sobre a qual não sabem de onde veio nem para onde vai, uma potência, portanto, que não podem mais controlar e que, pelo contrário, percorre agora uma sequência particular de fases e etapas de desenvolvimento, independente do querer e do agir dos homens e que até mesmo dirige esse querer e esse agir"[24].

Esse poder que aparece como estranho aos indivíduos singulares ganhou força ainda maior com o desenvolvimento da maquinaria e da grande indústria e, consequentemente, com a consolidação do capitalismo monopolista. Nesse sentido, ainda que se possa encontrar na obra de Marx passagens que exaltem o advento da sociedade burguesa[25], devemos diferenciar a compreensão histórica e transitória que

---

[22] A aversão de Marx Weber pelo mundo burguês, como destaca Löwy, o colocaria ao lado dos neorromânticos ou de um pessimismo cultural resignado; Michael Löwy, *A jaula de aço,* cit.

[23] Karl Marx e Friedrich Engels, *A ideologia alemã: crítica da mais recente filosofia alemã em seus representantes Feuerbach, B. Bauer e Stirner, e do socialismo alemão em seus diferentes profetas (1845-1846)* (trad. Rubens Enderle, Nélio Schneider e Luciano Cavini Martorano, São Paulo, Boitempo, 2007), p. 37.

[24] Ibidem, p. 38.

[25] É conhecida esta passagem do *Manifesto Comunista*: "A burguesia desempenhou na História um papel iminentemente revolucionário [...] Foi a primeira a provar o que a atividade humana pode realizar: criou maravilhas maiores que as pirâmides do Egito, os aquedutos romanos, as catedrais góticas; conduziu expedições que empanaram mesmo as antigas invasões e as Cruzadas. A burguesia não pode existir sem revolucionar incessantemente os instrumentos de produção, por conseguinte, as relações de produção e, com isso, todas as relações sociais"; Karl Marx e Friedrich Engels, *Manifesto Comunista* (trad. Álvaro Pina e Ivana Jinkings, São Paulo, Boitempo, 1998), p. 42-3. Marshall Berman considera Marx, ao lado de seu contemporâneo Baudelaire, como o mais importante crítico da modernidade. Mas não se pode confundir o método dialético de Marx na explicação da suprassunção realizada pela revolução burguesa contra o velho regime considerando-o uma exaltação do modo capitalista de produção; Marshall Berman, *Tudo que é sólido desmancha no ar: a aventura da modernidade* (trad. Carlos Felipe Moisés e Ana Maria L. Ioriatti, 2. ed., São Paulo, Companhia das Letras, 2005).

esse autor tem desse regime social de qualquer forma de ilusão com a evolução da tecnologia ou do maquinário e com a divisão do trabalho na sociedade capitalista. "A tecnologia desvela a atitude ativa do homem em relação à natureza, o processo imediato de produção de sua vida e, com isso, também de suas condições sociais de vida e das concepções espirituais que delas decorrem", expressa Marx em uma nota de *O capital*[26]. Isso não quer dizer que o autor alemão não admite os avanços e as conquistas técnicas para o conjunto da humanidade alcançados na fase capitalista de produção. Porém, sua análise, ao ser histórica e dialética, reconhece que todas essas "conquistas" são resultado de lutas políticas e sociais. "Enquanto a divisão do trabalho eleva a força produtiva do trabalho, a riqueza e o aprimoramento da sociedade, ela empobrece o trabalhador até [a condição] de máquina."[27]

A aplicação da maquinaria na grande indústria capitalista produz uma inversão entre sujeito e objetivo no processo de produção. "O autômato é o sujeito e os operários só são órgãos conscientes pelo fato de estarem combinados com seus órgãos inconscientes, estando subordinados, juntamente com estes últimos, à força motriz central."[28] A virtuosidade do manejo das ferramentas, típica na fase artesanal e sobrevivente na manufatura, é transferida do trabalhador para a máquina. Com isso, afirma Marx, no espetacular capítulo sobre a maquinaria e a grande indústria:

> A capacidade de rendimento da ferramenta é emancipada das limitações pessoais da força humana de trabalho. Com isso, supera-se a base técnica sobre a qual repousa a divisão do trabalho na manufatura. No lugar da hierarquia de trabalhadores especializados que distingue a manufatura, surge na fábrica automática a tendência à equiparação ou nivelamento dos trabalhos que os auxiliares da maquinaria devem executar.[29]

Disso deriva uma importante conclusão:

> *Transformado num autômato, o próprio meio de trabalho se confronta, durante o processo de trabalho, com o trabalhador como capital, como trabalho morto a dominar e sugar a força de trabalho viva.* A cisão entre as potências intelectuais do processo de produção e o trabalho manual, assim como a transformação daquelas em potências do capital sobre o trabalho, consuma-se, como já indicado anteriormente, na grande indústria, erguida sobre a base da maquinaria.[30]

Portanto, a passagem da manufatura para a mecânica ou para a automatização mecânica[31], a mais avançada forma de mecanização, altera a divisão do

---

[26] Karl Marx, *O capital: crítica da economia política,* Livro I: *O processo de produção do capital* (trad. Rubens Enderle, São Paulo, Boitempo, 2013, coleção Marx & Engels), p. 446.
[27] Idem, *Manuscritos econômico-filosóficos* (trad. Jesus Ranieri, São Paulo, Boitempo, 2004), p. 29.
[28] Idem, *O capital*, cit., p. 491.
[29] Ibidem, p. 491-2.
[30] Ibidem, p. 495 (grifos nossos).
[31] É importante ter clara a diferença entre *automatização* e *automação*. A proximidade das palavras produz confusão em suas utilizações. J. Santos ressalta que a expressão *automatização* é sinônimo de *mecanização* e, difere, quase de forma oposta, de *automação*. "O conceito de *automatização*

trabalho no interior da fábrica. Se antes ela era determinada pelos atributos pessoais dos operários (sua qualificação, experiência etc.), com a maquinaria moderna são as funções das máquinas que determinam as divisões do trabalho. Portanto, caracteriza Marx, "essa divisão do trabalho é puramente técnica". Isso permite compreender que a cisão entre *projeto* e *execução*, *pensar* e *fazer*, não é uma característica particular e inventada pelo taylorismo-fordismo, como pressupõem algumas análises[32], mas própria do modo capitalista de produção. Ela existia antes, se aprofundou ao extremo no taylorismo e continua a ser uma característica importante nos sistemas de produção posteriores, sob a ordem capitalista. Assim, Gramsci também compreende o fordismo apenas como a "fase mais recente de um longo processo que começou com o próprio nascimento do industrialismo, uma fase que é apenas mais intensa do que as anteriores e se manifesta sob formas mais brutais"[33].

O período que levou à consolidação do capitalismo monopolista, permeado por intensas lutas sindicais e uma revolução proletária, exigiu, para o novo padrão de acumulação que surgia, a substituição da prática de trabalho típica do século XIX, baseada na *extração extensiva do mais-valor* (por meio de longas jornadas de trabalho, utilização de trabalho infantil, pouquíssima legislação trabalhista, entre outras características), por uma *extração intensiva*, ou seja, dada pela dimensão *relativa do mais-valor*[34]. Conforme ressalta Antunes, "*a subsunção real do trabalho ao capital*, própria da fase da maquinaria, estava consolidada"[35]. Portanto, como será demonstrado logo a seguir, "paralelamente à perda de destreza do labor operário, esse processo de *desantropomorfização do trabalho* e

---

está indissoluvelmente ligado à sugestão de movimento automático, repetitivo, mecânico e é, portanto, sinônimo de *mecanização*"; J. J. H. Santos, *Automação industrial* (Rio de Janeiro, LTC, 1979). Sobre a conceitualização da automação, ver capítulo 5.

[32] É comum definir o taylorismo como um método de parcelamento das atividades fundado na separação entre *concepção* e *execução* do trabalho. Porém, "essa definição é, no mínimo, imprecisa, pois não toca na *especificidade do taylorismo*. Isso porque, como vimos, a separação entre concepção e execução – bem como o parcelamento pormenorizado das tarefas que dela resulta – constitui uma tendência histórica anterior a Taylor"; Marcílio R. Lucas, "De Taylor a Stakhanov", cit., p. 128.

[33] Antonio Gramsci, *Cadernos do cárcere*, t. 4 (trad. Carlos Nelson Coutinho, 2. ed., Rio de Janeiro, Civilização Brasileira, 2007),

[34] "Em geral, o método de produção do mais-valor relativo consiste em fazer com que o trabalhador, por meio do aumento da força produtiva do trabalho, seja capaz de produzir mais com o mesmo dispêndio de trabalho no mesmo tempo. O mesmo tempo de trabalho agrega ao produto total o mesmo valor de antes, embora esse valor de troca inalterado se incorpore agora em mais valores de uso, provocando, assim, uma queda no valor da mercadoria individual"; Karl Marx, *O capital*, cit., p. 482.

[35] Ricardo Antunes, *Os sentidos do trabalho: ensaio sobre a afirmação e a negação do trabalho* (2. ed., São Paulo, Boitempo, 2009, coleção Mundo do Trabalho), p. 39.

sua conversão em *apêndice* da máquina-ferramenta dotavam o capital de maior intensidade na extração do sobretrabalho"[36].

A consolidação do taylorismo-fordismo como um sistema hegemônico necessitou de condições materiais e sociais só possíveis após a Segunda Guerra Mundial, como destaca Gramsci em *Americanismo e fordismo*:

> [...] é necessário um longo processo, no qual ocorra uma mudança das condições sociais e dos costumes e hábitos individuais, o que não pode ocorrer apenas através da "coerção", mas somente por meio de uma combinação entre coação (autodisciplina) e persuasão, sob a forma também de altos salários, isto é, da possibilidade de um melhor padrão de vida, ou talvez, mais exatamente, da possibilidade de realizar o padrão de vida adequado aos novos modos de produção e de trabalho, que exigem um particular dispêndio de energias musculares e nervosas.[37]

## *O taylorismo-fordismo e o "fator humano"*

A organização do trabalho sob a base do binômio taylorista-fordista consolidou um novo regime de acumulação pautado na exploração intensiva da força de trabalho, com ganhos significativos sobre a taxa de lucro. Ela atendeu, ao mesmo tempo, a uma demanda crescente por mercadorias e consolidou uma nova forma de ser da classe trabalhadora, que, do ponto de vista do capital, buscava dificultar sua revolta social. Mas, afinal, como caracterizar o taylorismo-fordismo?

A base do sistema taylorista, de que derivam as diversas reformas propostas por Taylor à organização do trabalho e da produção, está em seus estudos sobre os movimentos efetuados pelos operários (*motion study*) e o tempo gasto para isso (*time study*). Seu método é cartesiano, decompondo o todo complexo das atividades no interior da fábrica em procedimentos parciais. Assim, após analisar cada tempo parcial, de cada operação, o "técnico" soma-os, adicionando os tempos "ociosos" ou "mortos", a fim de obter o tempo total das operações. É um sistema que visa ao máximo de rendimento com o menor dispêndio de *tempo* de trabalho. Porém, se um dos símbolos do taylorismo é o cronômetro, enganam-se aqueles que acham que o *tempo* seja seu fator fundamental. Na verdade, seu foco central está no *ritmo* do trabalho, buscando-se, com isso, a melhor forma de realizar um determinado movimento, reduzindo os "efeitos colaterais" do sistema sobre os trabalhadores.

A questão central do taylorismo-fordismo está em *retirar das mãos dos operários o controle sobre as decisões que são tomadas no curso do trabalho*. O controle foi sempre um elemento importante no processo de trabalho, sobretudo no capitalismo. Mas foi no século XX que essa questão ganhou uma importância qualitativamente superior. "Taylor elevou o conceito de controle a um plano inteiramente novo

---

[36] Ibidem, p. 39.
[37] Antonio Gramsci, *Cadernos do cárcere*, cit., p. 275.

quando considerou *uma necessidade absoluta para a gerência adequada a imposição ao trabalhador da maneira rigorosa pela qual o trabalho deve ser executado.*"[38]

Em *Problèmes humains du machinisme industriel,* Friedmann entende que o desenvolvimento do *maquinismo* leva, por sua natureza, a uma crescente divisão do trabalho, criando funções cada vez mais especializadas. Nesse processo, o trabalho se torna parcelado e muitas de suas operações são confiadas a uma máquina, que substitui, num primeiro estágio, as ferramentas antes tidas em mãos dos operários. O taylorismo e a esteira fordista exacerbam esse processo, acelerando a divisão do trabalho, parcelando e fragmentando as tarefas, colocando em opostos o *pensar* e o *executar* e criando um trabalho *especializado* e *não qualificado.* Assim, "a parte do homem na produção propriamente dita diminui. Escolha, preparação e decisão tendem a se situar fora da oficina. A inteligência parece pouco a pouco se retirar das operações de produção, se concentrar nos desenhos, na concepção, na execução das máquinas, e nos escritórios de estudos tayloristas"[39].

O sistema taylorista-fordista se consolidou por meio de um processo de produção de mercadorias mais homogeneizado e enormemente verticalizado, possibilitado pela máxima racionalização das operações realizadas pelos trabalhadores. A redução do tempo e o aumento do ritmo do trabalho se tornaram a obstinação de Taylor. O antigo profissional polivalente foi sendo paulatinamente substituído pelo especializado. A *agilidade*, a *rapidez*, a *precisão*, a *destreza* em relação a pequenos movimentos passaram a ser algumas das novas habilidades exigidas do operário parcelar do taylorismo-fordismo. Como resultado, os conhecimentos que antes eram adquiridos e conservados/repassados pelos próprios operários industriais são agora desprezados[40].

---

[38] Harry Braverman, *Trabalho e capital monopolista,* cit., p. 86. Ainda conforme o autor, a gerência científica "significa um empenho de aplicar os métodos da ciência aos problemas complexos e crescentes do controle do trabalho nas empresas capitalistas em rápida expansão"; ibidem, p. 82.

[39] Georges Friedmann, "Les technocrates et la civilisation technicienne", em *Industrialisation et Technocratie (Première Semaine Sociologique Organisée par le Centre d'Études Sociologiques – CNRS),* por Georges Gurvitch (Paris, Armand Colin, 1949), p. 168.

[40] Foi e ainda é senso comum a ideia de que o processo de especialização produz um avanço mais rápido nas ciências, nas tecnologias e nas formas de trabalho ao permitir uma maior concentração de um especialista sobre um processo parcelar. Friedmann (1956) argumentou contra isso, apontando para a diferença fundamental entre o *profissional especialista* e o *operário especializado.* No primeiro caso, pode-se tomar como exemplo a medicina, em que o desenvolvimento da ciência e da tecnologia permitiu um avanço da profissão e a necessidade de se criar inúmeros especialistas (cardiologista, ortopedista, ginecologista, cirurgião etc.). O *operário especializado* deve efetuar uma série de operações parcelares, muitas vezes numa máquina, após receber as instruções dos administradores e engenheiros. O primeiro se apropria de uma cultura acumulada, enquanto o segundo é expropriado dos conhecimentos que a sua própria categoria produziu no passado, reduzindo-se a uma "máquina humana". Nas palavras de Taylor, o que é solicitado ao operário não é "produzir por sua própria iniciativa, mas executar pontualmente as ordens dadas nos mínimos detalhes"; Frederick Winslow Taylor, *La Direction des ateliers: étude suivie d'un mémoire sur l'emploi des courroies* (Paris, Dunod, 1930), p. 137.

Foi e ainda é senso comum a ideia de que o processo de especialização produz um avanço mais rápido nas ciências, nas tecnologias e nas formas de trabalho ao permitir uma maior concentração de um especialista sobre um processo parcelar. Friedmann argumentou contra isso, apontando para a diferença fundamental entre o profissional especialista e o operário especializado[41]. No primeiro caso, pode-se tomar como exemplo a medicina, em que o desenvolvimento da ciência e da tecnologia permitiu um avanço da profissão e a necessidade de se criar inúmeros especialistas (cardiologista, ortopedista, ginecologista, cirurgião etc.). O *operário especializado* deve efetuar uma série de operações parcelares, muitas vezes numa máquina, após receber as instruções dos administradores e engenheiros. O primeiro se apropria de uma cultura acumulada, enquanto o segundo é expropriado dos conhecimentos que a sua própria categoria produziu no passado, reduzindo-se a uma "máquina humana". Nas palavras de Taylor, o que é solicitado ao operário não é "produzir por sua própria iniciativa, mas executar pontualmente as ordens dadas nos mínimos detalhes"[42].

As consequências negativas do sistema taylorista-fordista sobre o trabalhador são hoje bastante conhecidas e debatidas por uma ampla literatura[43]. A evolução técnica sob a hegemonia desse modelo limitou substancialmente as operações dos trabalhadores. As descrições das fábricas apontaram para um ambiente desumanizador, como atesta o depoimento de Suzane D., jovem operária francesa de uma refinaria de açúcar, coletado durante pesquisa coordenada por Friedmann na segunda metade dos anos 1940: "Tenho a impressão de ser uma minúscula roldana, pronta para engrenar automaticamente numa enorme máquina da qual a extensão e o funcionamento de conjunto me são totalmente estranhos"[44]. Vários

---

[41] Friedmann Georges, *Le Travail en miettes: spécialisation et loisirs* (Bruxelas, Éd. de l'Université de Bruxelles, 1956, coleção UB Lire, v. 1).

[42] Frederick Winslow Taylor, *La Direction des ateliers*, cit., p. 137.

[43] Sobre essa questão, ver: Ricardo Antunes, *Adeus ao trabalho?: ensaio sobre as metamorfoses e a centralidade do mundo do trabalho* (9. ed., São Paulo/Campinas, Cortez/Unicamp, 2003); Ricardo Antunes, *Os sentidos do trabalho: ensaio sobre a afirmação e a negação do trabalho* (2. ed., São Paulo, Boitempo, 2009, coleção Mundo do Trabalho); David Harvey, *Condição pós-moderna*, cit.; Ruy Braga, *A nostalgia do fordismo: modernização e crise na teoria da sociedade salarial* (São Paulo, Xamã, 2003); idem, *A política do precariado: do populismo à hegemonia lulista* (São Paulo, Boitempo, 2012, coleção Mundo do Trabalho); Beverly J. Silver, *Forças do trabalho: movimentos dos trabalhadores e globalização desde 1870* (trad. Fabrizio Rigout, São Paulo, Boitempo, 2005); Danièle Linhart, *A desmedida do capital* (trad. Wanda Nogueira Caldeira Brant, São Paulo, Boitempo, 2007); idem, *La Comédie humaine du travail: de la déshumanisation taylorienne à la sur-humanisation managériale* (Toulouse, Érès, 2015); Henrique J. D. Amorim, *Teoria social e reducionismo analítico: para uma crítica ao debate sobre a centralidade do trabalho* (Caxias do Sul, Educs, 2006); Sadi Dal Rosso, *Mais trabalho!: a intensificação do labor na sociedade contemporânea* (1. ed., São Paulo, Boitempo, 2008, coleção Mundo do Trabalho), entre muitos outros.

[44] Georges Friedmann, "Techniques industrielles et condition ouvrière", *Esprit*, v. 7-8, n. 180-181, 1951, p. 116.

são os fatores que pioraram esse ambiente: o barulho e o calor excessivo, as vibrações das máquinas, a ausência de água potável, a falta de sol e de boa iluminação elétrica, além das características apontadas anteriormente. O conhecimento do trabalhador, como bem definiu Friedmann, é "estritamente limitado à linha de montagem" e sua personalidade fica atrofiada. A produção provocará uma degradação de sua energia e de sua vontade. Como consequência, os problemas mais recorrentes apontados nessas fábricas são a *fadiga*, a *monotonia*, o *absenteísmo*, a *alta rotatividade* e os *altos índices de acidentes*.

## O "compromisso fordista"

Depois dessa longa exposição sobre as condições preliminares para a constituição do taylorismo-fordismo, buscando compreender as particularidades desse sistema no interior do processo de desenvolvimento da racionalização e divisão do trabalho, pode-se abordar a questão do *compromisso fordista* ressaltando os aspectos da dominação do capital sobre o trabalho desde a fábrica. Como destaca Gramsci em *Americanismo e fordismo* (1934), a hegemonia de tal sistema nasce na fábrica e necessita, para ser exercida, de uma quantidade de intermediários profissionais da política e da ideologia. Constitui-se, assim, um salto de qualidade na relação entre fábrica, Estado e aparatos ideológicos – e, acrescenta-se, sindicatos – para conformar um novo consenso entre capital e trabalho. Entretanto, se as condições históricas para o surgimento do taylorismo-fordismo estão associadas à ascensão do capitalismo monopolista, à consolidação do *compromisso fordista* e ao equilíbrio instável, foi nas décadas após a Segunda Guerra Mundial que suas bases materiais e sociais se efetivaram plenamente[45].

Não haveria *compromisso fordista* sem a estratégia keynesiana. "O problema da configuração e do uso próprios dos poderes do Estado só foi resolvido depois de 1945. Isso levou o fordismo à maturidade como regime de acumulação plenamente acabado e definitivo. Como tal, ele veio a formar a base de um longo período de expansão pós-guerra que se manteve mais ou menos intacto até 1973."[46] Essa aliança entre Estado e padrão de produção proporcionou ao capitalismo nos países avançados altas taxas de crescimento econômico, de elevação dos padrões de vida de uma parte significativa do proletariado, contenção das tendências de crise, relativa estabilidade no regime de democracia liberal e a expansão do

---

[45] Nos anos 1920, a produtividade do trabalho cresceu ao ritmo de 6% ao ano, em média, no seio das economias capitalistas. Nesse mesmo período, os salários cresceram em média não mais que 2%. A consequência foi o descolamento entre o aumento da taxa de lucro e os salários, fazendo com que o capital percebesse que era impossível a continuidade dessa relação depois que eclodiu a crise econômica em 1929. Ver Alain Bihr, *Du grand soir à l'alternative: le mouvement ouvrier européen en crise* (Paris, Les Éditions Ouvrières, 1991).

[46] David Harvey, *Condição pós-moderna*: cit., p. 125.

capitalismo para a periferia[47]. Nos países centrais, onde o *compromisso fordista* se efetivou, predominou uma política de crescimento da produtividade acompanhada proporcionalmente pelo crescimento dos salários reais de uma fração da classe trabalhadora – aquela vinculada às fábricas tayloristas-fordistas. O capital contou com a ajuda de grande parte da burocracia sindical, que auxiliou no disciplinamento dos trabalhadores, contendo, durante décadas, a revolta social. Até surgiu, naquele período, uma nova doutrina econômica que buscou unir Marx e Keynes e apostava que o crescimento da produtividade poderia ser igualmente repartido entre salários e lucros[48].

Para compreendermos a longa vida que teve o taylorismo-fordismo, é importante destacar a ênfase dada por Gramsci à constituição do *consenso*. Nos Estados Unidos, por exemplo, "a racionalização determinou a necessidade de elaborar um novo tipo humano, adequado ao novo tipo de trabalho e de processo produtivo"[49]. Tanto Taylor quanto Ford compreenderam que não poderiam limitar suas doutrinas às operações industriais. O primeiro preocupava-se prioritariamente com as relações entre os operários e as modernas técnicas de produção, mas sonhava que estas servissem para todas as formas de atividade humana. Já Ford, na posição de um grande industrial capitalista, inquietava-se com o modo de vida dos operários fora da oficina, para garantir uma reprodução estável de sua força de trabalho, capaz de aguentar o ritmo acelerado, monótono, repetitivo e fatigante da fábrica. O operário ideal, segundo Ford, seria o homem jovem, casado, preocupado com suas economias domésticas, com a higiene da casa e a alimentação, seguindo uma vida regrada, sem badalações nem excesso de álcool. Ele estava tão obstinado em criar um "operário fordista padrão" que investiu em departamentos específicos e em meios de comunicação, no interior de suas fábricas, para assegurar a efetivação desses ideais[50]. Como ressaltou Harvey,

> Por isso, em 1916, Ford enviou um exército de assistentes sociais aos lares dos seus trabalhadores "privilegiados" (em larga medida imigrantes) para ter certeza de que o "novo homem" da produção de massa tinha o tipo certo de probidade moral, de vida familiar e de capacidade de consumo prudente (isto é, não alcoólico) e "racional" para corresponder às necessidades e expectativas da corporação. A experiência não durou

---

[47] Alain Bihr, "Du grand soir à l'alternative", cit.
[48] Trata-se da Escola de Regulação. Ver Ruy Braga, *A nostalgia do fordismo: modernização e crise na teoria da sociedade salarial* (São Paulo, Xamã, 2003).
[49] Antonio Gramsci, *Cadernos do cárcere*, cit., p. 248.
[50] Pode-se verificar a relação estreita entre capital e Estado, para a constituição desse *novo homem*, na política em relação ao álcool nos Estados Unidos durante a década de 1920. Foi por isso que "a luta contra o álcool, o mais perigoso agente de destruição das forças de trabalho, torn[ou]-se função do Estado"; Antonio Gramsci, *Cadernos do cárcere*, cit., 267. Outro aspecto que deveria ser contido era o impulso sexual demasiado. Portanto, coube ao Estado não apenas o papel da repressão e da regulação na relação capital-trabalho, mas igualmente do discurso moralista. Ver também Danièle Linhart, *La Comédie humaine du travail*, cit.

muito tempo, mas a sua própria existência foi um sinal presciente dos profundos problemas sociais, psicológicos e políticos que o fordismo iria trazer.[51]

O "puritanismo" de Taylor e Ford estava a serviço de "conservar, fora do trabalho, um certo equilíbrio psicofísico, capaz de impedir o colapso fisiológico do trabalhador, coagido pelo novo método de produção"[52]. O alto salário era um meio de manter o operário na fábrica e selecionar os mais aptos a funcionar nesse sistema, mas também de lhes proporcionar um acesso ao consumismo desenvolvido assustadoramente a partir de meados do século XX.

As críticas ao modelo taylorista-fordista surgiram logo que ele passou a ser implementado na grande indústria. O princípio que levou à busca de maior rendimento da força de trabalho por meio da priorização da técnica, deixando em segundo plano o trabalhador – visto como uma peça da engrenagem-fábrica –, acabou por conduzir, na prática, a uma queda relativa dos rendimentos. Para alguns autores, isso ocorreu porque não havia engajamento suficiente dos operários no processo de trabalho. Outros destacaram a ineficiência de um padrão único de movimento para todos os operários que desconsiderava sua individualidade e mesmo seu conhecimento do próprio processo de trabalho. Essas limitações do taylorismo-fordismo possibilitaram o surgimento de movimentos e doutrinas críticos a ele. Um dos mais importantes irrompeu no interior das universidades estadunidenses e teve como um de seus fundamentos a valorização dos aspectos individuais e psicológicos dos operários, constituindo a base para a assim chamada *sociologia industrial*, como se busca demonstrar logo a seguir.

Georges Friedmann acreditava que os avanços das ciências, em especial os ocorridos nas ciências humanas, tinham um efeito positivo nos estudos que visavam melhorar as relações entre o homem e a máquina. Ele via esse processo como parte da evolução do próprio *maquinismo* (civilização industrial) que tinha como meta pressionar por maiores lucros ou, contrariamente, "humanizar o enorme aparelho de produção surgido das revoluções industriais"[53]. Entretanto, ainda segundo o autor, esses estudos ultrapassaram o quadro da fisiologia, da psicologia e da tecnologia e colocaram em questão o regime econômico de produção e a estrutura da sociedade. Em suma, esses avanços esclarecem os limites dos *fatores humanos*.

> Parece que muitas das características do trabalho que lhe soam inerentes, essenciais, são, de fato, relativas: elas dependem da atitude mental do operário no que diz respeito a sua tarefa. Fadiga, monotonia, rendimento, qualidade do trabalho, quando se observa metodicamente, revelam essa dependência em relação aos elementos psicológicos e pessoais. [...] A monotonia não é igualmente sentida segundo o interesse que o operário tem, ou não, pela tarefa, de acordo com o valor que ele lhe atribui. *Dito de outra forma,*

---

[51] David Harvey, *Condição pós-moderna*, cit., p. 122.
[52] Antonio Gramsci, *Cadernos do cárcere*, cit., p. 267.
[53] Georges Friedmann, *Problèmes humains du machinisme industriel*, cit., p. 347.

*as reações de um trabalho sobre o operário não podem ser abstraídas das tendências que este coloca em jogo: os efeitos da mecanização são dessa forma inseridos em uma realidade totalmente psicológica e subjetiva, cuja complexidade só pode surpreender, desde que se esteja convencido de que uma atividade tão fundamental é suscetível de envolver o homem por inteiro. Introduzindo-se no condicionamento dessas reações, a psicologia individual carrega com ela, ou sobretudo nela, a psicologia social.*[54]

Como contraponto à desumanização do trabalhador pelo taylorismo-fordismo, Friedmann propõe, em *Problèmes humains du machinisme industriel*, o desenvolvimento de estudos que tenham como foco central o *fator humano*[55]. Quando publicou sua tese em 1946, esse autor ainda mantinha uma visão positiva sobre o taylorismo-fordismo, vendo-o como parte de um longo processo de desenvolvimento das forças produtivas (do *maquinismo*). Defendeu um "programa político", na conclusão do livro, reivindicando que as ciências humanas, frente ao processo de racionalização do trabalho, da indústria e da evolução do maquinismo, deveriam tomar o *fator humano* como central, e não apenas o desenvolvimento técnico, o lucro e os interesses do mercado. Buscava, na verdade, afirmar um compromisso moral, mais que político, em defesa do trabalho. Chamou isso de *tripla valorização do trabalho*, que deveria ser, a um só tempo, *intelectual, moral e social*. Sabia que isso não se efetivaria por completo na sociedade capitalista, mas compreendia que o trabalho minucioso do cientista, em direção a esse compromisso moral, seria extremamente útil para quando houvesse uma transformação real do modo de produção e das instituições. Menos iludido com a evolução técnica, sua visão sobre o taylorismo-fordismo se tornou mais crítica em seus últimos escritos, como será apontado logo adiante.

## *O diálogo crítico com a Escola de Relações Humanas*

Pode-se afirmar que as primeiras pesquisas sobre o mundo industrial e sobre a situação da classe trabalhadora começaram no século XIX, no Reino Unido, sob a supervisão de técnicos, fiscais e funcionários do Estado. Não tardou para que averiguações semelhantes fossem realizadas em outros países que se industrializavam, como a França, a Alemanha e os Estados Unidos. São conhecidas, nas obras de Marx e Engels, as passagens retiradas dos relatórios dessas investigações empíricas. Mas os objetivos delas estavam longe de ser uma crítica radical à sociedade capitalista, como aquela realizada pelos revolucionários alemães. Levadas a efeito sob uma perspectiva sanitarista e legislativa dos conflitos sociais, elas buscavam

---

[54] Ibidem, p. 348 (grifos nossos).
[55] O próprio Henry Ford, a partir de 1945, vendo os resultados negativos da desumanização de seu sistema fabril, passou a defender a necessidade de se olhar o "fator humano" da fábrica a fim de criar uma melhor "harmonia e paz" em seu ambiente de trabalho; Georges Friedmann, *Où va le travail humain?*, cit.

listar os problemas que a industrialização produzia na classe operária com o objetivo de conter os "excessos imorais" da exploração do trabalho. Suas soluções eram paliativas, respondiam às pressões crescentes do movimento sindical e das organizações operárias, e buscavam garantir a continuidade do desenvolvimento industrial capitalista.

A passagem do capitalismo de livre-mercado para o monopolista e o surgimento do taylorismo-fordismo impôs, no plano da pesquisa científica sobre o mundo industrial, uma superação do trabalho intelectual "artesanal" e a utilização e aplicação de técnicas de investigação modernas. Decerto, foi primeiramente nos Estados Unidos, graças a sua localização pioneira na implementação da grande indústria típica do século XX e também pela existência de instituições superiores de ensino e pesquisa consolidadas, que essas investigações puderam se desenvolver e criar novos domínios relacionados ao trabalho industrial, como a fisiologia aplicada ao trabalho, a psicotécnica, a psicologia do trabalho, a economia do trabalho, a sociologia industrial, entre outras. A própria doutrina de Taylor pode ser compreendida nesse contexto.

Não tardou para se verificar que o taylorismo e o fordismo tinham seu ponto mais débil justamente nas inúmeras formas de resistência dos trabalhadores às regras e ao ritmo do trabalho impostos. Sem seu *engajamento* e sua *cooperação*, o espetacular aumento de rendimento da fábrica, obtido nos primeiros anos desse sistema, perdia sua força. Mesmo as iniciativas surgidas no interior do sistema taylorista-fordista, como a criação de "departamentos pessoais", com o objetivo de assegurar um melhor recrutamento e uma melhor formação dos operários, não eram capazes de contornar os recorrentes problemas com a *alta rotatividade* e o *absenteísmo* da força de trabalho[56]. Além de uma resistência aberta e consciente por meio de suas organizações sindicais e políticas, os trabalhadores também se opunham de forma silenciosa e oculta. A explicação que os *managers*[57] davam para essa "anomia" no interior do sistema – que, segundo eles, "só traria benefícios à sociedade" – era a de que os trabalhadores persistiam em suas atitudes *irracionais*. Portanto, a solução seria minimizar essa *irracionalidade* por meio de medidas que permitissem manter em ascensão os rendimentos das empresas.

Foi nesse contexto que ocorreu, ao longo das décadas de 1920 e 1930, nos Estados Unidos, as experiências nas plantas da Hawthorne Works da Western Electric Company, localizadas em Chicago e Cicero, em Illinois. Durante meio século ela foi a maior empresa de fabricação de material telefônico e

---

[56] Pierre Desmarez, *La Sociologie industrielle aux États-Unis* (Paris, Armand Colin, 1986, Coleção U).
[57] "O verbo *to manage* (administrar, gerenciar), vem de *manusi,* do latim, que significa mão. Antigamente, significava adestrar um cavalo nas suas andaduras, para fazê-lo praticar o *manège.* Como um cavaleiro que utiliza rédeas, bridão, esporas, cenoura, chicote e adestramento desde o nascimento para impor sua vontade ao animal, o capitalista empenha-se, por meio da gerência (*management*), em *controlar*"; Harry Braverman, *Trabalho e capital monopolista,* cit., p. 68.

uma das maiores fábricas dos Estados Unidos, tendo funcionado de 1904 a 1984. As oficinas Hawthorne estavam localizadas na periferia oeste de Chicago e na cidade vizinha de Cicero. Elas eram encarregas de produzir telefones, aparelhagem para centrais automáticas e cabos de toda sorte. Na data em que começaram as pesquisas, as oficinas ocupavam vastas superfícies e empregavam cerca de 29 mil operárias e operários. Havia uma diversidade profissional que englobava metalúrgicos, cortadores de diamantes, ferramenteiros, contabilistas, trabalhadores manuais, engenheiros, tecelões, chefes de serviços etc. Do total de empregados, quase 60 nacionalidades estavam representadas, sendo que cerca de 75% eram estadunidenses. Entre os estrangeiros, havia um número significativo de poloneses e tchecoslovacos, seguidos de alemães e italianos. Quando se iniciaram as experiências em Hawthorne, havia mais de vinte anos que não ocorriam greves na fábrica[58].

As experiências tiveram início em 1923 sob a supervisão de Franck Jewett (responsável pelos laboratórios da companhia) e contaram com a ajuda de dois engenheiros do Massachusetts Institute of Technology (MIT). O objetivo era aumentar a produtividade, mesmo que isso implicasse uma deterioração das condições de trabalho. A partir de 1927, a pesquisa foi assumida pelo Departamento de Pesquisa Industrial, sob a direção de Elton Mayo, professor da Universidade de Harvard[59]. Sua equipe realizou uma sistemática e longa série de estudos em Hawthorne com o propósito de compreender as relações entre o esforço, a fadiga, a monotonia e o rendimento dos operários[60]. Os resultados foram surpreendentes e derrubaram todas as expectativas dos pesquisadores. As conclusões teóricas e práticas retiradas dessas experiências deram origem ao movimento intitulado Human Relations[61], que se colocou contra um liberalismo desenfreado, os excessos

---

[58] F. J. Roethlisberger e William J. Dickson, *Management and the Worker: an Account of a Research Program Conducted by the Western Electric Company, Hawthorne Works, Chicago* (Cambridge, Harvard University Press, 1939).

[59] Um ano antes de as pesquisas serem iniciadas, a School of Business Administration da Universidade de Harvard criou o Departamento de Pesquisa Industrial (DPI) e o Laboratório da Fadiga – este responsável pelos aspectos psicológicos desse grande projeto. O financiamento provinha da Fundação Rockefeller. O DPI optou pela *total situation*, ou seja, uma pesquisa realizada no próprio ambiente fabril com o objetivo de melhor verificar os aspectos físicos e sociais que interferiam no rendimento do trabalho.

[60] F. J. Roethlisberger e William J. Dickson, *Management and the Worker*, cit.

[61] Entre as principais obras produzidas pelos membros da *School of Business Administration* de Harvard sobre os estudos em Hawthorne, vale salientar os livros de Elton Mayo, *The Human Problems of an Industrial Civilization* (1933) e *The social problems of an industrial civilization* (1945), e de F. G. Roethlisberger e William J. Dickson, *Management and the Worker* (1939) – este oferece uma síntese mais completa das pesquisas realizadas –; e *Management and Morale* (1941), de Roethlisberger e Dickson. Pode-se encontrar uma boa descrição e caracterização dessa escola em Bernard Mottez, *La Sociologie industrielle*, v. 1 (Paris, PUF, 1975, coleção Que Sais-Je?, n. 445) e Pierre Desmarez, *La Sociologie industrielle aux États-Unis*, cit.

do taylorismo-fordismo e seus malefícios sociais e pessoais, pois acreditava que, sem medidas de controle e regulação, as consequências seriam um acirramento dos conflitos e o surgimento de ações violentas, colocando em perigo a democracia liberal e a "harmonia da sociedade"[62].

Segundo Friedmann, vários foram os fatores que permitiram o surgimento do Human Relations. Primeiro, o fato de o caráter tecnicista da visão taylorista-fordista não conseguir englobar o que ele chamava de *problemas humanos*. Segundo, pela incapacidade das empresas de obter a *cooperação* dos produtores e assegurar um clima psicológico favorável. Terceiro, devido ao desenvolvimento de várias ciências aplicadas ao trabalho industrial no início do século XX, particularmente a psicotécnica, a psicologia e a sociologia. E, finalmente, a pressão do movimento sindical sobre o empresariado por melhores condições de trabalho[63].

A primeira etapa da experiência de Hawthorne (1926-1932)[64], conhecida como *test-room*, buscava compreender os efeitos da fadiga e da monotonia sobre a atividade laboral dentro de uma oficina experimental da Western Electric[65]. A hipótese inicial era que os aspectos físicos do interior da fábrica interferiam na produtividade individual do trabalhador. Durante anos, observaram as reações de cinco jovens trabalhadoras dessa oficina quando modificavam os fatores físicos (a humidade, a temperatura, a luminosidade), a quantidade e a duração

---

[62] Vale reproduzir aqui a acurada observação de Braverman: "Taylor ocupava-se dos fundamentos da organização dos processos de trabalho e do controle sobre ele. As escolas posteriores de Hugo Münsterberg, Elton Mayo e outros ocupavam-se sobretudo com o ajustamento do trabalhador ao processo de produção em curso, na medida em que o processo era projetado pelo engenheiro industrial. Os sucessores de Taylor encontram-se na engenharia e projeto do trabalho, bem como na alta administração; os sucessores de Münsterberg e Mayo acham-se nos departamentos de pessoal e escolas de psicologia e sociologia do trabalho. O trabalho em si é organizado de acordo com os princípios tayloristas, enquanto os departamentos de pessoal e acadêmicos têm se ocupado com a seleção, adestramento, manipulação, pacificação e ajustamento da 'mão de obra' para adaptá-la aos processos de trabalho assim organizados. O taylorismo domina o mundo da produção; os que praticam as 'relações humanas' e a 'psicologia industrial' são as turmas de manutenção da maquinaria humana"; Harry Braverman, *Trabalho e capital monopolista*, cit., p. 83.

[63] Georges Friedmann, *Où va le travail humain?*, cit.

[64] As atividades na Hawthorne Works podem ser divididas em três períodos: (1) de 1927 a 1932 (*test-room*), período de extensos estudos exploratórios de fisiologia, levando-se em conta os aspectos pessoais e os fatores sociais em situação de trabalho, e de investigações acerca da relação entre a situação laboral e os aspectos da vida comunitária externa; (2) de 1931 a 1936, fase de formulação e testes de novas hipóteses; e (3) de 1936 a 1945, período de disseminação das conclusões dos estudos e de formação dos *managers*; Elton Mayo, *The Social Problems of an Industrial Civilization* (Boston, Harvard University Press, 1945).

[65] Os pesquisadores construíram um laboratório em que reproduziam as mesmas condições físicas da Western Electric Company. Trabalharam nele, cinco jovens operárias experientes na montagem de antenas de telefone. As operações eram parcelares e repetitivas. As operárias foram incentivadas a se relacionarem entre si. Os rendimentos de cada uma foram medidos de minuto a minuto, dia a dia, durante cinco anos.

das pausas, a jornada diária e semanal de trabalho, dentre outros aspectos. O resultado final levou-os a conclusões inovadoras: a queda dos rendimentos verificadas no *test-room* não estava relacionada às modificações do meio físico, pois observaram que o rendimento das operárias continuava a aumentar mesmo depois que todas as melhorias físicas que haviam dado no período anterior eram suprimidas e se retornava à situação inicial do experimento. "Encontra-se, portanto, em presença de dois fenômenos concomitantes: um aumento do rendimento não relacionado às modificações experimentais de *ordem física* e, de outra parte, uma melhora das atitudes psicológicas."[66] O grupo de Mayo atribui tal resultado às relações agradáveis e confiantes criadas na oficina experimental[67]. Assim, teorizaram que a produtividade de uma fábrica não dependeria apenas dos aspectos técnicos e organizacionais, mas também das relações humanas e sociais que se reproduzem no microcosmo fabril. Portanto, a melhora do rendimento estaria relacionada a uma melhora da *moral* das operárias. Acreditavam que seria possível recriar esse resultado obtido no laboratório experimental de *Hawthorne* em qualquer outro ambiente de trabalho, simplesmente por meio da qualificação dos gestores.

Essas conclusões se chocavam com a visão vigente entre os *managers* de que a inadaptação e a falta de engajamento dos operários às metas da fábrica taylorista-fordista eram um reflexo da sua *irracionalidade*. Diante disso, Mayo e seus colaboradores colocaram em evidência a importância do *social* nas empresas industriais, "ressaltando, particularmente, o caráter determinante para a produção, da organização dos grupos de trabalho, não tal como ele era definido, formalmente, pela direção, mas tal qual ele existia efetivamente nas plantas"[68]. Nesse sentido, a suposta irracionalidade no comportamento dos trabalhadores passava a ser compreendida como reflexo de causas geradas no seio da própria empresa, que era vista como *sistema social*, entrelaçado de *relações formais* e *não formais*[69]. As atitudes de

---

[66] Georges Friedmann, *Problèmes humains du machinisme industriel*, cit.
[67] Segundo relatos de pesquisadores que participaram do *test-room*, a relação de amizade e confiança entre as operárias chegou a tal ponto que, praticamente, não havia mais necessidade de controlá-las. Foram essas relações e a moral elevada que fizeram com que as operárias não percebessem o aumento do rendimento como um maior esforço físico. Elas teriam sentido que ele estava ligado de alguma maneira à melhora no ambiente de trabalho, nitidamente mais livre, mais feliz e mais agradável; Georges Friedmann, *Problèmes humains du machinisme industriel*, cit. Destacaram, também, como determinante para esse resultado, o fato de as operárias se sentirem parte de uma equipe de trabalho. Portanto, segundo a tese da escola de Mayo, "o indivíduo não reage às condições físicas do ambiente tais quais elas são, mas tais quais ele as sente; ou, ele as sente em decorrência de sentimentos e de atitudes que ele traz de sua experiência pessoal, adquirida anteriormente e fora da empresa, assim como de suas relações e interações na empresa"; Bernard Mottez, *La Sociologie industrielle*, cit., p. 20.
[68] Pierre Desmarez, *La Sociologie industrielle aux États-Unis*, cit., p. 6.
[69] A *organização formal* representa os modelos de interação no interior da organização humana (ou entre a organização humana e a organização técnica) que prescrevem os regulamentos da empresa

um operário, assim como suas tarefas, seu rendimento e sua eficiência estariam vinculadas às relações psicológicas e sociais no interior da fábrica e ao interior dos grupos de trabalho (equipes, linha de montagem, departamento etc.). Se a empresa pudesse controlar e contornar aquilo que gerava no interior do sistema social (a empresa) as condutas dos operários consideradas prejudiciais ao capital, ela conseguiria aumentar seus objetivos de lucratividade.

A solução, portanto, apontada pelo Human Relations, estaria na *melhora da comunicação no interior da empresa entre os gestores e os operários* do chão de fábrica. "Se os dispositivos adotados pela empresa para colocar em funcionamento a política que ela decidiu adotar não são seguidos pelos membros da organização, não é necessariamente porque eles se opõem [...]. Isso ocorre porque talvez eles não compreenderam" a política[70]. Segundo a tese do Human Relations, seria necessário ajustar as duas lógicas que coexistem no interior da fábrica (a *formal* e a *informal*), para que elas pudessem falar a mesma linguagem, ou seja, os objetivos de maior rentabilidade não deveriam ser transmitidos pela *lógica do custo ou do benefício*, mas traduzidos para a *lógica dos sentimentos* dos operários.

A explicação do Human Relations sobre o funcionamento das relações internas da empresa foi inspirada na teoria estruturo-funcionalista do italiano Vilfredo Pareto (1848-1923)[71]. Ao compreenderem a empresa como um sistema social – um conjunto no qual as partes são interdependentes e, por conseguinte, a mudança de um de seus elementos produziria modificações em outros –, trabalharam com a ideia de *equilíbrios* e *desequilíbrios* (patologias). Dessa maneira, as resistências operárias às mudanças orquestradas no interior de uma fábrica, por exemplo, foram entendidas como uma forma de patologia. Em seus estudos concluíram que, em geral, essas resistências não expressavam uma postura necessariamente contrária às alterações tecnológicas, mas sim às transformações ocorridas na estrutura de relações interpessoais. Isso os levou a propor que, se a gerência alterasse qualquer aspecto da *organização formal* de uma empresa, ela deveria compensar com mudanças

---

    para assegurar a cooperação necessária aos cumprimentos de seus objetivos econômicos. Ela segue a *lógica dos custos* e a *lógica da eficiência*. Seus valores são aqueles que a empresa pretende passar a seus empregados. A *organização informal* representa as relações interpessoais de fato existentes entre os membros da organização (empresa), as quais não se subordinam diretamente à *organização formal*. Ela segue a *lógica dos sentimentos*. Seus valores são próprios das relações humanas dos diferentes grupos no interior da empresa.

[70] Bernard Mottez, *La Sociologie industrielle*, cit., p. 24.
[71] Pareto, em sua teoria do sistema social, compreende que as diversas formas de *ação social* se dividem em *ação lógica* e *ação não lógica*. A primeira seria resultado de uma racionalização, existindo, para o ator, uma vinculação lógica entre meios e fins. A segunda seria uma ação que, objetiva e subjetivamente, não apresenta uma ligação lógica para o ator e deriva, principalmente, de um certo estado psíquico como os sentimentos ou pensamentos subconscientes. As duas principais obras em que Pareto desenvolve essa *teoria das ações* são o *Manual de economia política* (1906) e o *Tratado de economia geral* (1916).

na *organização informal*, ou seja, na lógica dos sentimentos dos trabalhadores, pois, caso contrário, estes reagiriam negativamente, sem engajamento, a toda e qualquer política nova que não compreendessem.

O Human Relations se tornou uma referência não apenas nos debates da sociologia industrial ou do trabalho, mas também nos domínios da economia, da administração e da psicologia do trabalho. Seu objetivo pragmático era produzir uma melhor formação e qualificação dos quadros gestores das empresas, para que levassem em consideração que as relações humanas eram tão ou mais importantes que as questões relativas à técnica e à racionalidade administrativa. Isso originou a defesa de uma maior participação dos operários nas decisões da fábrica e a adoção de políticas de moralização e motivação[72]. A grande debilidade dessa escola estava em sua incapacidade de compreender que os trabalhadores tinham uma vida externa à fábrica e, sobretudo, compunham uma classe social. Sua explicação organicista não podia dar conta das complexidades que envolvem a formação de uma classe social e sua consciência.

*Crítica à sociologia industrial estadunidense e o surgimento da sociologia do trabalho*

A escola de Human Relations e a sociologia industrial estadunidense responderam a uma demanda crucial que surgiu da própria relação industrial do sistema taylorista-fordista: a necessidade de compreender o que Friedmann chamou de *fator humano* da atividade produtiva e de nele intervir. Do ponto de vista do capital, os estudos sobre o trabalho tinham como objetivo central o aumento da rentabilidade. Na perspectiva do trabalhador e de seus sindicatos, fortalecidos por um maior poder de barganha na era da linha de montagem, o fundamental era compreender as consequências desse novo tipo de gestão da produção sobre as formas de ser do operário para formular suas demandas trabalhistas e sociais. Dessa complexificação das relações entre trabalho e capital se desdobrou, no plano da ciência, uma diversificação das áreas e dos domínios de estudo. A Human Relations rompeu com uma visão individualista e estritamente liberal sobre a adaptação do operário ao ambiente de trabalho, na qual os sucessos e os fracassos eram atribuídos às características pessoais (coragem, "mente forte", facilidade de comunicação etc.). No entanto, como foi apontado, sua explicação estrutural-funcionalista a manteve no escopo da lógica do taylorismo-fordismo. Seu alvo eram, prioritariamente, os *managers* e não os trabalhadores, ainda que estes fossem seu objeto de investigação[73].

---

[72] Pode-se fazer um comparativo entre os princípios dessa escola e o stakhanovismo desenvolvido na URSS. Sobre isso, ver Marcílio R. Lucas, "De Taylor a Stakhanov", cit. e Rafael Afonso da Silva, "Dilemas da transição: um estudo crítico da obra de Lenin de 1917-1923" (dissertação de mestrado, Campinas, Universidade Estadual de Campinas, 2007).

[73] Outra maneira de formular essa afirmação, recorrendo ao quadro teórico do Human Relations, é que seus autores acabaram se concentrando em investigar a *organização formal*, ou seja, a

Foi a partir das críticas à sociologia industrial estadunidense que surgiu a sociologia do trabalho francesa, principalmente pelas elaborações de Friedmann[74], Touraine[75] e Naville[76], quando ainda eram membros do Centre d'Études Sociologiques. Suas críticas ocorreram após um longo período de aproximação e de relações entre a intelectualidade francesa e a estadunidense durante a Segunda Guerra Mundial e a reconstrução da França, como se apontou no capítulo anterior. Todavia, esse processo não se tratou de um distanciamento no âmbito puramente teórico. As pesquisas empíricas dirigidas por esses autores ao longo dos anos 1940 e 1950 os fizeram confrontar o modelo teórico da sociologia industrial com a realidade objetiva e subjetiva do mundo industrial francês. Por causa disso, era difícil para os franceses explicar as relações industriais de seu país por meio do escopo teórico da escola de Mayo. A síntese desse confronto se resolveu com a fundação de um novo domínio de investigação das ciências humanas e sociais, mais bem articulado analítica e conceitualmente para compreender a realidade contemporânea: a *sociologia do trabalho*.

Friedmann aponta que o ato de considerar a fábrica como estrutura social fechada levava os teóricos do Human Relations a buscar as causalidades dos "desequilíbrios" verificados no interior das empresas em determinantes unitárias e centrípetas e a descartar toda forma de determinação originada por forças diferenciadoras e centrífugas. Se é correto destacar que os operários são membros de diversos coletivos no interior da fábrica e que isso tem um peso significativo nas relações interpessoais, não se pode esquecer que esses mesmos operários também pertenciam a coletivos externos muito mais vastos, tais como os sindicatos, os grupos e partidos políticos, as comunidades religiosas, a classe social, a nação. Portanto, as relações interpessoais eram tomadas pela escola inspirada nos trabalhos de Mayo de forma independente das estruturas da sociedade.

---

aplicação das políticas empresariais, e praticamente não abordaram os *subalternos*, nem aqueles que estavam acima dos gerentes. A análise desse aspecto da empresa, a *organização formal*, deu origem à *sociologia das organizações*. Muitos de seus autores produziram uma aproximação da teoria de Mayo com as teses de Max Weber sobre a racionalização e a burocratização da sociedade capitalista. Na França, o mais importante autor dessa área de estudos foi Michel Crozier. No Brasil, pode-se citar a tese de livre-docência de Fernando Henrique Cardoso, *Empresário industrial e desenvolvimento econômico no Brasil*, publicada em 1963.

[74] Georges Friedmann, *Problèmes humains du machinisme industriel*, cit.; idem, *Où va le travail humain?*, cit.; idem, *Le Travail en miettes: spécialisation et loisirs* (Bruxelas, Éd. de l'Université de Bruxelles, 1956, coleção UB Lire, v. 23).

[75] Alain Touraine, "Ambiguïtés de la sociologie industrielle américaine", *Cahiers Internationaux de Sociologie*, t. 12, 1952; idem, *L'Évolution du travail ouvrier aux usines* (Paris, Centre National de la Recherche Scientifique, 1955); idem e Orietta Ragazzi, *Ouvriers d'origine agricole* (Paris, Seuil, 1961).

[76] Pierre Naville, *L'Automation et le travail humain: rapport d'enquête, France, 1957-1959* (Paris, Centre National de la Recherche Scientifique, 1961); idem, *Vers l'automatisme social?: problèmes du travail et de l'automation* (Paris, Gallimard, 1963, coleção Problèmes et Documents).

Alain Touraine, em seu célebre artigo "Ambiguïtés de la sociologie industrielle américaine", de 1952, considerado um ponto de inflexão na relação entre a escola francesa e a estadunidense, compreende que aquela visão refletia o próprio desenvolvimento das relações entre capital e trabalho, e também a tradição do movimento operário estadunidense. Apontado, geralmente em termos de sua atuação, como um movimento sindical de pressão e reformista, tinha como prática isolar os problemas internos da empresa e renunciar a uma ação transformadora da sociedade. A mais marcante de suas características era o papel passivo dos operários na valorização de seu trabalho. "Não é o operário, o movimento operário, independentemente de qual ele seja, quem define as condições dessa valorização, mas os psicotécnicos ou sociotécnicos que consideram o meio social da fábrica como um terreno de experiências e aceitam intervir nos quadros impostos pela empresa."[77] Nesse sentido, o Human Relations se propunha a substituir as ações espontâneas dos trabalhadores por uma sociologia intervencionista ou, na expressão de Roethlisberger, por "médicos da sociedade"[78]. Como bem destacou Braverman, essa escola criou não uma ciência social, mas tão somente um ramo da ciência gerencial[79].

Por todos esses motivos, os franceses propuseram um novo domínio das ciências sociais, estruturado em estudos interdisciplinares sobre o mundo do trabalho, reforçando um diálogo com a psicologia social, a economia, a demografia, a etnologia e a história do movimento operário. Nesse sentido, entendiam que a *sociologia do trabalho* não teria uma fronteira rigorosamente delimitada, já que o *trabalho* seria uma das questões centrais para compreender o conjunto da sociedade. Diferentemente da sociologia industrial, a proposta da sociologia do trabalho francesa buscava explicações que englobassem a totalidade e a historicidade. Portanto, ela deveria ser "considerada, em sua dimensão mais vasta, como o estudo, em seus diversos aspectos, de todas as coletividades humanas que se constituem por ocasião do trabalho"[80]. Isso permitiu a produção de uma heterogeneidade de pesquisas e interpretações sobre o mundo do trabalho ao longo das décadas de 1950 e 1960, a partir de um amplo leque de temas, tais como as atitudes operárias e a consciência operária, a mobilidade social e profissional dos trabalhadores, os impactos sociais das transformações tecnológicas, as formas de organização das empresas, o sindicalismo, entre muitos outros. Os marcos finais da institucionalização desse novo domínio foram as publicações do primeiro volume da famosa revista *Sociologie du Travail*, em 1959, e os dois volumes do *Tratado de Sociologia do Trabalho*, organizados por Friedmann e Naville, em 1961 e 1962.

---

[77] Alain Touraine, "Ambiguïtés de la sociologie industrielle américaine", cit., p. 165.
[78] Fritz Jules Roethlisberger, *Management and Morale* (Cambridge, Harvard University Press, 1941).
[79] Harry Braverman, *Trabalho e capital monopolista*, cit.
[80] Georges Friedmann e Pierre Naville, *Traité de sociologie du travail*, t. 1 (Paris, Armand Colin, 1961), 2 v., p. 89.

# 5
# Rumo à automação? Fascínios e críticas ao taylorismo-fordismo

> *A automação colocou para a humanidade industrial, no Leste e no Oeste, questões tão formidáveis quanto a primeira revolução da máquina do século XIX. Ela é uma aventura técnica, mas também uma aventura social [...] Vai colorir mais e mais as mentalidades, os costumes, as ideias e os sentimentos. Provoca a tentação de uma automação social generalizada, tão temível quanto são extraordinárias as esperanças de liberdade que abre.*[1]

Seria crível afirmar que a técnica é neutra? Parece óbvio que não. Numa sociedade em que impera a exploração do trabalho por meio da expropriação do mais-valor, é evidente que o maquinário criado está, em última instância, a serviço da acumulação do capital. Mas, se a técnica não é neutra, estaria o aparato técnico, desenvolvido na sociedade capitalista, em disputa? E mais: poderia esse aparato ser revertido a favor da emancipação humana? Pode-se achar que essas são questões ingênuas, pois as respostas parecem simples. Olhando o desenvolvimento do capitalismo e do mundo do trabalho nos últimos quarenta anos, fica claro que a *automação*, a *informática*, a *robotização*, a *digitalização* e outras formas modernas de desenvolvimento do maquinário e da produção serviram para aumentar a intensidade do trabalho. Em vez de uma "nova era industrial", em que as jornadas de trabalho seriam reduzidas e o ser humano dedicaria mais tempo ao lazer e a seu próprio engrandecimento pessoal e intelectual, tornando-se um ser completo e autônomo, o que temos é uma assustadora precarização das relações de trabalho e da vida. Todavia, se as questões que se colocam acima podem soar banais hoje, não era assim que elas pareciam para os intelectuais que se dedicaram a pensar o mundo do trabalho ao longo dos "Trinta Gloriosos".

---

[1] Pierre Naville, *Vers l'automatisme social?: problèmes du travail et de l'automation* (Paris, Gallimard, coleção Problèmes et Documents, 1963).

## As transformações técnicas, organizacionais e das categorias profissionais dos "Trinta Gloriosos"

Como buscaremos demonstrar, a sociologia do trabalho surgiu da aproximação e da crítica de sociólogos franceses à sociologia industrial estadunidense, sobretudo ao grupo que gravitava em torno dos trabalhos de Elton Mayo e da experiência de Hawthorne. Esse processo de aproximação e distanciamento deve levar em consideração as enormes diferenças socioeconômicas entre os dois países. A implementação e a extensão do padrão taylorista-fordista na França, por exemplo, apresentaram particularidades importantes se comparadas ao que existia na América do Norte. Mais que diferenças técnicas, elas eram principalmente sociais e políticas. No que se refere à tradição do movimento operário, se nos Estados Unidos havia o que Touraine chamou de um sindicalismo de pressão e reformista, na França era marcante a presença de um sindicalismo de orientação combativa e revolucionária, questionador da ordem social. Por isso, não havia espaço para o surgimento de um grupo de acadêmicos que tomasse a iniciativa de substituir o papel dos sindicatos, "encampando" as reivindicações e necessidades mais imediatas da classe operária nos locais de trabalho, como foi a escola de Mayo nos Estados Unidos. As "distorções" da organização laboral na França eram resolvidas, em sua grande parte, por meio dos mecanismos da conflitividade social.

Nesse sentido, as primeiras investigações empíricas sob a ótica da sociologia industrial realizadas na França, ao longo da segunda metade dos anos 1940, sob direção de Friedmann no CES, confrontou-se com uma realidade objetiva e subjetiva bastante característica da sociedade francesa e, em particular, de uma Europa recém-saída de uma guerra mundial. Eles deixaram o plano teórico para ingressar em uma confrontação com a realidade objetiva, o que os levou a novas reflexões e conclusões, lançando a base para a fundação da sociologia do trabalho. Porém, ao mesmo tempo, tendo em mente esse período, ainda que se possa encontrar muitas inovações analíticas e explicativas, o rompimento com a sociologia industrial estadunidense só ocorreria em definitivo nos anos 1960.

As pesquisas do CES sobre o mundo industrial começaram em 1948 e buscaram se fundamentar em dados reais. Tinham como principal objetivo analisar e compreender "as repercussões das transformações técnicas sobre a natureza das categorias e funções profissionais em algumas indústrias francesas"[2]:

> Nossos estudos se dedicaram precisamente a observar a evolução dos *métiers* nas mais modernas formas de produção e a identificar as tendências para o futuro imediato a que nossos estudos são, desde a Libertação, especialmente ligados: primeiro, seguindo da melhor forma as pesquisas realizadas no estrangeiro, em particular nos Estados

---

[2] Alain Touraine, *L'Évolution du travail ouvrier aux usines Renault* (Paris, Centre National de la Recherche Scientifique, 1955), p. 9.

Unidos, Canadá, Inglaterra e Suíça, por psicotécnicos e sociólogos da indústria; depois, suscitando, com a ajuda de equipes de jovens pesquisadores, trabalhos desse gênero em nosso país. [...] Uma investigação consagrada às relações entre as transformações técnicas da produção, de uma parte, e, de outra, à natureza e à repartição das categorias profissionais está atualmente em curso, sob a direção do Centre d'Études Sociologiques, em algumas indústrias francesas: grande metalurgia (laminação), construção mecânica (automobilística), têxtil, confecção, relógios.[3]

O projeto tinha de início um segundo e mais ambicioso objetivo: observar, ao longo das investigações empíricas, as formas de tomada de "consciência profissional" de cada setor estudado. Era evidente que nos anos pós-guerra, período de reconstrução da economia nacional, o proletariado fabril e suas organizações políticas possuíam poder de barganha e influência social ascendentes. Como afirmou Friedmann, "[fica] claro que o objeto dessa investigação, partindo de fatores tecnológicos e profissionais, envolve seus elementos fundamentais, os problemas culturais e da vida operária de nosso tempo"[4]. Essa era uma demarcação teórica fundamental com a sociologia estrutural-funcionalista estadunidense, que não considerava os elementos externos à fábrica e ao movimento sindical como fatores fundamentais para se compreender a dinâmica interna da organização do trabalho nas empresas. Entretanto, esse segundo objetivo não pôde ser efetivado, segundo Touraine, pelo perigo de formularem conclusões genéricas demais acerca das "atitudes no trabalho" e da "consciência operária", utilizando como meio somente a investigação dos aspectos profissionais. Entretanto, isso não os impediu de emitirem opiniões, ainda que abstratas, sobre a questão da consciência dos trabalhadores. Por isso, as investigações dos anos 1940 se limitaram a analisar "a transformação na quantidade e na natureza da qualidade profissional e, por consequência, o lugar do trabalho operário na empresa"[5]. Tratava-se, portanto, dos impactos dessa situação sobre os trabalhadores e não das atitudes desses trabalhadores frente a essa situação.

## A evolução do trabalho nas fábricas Renault

Dentre as pesquisas empreendidas sob a direção de Friedmann, a mais importante, pelas conclusões de seu autor e pelo papel de destaque que assumiu o setor automobilístico na economia industrial do pós-guerra, foi realizada por Alain Touraine nas fábricas Renault. Na França, durante os anos 1940, a quase totalidade da produção de carros era assegurada por seis fabricantes, mas a das fábricas Renault era, de longe, a maior. Além desse fator, as empresas do grupo apresentavam uma estrutura extremamente verticalizada e diversificada (fabricavam carros, papel-cartão,

---

[3] Georges Friedmann, *Où va le travail humain?* (Paris, Gallimard, 1963 [1950]).
[4] Idem, citado em Alain Touraine, *L'Évolution du travail ouvrier aux usines Renault*, cit., p. 9.
[5] Alain Touraine, *L'Évolution du travail ouvrier aux usines Renault*, cit.

material de amianto etc.) e lançavam mão de uma combinação de métodos arcaicos e modernos de produção. As investigações foram realizadas essencialmente de 1948 a 1949 e complementadas por novas pesquisas empíricas em 1951, 1952 e 1954. Com elas, Touraine obteve o diploma de Estudos Superiores em História (hoje equivalente ao mestrado) em 1949 e, posteriormente, produziu o livro *L'Évolution du travail ouvrier aux usines Renault*, publicado em 1955[6].

O autor analisou as relações industriais sob a ótica da observação histórica, buscando alargar a abordagem feita até então pela sociologia industrial estadunidense em estudos similares. Com isso, encontrou, no complexo de fábricas da Renault, o que considerou como a manifestação das *sucessivas etapas da evolução técnica da indústria francesa desde a Primeira Guerra Mundial*. "A evolução da indústria automobilística não demonstra a decomposição de um sistema de trabalho, ela conduz de um tipo de máquina para outra, de um sistema de trabalho e de um tipo de relação entre o homem e a máquina para outros."[7] Mas, se o foco da investigação era a relação entre a máquina e o homem e a evolução da técnica e das categorias profissionais, a explicação se pautou em elementos históricos e macrossociais. Na compreensão de Touraine, a técnica é um desdobramento do modelo econômico adotado, e não seu contrário. "A técnica não é, com efeito, o primeiro motor da evolução social. Se as descobertas técnicas produzem transformações econômicas, elas se explicam, por sua vez, pelas condições do mercado, dos produtos e da mão de obra, pelas exigências de uma situação econômica."[8] Isso significa que foi a necessidade de um crescimento econômico acelerado, pautado no desenvolvimento industrial, no período do pós-guerra na França, que conduziu à adoção de novas técnicas e de um novo maquinário, tendo, com isso, um desdobramento nos aspectos profissionais[9]. Após a Segunda Guerra Mundial, a indústria automobilística passou a fabricar um veículo popular e mais barato, que exigiu uma produção em série. Essa política levou à criação de um maquinário completamente novo e alterou os métodos de administração tradicionais. Portanto, a técnica responderia às condições econômicas novas e os aspectos profissionais do trabalho estariam submetidos aos aspectos sociais.

Ao investigar a Régie Nationale des Usines Renault[10] em 1949, Touraine encontrou em suas oficinas dois departamentos completamente diferentes quanto à

---

[6] A primeira edição contém 202 páginas, com anexos, sumário, índice de tabelas e fotos e está dividida em duas partes: "A evolução técnica" e "A evolução profissional". O prefácio é de Georges Friedmann.

[7] Alain Touraine, *L'Évolution du travail ouvrier aux usines Renault*, cit., p. 5.

[8] Ibidem, p. 10.

[9] Na mesma passagem, Touraine afirma que "verificamos, a propósito da indústria automotiva, a ação de condições econômicas na organização técnica e profissional"; idem. Nesse mesmo ramo industrial, a produção do final da década de 1940 ultrapassou as cifras de 1938 bem antes que os efetivos de operários fossem igualados.

[10] A *régie* é uma forma de gestão de serviços públicos. Ela pode ocorrer ou como administração direta, gerida por agentes públicos ou pessoal, selecionada por algum órgão do Estado, ou, ainda,

técnica e à organização do trabalho. O primeiro, denominado *usinagem de peças motores*, fabricava peças para diversos motores e tinha máquinas ultrapassadas, oficinas com chaminés e estoques abarrotados. O segundo, *usinagem e montagem do 4CV*, era um galpão consagrado somente à fabricação do modelo do carro 4CV, com máquinas modernas e um estoque reduzido[11]. Esses dois departamentos representavam, na análise de Touraine, a diferença entre a velha fábrica do pré-guerras e aquela que viria a dominar o cenário fabril francês[12]. Nessa fase de transição pela qual passava a economia industrial, era possível verificar a "degradação massiva do trabalho" e o surgimento de um *operário especializado* em todos os locais em que se instalava a produção em série[13].

Para explicar essa passagem de um *sistema de trabalho qualificado* para um de *trabalho especializado* ou de um *sistema profissional* para um *sistema técnico* de trabalho, Touraine constrói um quadro descritivo conforme as situações encontradas nas oficinas da Renault, dividindo o desenvolvimento da indústria, na primeira metade do século XX, em três fases distintas. A primeira, chamada de *Fase A*, seria o antigo sistema e se caracterizou pelo *trabalho qualificado* e pelas máquinas universais e "flexíveis". Em seguida, a *Fase B*, correspondente ao período de transição, caracterizou-se pelo desenvolvimento do *maquinismo* e pelo *trabalho especializado*

---

indiretamente por meio de um corpo de funcionários escolhido no setor privado. Durante a ocupação nazista na França, as fábricas Renault sofreram intervenção das autoridades alemãs. Com o fim da guerra, Louis Renault foi preso e acusado de colaboração, mas morreu antes de seu julgamento. Em 16 de janeiro de 1945, o Conselho Nacional da Resistência ordenou a estatização da empresa, criando a Régie Nationale des Usines Renault (RNUR). Nos anos 1990, a fábrica passou por um processo de privatização.

[11] Em 1947, foi apresentado no Salão do Automóvel o 4CV, o primeiro carro da Renault a superar a marca de 1 milhão de exemplares produzidos. Esse carro popular, que chegou a ser exportado para os Estados Unidos e a ser fabricado no Japão, foi um dos símbolos, junto com o 2CV da Citroën, do renascimento da indústria automobilística francesa nos anos 1950. Ele representou a massificação e a popularização do carro, num contexto de progressão da renda e de fácil acesso ao crédito.

[12] Antes da Segunda Guerra Mundial, devido ao protecionismo e à concorrência do mercado interno, a indústria automobilística francesa (mas, também, a indústria em seu conjunto) era regida pela lógica da produção de uma variedade de modelos de carros, de modo que a cada ano surgia algo para ser exibrió no Salão do Automóvel. Não existia, por suposto, um carro popular. O investimento numa produção em massa, de um único modelo, continuava a ser arriscado e caro, já que a parte do salário sobre o produto final era ainda muito grande; Alain Touraine, *L'Évolution du travail ouvrier aux usines Renault*, cit.

[13] Os dados estatísticos da época demonstravam que, nos locais onde se empregava o trabalho parcelar e a máquina especializada, a maioria dos empregados era de não qualificados (especializados) e a minoria de qualificados (profissionais). No caso das fábricas Renault, no departamento de ferramentaria, onde se exigia um trabalho mais "artesanal", 38,2% dos trabalhadores eram não qualificados e 61,8% qualificados. Já na linha de montagem do departamento de usinagem, onde eram utilizadas máquinas mais modernas, 82,6% eram não qualificados e somente 17,4% qualificados; Alain Touraine e Étienne Verley, "Enquête française de sociologie industrielle", *Cahiers Internationaux de Sociologie*, v. 7, 1949, p. 109-21.

ou *não qualificado* de alimentação das máquinas. Por último, a *Fase C* foi a do *automatismo*, das máquinas especializadas complexas e da eliminação do trabalho diretamente "produtivo" (manual)[14]. A transformação fundamental do trabalho desde a Primeira Guerra Mundial consistiu no desenvolvimento da *organização do trabalho*, ou seja, na implementação de uma produção organizada sob os princípios do taylorismo-fordismo. Essa é a típica indústria que Touraine caracterizou como pertencente à Fase B. A passagem dessa fase para a Fase C teria produzido uma grande reviravolta na história do trabalho, pois nesta última se criou um novo tipo de operário, de relações de trabalho e de relação entre produção e sociedade.

Na Fase A, o operário possuía uma autonomia profissional, pois intervinha direta e fisicamente em seu trabalho. Era um trabalhador polivalente e suas operações dependiam de sua criatividade e iniciativa. Sua qualidade enquanto profissional era determinada por suas habilidades, tais como a rapidez de seus reflexos e suas sensibilidades visual, auditiva e tátil. Essas habilidades eram adquiridas por sua experiência no trabalho. As máquinas são *universais*, exigindo um operário qualificado e habilidoso para a realização de múltiplas operações e para a fabricação de diferentes peças. Na fábrica da Fase A, o operário pode ascender na profissão, assumindo postos mais elevados na hierarquia interna da empresa. Por isso, os "chefes de equipe" são, frequentemente, o melhor operário, um "líder natural"[15].

A Fase B, caracterizada como transição entre a Fase A e a Fase C, foi marcada pelas *máquinas especializadas simples*, pela produção em série e pela linha de montagem. A especialização das máquinas retirou o *profissional* do processo de trabalho, substituindo o *operário qualificado* pelo *operário especializado* (parcelar). Nessa fase, eles não precisavam mais de competências e de iniciativas e não encontravam, no interior das fábricas, políticas de valorização ou de ascensão profissional similares às da fase anterior. Para Touraine, a destruição dos *profissionais* foi motivada por questões políticas e sociais – e não simplesmente técnicas –, como a desorganização da aprendizagem e o desejo dos capitalistas de limitar o número de *operários*

---

[14] Na literatura francesa sobre o trabalho, em meados do século XX, fez-se a distinção entre o termo *ouvrier professionnel* (operário qualificado) e *ouvrier spécialisé*. O primeiro se refere aos trabalhadores ultraqualificados, enquanto o segundo designa os trabalhadores sem qualificação profissional, que efetuam, geralmente numa linha de produção, um número pequeno de tarefas limitadas.

[15] Seguindo o esquema sugerido pela escola de Mayo, Touraine afirma que há, na fábrica da *Fase A*, uma correspondência entre a *organização espontânea do grupo* (*informal*) e a *organização oficial* (*formal*), pois o que desempenha a *leadership* é um operário altamente qualificado, em geral o mais antigo e respeitado entre os operários. Este acaba, à primeira vista, trazendo uma vantagem para a empresa, pois sua flexibilidade permite que cumpra tanto a função de mando quanto a de execução de tarefas manuais, quando isso é exigido. Entretanto, sua condição de "chefe" selecionado no meio operário cria, ao mesmo tempo, um grande problema para a dominação do capital no interior da fábrica. A história mostrou que muitas vezes esses "supervisores" eram também líderes de um sindicalismo corporativo. Na França, antes de 1914, o sindicalismo repousava exclusivamente sobre esses operários profissionais.

*qualificados*, vistos por eles como muito exigentes e independentes. Era necessário privar os operários da possessão do *métier*, que garantia ao *profissional* sua autonomia e um certo controle sobre o processo de trabalho[16].

Segundo Touraine, historicamente, a Fase C, marcada pelas *máquinas especializadas complexas* ou pelas *máquinas automáticas,* buscou superar os problemas da Fase B. Em vez de uma fabricação descontínua, repartida entre diversas máquinas, agora uma única realiza em contínuo as diferentes operações necessárias à fabricação de uma peça ou de um produto. Nessa nova fase, o operário se torna, portanto, um controlador das máquinas ou um supervisor de um sistema (elétrico, petrolífero etc.) e suas tarefas não se definem mais por uma determinada relação entre ele e a máquina, mas por um papel que ele adquire no conjunto da produção. "Nesse estágio, a qualidade do operário não é mais definida com base nas condições técnicas do trabalho, mas sim tendo em vista suas condições sociais."[17] Na Fase C, é necessário um clima de colaboração para a eficácia do processo de produção. O empregador busca o *espírito de controle*, o *sentido de responsabilidade*, mais que uma *habilidade* ou um *saber-fazer*. Seus talentos manuais são menos importantes que sua capacidade de executar com *seriedade, inteligência* e *precisão* uma tarefa. Com efeito, a qualificação dos operários é constituída de "competências técnicas e inseparavelmente de qualidades sociais, ou seja, de sua atitude ao ocupar um lugar determinado numa organização ao mesmo tempo técnica e social"[18]. Busca-se integrar o operário e dar sentido a sua adesão por meio de políticas que lhe permitam oferecer sugestões, facilitem sua promoção e incentivem sua participação na gestão da empresa.

Na compreensão de Friedmann, a dialética interna da divisão do trabalho encarregou-se de levar o *maquinismo* em direção à *automação*[19]. Nesse sentido, não seria possível a existência do automatismo sem antes haver o parcelamento das funções no trabalho do taylorismo-fordismo. Uma vez ocorrido esse parcelamento, estariam dadas as condições materiais – o desaparecimento do trabalho qualificado, a dissociação radical entre o trabalho de execução e as funções de organização, o aumento da desqualificação – que permitiriam essa inovação nos meios de produção[20]. Além disso, a grande indústria "tende a reconstruir, sob

---

[16] Fazendo-se novamente uma analogia com a teoria da Human Relations, na Fase B havia um divórcio entre a *organização formal* e *informal*. Por isso, nesse tipo de fábrica, o conflito foi uma de suas características permanentes.

[17] Alain Touraine, *L'Évolution du travail ouvrier aux usines Renault*, cit., p. 177.

[18] Ibidem, p. 54.

[19] Georges Friedmann, *Problèmes humains du machinisme industriel* (Paris, Gallimard, 1946, coleção Machine et Humanisme, v. 2).

[20] "É o progresso mesmo da divisão do trabalho que torna possível e vantajoso o reagrupamento das operações antes confiadas aos operários especializados [...] a tarefa do operário depois das novas máquinas torna-se essencialmente a de controlar seu bom funcionamento"; Alain Touraine e Étienne Verley, "Enquête française de sociologie industrielle", cit., p. 118.

a máquina automatizada polivalente, uma nova forma de unidade do trabalho, sobre um novo plano"[21], pois ela concentraria uma parte dos homens em trabalhos de ajustes e regulação das máquinas, criando um "novo ofício" que Friedmann chamou de "novo artesão". O operário passaria a supervisionar e controlar o novo maquinário da futura fase do automatismo.

> Assim, o automatismo, levado ao extremo e exprimindo todas as suas virtudes, pode conduzir ao caminho da humanização da grande indústria. Não somente ele suscita novas funções qualificadas, integrando uma nova concepção de trabalho, pela criação e pelo ajuste dessa ferramenta delicada e precisa, como o operário encarregado da simples tarefa de supervisão de um grupo de máquinas poderia se beneficiar de uma suficiente cultura geral e técnica, reencontrar uma qualidade intelectual nitidamente superior a essa que é hoje imposta à mão de obra especializada da fase (semiautomatismo, trabalho na linha de montagem) que precede e prepara o automatismo.[22]

A substituição do *operário qualificado* – cuja destreza, saber empírico e experiência ofereciam vantagens e utilidades para o processo de trabalho – por um *operário especializado* (não qualificado), num amplo processo de fragmentação das operações, teria tido um efeito sobre a consciência operária. O típico operário do século XIX, segundo Touraine, se constituía como uma classe social que colocava uma nítida barreira social entre sua cultura e o resto da sociedade e, portanto, o antagonismo de classe era muito mais evidente[23]. Com o desenvolvimento do *maquinismo*, ao longo da primeira metade do século XX, as "barreiras" que evidenciavam as diferenças entre as classes tendem a ficar ofuscadas com o desenvolvimento do consumo de massa e a cultura de massa difundida pelos grandes meios de comunicação (jornal impresso, cinema, rádio, televisão). Com isso, no interior da fábrica, a alienação tende a avançar, com o operário perdendo a dimensão da totalidade do processo de trabalho. Por esse motivo, na Fase C, as questões sociais, mais que as profissionais, ganham relevância para a definição da força de trabalho.

Entretanto, concomitantemente à fragmentação e ao parcelamento do trabalho, surgia um novo operário, que Friedmann denominou de "novo artesão".

## O debate sobre automação na sociologia do trabalho francesa

No conjunto da obra de Friedmann, encontra-se uma análise crítica das "ideologias burguesas" do progresso, principalmente daquelas surgidas durante o período que ele denomina de "segunda revolução industrial", ou seja, de constituição do

---

[21] Georges Friedmann, *Problèmes humains du machinisme industriel*, cit., p. 171.
[22] Ibidem, p. 182.
[23] Alain Touraine, *L'Évolution du travail ouvrier aux usines Renault*, cit.

capitalismo monopolista[24]. Nos primeiros anos do século XX, a visão de progresso ainda conservava vínculos com as concepções positivistas e evolucionistas, dando-lhe uma perspectiva positiva. Nos séculos anteriores, a burguesia tinha construído uma noção de progresso vinculada à razão, à democracia, à justiça, ao bem-estar, e expressava uma confiança na inteligência, na ciência e no homem[25]. Marx assinalou, em seus escritos sobre a Revolução de 1848, a mudança de localização da burguesia frente à transformação da sociedade. De revolucionária nos tempos em que almejava a tomada do poder, ela passa a uma postura conservadora e, até mesmo, reacionária no momento em que o capitalismo se encontrou plenamente constituído na Europa e, consequentemente, quando uma nova classe social passou a ameaçar seu poder. Antes crítica das relações feudais e aristocráticas, ela assume uma postura apologética ao capital.

Entretanto, a passagem do capitalismo de livre-mercado para o monopolista colocou essa visão apologética num patamar qualitativamente novo. Do terreno da filosofia ela passa para a "ciência" instrumental, representada, sobretudo, pelos engenheiros e técnicos industriais. Assim, a noção de progresso passa a ser diretamente associada à técnica. Cria-se uma "ciência" cínica, que negligencia e omite todas as repercussões das novas técnicas sobre a "ordem moral e social". A consolidação das duas novas doutrinas, o taylorismo e o fordismo, representou o triunfo da exaltação da técnica. "É o mito do produtivismo, o mito do racionalismo que voa e ilumina, durante anos, as perspectivas do capitalismo ocidental."[26]

O esplendor que essa nova ideologia do capital disseminava em relação à evolução técnica, da organização racional do trabalho e da produção industrial, passou a ser fortemente questionado depois do estouro da crise econômica de 1929, ganhando relevância uma reação ideológica a essa visão positiva do progresso:

> Na filosofia, na literatura, na economia, na ciência, na técnica, eles adquirem uma importância que não se havia jamais observado antes. Eu o repito, não se trata de situar,

---

[24] Friedmann, como muitos outros autores do período entreguerras, foi acometido pelas questões que suscitavam os impactos do desenvolvimento técnico e industrial sobre a civilização humana. Seu ambicioso projeto partia de um estudo teórico sobre as "crises das ideologias do progresso na consciência ocidental desde o final do século XIX até próximo à Segunda Guerra Mundial. Partia do período entusiasta de confiança na aplicação das ciências e da indústria ao bem-estar dos indivíduos e das sociedades, aproximava Taylor e Ford dos grandes doutrinários do progresso técnico no início da segunda revolução industrial, expunha o clímax da crise entre as duas guerras mundiais e a nova esperança suscitada pela imensa experiência soviética. Situava-se, portanto, antes de tudo, no plano da história das ideias, e sondava as repercussões intelectuais e morais (variadas segundo as estruturas e os meios sociais) da aventura mecânica em que a humanidade se lançou e na qual corre o risco de afundar"; Georges Friedmann, *Problèmes humains du machinisme industriel*, cit., p. 11-12.

[25] Idem, *La Crise du progrès, esquisse d'histoire des idées – 1895-1935* (6. ed., Paris, Gallimard, 1936); idem, "La Crise du progrès et l'humanisme nouveau", *Union pour la Vérité*, ano 44, v. 3 e 4, 1936.

[26] Idem.

nessa época, o nascimento de certas correntes como o intuitivismo, o irracionalismo, as críticas espiritualistas da civilização industrial, a rejeição irônica dos "dogmas" do século XIX, democrático e humanitário, a denúncia pelos jornalistas dos delitos do maquinismo, a tentativa de explorar contra o valor da ciência a evolução contemporânea das teorias psíquicas; é somente questão de constatar um conjunto de fatos que são paralelos, na ordem intelectual, numa importante transformação das condições e das perspectivas da economia e da técnica. Eu queria salientar, nesse período, convergências no mínimo surpreendentes e que os historiadores terão de investigar em mais detalhe: *a confiança no progresso técnico, social, político e moral, no valor da razão e das ciências humanas parece profundamente abalado*.[27]

Desse processo, surgiram inúmeras novas doutrinas críticas da ideologia disseminada pelo taylorismo-fordismo, mas poucas questionavam a ordem do capital. Esse foi o caso da Human Relations de Elton Mayo que, ao colocar uma atenção maior nos fatores humanos nas relações industriais e ao afirmar que os rendimentos dependiam de elementos subjetivos das relações constituídas no interior da fábrica, chocou-se diretamente com a doutrina do taylorismo-fordismo, mas, por outro lado, manteve-se presa à sua lógica ao apresentar como solução uma melhor preparação dos *managers*.

## O "novo humanismo" e o lazer ativo

Friedmann esteve entre aqueles que assumiram uma postura crítica ao taylorismo-fordismo e sobretudo ao capitalismo. Sua teoria teve forte influência da obra de Karl Marx e de seus seguidores. Mas seu singular marxismo, marcado por um certo mecanicismo, típico de intelectuais próximos aos partidos comunistas stalinistas ou a eles vinculados[28], pôde conciliar aspectos da crítica marxiana com o empiricismo e as perspectivas de análise da sociologia industrial estadunidense. Sua noção de totalidade e de historicidade, presente em toda a sua obra, distancia-o da escola de Elton Mayo. Porém, suas propostas políticas são extremamente tímidas e presas a uma armadura reformista. E em alguns momentos suas críticas ao capitalismo são moralistas.

Friedmann expressou suas simpatias com a URSS já nos anos 1920, mas nunca ingressou no Partido Comunista Francês, mantendo-se como um "companheiro de viagem" e militando nas colaterais da agremiação. Durante os anos 1930, encabeçou um projeto de estudos sobre a "civilização técnica". Ele considerava a

---

[27] Ibidem, p. 99 (grifos nossos).
[28] "Com o dinheiro de que dispunha (provinha de uma família judia burguesa de Paris), Friedmann fundou em 1929 uma coleção de obras na editora Reider, depois uma editora de revistas, e publicou *La Revue de Psychologie Concrète*, dirigida por G. Politzer, e *La Revue Marxiste*, primeira revista de estudos marxistas na França"; Thierry Pillon, *Georges Friedmann: problèmes humains du machinisme industriel – les débuts de la sociologie du travail* (Paris, Ellipses, 2009, coleção Lire), p. 6.

URSS um "Estado científico", um lugar de inovações a partir do qual o Ocidente poderia repensar sua modernidade e seu progresso. Em 1934, participou da criação do Comitê de Vigilância Intelectual e Antifascista. Assinou um manifesto que convocava para a constituição da Frente Popular e seguiu ativo na promoção cultural pela editora do PCF, aproximando este do mundo universitário. Aprendeu russo e realizou várias viagens para a URSS (1932, 1933 e 1936), com o objetivo de observar ali a organização do trabalho e nutrir uma rede de relações pessoais. Esteve nesse país nos tempos de expurgos e perseguições às oposições, mas não parece ter se manifestado publicamente contrário a elas. Entretanto, diante dos Processos de Moscou, da Guerra Civil Espanhola e do pacto germano-soviético, distanciou-se da URSS e do PCF. Em 1938, publicou *De la Saint Russie à l'URSS*, apontando as tendências autoritárias do regime e do ridículo culto a Stálin.

Na sua interpretação, o marxismo é o principal herdeiro (e continuador) de um "espírito helenista", ou seja, de um projeto de libertação do homem que lhe garanta a conquista da igualdade e da liberdade individual. "A ideia de progresso está no coração do marxismo, renovado pela dialética", afirma Friedmann[29]. Contudo, diferentemente das ideologias burguesas, ao enfatizar a liberdade humana, o marxismo vê o progresso por outro ângulo. Portanto, ele se apresenta, nas palavras do autor, como um *novo humanismo*. Tal humanismo está em sua crença de que o homem pode conduzir a humanidade por meio das suas vontades e pelos seus esforços. Mesmo em situações concretas difíceis, o esforço humano teria provado que pode superar barreiras, como os soviéticos devem ter percebido depois que os bolcheviques tomaram o poder[30]. Nesse sentido, "o marxismo postula a eficiência do esforço humano em condições que ele não escolheu"[31].

Como demonstrado anteriormente, o *maquinismo* teria levado à extensão do meio técnico para o conjunto da civilização industrial, inclusive para a esfera do não trabalho. "Basicamente, pode-se dizer que na vida do homem moderno se tem levado a efeito, conjuntamente, uma mecanização do trabalho e uma mecanização do lazer."[32] Como o trabalho no capitalismo retira do homem sua humanidade, acentuada na época do taylorismo-fordismo pelo trabalho parcelar, Friedmann busca nas atividades do tempo do não trabalho, ou seja, no lazer, uma forma de reconciliação desse homem com seu ser genérico. Essa proposta é um dos temas centrais de seu livro publicado em 1956, *Le Travail en miettes: spécialisation et loisirs*.

Tal perspectiva está marcada pela visão otimista de Friedmann em relação ao desenvolvimento da técnica, que apresentava consideráveis avanços materiais

---

[29] Georges Friedmann, *La Crise du progrès, esquisse d'histoire des idées*, cit, p. 219.
[30] Segundo Friedmann, teriam sido os esforços humanos, particularmente os esforços da classe trabalhadora, que colocaram em progresso a URSS.
[31] Georges Friedmann, *La Crise du progrès, esquisse d'histoire des idées*, cit., p. 220.
[32] Idem, *Où va le travail humain?* (Paris, Gallimard, 1963 [1950]).

no meio industrial em meados dos anos 1950[33]. A mais visível foi a significativa redução da jornada de trabalho em menos de um século, proporcionada pela evolução do maquinário da grande indústria e pelas conquistas sociais do movimento operário. Nos Estados Unidos, por exemplo, a jornada média de trabalho passou de aproximadamente 70 horas semanais, em 1860, para 37 horas um século depois. Na França, essas cifras são, para o mesmo período, respectivamente, de 85 e de 48 horas[34]. Isso ocorreria, "porque a máquina pode liberar o homem: é uma virtude que ela detém; ela pode liberar o homem de todas as tarefas pesadas e dolorosas e não há dúvidas que [...] se desenha uma civilização nova, em que, graças ao constante crescimento da produtividade, cada indivíduo poderá dispor, antes de ascender ao ofício [...] de um tempo consideravelmente maior para sua formação geral e profissional"[35]. Entretanto, o mais importante estaria na evolução em direção ao automatismo. A dialética interna da divisão do trabalho teria criado a fase do trabalho parcelar, que tirou do operário sua autonomia no processo laboral, criando as condições materiais para o surgimento do *novo artesão* (trabalhador polivalente e qualificado que se dedicaria, majoritariamente, ao ofício de construção das máquinas, reparação, manutenção, supervisão). Portanto, "em um regime racional e planificado de produção e de distribuição, ou seja, inevitavelmente um regime que corrigisse os defeitos estruturais da economia capitalista, a parte do homem no processo industrial poderá progressivamente ser reduzida, para cada indivíduo, a algumas horas por dia"[36].

Mas as atividades externas à fábrica que permitiriam ao ser humano reencontrar sua autonomia não seriam, segundo Friedmann, aquelas criadas pelo capital e por seu mundo do entretenimento de massa e da indústria cultural. O lazer, de acordo com o autor, já estava cumprindo a função de "válvula de escape" para o trabalhador insatisfeito com sua atividade que buscava, no mundo do entretenimento, afirmar sua personalidade decomposta pela faina taylorista-fordista. As novas atividades seriam aquelas que Friedmann intitulou de *lazer ativo*, ou seja, "o verdadeiro lazer ativo é também um lazer livremente escolhido, praticado no momento e da maneira desejados pela pessoa que espera obter satisfação e um certo desenvolvimento pessoal"[37].

Friedmann não defendia uma ruptura radical da ordem do capital, mas uma "evolução" e um engajamento das ciências do homem a favor da *valorização* do tra-

---

[33] Mas também a uma massificação do entretenimento e da indústria cultural que ocorreu em todo o mundo, em diferentes níveis de extensão, a partir dos anos 1950.
[34] Georges Friedmann, *Où va le travail humain?*, cit.
[35] Idem, *Pour l'unité de l'enseignement: humanisme du travail et humanités* (Paris, Armand Colin, 1950, coleção Cahiers des Annales, v. 5), p. 3.
[36] Idem, *Où va le travail humain?*, cit., p. 348.
[37] Idem, *Le Travail en miettes: spécialisation et loisirs* (Bruxelas, Éd. de l'Université de Bruxelles, 1956, coleção UB Lire, v. 23), p. 174-5.

balho, que teria três dimensões: *moral, intelectual* e *social*. Para que ela ocorresse, seria necessária uma reforma profunda das instituições, levada adiante por um programa político que tivesse como medidas o controle obrigatório do trabalho nas empresas pela fisiopsicologia; a criação de formas de assegurar uma participação frequente e consciente dos trabalhadores nas medidas de racionalização técnicas, dando-lhes voz quanto a suas promoções; um maior esclarecimento sobre as tarefas parcelares; e, por fim, um regime de rotatividade nas diversas funções dentro de uma empresa[38].

### *Automação: o prelúdio da emancipação?*

Nas décadas de 1950 e 1960, o *automatismo* e a *automação* tornaram-se um dos principais temas da sociologia, da economia e da psicologia dedicadas ao campo do trabalho. Sua "aparição" era apresentada como uma verdadeira revolução nos meios técnicos e na vida cotidiana. Milhares de artigos e livros foram publicados e importantes pesquisas empíricas foram realizadas em diferentes ramos da economia com o objetivo de apontar a abrangência das mudanças do mundo industrial e as consequências sociais da implementação da automação. Ainda assim, pode-se dizer que até meados dos anos 1980 – ou mesmo até os anos 1990 – o automatismo era ainda um fenômeno em definição e objeto de disputas teóricas entre diferentes escolas e autores.

Na França, ele foi tema de discussões teóricas nas obras de Friedmann e Touraine durante os anos de 1940 e 1950. Todavia, ainda era uma potencialidade e, consequentemente, uma abstração teórica, já que em termos concretos era visualizado apenas em algumas poucas sessões fabris com maquinário altamente moderno para a época, mas muito distante do que seria a máquina automatizada que conhecemos hoje. A primeira grande pesquisa empírica francesa específica a respeito foi realizada por Pierre Naville, no Centre d'Études Sociologiques, de novembro de 1956 a dezembro de 1958. O relatório dessa pesquisa, publicado em 1961, continha 741 páginas e foi a fonte empírica para seu mais importante livro sobre o tema, *Vers l'automatisme social?: problèmes du travail et de l'automation* (1963). Friedmann tinha consciência, quando publicou *Le Travail en miettes* (1956), que "o trabalho, nas fábricas e nos escritórios, nas minas e no campo, estava longe de ser automatizado"[39]. Em 1952, a automatização não chegava a empregar 8% da população economicamente ativa da indústria estadunidense.

Ele argumentava que as dificuldades de uma *automação integral* estavam relacionadas mais a questões sociais que técnicas, já que "a introdução generalizada da

---

[38] Idem, *Où va le travail humain?*, cit. É importante olhar de forma crítica para as propostas de Friedmann. O projeto de uma fábrica menos vertical, com maior participação e cooperação dos operários, foi uma reivindicação também levantada nas lutas operárias de maio-junho de 1968. Ela foi adotada e descaracterizada em muitas indústrias do padrão flexível.

[39] Idem, *Le travail en miettes*, cit., p. 22.

automação dependeria de complexos fatores econômicos e sociais que os técnicos puristas negligenciam" e que sua adoção integral equivaleria a uma transformação radical do regime capitalista[40]. Por outro lado, Naville entendia que o simples surgimento da automação a transformava na referência estratégica para a compreensão da sociedade capitalista. Apesar de o setor da metalurgia ter um baixíssimo índice de automação nos anos 1950, ainda assim era ele quem comandava o conjunto. "Condições de trabalho, salários, garantias, em toda a cadeia, passaram a receber sua impulsão com base no que ocorre no setor de ponta."[41] Foi devido a essa compreensão que eles estudaram esse novo tipo de produção, tomando-o como uma referência no processo de desenvolvimento do maquinário e conseguindo apontar algumas das tendências que viriam a se efetivar de forma generalizada décadas mais tarde[42].

O debate sobre o automatismo é muito mais antigo que a sociologia do trabalho francesa. Pode-se encontrar nos textos de Marx várias passagens sobre o desenvolvimento da automatização e do automatismo, vista como parte da própria fase da mecanização da produção. No capítulo sobre a maquinaria e a grande indústria de *O capital*, o autor ressalta que "a partir do momento em que a máquina de trabalho executa todos os movimentos necessários ao processamento da matéria-prima sem precisar da ajuda do homem, mas apenas de sua assistência, temos um sistema automático de maquinaria, capaz de ser continuamente melhorado em seus detalhes"[43]. Assim, a produção mecanizada atinge sua forma mais desenvolvida "como sistema articulado de máquinas de trabalho movidas por um autômato central através de uma maquinaria de transmissão"[44].

Entretanto, embora Marx tenha visualizado em sua época a *fábrica automática* ou o *autômato mecânico*, essas ideias estavam longe da *automação industrial* que surgiu na segunda metade do século passado. O autor enxergou um potencial com base na lógica de desenvolvimento do maquinário e o problematizou como parte da técnica do modo capitalista de produção. A citação a seguir exemplifica o quanto o fenômeno analisado por Marx era diferente da automação:

> Ao lado dessas classes principais, figura um pessoal numericamente insignificante, encarregado do controle de toda a maquinaria e de sua reparação constante, como enge-

---

[40] Ibidem, p. 23.
[41] Pierre Naville, *Vers l'automatisme social?*, cit., p. 79.
[42] Apesar da importância que o debate da automação ganhou ao longo dos anos 1950, no primeiro grande tratado de sociologia do trabalho organizado por Friedmann e Naville, publicado em dois volumes em 1961 e 1962, não há nenhum capítulo dedicado ao tema. Isso se explica, talvez, pelo fato de a automação representar, naquele momento, um setor muito minoritário no mundo do trabalho.
[43] Karl Marx, *O capital: crítica da economia política*, Livro I: *O processo de produção do capital* (trad. Rubens Enderle, São Paulo, Boitempo, 2013, coleção Marx & Engels), p. 455.
[44] Idem.

nheiros, mecânicos, carpinteiros etc. Trata-se de uma classe superior dos trabalhadores, com formação científica ou artesanal, situada à margem do círculo dos operários fabris e somente agregada a eles.[45]

Um aspecto importante para Naville, na caracterização da automação, estava na questão de *quem governa o processo de produção*[46]. A automação não tem a ver apenas com um conjunto de fábricas automáticas. Nem tampouco é uma inversão entre sujeito e objeto na produção, como já apontou Marx sobre a constituição da mecanização da grande indústria ainda no século XIX. A automação é a gestão dessas máquinas por um "cérebro mecânico", em substituição aos antigos ofícios realizados pelos operários, tais como controle, supervisão, ajustes etc. O peso do trabalho tende a se transferir das *atividades neuromusculares* para as *neurossensoriais*. Diminuem os esforços físicos e aumentam as tensões relacionadas à vigilância e à supervisão.

> O trabalho se concentra, então, nas medidas e nos controles das operações e do produto, ou seja, na supervisão. Seguem-se duas transformações de ordem geral na mão de obra: manutenção e desenvolvimento de conhecimentos de certos mecanismos operacionais para o pessoal de manutenção e de controle de um novo tipo; redução ou manutenção do pessoal de operações ordinárias em um papel tão ou mais subalterno que antes.[47]

Coriat introduz o fator da evolução tecnológica para compreender o fenômeno. Para ele, o que faz com que a *automação* seja algo completamente novo não são suas séries repetidas automaticamente por uma máquina, algo que já existia no período da mecanização, mas os *suportes* e os *meios* utilizados para automatizar as fábricas[48]. A partir dos anos 1950 e principalmente ao longo dos anos 1960, o desenvolvimento da *informática* e da *eletrônica* permitiu aumentar o domínio de aplicação da automação[49]. Porém, durante a década de 1960, a eletrônica "penetrou muito pouco, ou quase nada, nas oficinas onde se produzia em *série* de *formas* (eletrodoméstico, automóvel, confecção...). Nesse caso, foi necessário esperar a década de 1970 – e precisamente os robôs – para que os benefícios já atingidos com o progresso da informática e da eletroeletrônica nas indústrias de processos contínuos se traduzissem em formas

---

[45] Ibidem, p. 492.
[46] Pierre Naville, *Vers l'automatisme social?*, cit.
[47] Idem, *L'Automation et le travail humain: rapport d'enquête, France, 1957-1959* (Paris, Centre National de la Recherche Scientifique, 1961), p. 711-12.
[48] Benjamin Coriat, *La Robotique*, v. 12 (Paris, La Découverte/Maspero, 1983, coleção Repères); Idem, *A revolução dos robôs: o impacto socioeconômico da automação* (trad. José Corrêa Leite, São Paulo, Busca Vida, 1989); idem, *El taller y el robot: ensayos sobre el fordismo y la producción en masa en la era de la electrónica* (trad. Rosa Ana Domínguez Cruz, 3. ed., México, Siglo Veintiuno, 1996).
[49] Uma novidade, por exemplo, foi a aplicação da automação nas tarefas de "escritório". Sabe-se hoje que a automação atinge praticamente todos os setores da vida social.

novas de automatização"[50]. Outra grande inovação operada nessa transição entre a mecanização e a automação foi a criação da *linha de transferência*[51] e da *máquina-ferramenta de controle numérico*[52].

Mas se os *suportes* e os *meios* são centrais para a caracterização da automação, o fundamental está em seu objetivo estratégico desde a perspectiva do capital. É aqui que se compreende que a automação não produz uma revolução na forma de produção, sendo apenas um aprofundamento de um curso que já vinha sendo tomado pelo taylorismo-fordismo. Segundo Coriat, diferentemente do que pressupõem alguns autores, o taylorismo não foi dissipado na automação industrial. Pelo contrário, seu princípio estratégico está mais presente que nunca nas novas formas de gestão e de produção: *o controle*. "A eletrônica [...] só é introduzida como suporte a serviço das técnicas mais tradicionais de intensificação do trabalho."[53] O que caiu foi o paradigma taylorista-fordista que estipulava que a eficácia e a produtividade dependiam centralmente de um trabalho fragmentado e distribuído ao longo de uma linha de montagem, a qual se move a um ritmo rígido. Portanto, "o objetivo, rapidamente fixado, é conseguir arrancar das mãos dos operários a atividade estratégica de ajuste e controle da máquina, para fazê-la efetuar automaticamente as operações, depois de haver sido corretamente programada"[54]. O

---

[50] Benjamin Coriat, *La Robotique*, cit., p. 8. O autor distingue dois tipos de indústria quanto à implementação da automação: a *indústria de processo contínuo* ou de *propriedade* e a *indústria de série* ou de *forma*. A primeira é regida por uma cadeia de operações físico-químicas, como é o caso da indústria petroquímica. Na segunda, as operações têm como objetivo moldar novas formas, como é o caso da automobilística. Em cada tipo de indústria houve problemas específicos na aplicação do maquinário automatizado. Por suas particularidades, a automação teve uma penetração mais rápida nas *operações físico-químicas* que nas de *formas*. Foi necessário o surgimento dos robôs para que a automação se estendesse às fábricas de série (realizando tarefas de usinagem, pintura, solda, moldagem, fundição, manutenção e montagem).

[51] A *linha de transferência* é constituída por uma esteira mecânica de ritmo fixo o deslocamento automático das peças a serem trabalhadas, sem a necessidade de um operário, apenas a máquina automática operando em perfeita sincronização temporal e espacial entre a circulação da peça na esteira e a intervenção das cabeças eletromecânicas das máquinas; idem, *El taller y el robot*, cit. A *linha de transferência* foi a primeira grande inovação responsável por um salto na automação industrial nos anos 1950. Sua primeira aplicação ocorreu na Ford Motor Company, em Cleverland, nos anos 1940.

[52] A *máquina ferramenta de controle numérico* foi a segunda grande inovação na década de 1950. Trata-se de uma máquina-ferramenta clássica governada por um sistema eletrônico programado. Ela permite a realização de operações complexas, relativamente longas, utilizando-se de diferentes tipos de ferramenta pertencentes à mesma máquina, a partir de um mesmo programa. Ela se adapta bem para a produção de pequenos volumes de peças complexas, que devem obedecer a especificações, normas e tolerâncias extremamente precisas. Essa tecnologia avançou lentamente ao longo das décadas de 1960 e 1970, e seria somente nos anos 1980 que ela produzirá seu verdadeiro salto, junto aos imensos progressos da *eletrônica* e da *informática*; idem.

[53] Ibidem, p. 19.

[54] Ibidem, p. 41.

problema é que o taylorismo não conseguiu desmantelar um setor de operários da fábrica, altamente habilidoso e qualificado, que manejava a *máquina-ferramenta* e transformava os projetos de peças em realidades. Esse era um grupo apoiado em seu saber, "assim como solidamente organizado para fazer valer seus direitos e negociar suas posições"[55]. Nesse sentido, a automatização transformou a *máquina-ferramenta* em algo menos complexo, pela redução de suas tarefas a operações simples, com a implementação de uma série de dispositivos eletromecânicos, levando a cabo seu funcionamento automático. Ao mesmo tempo, preservou sua vocação de realizar operações múltiplas, sofisticadas e de alta precisão. Com o objetivo de tirar das mãos dos operários qualificados a exclusividade de saber operá-la, as investigações sobre as inovações tecnológicas se concentraram em técnicas de controle e de programação da máquina.

Friedmann teorizou que o desenvolvimento do *maquinismo* conduziria a indústria para a *automação* e, depois de um período de parcelamento da força de trabalho, a grande indústria tenderia a reconstruir, "sob a máquina automatizada polivalente, uma nova forma de unidade do trabalho, num novo plano"[56], pois ela concentraria uma parte dos homens em trabalho de ajustes e regulação das máquinas, criando um "novo ofício", que Friedmann chamou de "novo artesão". Isso significa que o operário passaria a supervisionar e a controlar o novo maquinário da fase da automação.

Os estudos de Naville[57] mostraram que 80% dos que trabalhavam no mais moderno maquinário automatizado, nos ramos industriais pesquisados, eram compostos de *operários especializados* (não qualificados). Além disso, "em numerosas empresas automatizadas, desenvolveu-se sistematicamente a "polivalência" dos operários; as mudanças de postos são frequentes e sua facilidade é devida tanto à política de formação quanto à simplicidade do trabalho"[58]. Os níveis salariais, se comparados aos anteriores, eram mais elevados, porém, muito abaixo dos ganhos de produtividade proporcionados pela nova tecnologia, o que desconstrói o mito da equidade salário-produtividade do pacto estabelecido no "compromisso fordista". Mais grave era o fato de que, "pela primeira vez, vê-se elevarem-se os níveis salariais sem que a qualificação propriamente dita seja vinculada. É toda uma concepção tradicional do *métier* que desmorona pouco a pouco"[59].

---

[55] Ibidem, p. 40.
[56] Georges Friedmann, *Problèmes humains du machinisme industriel*, cit., p. 171.
[57] Pierre Naville, "Vers l'automatisme social", *Revue Française de Sociologie*, v. 1, n. 3, 1960; idem, *L'Automation et le travail humain: rapport d'enquête, France, 1957-1959*, cit.; idem, *Vers l'automatisme social?*, cit.; Pierre Rolle, "Naville Pierre, l'automation et le travail humain: rapport d'enquête", *Revue Française de Sociologie*, v. 3, n. 2, 1962, p. 198-201.
[58] Pierre Naville, *Vers l'automatisme social?: machines, informatique, autonomie et liberté* (Paris, Syllepse, 2016, coleção Mille Marxismes), p. 83.
[59] Ibidem, p. 88-99.

O período de euforia da intelectualidade crítica com a automatização industrial e a perspectiva de uma superação do trabalho parcelar, criando-se novas funções profissionais altamente qualificadas e polivalentes e alterando-se o quadro negativo do trabalho do modelo taylorista-fordista, terminou assim que suas consequências ficaram mais evidentes com as pesquisas empíricas empreendidas a partir dos anos 1950. Friedmann, que havia alimentado, com o desenvolvimento da técnica, a esperança de um reencontro do homem com sua autonomia e sua satisfação no trabalho, revisou suas posições nos prefácios da primeira (1956) e da segunda (1963) edições de *Le Travail en miettes*. Esse autor, que chegou a anunciar que o automatismo representaria a "terceira revolução industrial", afirmou que, na verdade, se tratava de uma nova etapa da industrialização. Passou, então, a ver, no processo de implementação da automação e na reorganização da divisão internacional do trabalho, com a expansão dos parques industriais aos países periféricos, como foi o caso da América Latina, seus aspectos negativos[60]. Em vez do "novo artesão", o que se constatava era o aumento relativo das "antigas" formas de trabalho. Assim, "a automação não elevou, como esperavam muitos teóricos, a qualificação dos operadores médios"[61].

Quando Friedmann escreveu o prefácio de 1963, constatou que, desde a publicação de sua primeira edição, em 1956, era possível evidenciar alguns efeitos da automação. Nos Estados Unidos, por exemplo, onde estava seu mais avançado estágio, surgiu o "desemprego crônico". A separação extrema entre o *pensar* e a *execução* do trabalho era mantida, seguindo o imperativo da busca incessante de uma maior produtividade do trabalho, em detrimento do *métier* do trabalhador. O trabalho ganhara uma maior intensidade, já que, com a automação, foi possível implementar uma fábrica fluida e funcionando 24 horas, o que aumentou a dependência e o controle sobre os trabalhadores[62].

Entretanto, apesar dessas evidências, o autor conclui, em 1963 que

> os efeitos da automação são tão complexos que é impossível hoje discernir seus efeitos futuros nos seres humanos. Os profetas otimistas, frequentes há dez anos, são hoje bem mais moderados e mais raros. *Entretanto, é bem certo que a etapa descrita por este livro será um dia inteiramente superada*: ele não constituirá, então, mais que um testemunho histórico, entre muitos outros.[63]

Essa etapa analisada em *Le Travail en miettes* era justamente a do trabalho fragmentado. Portanto, mesmo diante de algumas evidências quanto ao processo de intensificação da precarização do trabalho produzida pela implementação da automação industrial, Friedmann mantinha uma posição de esperança na "dialética

---

[60] Friedmann (1956) destaca a expansão da industrialização para a periferia com a utilização de um maquinário fordista e com a criação de *trabalhos não qualificados* (ou *especializados*).
[61] Georges Friedmann, *Le Travail en miettes*, cit., p. 26.
[62] Idem.
[63] Idem, p. 27 (grifos nossos).

do desenvolvimento das forças produtivas". A crítica aos "profetas otimistas" era também uma autocrítica, mas ela não o fez reavaliar suas projeções sobre o futuro do trabalho e da humanidade que, segundo sua análise, encontraria sua emancipação devido ao desenvolvimento das forças produtivas proporcionado pela evolução técnica. Isso o levou, em seus últimos escritos sobre o tema, a assumir uma posição pragmática e um programa reformista, em busca de amenizar as mazelas e, sobretudo, os abusos do sistema de produção nos trabalhadores[64]. Portanto, a revolução era adiada para um futuro longínquo.

## Um "marxismo" sem Marx

A visão contemplativa de Friedmann com a evolução técnica e a modernização da sociedade durante os "Trinta Gloriosos" está associada à sua interpretação da teoria de Karl Marx e do marxismo. Não concordamos com aqueles que o classificam como marxista, por mais que sua obra esteja repleta de referências a Marx e o próprio Friedmann chegue a se reivindicar como tal. Seu diálogo teórico foi mais com a sociologia estruturo-funcionalista dos Estados Unidos, à qual ele fez duras críticas, que com a produção marxista de seu tempo. Sua tese de que o marxismo é um "humanismo renovado" evidencia mais o aspecto moralista de sua crítica ao taylorismo-fordismo que uma crítica radical ao capital[65]. Seu método empiricista e positivo o aproximou da tradição durkheimiana, de forte influência na academia francesa do pós-guerra[66] e que era coerente com o marxismo dominante de sua época, propagado pela burocracia soviética e pelos partidos comunistas stalinizados. Isso nos explica, também, a forte presença de um *determinismo tecnológico* em sua teoria. Categorias analíticas-chave de explicação da sociedade empreendidas por Marx e seus seguidores, como *luta de classes* e *mais-valor* (*absoluto* e *relativo*),

---

[64] Suas propostas englobavam um controle obrigatório do trabalho pela fisiopsicologia nas empresas e nas indústrias, uma maior participação dos trabalhadores nas medidas de racionalização técnica e nas promoções e um maior esclarecimento para os trabalhadores sobre as tarefas parcelares, além de garantir maior participação deles nas formas de *lazer ativo* fora do trabalho.

[65] Na sua interpretação, o marxismo seria o principal herdeiro (e continuador) de um "espírito helenista", ou seja, de um projeto de libertação do homem que lhe garantisse a conquista da igualdade e da liberdade individual. "A ideia de progresso está no coração do marxismo, renovado pela dialética"; Georges Friedmann, *La Crise du progrès, esquisse d'histoire des idées*, cit. Mas, diferentemente das ideologias burguesas, ao enfatizar a liberdade humana, o marxismo veria o progresso por outro ângulo. Portanto, ele se apresentaria, nas palavras do autor, como um *novo humanismo*. Este humanismo estaria em sua crença de que o homem poderia conduzir a humanidade por meio de suas vontades e por seus esforços. Mesmo em situações concretas difíceis, o esforço humano teria provado que pode superar barreiras, como teriam feito os soviéticos depois que os bolcheviques tomaram o poder. Nesse sentido, "o marxismo postula a eficiência do esforço humano em condições que ele não escolheu"; ibidem, p. 220.

[66] Jean-Christophe Marcel, *Le Durkheimisme dans l'entre-deux-guerres* (Paris, PUF, 2001, coleção Sociologie d'Aujourd'hui).

por exemplo, estão ausentes em sua obra. E, sobretudo, *sua obra é antidialética, o que nos leva a caracterizá-la como um marxismo sem Marx.*

Em artigo publicado no *Tratado de Sociologia do Trabalho* (1961), organizado em conjunto com Pierre Naville, Friedmann evoca uma passagem de *O capital* em que Marx define o *trabalho humano* como uma atividade que modifica a natureza e o próprio homem. Para o autor francês, a definição de *trabalho humano* de Marx seria parcial e restrita à imagem de um *Homo faber*. Segundo Friedmann,

> as atividades do homem não são necessariamente rurais ou industriais. Elas não se constituem exclusivamente em atividades de transformação. As atividades classicamente ditas terciárias, segundo a terminologia de Collin Clark, repensada por Jean Fourasié, compreendem trabalhos que fogem, em todo caso à primeira vista, à definição que propusemos. No século XX, o homem no trabalho não é o mesmo e ele constitui cada vez menos o sentido clássico do termo *Homo faber*.[67]

Ao compreender o conceito *trabalho produtivo* de Marx como sinônimo de *trabalho manual* ou de *trabalho industrial*, a teoria de Friedmann produz conclusões equivocadas e problemáticas. Uma das preocupações centrais das investigações que dirigiu nos anos 1940 e 1950 era sobre os efeitos da evolução técnica sobre as categorias profissionais e a consciência dos operários. Numa época em que o trabalho se tornou extremamente fragmentado, a luta contra a *alienação* era compreendida por Friedmann como um processo de reapropriação das habilidades e de controle da produção pelos trabalhadores. Contudo, esse *controle* não seria o resultado de um processo de revolucionamento das relações de produção e da criação de uma nova sociedade, mas de uma maior participação dos operários nos processos de organização, criação e decisão das empresas. Como a evolução técnica proporcionaria o surgimento de um "novo artesão" e a diminuição da jornada média de trabalho, bastaria, portanto, criar medidas que permitissem a esse "novo operário" ter um trabalho dotado de sentidos.

Marx buscou fazer uma definição ampla de *trabalho produtivo*, atento ao dinamismo e à fluidez da sociedade capitalista, ou seja, *todo trabalho que produz diretamente mais-valor, aquele que valoriza diretamente o capital*. Nas palavras de Marx, "trata-se, pois, de trabalho que serve diretamente ao capital como instrumento de sua autovalorização, como meio para produção de mais-valor"[68]. O *trabalho produtivo* é o resultado de um processo socialmente determinado, ou seja, pressupõe uma sociedade em que esteja consolidada a *subsunção real do trabalhador ao capital* e, portanto, um determinado nível de divisão social do trabalho, com a propriedade privada tendo um caráter determinante, e dividida em classes sociais (sendo as fundamentais a burguesia e o proletariado). A eliminação do *trabalho*

---

[67] Georges Friedmann e Pierre Naville, *Traité de sociologie du travail*, t. 1 (Paris, Armand Colin, 1961), 2 v., p. 11-2.
[68] Karl Marx, *Capítulo VI (inédito)* (trad. Ronaldo Vielmi Fortes, São Paulo, Boitempo, 2023).

*produtivo* seria, portanto, o resultado da superação e da supressão das condições materiais que determinam a existência da sociedade capitalista.

Numa passagem do manuscrito intitulado *Capítulo VI (inédito)*, pode-se evidenciar uma tensão em Marx por definir o *trabalhador produtivo*, sem se restringir a uma única categoria ou operação no interior da fábrica:

> Não é o operário individual, mas uma crescente *capacidade de trabalho socialmente combinada* que se converte no *agente (Funktionär) real* do processo de trabalho total, e como as diversas capacidades de trabalho que cooperam e formam a máquina produtiva total participam de maneira muito diferente no processo imediato da formação de mercadorias, ou melhor, de produtos – este trabalha mais com as mãos, aquele trabalha mais com a cabeça, um como diretor (*manager*), engenheiro (*engineer*), técnico etc., outro, como capataz (*overlocker*), um outro como operário manual direto, ou inclusive como simples ajudante –, temos que mais e mais *funções da capacidade de trabalho* se incluem no conceito imediato de *trabalho produtivo*, e seus agentes no conceito de *trabalhadores produtivos*, diretamente explorados pelo capital e *subordinados* em geral a seu processo de valorização e de produção.[69]

A questão, evidentemente, não é simples, e Marx já percebia isso. Quando se olha para as diversas formas de ser da classe trabalhadora que se desenvolveram do tempo de Marx aos nossos dias, fica clara a necessidade de estar sempre redefinindo e reatualizando o conceito de classe social e, principalmente, de classe trabalhadora, para acompanhar as transformações ocorridas no mundo capitalista. No século XIX, o *trabalhador produtivo* era praticamente sinônimo de *trabalhador manual da indústria*. Era aí que residia o núcleo fundamental de valorização do capital. Entretanto, o desenvolvimento e as modificações do capitalismo, como sua constituição em monopolista e financeiro, e a evolução técnica e organizacional operada ao longo de décadas tornaram a definição da classe trabalhadora e a explicação do processo de produção e de reprodução do valor ainda mais complexos. O desafio é justamente submeter a realidade ao crivo analítico da teoria e, por meio dela, reatualizar a própria teoria.

O desenvolvimento das forças produtivas acarretou, na concepção de Marx, o desenvolvimento da capacidade humana. No entanto, o desenvolvimento da capacidade humana não produz necessariamente o desenvolvimento da personalidade

---

[69] Karl Marx, *Capítulo VI (inédito)*, cit. Marx retratava um mundo fabril pré-taylorista-fordista, o que nos obriga a fazer um destaque fundamental nessa citação para o conceito de classe trabalhadora. Como destaca Ricardo Antunes, "a classe trabalhadora hoje *exclui*, naturalmente, os *gestores do capital, seus altos funcionários*, que detêm papel de controle no processo de trabalho, de valorização e reprodução do capital no interior das empresas e que recebem rendimentos elevados ou ainda aqueles que, de posse de um capital acumulado, vivem da especulação dos juros. *Exclui* também, em nosso entendimento, os pequenos empresários, a pequena burguesia urbana e rural *proprietária*"; Ricardo Antunes, *Os sentidos do trabalho: ensaio sobre a afirmação e a negação do trabalho* (2. ed., São Paulo, Boitempo, 2009, coleção Mundo do Trabalho), p. 104.

humana. Ao contrário, ela pode desfigurá-lo[70]. Nos *Manuscritos de 1844*, Marx afirma que "o trabalho não produz somente mercadorias; ele produz a si mesmo e ao trabalhador como uma *mercadoria*, e isto na medida em que produz, de fato, mercadorias em geral"[71]. Portanto, na sociedade do capital, em que o objetivo central é a valorização do valor, o trabalho se converte em uma força hostil ao homem e não em um meio de desenvolvimento da potencialidade humana. O trabalho torna-se *estranhado*, pois a organização societal cria barreiras sociais que se opõem ao desenvolvimento da personalidade humana[72].

Se o *trabalho produtivo* é compreendido como sinônimo de *trabalho manual* e *trabalho industrial*, como fez Friedmann, corre-se um sério risco de colocar o problema da alienação (ou do *trabalho estranhado*) no campo do reformismo. Nesse terreno, bastaria superar o fardo desse tipo de trabalho monótono, fatigante e parcelar por meio do desenvolvimento da técnica e de medidas de controle sociais para devolver ao homem sua potencialidade humana. Isso levaria a uma visão oposta ao entendimento de Marx sobre a evolução do maquinário e da técnica, que está em relação direta com o aumento da extração de mais-valor. Portanto, a superação do trabalho alienado está relacionada à superação da sociedade do capital, produtora de *trabalho estranhado*.

A visão de que o núcleo central da sociedade capitalista está na indústria e no trabalhador de chão de fábrica levou a que muitos autores considerassem que a classe trabalhadora, e até mesmo o trabalho, perderia sua centralidade na sociedade. A possibilidade de uma produção em larga escala automatizada, informatizada, robotizada, em substituição ao "trabalho manual", parecia reforçar essas teses.

---

[70] G. Lukács, *Para uma ontologia do ser social*, t. 2 (São Paulo, Boitempo, 2013).
[71] Karl Marx, *Manuscritos econômico-filosóficos* (trad. Jesus Ranieri, São Paulo, Boitempo, 2004), p. 80.
[72] Seguindo a leitura de Jesus Ranieri, separa-se o significado de *alienação* e de *estranhamento*. Alienação (*entäusserung*), segundo esse autor, significa "remeter para fora, passar de um estado a outro qualitativamente distinto". Estranhamento (*entfremdung*), ao contrário, "é objeção socioeconômica à realização humana, na medida em que veio, historicamente, determinar o conteúdo do conjunto das exteriorizações – ou seja, o próprio conjunto de nossa sociabilidade – por meio da apropriação do trabalho, assim como da determinação dessa apropriação pelo advento da propriedade privada. Ao que tudo indica, a unidade *entäusserung-entfremdung* diz respeito à determinação do estranhamento sobre o conjunto das alienações (ou exteriorizações) humanas, o que, em Marx, é possível perceber pela relação de concentricidade entre as duas categorias: invariavelmente as exteriorizações (*entäusserung*) aparecem no interior do estranhamento, ainda que sejam ineliminaveis da existência social fundada no trabalho humano"; Jesus Ranieri, "Prefácio", em Karl Marx, *Manuscritos econômico-filosóficos*, cit., p. 16. Portanto, o uso das expressões *trabalho estranhado* e *estranhamento*, e não da expressão *alienação*, nos permite separar o aspecto ineliminável de toda objetivação (*alienação*), das barreiras sociais que se opõem ao desenvolvimento da personalidade humana (*estranhamento*).

# 6
# Um desejo de história: a sociologia do trabalho de Alain Touraine

> *A resistência que encontra o sociólogo é ainda maior pelo fato de que ele frequentemente estuda sua própria sociedade: a validação de sua análise não pode jamais ser assegurada pela concordância dos atores interessados. Os sentidos que ele estabelece nunca podem satisfazer a consciência dos atores. Ele adoraria que estes lhe dissessem: você nos compreendeu. Se essa resposta lhe é dada, há muito a temer que o sociólogo esteja errado, ou seja, que ele tenha saído de seu papel para se colocar como mediador ou como ideólogo. O único fim do sociólogo é que ele venha a compreender as relações sociais que não podem ser compreendidas pelos próprios atores, mas que permitem explicar e prever suas condutas em condições definidas.*[1]

Neste capítulo, analisamos a primeira fase da produção intelectual de Alain Touraine (1948-1973), levando em consideração que as teses desenvolvidas pelo autor em seu doutorado, defendidas em 1965, em particular sua proposta de uma nova teoria geral sociológica, a *sociologia da ação*, foram resultado de um longo processo de reflexão realizado em suas pesquisas empíricas e em seus embates teóricos no período precedente. Dessa forma, priorizamos expor alguns dos principais estudos empíricos realizados e coordenados pelo francês, buscando apontar as principais conclusões teóricas e seus impactos em suas teses. Como uma parte desses estudos foi exposta em capítulos anteriores, daremos destaque especial às pesquisas e às relações que Touraine estabeleceu com a América Latina, pois elas também nutriram sua proposta teórica.

**Uma incansável vontade de refletir e escrever**

Em novembro de 2016, Alain Touraine, então com 91 anos de idade, voltou a oferecer um seminário quinzenal na Maison Suger, da Fondation Maison des

---

[1] Alain Touraine, *Production de la société* (Paris, Seuil, 1973), p. 79.

Sciences de l'Homme, com o objetivo de expor e discutir, ao longo de dois anos, alguns dos temas centrais de sua teoria[2]. Apesar da idade, ele se encontrava em surpreendente disposição física e inquietação intelectual. Ressaltava, em suas aulas, que sentia a necessidade de dialogar, principalmente com os cientistas sociais jovens e estrangeiros. Nesse momento, Touraine nos concedeu uma entrevista em seu apartamento, próximo à Gare de Montparnasse, em Paris, quando nos revelou:

> Trabalhei sob condições desfavoráveis durante toda a minha carreira e, finalmente, o que é muito estranho em meu caso, após a morte da minha segunda esposa, ou seja, há cinco anos, quando eu tinha 86 anos, eu me pus a trabalhar como louco. Escrevi um pequeno livro sobre a crise econômica, seguido de um grosso livro sobre o declínio da sociedade industrial, de outro livro grande sobre o nascimento da sociedade pós-industrial, de um pequeno sobre a política francesa e, atualmente, escrevo uma conclusão teórica geral. Bom, trata-se de muita coisa para apenas cinco anos.[3]

Nesse seu retorno à atividade intelectual, Touraine expressa a angustiante força interior de um pensador que, consciente do tempo escasso, sente a necessidade de esclarecer pontos de sua controversa teoria para as futuras gerações. Entretanto, se olhamos para sua biografia, vemos que esta é uma característica importante de sua personalidade, presente em todo o seu percurso intelectual, profissional e pessoal. Como ele mesmo expressou em seu livro de memórias, trata-se de uma necessidade de "viver a história", de "senti-la pulsar em suas veias" e, principalmente, de compreendê-la[4].

Na mesma entrevista, o autor reforça essa ideia:

> Eu não fiz nada além de trabalhar. Trabalhei sábado, domingo, férias, todo o tempo! Eu tinha motivações interiores fortes quando minhas desmotivações externas bloqueavam de alguma forma minha influência [intelectual]. Nunca fui vinculado a um governo ou a qualquer outra pessoa. Nunca quis fazer algo comercial. Não tive muito dinheiro, isso não me interessava. Pesquisei com poucos instrumentos, pouca ajuda. Nenhuma ajuda, eu diria. Com alguns amigos ao meu redor. E a América Latina me ajudou muito, pois eu trabalhava de modo exaustivo. Felizmente a Cepal estava em Santiago, com uma linda biblioteca. Nela, pude consultar grossos e bons livros sobre o continente.
>
> Acho que todos esses livros que fiz nos últimos anos não foram lidos. Ninguém se interessa por um tipo de 90 anos. Então, escrevo por escrever, porque assim deixo meus vestígios. Mas isso é, evidentemente, um pouco dramático e frustrante. Sou alguém que age de acordo com suas normas interiores, sem almejar sucesso social. E

---

[2] Os dois seminários que Touraine organizou nos anos acadêmicos de 2016-2017 e 2017-2018 alimentaram as reflexões que ele desenvolvia no último grande balanço que fez de sua obra.

[3] Ver Touraine, entrevista concedida ao autor em 22 fev. 2017. Os livros a que o entrevistado fez referência foram *La Fin des sociétés* (2013), *Après la crise* (2013), *Nous, sujets humains* (2015), *Le Nouveau Siècle politique* (2016), *Défense de la modernité* (2018), todos publicados pela Éditions du Seuil. Também lançou, pela Éditions de l'Aube, *Macron par Touraine* (2018).

[4] Alain Touraine, *Un désir d'histoire* (Paris, Stock, 1977, coleção Les Grands Auteurs).

agora estou escrevendo este livro que será pequeno, uma espécie de conclusão, em torno de duzentas páginas. O que quero fazer é uma conclusão teórica, um conjunto de conceitos de base que foram se formando aos poucos ao longo do meu trabalho. É um livro teórico. Ele não tem uma análise de campo, empírica.[5]

Apesar de todo esse esforço intelectual empreendido por Touraine ao longo de sua longa carreira acadêmica, admitido por ele mesmo, ainda assim seu balanço é que trabalhou sozinho e terminou como um intelectual isolado e pouco lido. Essa questão revela muito do percurso que tomou a sociologia francesa e as disputas internas que ocorrem no meio acadêmico. Como temos ressaltado, o "sucesso" ou "fracasso" de um autor, sua canonização ou seu ostracismo, não necessariamente estão relacionados à qualidade de sua produção. Muitas vezes são determinados por questões que estão fora do controle de seus protagonistas.

Nesse sentido, é interessantíssimo o caso de Touraine. Apesar de ter sido um dos mais brilhantes e criativos sociólogos de sua geração, de ter se beneficiado de um contexto político e econômico em que as políticas modernizadoras demandavam das ciências sociais a produção de conhecimentos sobre a sociedade e, por fim, de ter tido uma promissora e precoce ascensão na carreira, ocupando, já no final da década de 1950, uma posição de destaque na nova estrutura de ensino e pesquisa criada nos "Trinta Gloriosos", ele ainda assim não se tornou o principal nome da sociologia francesa na segunda metade do século XX. Dito de outra perspectiva, ele não conseguiu criar uma "escola sociológica", como fez Bourdieu, por exemplo.

Ele próprio explica que sua "derrota teórica" ou seu "isolamento" intelectual a partir dos anos 1970 foi consequência da vitória, nos círculos acadêmicos e intelectuais, do pensamento estruturalista e de um marxismo vulgar vinculado ao Partido Comunista Francês[6]. Naquele cenário de luta pela hegemonia de uma perspectiva teórica de explicação e análise do mundo, sua obra, ao buscar afirmar a predominância dos atores sociais e de suas ações sobre as estruturas, teria nadado contra a corrente. O interessante dessa disputa é que Touraine foi o principal expoente do estilo de sociologia consolidado nos anos 1950 e 1960, mas sua perspectiva teórica, reunida de forma mais sistemática em sua tese defendida em 1965, não encontrou espaço num mundo polarizado no qual era impossível a um intelectual estar no "campo americano e ainda ser de esquerda"[7].

---

[5] Touraine, entrevista concedida ao autor em 22 fev. 2017.

[6] Alain Touraine, *Un désir d'histoire*, cit.

[7] Touraine caracteriza o período pós-guerra como um "vazio intelectual". Ele reconhece que até houve uma fase de boas produções intelectuais na França e principalmente na Itália sobre os problemas sociais. "Mas esses processos foram interrompidos ou ultrapassados por um retorno seja a um marxismo muito duro e burocrático, seja a um estruturalismo que teve influência de Lévi-Strauss. Mas, infelizmente, o marxismo que dominou foi sua versão vulgar e sem grande criação intelectual. Na França da Libertação, ou seja, durante quinze ou vinte anos de reconstrução, o país tinha um marxismo intelectualmente muito fraco e pouco aplicável. Não havia

No entanto, pode-se acrescentar a essa explicação a dificuldade de compreensão da teoria apresentada pelo francês em *Sociologie de l'action* (1965). Seu estilo de escrita pesado e prolixo, e seu ecletismo teórico tornaram seus volumosos livros de difícil leitura e entendimento. Tornou-se um fator pitoresco, na história da sociologia francesa, o polêmico episódio de sua defesa de doutorado, quando recebeu duras críticas de um júri composto, em sua maioria, dos patronos da reconstrução da sociologia do pós-guerra (Gurvitch, Friedmann, Aron e Stoetzel). Entre eles, Aron apontou confusões teóricas no texto e uma inabilidade do autor em transitar nos temas filosóficos[8]. O próprio Touraine, em livro que publicou alguns anos mais tarde, reconheceu que, ao utilizar as mesmas categorias da sociologia clássica para expressar conteúdos diferentes, dificultou ainda mais a recepção de suas ideias[9]. Por fim, o drama de ser incompreendido se expressa no fato de que o autor publicou livros com o único objetivo de explicar ou atualizar algo que quis dizer em obras anteriores, mas que não ficou claro ou não foi bem recebido pelo público.

No entanto, talvez o fato mais importante que nos permite explicar as razões de não haver surgido uma "escola tourainiana" esteja justamente num dos aspectos mais interessantes da visão sociológica defendida pelo autor. Como ele se negou a formular uma explicação estruturalista ou funcionalista da sociedade, sua teoria buscou reter a realidade em seu movimento de transformação, alçando como elemento central da análise a ação social. Nessa perspectiva, a sociologia e suas categorias seriam o espelho de um período histórico e, dessa forma, sua superação representaria também a superação dessa sociologia. Isso explica, portanto, os motivos de o próprio Touraine ter por várias vezes rompido com suas teses e obras, ou delas se distanciado, justamente nos momentos em que acreditava haver ocorrido alterações de paradigmas da sociedade[10]. Foi isso o que o levou, por exemplo, a

---

estudos sobre a classe operária, por exemplo. As preocupações estavam em questões sobre as colônias e as guerras coloniais"; Touraine, entrevista concedida ao autor em 22 fev. 2017.

[8] Durante sua defesa de doutorado, em particular da tese principal, Touraine contou com uma arguição muito dura por parte de Aron, Friedmann e Stoetzel. Após apresentar sua tese com "ímpeto de conquistador", concluindo com um poema em espanhol, Aron tomou a palavra e lançou: "Retornemos à terra!". Touraine havia dito antes da defesa que, de todos os membros da banca, só temia Aron. "Repreendi Touraine por se lançar a análises mais filosóficas que sociológicas sem ter o domínio dos conceitos, sem a formação em filosofia. [...] Mas talvez minha intervenção não tivesse sido tão devastadora se ela não houvesse encorajado Friedmann e Stoetzel a uma escalada de severidade. Surpreendido, Touraine quase renunciou a se defender", relatou em suas memórias Raymond Aron, *Mémoires* (Paris, Julliard, 1983), p. 455.

[9] Touraine chegou a elaborar um glossário com seus conceitos e categorias no final de *Production de la société*, cit.

[10] Nesse sentido, poderíamos afirmar que existem não uma, mas várias "escolas tourainianas", cada uma expressando uma fase da produção intelectual do autor. Talvez, seguindo a concepção de Chapoulie, o mais acertado seria dizer que Touraine criou uma tradição sociológica que foi muito além das fronteiras francesas; Jean-Michel Chapoulie, *La Tradition sociologique de Chicago:*

concluir que a sociologia do trabalho deveria ser substituída por uma sociologia dos movimentos sociais após os acontecimentos de 1968.

A reflexão anterior não diminui a importância de Touraine como construtor de uma nova disciplina do conhecimento ao longo das décadas de 1950 e 1960. Muito menos seu papel como mediador de várias personalidades do mundo acadêmico latino-americano e europeu. Para compreender sua influência na região, é fundamental ir além de seu papel como teórico, dando relevância às relações pessoais e institucionais que ele estabeleceu nas várias viagens pessoais e de trabalho nos países periféricos.

## A formação sociológica de Touraine

Como ressaltamos em capítulos anteriores, Touraine pertenceu à geração de sociólogos que, vindo majoritariamente da filosofia (no caso dele, da história), se formou com a prática do ofício nas décadas de 1950 e 1960, numa época em que praticamente inexistiam cadeiras de sociologia nas universidades, muito menos um curso de graduação[11]. Portanto, coube a essa geração, ao mesmo tempo que delimitava teoricamente o novo campo de conhecimento, reorganizar a sociologia na França, criando instituições de ensino e pesquisa capazes de romper com o conservadorismo das tradicionais e rígidas universidades. Foi nesse período que surgiram o Centre d'Études Sociologiques (CES), o Institut de Sciences Sociales du Travail (ISST), a VIᵉ Section de l'École Pratique des Hautes Études (Ephe) e diversos laboratórios e centros de pesquisa.

O sociólogo francês realizou seus estudos de graduação em história na prestigiosa e elitista École Normale Supérieure (ENS), vinculada à Sorbonne. Insatisfeito e incomodado com o ostracismo e o conservadorismo do corpo docente e com a incapacidade do curso de explicar o mundo em seu processo de transformação, o jovem Touraine se afastou da instituição para conhecer de perto as experiências de implementação do "socialismo" em países do Leste Europeu[12]. Ao retornar para a França, abandonou de vez o curso e decidiu se mudar para Valenciennes, em Raismes, uma cidade de operários mineiros e metalúrgicos, na divisa com a Bélgica, para trabalhar numa mina de carvão durante o inverno de 1947-1948. Foi durante essa estadia no mundo operário que chegou a suas mãos o célebre

---

*1892-1961* (Paris, Seuil, 2001) e idem, "Un cadre d'analyse pour l'histoire des sciences sociales", *Revue d'Histoire des Sciences Humaines*, v. 13, n. 2, 2005, p. 99.

[11] A formação teórica dos primeiros sociólogos do pós-guerra ocorreu principalmente nos famosos seminários organizados no interior do Centre d'Études Sociologiques e nos intercâmbios de estudos nos Estados Unidos. O primeiro curso de graduação na França só foi criado em 1958.

[12] Com uma bolsa de estudos, Touraine visitou a Hungria e a Iugoslávia no ano de 1947.

livro de Friedmann[13], fato que mudaria seu percurso acadêmico, fazendo-o decidir pela sociologia. Como ressalta,

> no período pós-guerra, só havia uma personalidade que estudava o mundo concreto europeu, como as fábricas etc. Esse homem era Georges Friedmann. Ele era um antigo comunista que não queria fazer ideologia. E sua maneira de escapar do dogmatismo comunista era fazendo trabalho de campo. [...] Ele tinha razão em incentivar as pessoas a fazerem trabalho de campo. Fizemos muita coisa, trabalhamos muito. Eu mesmo, no fundo, a coisa que mais me interessava em tudo o que fiz durante essa fase era o estudo sobre a consciência da classe operária, que me tomou muitos anos de trabalho de campo.[14]

A partir desse encontro, tiveram início as mais importantes pesquisas sobre o mundo do trabalho, que pautaram os debates políticos e teóricos das décadas de 1950 e 1960, e que deram início ao projeto de uma nova disciplina, a sociologia do trabalho.

*Projeto de tese sobre consciência operária, trabalho e ação social*

Em 1953, após realizar um estágio de estudos de um ano nos Estados Unidos, financiado pela fundação Rockefeller, e antes de retornar a Billancourt para coletar dados para o livro que publicaria dois anos mais tarde, Touraine apresentou um projeto de pesquisa para um doutoramento, com os temas "a consciência de classe e a ação operária" (tese principal) e "o trabalho e as classes sociais" (tese secundária). Em 1955, reforçando sua ideia inicial, ele apresenta novamente seu projeto de tese, ressaltando que vinha refletindo suas problemáticas a partir das pesquisas empíricas que estava realizando no ISST sobre a siderurgia[15]. Dez anos depois, quando finalmente defendeu sua tese, os títulos finais ficaram sendo "Sociologia da ação social" e "A consciência operária".

Ao longo desse intervalo, entre o depósito do projeto e a defesa da tese, o autor se manteve dentro de um mesmo campo de reflexão teórica, abordando um conjunto delimitado de problemáticas, embasadas principalmente em suas pesquisas empíricas. Em seus relatórios de avaliação encaminhados ao CNRS[16], Touraine aponta o desejo de realizar pesquisas que buscassem uma relação entre os temas da sociologia industrial e a sociologia das classes sociais, pois, segundo

---

[13] Georges Friedmann, *Problèmes humains du machinisme industriel* (Paris, Gallimard, 1946).
[14] Ver Touraine, entrevista concedida ao autor em 22 fev. 2017.
[15] Sua tese principal, com o tema "consciência de classe e ação operária no século XX", seria orientada por Gurvitch, enquanto sua tese secundária, "o trabalho e as classes sociais", teria como orientador M. Hyppolite (ver Alain Touraine, Recherche; Centre Nationale de la Recherche Scientifique (CNRS). Archives Nationales (France). Código: 910024 DPC).
[16] Ver "Dossier de carrière: Alain Touraine", Centre National de la Recherche Scientifique (CNRS). Archives Nationales (France). Código: 910024 DPC.

sua perspectiva, os dois abordavam os mesmos problemas sobre o trabalho, a significação social deste e a unidade de seus diversos aspectos[17].

Tratava-se, portanto, de um projeto de enorme envergadura, que implicava certas condições financeiras e estruturais que só foram possíveis de serem obtidas graças à estrutura criada pelas novas instituições de ensino e pesquisa na França. Além disso, o autor soube muito bem aproveitar as demandas vindas de organismos nacionais e internacionais, como a Organização Europeia de Cooperação Econômica (Oece) e a Fundação Rockefeller, em benefício de suas pretensões. É interessante perceber, ao ler os relatórios finais dessas pesquisas empíricas, uma tensão entre uma análise objetiva e técnica sobre os impactos da aceleração da produtividade do trabalho, nos moldes das exigências das agências financiadoras, e uma análise crítica e autônoma dos resultados dessas políticas. É verdade que havia uma aproximação entre as políticas modernizadoras e o projeto de uma sociologia social-democrata[18], mas isso não implicava uma adesão acrítica desta àquela.

Em 1953, diante desse novo meio acadêmico em formação, o jovem Touraine via a oportunidade de iniciar um grande projeto de reflexão teórica que pudesse contribuir com uma nova teoria sociológica geral. Recém-chegado dos Estados Unidos, o autor francês tinha a pretensão de superar a sociologia industrial estadunidense e formular uma nova teoria sociológica em deliberado debate com Talcott Parsons, autor em voga e representante máximo do estrutural-funcionalismo daquele momento. Segundo recorda Fernando Henrique Cardoso, Touraine "queria fazer uma nova teoria da ação"[19]. O mundo do trabalho, que naquele momento era o fator central da sociedade francesa, seria o ponto de partida da reflexão touraniana.

Nos capítulos anteriores, descrevemos e analisamos algumas das principais pesquisas realizadas por Touraine ao longo das décadas de 1950, como foi o caso de seus estudos sobre a evolução do trabalho nas fábricas Renault e sobre as implicações das transformações técnicas e organizacionais nas atitudes de operários de uma siderúrgica. Neste capítulo, focaremos em outras pesquisas que contribuíram para embasar a pesquisa sociológica de Touraine, destacando, em particular, os trabalhos realizados na América Latina.

## A América Latina na encruzilhada da modernização

É amplamente conhecido que Touraine manteve uma profunda relação pessoal[20], intelectual e profissional com a América Latina, em particular com o Brasil e o

---

[17] Idem.
[18] Ver Alain Touraine, entrevista concedida ao autor em 22 fev. 2017.
[19] Ver Fernando Henrique Cardoso, entrevista concedida ao autor em 6 dez. 2017.
[20] Foi durante sua primeira estadia no Chile (1956-1957) que Touraine conheceu Adriana Arenas, com quem se casou.

Chile, a qual teve impacto em seus estudos e deu origem a vários livros e artigos sobre a região[21]. Isso nos permite afirmar que sua obra, em particular a produção da primeira fase, contém um diálogo, ainda que nem sempre direto, com a realidade latino-americana. As singularidades do processo de industrialização da região e a teoria da dependência, formulada por seus parceiros brasileiros e chilenos, lhe possibilitaram incorporar elementos novos a sua teoria geral.

Os contatos entre o grupo francês da sociologia do trabalho e a América do Sul se estabeleceram no contexto de expansão internacional das relações acadêmicas das ciências sociais. A criação de um novo domínio da sociologia no Brasil e no Chile que estudasse a indústria e o mundo do trabalho era parte não apenas da demanda por analisar e explicar a nova realidade latino-americana, impulsionada pela industrialização e pela urbanização, como do projeto de ampliar a influência da "escola" francesa para além do velho continente. As relações estabelecidas no interior das associações, entidades e eventos internacionais, como a ISA e a Unesco, foram decisivas para a efetivação dessa proposta, como já demonstramos nos capítulos 2 e 3.

Na parte III, mostraremos que os primeiros contatos entre os brasileiros e os franceses ocorrem no início da primeira metade da década de 1950, quando Anísio Teixeira, então presidente da recém-criada Capes, e Fernando de Azevedo, professor catedrático de sociologia da Universidade de São Paulo (USP), planejaram impulsionar, com a ajuda de Friedmann, a sociologia industrial em São Paulo. No entanto, o francês, por dificuldades pessoais e de trabalho, só pôde visitar a USP em 1958, momento em que ministrou um seminário para os professores e alguns poucos alunos e sugeriu a criação do Centro de Sociologia Industrial e do Trabalho (Cesit), um laboratório que, a seu ver, poderia realizar uma cooperação com o recém-criado LSI e com os sociólogos da nova geração francesa, Touraine e Crozier. Porém, outro país seria destino dos franceses antes de sua chegada às terras paulistas.

*Huachipato e Lota: o moderno e o atrasado na industrialização latino-americana*

Antes da chegada dos franceses ao Brasil, outro recém-criado polo da sociologia, o Instituto de Sociologia da Universidade do Chile, entrou em contato com

---

[21] Ver Torcuato Salvador Di Tella et al., *Huachipato et Lota: étude sur la conscience ouvrière dans deux entreprises chiliennes (Recherche menée par l'Institut de Recherches Sociologiques de l'Université du Chili)* (Paris, Éditions du Centre National de la Recherche Scientifique, 1966); Alain Touraine, "Industrialisation et conscience ouvrière à S. Paulo", *Sociologie du Travail*, v. 4, 1961; idem, *Production de la société*, cit.; idem, *La Parole et le sang: politique et société en Amérique Latine* (Paris, O. Jacob, 1988). Friedmann também estabeleceu fortes relações com a América Latina, realizando várias viagens para a região entre 1957 e 1964, ano em que deixou a presidência da Flacso. Nos anos de 1959 e 1961, publicou dois pequenos livros sobre o continente com as reflexões que registrou em seus cadernos durante suas viagens: Georges Friedmann, *Problèmes d'Amérique latine* (Paris, Gallimard, 1959) e idem, *Problèmes d'Amérique Latine II: signal d'une troisième voie?* (Paris, Gallimard, 1961).

Friedmann, por volta de 1956, solicitando ajuda para a criação de uma linha de pesquisa no campo da sociologia industrial. O sociólogo francês, na época, ocupava o cargo de presidente da ISA, isto é, encontrava-se em posição privilegiada para exportar o estilo de sociologia que ele ajudou a desenvolver na França. No entanto, para cumprir essa missão, enviou para o Chile Touraine, Jean-Daniel Reynaud e Lucien Brams. Juntou-se a esse grupo, também, o argentino Torcuato Di Tella. Os quatro impulsionaram uma importante e inovadora pesquisa no campo do trabalho entre agosto de 1956 e início de 1958[22].

Segundo Touraine, o contato foi estabelecido pelo

> reitor da Universidade, um tipo muito legal que se chamava Juan Gómez Millas. Ele queria desenvolver a instituição, então se dirigiu ao Friedmann, que era presidente da Associação Internacional de Sociologia. Friedmann me disse: "Eu vou enviá-lo para o Chile" [...] Eu cheguei sem saber falar uma palavra em espanhol. Havia um pequeno grupo de sociólogos, mas não muito sério.[23]

O objetivo central do estudo era compreender, por meio de pesquisas empíricas, observações de campo e aplicação de questionários, as funções e os papéis das categorias profissionais e as atitudes de dois diferentes grupos de operários em dois distintos meios de trabalho. Foram escolhidas para esse objetivo empresas de duas cidades diferentes. Uma mina de carvão de Lota e uma indústria siderúrgica de Huachipato. Essas cidades litorâneas estão a menos de cinquenta quilômetros de distância e pertencem à província de Concepción, na região de Bío-Bío, no sul chileno.

O primeiro a chegar foi Touraine (agosto de 1957), responsável por escolher o tema e o campo da pesquisa. Depois, vieram os franceses Jean-Daniel Reynaud e Lucien Brams e o argentino Torcuato Di Tella para assumirem a organização, a realização das enquetes e a preparação da análise dos resultados recolhidos. Para ajudar na execução da pesquisa, foram recrutados jovens estudantes universitários chilenos. Touraine se recorda de dizer aos candidatos: "Escutem, a única coisa que lhes proponho é o que aprendi em minha formação: pesquisa de campo"[24]. Portanto, os franceses levaram para o Chile aquilo que estavam habituados a fazer, impulsionando uma forte pesquisa de campo com o auxílio de jovens acadêmicos.

Entre os alunos recrutados, estava o estudante de história Enzo Faletto. Na época, não havia na Universidade do Chile um curso de graduação em sociologia, apenas o recém-criado Instituto de Sociologia, que começou a funcionar desenvolvendo pesquisas sobre educação. Faletto era um jovem anarquista que não tinha o

---

[22] A equipe chilena era coordenada por Herman Godoy e contou, entre outros, com o jovem Enzo Faletto.
[23] Ver Alain Touraine, entrevista concedida ao autor em 22 fev. 2017.
[24] E continua: "E foi então que os coloquei imediatamente numa mina de carvão e numa siderúrgica. Foi nesses dois lugares que passei o essencial do meu ano, ao longo do qual também me casei" (Alain Touraine, entrevista concedida ao autor em 22 fev. 2017).

menor interesse pelo mundo do trabalho. Queria ser medievalista ou historiador da arte, mas foi convencido por seu companheiro libertário e estudante de filosofia Boris Falaja a participar da pesquisa. A existência de uma remuneração foi decisiva para fazê-lo mudar de ideia e começar a participar do seminário ministrado por Touraine. O próprio Faletto ironiza: "Ou seja, um espírito mercenário foi decisivo para a minha inclinação pela sociologia".

Assim ele recorda o trabalho que realizaram:

> O primeiro estudo foi sobre os grupos de supervisores, que no Chile eram chamados de *mayordomos de mira*, ou capatazes. A ideia era acompanhar esse capataz em suas atividades e anotá-las, mas no fundo se tratava de conhecer o mundo das minas, com o que me envolvi por quase três semanas [...] depois [...] fizemos entrevistas com os operários sobre a atividade. Touraine participou o tempo todo. Ele organizou a pesquisa e iniciou todo o trabalho de campo que levou, por fim, à elaboração dos questionários. Depois de Touraine, veio, por meio do convênio, Reynaud, com quem iniciamos a análise e sobretudo a primeira parte da sistematização e da organização dos dados.[25]

A pesquisa se debruçou principalmente sobre a mobilidade social e seus efeitos psicológicos. O fato de o Chile apresentar uma suposta homogeneidade ética, linguística e cultural permitia que essas experiências pudessem ser tomadas como exemplos de processos mais generalizados e como representantes de dois momentos sucessivos de uma evolução. Lota, onde se encontrava a mina de carvão, estava marcada pelo capitalismo familiar, enquanto a siderúrgica de Huachipato, criada sob incentivo do Estado, era dirigida pelos "*managers*"[26]. Portanto, seria possível visualizar uma evolução no grau de racionalização entre as duas unidades de trabalho, no sentido concebido por Weber, muito similar à lógica explicativa que Touraine desenvolveu em seu estudo sobre as fábricas Renault. Segundo o autor, "essas duas empresas não representam as duas faces de um mesmo sistema social, mas dois estágios da evolução e, portanto, dois sistemas sociais diferentes"[27]. De Lota para Huachipato, seria possível verificar a passagem de uma sociedade

---

[25] José Marcio Rego, "Entrevista com Enzo Faletto", *Tempo Social*, v. 19, n. 1, 2007, p. 192. Conforme o relatório da investigação, o trabalho de campo foi levado a cabo de dezembro de 1956 a maio de 1957, em etapas sucessivas que compreenderam a enquete realizada entre os operários, seguida por outra com os contramestres e, por fim, uma observação detalhada do trabalho nessas categorias profissionais; Torcuato Salvador Di Tella et al., *Huachipato et Lota:* cit., p. 15.

[26] Segundo descreve Faletto, "a indústria siderúrgica instalou-se ali pela proximidade do carvão. No entanto, o carvão de Lota não servia para a siderúrgica porque tinha baixo poder de injeção, mas, de qualquer maneira, havia uma espécie de plano de desenvolvimento industrial para essa zona. Então, deveria ser feita uma pesquisa que englobasse esses dois extremos. A mineração do carvão era a indústria menos avançada, mais tradicional, e desde essa época já se sabia que o carvão estava condenado a desaparecer, por isso era necessário estudá-lo. Somente no ano passado [1997] fecharam as mineradoras de carvão de Lota"; José Marcio Rego, "Entrevista com Enzo Faletto", cit., p. 191.

[27] Torcuato Salvador Di Tella et al., *Huachipato et Lota*, cit., p. 224.

fechada para uma sociedade aberta. E, como ressaltam os autores, todo o esforço da pesquisa se detinha em "recompor a unidade de duas formas de consciência operária que nelas se manifestam"[28].

A escolha das duas empresas e a base em que foi construída a explicação demonstram uma forte influência da perspectiva dualista, em voga naquele período não apenas na América Latina, mas também em estudos na França, como demonstraremos logo a seguir. Em Lota, o meio operário era relativamente homogêneo. Eram poucos os operários qualificados, e aqueles que ganhavam os salários mais altos realizavam as tarefas fisicamente mais pesadas. Diferentemente da mina, na siderúrgica existia uma proporção bem maior de operários profissionais e uma hierarquia baseada numa escala de funções e qualificações que ia dos operários até os mestres e técnicos. Em Lota, não havia ninguém se interpondo entre o trabalho manual e as instâncias de decisão, diferentemente de Huachipato, onde existiam várias camadas entre os operários e a direção. A população operária de Lota estava fortemente vinculada a suas origens rurais, sendo que muitos tinham ido diretamente do campo para a mina de carvão. Em Huachipato, ao contrário, a proporção de operários de origem agrícola era baixa e a fábrica não era a primeira etapa na mobilidade profissional. Em Lota, os operários da mina e a população da cidade se confundiam, produzindo uma consciência de grupo ou uma consciência de classe muito forte. Portanto, esses operários tinham um maior envolvimento com a população local e com seu sindicato, que era dirigido por comunistas e muito próximo de sua base, tornando-se, com isso, a expressão da comunidade contra o patrão. Na siderúrgica de Huachipato, os operários moravam na aglomeração vizinha, Talcahuano, e, por isso, não havia uma vinculação orgânica entre eles e a população local. Seus salários elevados e a especialização refletiam num sindicato dividido e com pouca presença de comunistas. Os siderúrgicos se viam mais próximos da classe média e seu sindicato era um meio de pressão sobre o Estado.

Portanto, conclui Touraine, podia-se verificar que Lota era uma comunidade centrada na comunidade (fechada), enquanto Huachipato era uma coletividade centrada na sociedade (aberta). Isso se explica pelo fato de que os militantes mineiros não provinham das categorias mais elevadas, sendo que seus níveis econômico, social e cultural eram "médios", enquanto entre os siderúrgicos os operários qualificados estavam na cabeça das ações reivindicativas. Essa diferença explicava os motivos que faziam com que os operários de Huachipato tivessem uma participação muito mais elevada nos "modelos culturais" de uma sociedade industrial e urbana: "autoridade mais funcional, trabalho mais racionalizado, salários mais elevados, possibilidade maior de progressão profissional". Como uma sociedade mais aberta e integrada à totalidade, a comunidade onde se encontrava a siderúrgica tinha atitudes e valores não apenas novos, mas, sobretudo, modernizadores, pois

---

[28] Idem.

"carregavam uma orientação para futuro", mobilizando atitudes e reivindicações novas[29]. Em Lota, as ações dos operários expressavam muito mais uma orientação de ruptura com a sociedade que um meio de transformação desta.

Vale a reprodução desta longa passagem da conclusão da pesquisa:

> As respostas dos operários de Lota oferecem um bom exemplo de *consciência proletária*. Se o conflito com a direção é percebido de maneira aguda, as relações com a sociedade são mais sobre o modo da distância ou da ruptura que sobre o da contradição. Contra o mundo patronal, todo poderoso, que não impõe sua vontade somente no trabalho, mas que modela todo o meio de vida dos trabalhadores, os mineiros não podem recorrer à industrialização e à modernização das relações sociais. Eles podem somente se refugiar em uma cidade livre, socialmente desorganizada, ao mesmo tempo abaixo e além da organização social. Abaixo, porque privilegia as relações primárias, da família, da camaradagem, da vizinhança. Além, porque está coberta de lances messiânicos e de utopias proletárias. Em Huachipato, ao contrário, a consciência operária é reivindicativa do progresso. A imagem da sociedade a qual ela se refere é menos revolucionária que modernista. A direção da empresa defende posições análogas, portanto diretamente opostas. Ela não busca manter uma empresa patrimonial sobre os trabalhadores; tem consciência de representar uma geração nova de dirigentes sociais da racionalidade, da modernização, do desenvolvimento da indústria e da economia nacional. Empregados e assalariados se encontram, portanto, frente a frente, não como o mundo do trabalho e do dinheiro, mas como dos assalariados e dos dirigentes. Essa situação nova leva a reintroduzir o conflito industrial na organização social [...]
>
> A passagem de Lota a Huachipato não é do conflito para a negociação, mas da ruptura para a oposição, de um conflito de princípios para um conflito de objetivos.[30]

Portanto, para Touraine, a sociedade moderna, desenvolvida pela civilização industrial, é aquela em que a consciência de classe se manifesta de maneira mais viva. No entanto, essa consciência não é a expressão da ruptura causada pelo antagonismo das classes fundamentais da sociedade do capital. Ela não representa, nas palavras do autor francês, "a representação do mundo social em dois blocos hostis e, mais ainda, um estranho ao outro", mas como consciência do desenvolvimento da sociedade industrial em torno da contradição do lucro e do trabalho. No caso de sua teoria, o que se consolida nas sociedades modernas, como em Huachipato, não é a consciência de classe, mas a consciências das relações de classe. É a consciência que têm os operários, como atores sociais representados pelos seus movimentos sociais, de terem de intervir no desenvolvimento da própria sociedade[31].

---

[29] Idem.
[30] Ibidem, p. 227-8.
[31] A reflexão que permeia o dossiê publicado no número especial da revista *Sociologie du Travail*, de 1961, "Operários e sindicatos na América Latina", busca verificar se a criação de uma nova classe operária como consequência do desenvolvimento industrial na região acabou por introduzir ou atitudes de resistência e oposição ou uma consciência de classe que visava participar do desenvolvimento econômico por meio da intervenção na vida política.

O dualismo entre o tradicional/atrasado e o moderno também estaria presente nas diversas manifestações da consciência dos trabalhadores. Para os setores vinculados às empresas e às cidades mais tradicionais e atrasadas, a consciência de classe se manifestaria como uma generalização do conflito entre capital e trabalho. Já entre os operários vinculados às empresas modernas, a consciência seria a do progresso econômico e social. No entanto, estes teriam a percepção de que esse progresso era controlado pelas forças tradicionais do país. Seria a existência dessas singularidades o que explicaria as atitudes e as condutas dos operários do Chile e, na generalização que fará depois, da América Latina.

A conclusão escrita por Touraine e Reynaud[32], dez anos depois, deixa evidente uma aproximação com as teses da dependência para explicar a América Latina. Segundo os autores, a região teve uma industrialização com singularidades próprias, diferentemente do processo ocorrido na Europa. Dois fatores eram fundamentais: as relações de dependência desses países com os centrais, o que caracteriza uma autonomia limitada de seus sistemas nacionais de decisão, e a singularidade desse processo ao mobilizar as massas populares como força de transformação – e, por isso mesmo, suas reivindicações teriam sido reconhecidas, ao menos parcialmente. Isso terá certa implicação sobre o conceito de "sujeito histórico" de Touraine, pois na América Latina o antagonismo de classe não seria tão evidente nem constituiria o elemento central para definição do curso do movimento evolutivo da sociedade como foi na Europa. Os operários latino-americanos teriam uma certa consciência de seu papel no desenvolvimento econômico e, portanto, o conceito de classe social seria insuficiente para a América Latina, sendo necessária a incorporação dos conceitos de nacionalismo e de desenvolvimento. Portanto, seria a articulação desses três elementos que permitiria compreender as orientações dos operários latino-americanos.

## Os operários de origem agrícola

A pesquisa levada a efeito no Chile ocorreu em meio a vários outros projetos realizados na França. Touraine e Reynaud estavam envolvidos nas investigações a respeito das atitudes dos operários siderúrgicos sobre as transformações técnicas da fábrica, a cargo do ISST e financiada pela AEP-Oece. A missão no Chile, portanto, ocorreu no intervalo entre a aplicação dos questionários de antes e de depois da implementação do novo maquinário em Mont-Saint-Martin, na região da Lorena. Assim que retornou para a França, Touraine ajudou na criação do LSI, laboratório vinculado à Ephe e para onde levou as investigações que havia iniciado no interior do CES sobre atitudes e consciência operária. Uma dessas pesquisas foi

---

[32] Torcuato Salvador Di Tella et al., *Huachipato et Lota*, cit.

feita com operários de duas grandes fábricas automotivas na região metropolitana de Paris e durou de 1958 a 1964 (ver Quadro 3.1, capítulo 3)[33].

A reflexão sobre o quanto e como os elementos do atraso e do moderno determinam as orientações dos operários industriais, iniciada no Chile, continuou nessa pesquisa efetuada na França, agora focada naqueles atores que tinham realizado o êxodo rural. Portanto, nessa nova pesquisa sobre os operários originários do campo, Touraine e Ragazzi buscaram refletir sobre um dos principais processos da modernização capitalista: a mobilidade de operários do meio agrário para o meio urbano. O resultado desse estudo foi publicado pela LSI-Ephe, em 1961, como primeiro número da coleção Études Sociologiques[34].

O objetivo da pesquisa não era simplesmente descrever as atitudes e comportamentos dos operários que tinham vindo do campo. Buscava-se sobretudo compreender os sentidos da migração, definir as expectativas dos novos operários e interpretar suas reações no trabalho em relação a sua situação profissional, ou seja, a conduta da mobilidade[35]. Propunha abordar o fenômeno da mobilidade profissional e da migração não somente pelo viés da questão econômica e social e por seus diferentes tipos de mobilidade, mas do ponto de vista particular das *condutas sociais e culturais* dos novos operários. Nas palavras de Touraine, "considerar a migração como uma conduta, ou seja, não como uma passagem de um meio de partida para um meio de chegada, mas como um conjunto de orientações que davam certa significação tanto a um quanto a outro e definiam as condutas do ator em relação a elas"[36].

Para compreender esse "processo de migração e as condutas sociais e culturais, ou seja, as atitudes e comportamentos dos operários de origem agrícola, Touraine lança mão de um termo, o *projeto pessoal*, a fim de ressaltar a importância dos atores. Toda mobilidade profissional estaria pautada numa mudança pessoal. Para

---

[33] Para essa pesquisa, foram entrevistados mais de cem trabalhadores, divididos em quatro estratos diferentes, o que permitiu uma análise comparativa, levando em conta sua localização no interior da empresa (qualificados e não qualificados) e origem geográfica (urbana ou rural). Eles foram, portanto, divididos em operários de origem agrícola (45 entrevistados), filhos de trabalhadores rurais e que trabalharam por algum tempo na lavoura e, em sua maioria, provenientes da região da Bretanha; os demais operários (41) que estavam no mesmo nível profissional dos anteriores, mas que não tinham trabalhado no campo antes do emprego na indústria; os operários qualificados (38), que trabalhavam havia muito tempo nas empresas e tinham a possibilidade de promoção na carreira, diferentemente dos dois grupos anteriores; e, por fim, os "estudantes" (34), jovens operários qualificados com algum nível de formação superior, candidatos a ascender rapidamente a alguma função técnica; Alain Touraine e Orietta Ragazzi, *Ouvriers d'origine agricole* (Paris, Seuil, 1961).

[34] Essa coleção ainda contaria com os trabalhos de Mottez (sobre a evolução dos sistemas de remuneração), Bassoul, Bernard e Touraine (sobre análise das atitudes operárias numa fábrica parisiense), Karpik (novos aspectos da chegada na indústria de operários de origem agrícola), entre outros.

[35] Alain Touraine e Orietta Ragazzi, *Ouvriers d'origine agricole*, cit.

[36] Alain Touraine, "Les Ouvriers d'origine agricole", *Sociologie du Travail*, v. 2, n. 3, 1960, p. 233.

melhor ilustrar esse processo, a pesquisa elaborou uma tipologia dos operários de origem rural e de suas condutas em consequência de diferentes situações de migração, conforme o Quadro 6.1 (abaixo):

**Quadro 6.1 – Tipologias de Alain Touraine sobre os operários de origem agrícola conforme conduta migratória**

| | Deslocamento | Partida | Mobilidade |
|---|---|---|---|
| Decisões que causam a mobilidade | Quando uma empresa se instala numa região agrícola onde exista mão de obra virtual, o operário dessa empresa mantém laços com a família e a atividade agrícola, podendo trabalhar ocasionalmente na lavoura. A iniciativa não vem dele. | Deslocamento para um centro industrial. O operário decide trabalhar na indústria, deixando sua terra e se tornando um operário. Trata-se, na verdade, de uma partida para a cidade. | O operário deixa seu meio social agrícola por uma vontade ou por uma perspectiva de ascensão. Os casos típicos são os daqueles que se lançam à própria sorte sem ter um trabalho em algum setor preciso. |
| Objetivos da migração | A empresa | A indústria | A cidade ou a metrópole |
| Tipos de condutas | Postura passiva | Identificação com a condição operária | Desejo de mobilidade posterior |
| Descrição | Maior capacidade de se adaptar à nova vida. Mantém atitudes sociais que favorizam a aceitação de uma nova forma de dominação social. Comum entre trabalhadores semiqualificados, como os da construção civil. | Adapta-se melhor às atitudes operárias, mesmo tendo ou um desejo de mobilidade social ou de manutenção de laços com o meio rural. A conduta é intencional e, portanto, favorece a integração com o meio operário. Manifesta forte orientação reivindicativa. | Sua condição coloca um obstáculo para que ele possa se identificar completamente com a condição operária. Insatisfeito, continua a se colocar sob uma perspectiva de mobilidade. Ele se volta mais para uma mudança de situação pessoal que para uma transformação de uma situação coletiva. |

Fonte: elaborado pelo autor, com base em Alain Touraine, "Les Ouvriers d'origine agricole", *Sociologie du Travail*, cit., e Alain Touraine e Orietta Ragazzi, *Ouvriers d'origine agricole*, cit.

Os autores concluíram, diante das respostas dos questionários, que a consciência reivindicativa dos operários de origem agrícola não correspondia a uma representação de uma sociedade baseada no antagonismo social. Suas reivindicações econômicas, em vez de uni-los numa consciência de classe, estava relacionada a seus desejos de mobilidade social. Raciocinavam mais sob a perspectiva da renda e de níveis profissionais que pelo antagonismo de classe social. Touraine chega a anunciar a permanência de modelos rurais no pensamento desses operários e conclui que sua consciência "exprime um sistema de atitudes dominadas mais por um projeto pessoal que pela consciência de uma condição social, ela mesma considerada temporária"[37].

---

[37] Alain Touraine, "Les Ouvriers d'origine agricole", cit., p. 177.

## Uma aproximação com a Teoria da Dependência

Com as pesquisas, viagens e relações pessoais e acadêmicas que realizou na América Latina, Touraine foi elaborando uma explicação acerca do processo de industrialização e do papel de seus atores sociais na região. Ele influenciou as teorias dos grupos locais e foi por elas influenciado. Foi o caso dos sociólogos da USP, com os quais estabeleceu um diálogo, ainda que não sistemático e duradouro. As pesquisas realizadas antes de 1965, ano de sua defesa de doutorado, forneceram ao autor francês o material necessário para as reflexões que o levariam à proposta de uma nova teoria sociológica geral, expressa em *Sociologie de l'action*. Depois disso e até 1973, quando do golpe militar no Chile e da publicação de *Production de la société*, Touraine buscou aprimorar sua teoria e aplicá-la a novos casos analisados. Como demonstraremos, a América Latina continuou a ser um dos seus centros de preocupação, sendo que ele chegou a formular um projeto de pesquisa internacional com a participação de acadêmicos de vários países, entre eles Argentina, Chile e Brasil.

Em um escopo teórico apresentado em artigo, Touraine e Daniel Pécaut[38] destacam a singularidade dos processos de industrialização nos países "em vias de desenvolvimento". No caso, a distinção entre dirigentes e dirigidos não era tão nítida como nos processos de industrialização da Europa. Na América Latina, essa distinção foi frequentemente realizada por grupos nacionalistas ou revolucionários, e seus dirigentes econômicos ou políticos se confundiam em muitas ocasiões com os líderes dos movimentos populares. A burguesia era fraca e a classe operária integrada ao sistema político. A implicação disso é que nesses países as massas teriam uma influência própria sobre os processos de transformação, atuando como classe social, mas não com o mesmo tipo de consciência que se expressou historicamente na Europa[39].

Touraine opta pela sociologia do desenvolvimento, que compreende a dinâmica das nações subdesenvolvidas diante dos efeitos da dominação exercida pelas grandes potências capitalistas, pois essa perspectiva insiste, na visão do autor, na importância das relações sociais. Nesse sentido, recusa-se a reduzir as condutas sociais a uma adaptação às transformações e a sociedade a uma imagem de dirigida somente pela dominação. Acredita existirem outras formas de conduta e de relações sociais que levam à autonomia nas decisões políticas no interior dessas sociedades. E, o mais importante, existem movimentos sociais que tornam essas sociedades abertas, ou seja, em torno do conflito sobre a orientação de sua

---

[38] Alain Touraine e Daniel Pécaut, "Conscience ouvrière et développement économique en Amérique Latine: propositions pour une recherche", *Sociologie du Travail*, v. 9, n. 3, 1967, p. 229-54.
[39] Em uma passagem de suas memórias, Touraine destaca que "no mundo latino-americano, as formas de transformação histórica e, portanto, a dependência em relação aos estrangeiros comandam a vida social mais diretamente que as leis internas do sistema capitalista. É um erro querer analisar essas sociedades como analisamos as nossas"; Alain Touraine, *Un désir d'histoire*, p. 162-3.

transformação. Daí ele conclui, generalizando a reflexão para sua teoria geral, que "a sociedade não é somente um sistema de normas ou um sistema de dominação: é um sistema de relações sociais, de debates e conflitos, de iniciativas políticas e de reivindicações, de ideologias e de alienação"[40].

Essas afirmações têm implicações no conceito de "sujeito histórico" desenvolvido por Touraine, em particular na consciência operária. Teria certa interferência direta ou indireta no desenvolvimento econômico. Mesmo quando o processo é de simples adaptação, há uma consciência de desenvolvimento. A tese desse autor é que os operários latino-americanos contribuíram para definir as mudanças ocorridas em seus países e que não se submetem a elas. Nesse sentido, Touraine não concordava com as explicações de que os operários da América Latina tinham se adaptado passivamente às transformações e que as conquistas legislativas e sociais teriam sido uma forma encontrada pelas classes dominantes para manter o controle sobre os operários.

Para explicar a participação dos atores no processo de transformação, Touraine elabora o conceito de *projeto*, o que lhe permitiu unir nele as noções de *expectativa*, de *modo de participação* e de *exigência normativa do indivíduo*. Essa proposta já havia sido esboçada em seu estudo sobre os operários de origem agrícola[41]. Os indivíduos fazem escolhas no âmbito pessoal, como é o caso da mobilidade geográfica, mas a passagem de uma postura de ator social particular para uma atuação no nível global representa o salto para o campo histórico. Nesses casos, ressalta o autor, o papel do sociólogo seria o de compreender o "projeto de futuro" e as formas de adaptação dos trabalhadores na migração do campo para a cidade.

Mais uma vez, o dualismo está presente na explicação tourainiana. O nível de contestação de um operário, por exemplo, "depende das relações que se forjam entre ele e o sistema de decisões da empresa, ou entre o habitante e a política municipal"[42]. No entanto, quanto mais prevalece na cidade uma "cultura tradicional", mais heteronomia existe. E quanto mais prevalece a cultura urbana, mais a autonomia dos operários se apresenta. Como a cidade acaba produzindo uma grande expectativa naqueles que migram para ela – educação, consumo, emprego, moradia –, esse excesso de expectativa pode produzir justamente a dependência dessas massas com um governante.

> Em resumo, essa experiência urbana é fundamental; mas ela mesma favorece os modos heterônomos de ação; devemos, portanto, esperar que ela seja ainda mais importante para os indivíduos que têm um trabalho marginal que para aqueles que, por meio da experiência do trabalho, ascendem a uma certa autonomia.[43]

---

[40] Idem, *Production de la société*, cit, p. 42.
[41] Idem e Orietta Ragazzi, *Ouvriers d'origine agricole*, cit.
[42] Alain Touraine, "Les Ouvriers d'origine agricole", cit., p. 247.
[43] Ibidem, p. 250.

Portanto, uma das grandes conclusões a que Touraine chegou em suas reflexões sobre a América Latina é que para compreender a industrialização dessa região o conceito de classe social é insuficiente. Segundo o autor, seria necessário incorporar nas análises os conceitos de nacionalismo e de desenvolvimento. Portanto, seria a junção e a articulação desses três conceitos que permitiria compreender as orientações dos operários latino-americanos.

A América Latina aparecia, então, para Touraine e para os franceses, como uma encruzilhada para a modernização capitalista. Ela colocava enormes desafios para os cientistas sociais e os modernizadores. A dominação estrangeira, ou seja, a localização da região na divisão internacional do trabalho, impunha limites ao desenvolvimento do capitalismo na região. Os movimentos sociais, em particular a classe operária, mas também as ações das classes dirigentes, tinham de ser compreendidos nesse marco de relações sociais e inseridos num cenário internacional. A instigação de Touraine sobre essas questões o levou a articular, em meados da década de 1960, um enorme projeto de cooperação internacional que envolvia a França, o Brasil, a Argentina, o Chile e outros países do continente com a perspectiva de compreender a consciência dos operários e dos empresários sobre o processo de industrialização. A diferença dessa proposta em relação às anteriores era verificar a veracidade das conclusões formuladas, realizando, dessa vez, uma pesquisa empírica com maior envergadura, com a aplicação de quase mil questionários em cada país envolvido (ver capítulo 8).

## A sociologia da ação: a busca de uma nova teoria sociológica

A primeira fase da produção intelectual de Touraine coincide com seu período de formação como sociólogo, que ocorreu com os embates teóricos e, sobretudo, com as pesquisas empíricas realizadas. O francês foi além do estilo de sociologia por ele construída no pós-guerra, abordando novas problemáticas sobre o mundo do trabalho e da indústria, deslocando-o da posição de centralidade na compreensão da sociedade contemporânea para fazer dele um ponto de partida de uma nova teoria sociológica. Suas preocupações, desde seus primeiros estudos nas fábricas Renault até as investigações sobre os estudantes em 1968, visaram explicar os conflitos sociais da perspectiva das experiências dos atores envolvidos. Dessa forma, a modernidade ia sendo definida como uma época em que os *sujeitos históricos* tinham consciência de sua capacidade de criar a própria sociedade. Esse conjunto de questões alimentou aquilo que viria a resultar em sua proposta de teoria geral expressa nos livros *Sociologie de l'action* (1965) e *Production de la société* (1973).

Em entrevista, Touraine assim definiu seu período de formação:

> Não havia nenhuma formação sociológica, nenhuma. Portanto, eu queria criar meus próprios instrumentos. Por isso, dediquei um bom tempo para escrever um livro que

se chama *Sociologie de l'action*, minha tese, em que não havia grandes coisas teóricas, mas havia mais que uma análise da sociedade industrial, um pouco de história do presente. Em seguida, escrevi um grosso livro que se chama *Production de la Société*, publicado em 1973. E, logo depois, veio meu trabalho de campo, que foi, durante vinte anos, uma atividade muito importante. Assim que essa fase terminou, procurei inventar um método de trabalho, as intervenções sociológicas, às quais me dediquei por pelo menos sete anos. Por fim, já nos anos 1980, passei um período na América Latina, pois estava insatisfeito com o clima político da França de François Mitterrand. Para ser honesto, é necessário dizer que o que existiu de favorável foi o fato de ter vivido minha juventude em um país que queria agir sobre si mesmo, como todos os países europeus com sucesso, com coragem, trabalhando enormemente e com o sentimento de ressurreição, de libertação. A palavra libertação corresponde fielmente à atmosfera da época. Eu fiquei muito ligado a esse período, que no entanto durou apenas dois anos.[44]

A teoria geral sociológica formulada por Alain Touraine entre 1965 e 1973, que ele denominou de *sociologia da ação* ou *acionalismo*, buscou inaugurar um novo campo de pesquisa e análise. Ela se apresentava como uma teoria capaz de compreender a nova sociedade industrial surgida após a Segunda Guerra Mundial e pretendia apresentar novas categorias que superassem as sociologias clássicas, formuladas numa etapa anterior do desenvolvimento da civilização ocidental. No entanto, sua teoria acabou por expressar não um novo momento histórico, mas uma fase conjuntural e excepcional do capitalismo ocidental, os "Trinta Gloriosos". Portanto, ela estava fortemente impactada por uma visão contemplativa do progresso técnico e social, atribuição fundamental para o que se entendia ser o processo de modernização da sociedade.

O livro *Sociologie de l'action*[45] foi um marco na sociologia francesa do pós-guerra, pois teve o mérito de ser a primeira tentativa, feita por um autor que já tinha uma ampla influência no meio acadêmico e que veio da pesquisa empírica, de propor um rompimento com a tradição que se consumou na França[46]. Nem todos receberam com bons olhos a proposta do jovem sociólogo. Reynaud e Bourdieu, por exemplo, achavam que a obra se baseava em intuições e não na generalização de abstrações com base em resultados de um trabalho empírico[47]. Em sua própria

---

[44] Ver Alain Touraine, entrevista concedida ao autor em 22 fev. 2017.
[45] Idem, *Sociologie de l'action* (Paris, Seuil, 1965).
[46] Lucie Tanguy, *A sociologia do trabalho na França: pesquisa sobre o trabalho dos sociólogos (1950-1990)* (trad. Estela dos Santos Abreu, São Paulo, Editora da USP, 2017).
[47] Jean-Daniel Reynaud e Pierre Bourdieu, "Une sociologie de l'action est-elle possible?", *Revue Française de Sociologie*, v. 7, n. 4, 1966, 508-17. A resposta de Touraine veio no mesmo número da revista em que foi publicada a crítica de Bourdieu e Reynaud; ver Alain Touraine, "La Raison d'être d'une sociologie de l'action", *Revue Française de Sociologie*, v. 7, n. 4, 1966, p. 518-27. Duas críticas a sua tese secundária, *La Conscience ouvrière*, podem ser encontradas em S. Moscovici e W. Ackerman, "La Sociologie existentielle d'Alain Touraine, note critique", *Sociologie du Travail*, v. 8, n. 2, 1966, p. 205-9, e em C. Durand e O. Guilbot, "De la théorie a la recherche: 'La Conscience ouvière' d'Alain Touraine", *Sociologie du Travail*, v. 9, n. 2, 1967, p. 210-15.

defesa de doutorado, como já ressaltamos no início do capítulo, Aron e outros o acusaram de tentar, com seu conceito de "sujeito histórico", produzir uma filosofia da história e não uma ciência social, algo que ele não teria feito com o domínio necessário. Portanto, em sua maioria, as críticas que recebeu partiam da concepção de que a sociologia é sinônimo de pesquisa empírica.

Tanguy define bem o significado da publicação da tese de Touraine:

> Posicionou-se assim contra a sociologia que deixava aos historiadores o estudo do movimento operário para interessar-se pelas relações profissionais (a de Reynaud) e contra a sociologia que reduzia as fábricas e os escritórios a organizações (a de Crozier), enquanto eles são também, para o poder, lugares de luta. Falar do sujeito histórico e dos sistemas de ação não era, segundo ele, construir uma filosofia da história, mas uma sociologia da historicidade que desse mais atenção ao estudo da formação dos sistemas sociais do que ao estudo de seu funcionamento. Nessa perspectiva, o sujeito histórico não é uma totalidade concreta, mas o princípio elementar de um tipo de análise que exige uma sociologia experimental ligada ao estudo do movimento das relações sociais ou da ação cultural em condições estritamente controladas, manipuladas, afastadas da prática social. Tal sociologia deve seguir, dizia o autor, a via aberta pela psicologia social, liberar-se cada vez mais dos encantos do concreto.[48]

Jean-Paul Lebel defende que o livro *Sociologie de l'action* fundou uma sociologia alternativa. Concorda com Tanguy que o ano de sua publicação foi emblemático, pois marcou a ascensão da nova geração de sociólogos franceses, muitos deles formados nos tempos do CES e do ISST, iniciando uma nova fase da sociologia naquele país[49]. O livro foi redigido de 1962 a 1964, período em que o autor dirigiu as pesquisas empíricas sobre as atitudes em relação ao trabalho, à consciência operária, ao sindicalismo na França e às vias de industrialização na América Latina, todos temas que alimentam suas teses (principal e secundária).

A questão central da teoria de Touraine está em como ele compreende a sociedade e o que ele chama de *historicité*. Segundo o próprio autor,

> a sociedade não é redutível a seu funcionamento ou a sua adaptação a um meio; ela se autoproduz de sorte que existe uma tensão fundamental entre a *historicité* de uma sociedade e o funcionamento ou a reprodução de uma coletividade, de uma "formação social", que manifesta a *historicité*, mas que é também uma unidade histórica particular e uma organização social que funciona segundo as normas e as exigências de coerência interna.[50]

A *historicité* seria composta do *modo de conhecimento*, da *acumulação* e do *modelo cultural*. O primeiro seria a representação que uma sociedade faz de si mesma, ou seja, é a capacidade de nomear, pela linguagem, tudo o que está ao nosso re-

---

[48] Lucie Tanguy, *A sociologia do trabalho na França*, cit., p. 151.
[49] Jean-Paul Lebel, *Alain Touraine: sociologie de l'action* (Paris, Ellipses, 2012).
[50] Alain Touraine, *Production de la société*, cit., p. 60-1.

dor. É, também, o conjunto dos meios e das operações técnicas e, nesse sentido, manifesta de forma mais direta a capacidade humana de criar algo devido a seu conhecimento e a seu domínio sobre o ser orgânico e inorgânico (natureza) e as relações sociais. Segundo o autor, a consolidação desse elemento foi fundamental para o surgimento da modernidade, pois a explicação da realidade deixou de ser determinada por representações metassociais.

O segundo elemento, a *acumulação*, é a expressão do trabalho sobre o trabalho, isto é, os recursos acumulados numa sociedade (no caso, industrial) e que são empregados diretamente nas condições de trabalho para produzir o trabalho – o papel atribuído à tecnologia, por exemplo. Portanto, no caso de uma sociedade industrial, esse elemento se manifesta na modificação da organização do trabalho e da produtividade.

O terceiro e mais importante elemento da *historicité* é o *modelo cultural*, que seria a consciência que uma sociedade tem de sua criatividade, ou seja, sua capacidade de se produzir. Nesse sentido, para o autor, uma sociedade não pode ser definida unicamente com base no estágio de suas forças produtivas, mas sim pelas relações de sua atividade e de sua capacidade de agir sobre ela. Esse elemento, ao se articular com os outros dois, incide na capacidade de ação em uma sociedade de uma maneira que define o campo das relações sociais ou o que Touraine chamou de *sistema de ação histórico*.

Nesse sentido, distanciando-se de uma perspectiva funcionalista, Touraine afirma que "as sociedades humanas são sistemas não somente abertos e capazes de modificar seus objetivos, mas possuidores da capacidade de criar as condutas normativamente orientadas, de produzir e de destruir sua ordem social"[51].

A análise sociológica deveria se concentrar na tensão existente entre a *historicité* e as instituições e a organização social, isto é, entre a produção da sociedade por ela mesma e a reprodução de sua atividade. No entanto, deve-se ressaltar que nenhum ator é portador dessa tensão, pois seria sob um sistema de *relações sociais* que se constituiria a unidade de ação e o local onde ela se manifestaria. Segundo Touraine, "as relações sociais geram as relações entre a *historicité* e o funcionamento da sociedade e, paralelamente, como já indiquei, as relações sociais mais fundamentais, as relações de classe, podem ser compreendidas somente como aplicação da *historicité*"[52].

Os atores, contudo, não são compreendidos como indivíduos que agem sobre a sociedade ou que são portadores de uma consciência individual. A questão do sujeito histórico é o coração da análise de Touraine. Ele não pode ser nem o indivíduo, nem os grupos reais e concretos. Ele se manifesta apenas por suas obras (a

---

[51] Ibidem, p. 34.
[52] Ibidem, p. 37.

criação) e pelo controle destas[53]. Portanto, de fato, os atores são definidos pelos *movimentos sociais* que os fazem intervir no nível da *historicité*.

O francês não ignora a existência e a importância do conflito de classes antagônicas já que, enquanto fator fundamental das relações sociais na sociedade industrial, são a expressão, em termos de atores sociais, da ação histórica, ou seja, da capacidade de uma sociedade agir sobre ela mesma. No entanto, não se pode confundir a dominação de uma classe com uma simples imposição dela sobre as outras. É importante compreender as relações de classe que opõem uma classe dirigente, que se serve da *historicité*, a uma classe popular, que resiste a essa dominação e contesta a apropriação privada da *historicité*. "Atribuir um tipo de conduta a uma classe, não faz nenhum sentido; o situar nas relações de classe é, ao contrário, indispensável."[54]

As relações de classe e seu conflito são situados num campo em que a unidade é definida pelo modelo cultural e pelo conjunto do sistema de ação histórico. São relações de conflito que se manifestam melhor por meio dos movimentos sociais responsáveis por colocar em marcha a dupla dialética das classes sociais, isto é, a luta entre adversários que defendem interesses privados, mas que também levam em conta o sistema de ação histórico. As relações de classe expressam ao mesmo tempo a abertura para a mudança social, com base nos conflitos de classe, mas também a imposição da classe dominante sobre seu adversário por meio da alienação.

\*\*\*

Touraine, apesar de dialogar com a teoria marxista e, em particular, com a obra de Karl Marx, não formulou sua concepção de consciência de classe ou de consciência operária nos marcos desse pensamento. Ele afirma pegar emprestado do revolucionário alemão o entendimento de que as classes sociais devem ser compreendidas com base nas relações sociais que elas estabelecem entre si. Nesse sentido, rejeita qualquer modelo que venha a caracterizar *a priori* as classes sociais e defende a importância da historicidade das relações sociais, pois as classes devem ser definidas tendo em mente suas experiências e a contraposição com outras. Dessa forma, Touraine afirma o primado do terreno da luta política e social sobre o econômico (a estrutura) ou, na expressão usada por ele, das lutas travadas no interior do sistema de ação histórico. É apenas por essa perspectiva teórica que ele pode desenvolver toda a concepção em torno do sujeito histórico e dos atores sociais.

No entanto, a tentativa de quantificar a consciência da classe operária com base em pesquisas realizadas com a aplicação de questionários, as famosas *surveys*, e de criar tipologias que permitam compreender as atitudes e os sentidos das ações dos atores nas sociedades corre um sério risco de produzir uma explicação que,

---

[53] Jean-Paul Lebel, *Alain Touraine: sociologie de l'action*, cit.
[54] Ibidem, p. 145.

em termos do devir histórico de um grupo social, é capaz apenas de "prever" uma possibilidade. Isso ocorre porque o que as respostas dos questionários mostram aos pesquisadores não é uma consciência média ou os sentidos de uma orientação geral da classe operária, mas tão somente um recorte fotográfico de um dos elementos mais dinâmicos e mutáveis da sociedade, a subjetividade dos seres sociais. O maior problema desse tipo de pesquisa é considerar que atestou a consciência de um grupo quando, na verdade, o que se reteve foi, talvez, tão somente uma expressão de uma consciência reificada.

Essa perspectiva teórica e metodológica assumida por Touraine não lhe permitiu antecipar as tendências explosivas que se manifestavam no interior da classe operária e que acabaram resultando, em 1968, no maior conflito operário da história da França. Mesmo tendo adotado uma perspectiva que lhe fornecia apenas um retrato fotográfico, ainda que bastante rico, ele acabou por desconsiderar, entre os relatos obtidos nas respostas dos milhares de questionários que aplicou por mais de uma década, aqueles que manifestavam as insatisfações das operárias e dos operários em relação ao sistema de regulação social e ao modelo de produção ao qual estavam submetidos.

## O florescimento da sociedade pós-industrial?

Após os acontecimentos de maio-junho de 1968 que sacudiram a França, Touraine lançou *A sociedade pós-industrial: nascimento de uma sociedade*[55]. Esse pequeno livro, publicado antes de *Production de la société*, marca uma inflexão em sua produção intelectual que alguns poderiam interpretar como uma ruptura. No entanto, ao se acompanhar o desenvolvimento de suas pesquisas empíricas e reflexões, é possível encontrar nas conclusões o apontamento do surgimento de uma nova sociedade, na qual o movimento operário perderia sua centralidade enquanto ator político. Essas mudanças estariam sendo gestadas no interior da evolução do próprio mundo do trabalho. Portanto, a classe operária não teria mais papel central entre os que Touraine chamou de novos movimentos sociais, pois eles se formariam entre os setores econômicos mais avançados, nos escritórios de estudos, nos quadros que exerceriam funções de competência e não de autoridade, assim como nas universidades.

Nas sociedades pós-industriais ou tecnocráticas ou, como ele preferia, nas sociedades programadas – esse termo, segundo o autor, indicaria de forma mais precisa a natureza do trabalho e da ação econômica –, o longo processo de crescimento

---

[55] Touraine foi um dos primeiros autores, senão o primeiro, a usar a expressão "pós-industrial" para caracterizar uma nova era em ascensão. Ver Alain Touraine, *La Société post-industrielle: naissance d'une société* (Paris, Denoël, 1969).

econômico ocorrido nas décadas pós-guerra, os "Trinta Gloriosos", permitiu que se atingisse um tal nível de produtividade e de riqueza que essas sociedades poderiam se livrar do problema da produção e se tornarem sociedades de consumo ou de lazer. "O crescimento econômico é determinado mais por um processo político que por mecanismos econômicos que se desenvolvem quase inteiramente fora do controle social", afirma o francês[56].

Os "mecanismos econômicos" não seriam mais o centro da organização e da ação social. Portanto, ganham relevância o conhecimento (a capacidade da sociedade de criar) – como a pesquisa científica e técnica –, a formação profissional e a capacidade de programar a transformação e de controlar as relações entre esses elementos, assim como de gerir as empresas, pois as informações são cada vez mais integradas às formas de produção. Nesse sentido, a conclusão é coerente com algumas passagens anteriores do autor e de outros colegas de sua geração sobre o processo de automação industrial. Esse processo levaria a sociedade a um estágio tal de automatismo social que os homens e mulheres estariam livres das determinações econômicas para vislumbrarem uma nova sociedade na qual o sonho do Estado de bem-estar social se consolidaria para todos, com mais direitos, mais tempo livre e menos trabalho.

Segundo Touraine, seria necessária uma renovação da sociologia para analisar a nova sociedade que surgiria. No entanto, a sociedade pós-industrial e a teoria formulada pelo autor francês eram a imagem e a consequência de uma situação excepcional ocorrida no mundo do capitalismo avançado após o término da Segunda Guerra Mundial. Se o movimento operário deixou de ser o principal sujeito histórico, pois a sociedade industrial teria entrado num novo estágio de desenvolvimento, em que se teria superado a centralidade da economia enquanto força propulsora da transformação, os sujeitos históricos e a disputa em torno da *historicité* também se alteravam, dando lugar aos novos movimentos sociais.

---

[56] Alain Touraine, *Production de la société*, cit., p. 11-2.

# III
# A SOCIOLOGIA USPIANA DO TRABALHO (1950-1960)

# Introdução

O surgimento da disciplina sociologia do trabalho no Brasil está relacionado ao processo que impulsionou, na América Latina, uma expansão dos cursos de ciências sociais nas universidades e, consequentemente, uma maior profissionalização desse domínio. À diferença da França, onde ela foi claramente delimitada por um grupo de cientistas sociais e fez parte de uma proposta político-acadêmica, fruto da demanda social por analisar e apresentar soluções para as "relações industriais", a sociologia do trabalho no Brasil constituiu um dos vários domínios explorados por uma geração que tinha como característica o ecletismo no método e nos objetos de pesquisa. Esta, marcada pela transdisciplinaridade,

> ousava correr o risco de formular uma teoria da sociedade brasileira. Nesse pioneirismo, os estudos sobre o trabalho industrial desempenharam um papel decisivo [...]. Nessas condições, a moderna sociologia do trabalho industrial nasceu, no Brasil, fortemente tributária da herança de alguns pioneiros que aceitaram o desafio de explicar as condições de emergência, as atitudes políticas e a ação sindical dos contingentes operários que se formavam no processo de industrialização substitutiva.[1]

Apesar de, naquele período, estar em curso um projeto de institucionalização desse domínio como uma nova disciplina, o mundo do trabalho era, de fato, um tema transversal, abordado por diversos autores, de diferentes grupos e cátedras. Por isso, denominamos de *sociologia uspiana do trabalho* todos os estudos realizados ao longo dos anos 1950 e 1960, nos quadros da Universidade de São Paulo, sobre a classe trabalhadora e o mundo do trabalho. Porém, nem todos que aqui enquadramos como sociólogos do trabalho se reivindicariam como tais. Para alguns

---

[1] Nadya A. Guimarães e Marcia de P. Leite, "A sociologia do trabalho industrial no Brasil: desafios e interpretações", *BIB. Revista Brasileira de Informação Bibliográfica em Ciências Sociais*, n. 37, 1994, p. 40.

leitores, soará estranha a catalogação de determinados autores, como, por exemplo, Florestan Fernandes e Fernando Henrique Cardoso, como parte da sociologia uspiana do trabalho. De fato, as investigações relativas a esse domínio emergiram associadas a um projeto maior de produção de um conhecimento em torno das transformações sociais e econômicas decorrentes do processo de constituição de um capitalismo industrial dependente no Brasil.

No entanto, não concordamos com aqueles que reduzem a sociologia do trabalho produzida na USP a uma parte de um "projeto maior que deveria verificar a capacidade de atores centrais do desenvolvimento (empresários, trabalhadores e Estado) empreenderem a constituição de um 'capitalismo autônomo' nacional"[2]. Tal redução da produção sociológica uspiana sobre a classe trabalhadora e sobre a indústria a uma preocupação com o desenvolvimento, ainda que isso tenha sido a questão central para essa geração, simplifica a heterogeneidade dos estudos realizados ao longo de quase duas décadas. Na verdade, essa preocupação com o desenvolvimento, ressaltada por João Carlos Cândido, perpassou as obras de alguns autores, durante um período específico da sociologia da USP, em particular aquela vinculada à Cadeira de Sociologia I e com o projeto do Cesit.

O que propomos, portanto, é uma leitura mais abrangente, partindo da compreensão de que o trabalho é uma categoria fundamental e fundante da sociedade contemporânea e, nesse sentido, todos os estudos que abordam o mundo do trabalho podem ser enquadrados como sociologia do trabalho. Isso nos permite fazer um exercício de comparação das pesquisas realizadas por diversos autores envolvidos, acompanhando as influências teóricas, os métodos adotados, os temas, as problemáticas e os fins político-acadêmicos desses estudos. Dessa perspectiva, o período de existência do que chamamos de sociologia uspiana do trabalho teve início com os estudos de Mario Wagner Vieira da Cunha, do Instituto de Administração, no início dos anos 1950, e se encerrou com o fim do projeto do Cesit, no final dos anos 1960.

Pela forma como a USP estava organizada, os sociólogos se encontravam espalhados em diversas cátedras e institutos, tais como a Faculdade de Filosofia, Ciências e Letras (FFCL-USP), a Faculdade de Economia e Administração (FEA-USP) e a Faculdade de Arquitetura e Urbanismo (FAU-USP). Os principais personagens, portanto, que contribuíram para a reflexão sociológica sobre o trabalho foram Vieira da Cunha, Azis Simão, Juarez Brandão Lopes, Fernando Henrique Cardoso, Leôncio Martins Rodrigues e Luiz Pereira. Além destes, não podemos deixar de ressaltar que Florestan Fernandes e Fernando de Azevedo contribuíram substancialmente, no âmbito político e organizacional, para que a sociologia do

---

[2] João Carlos Cândido, *Entre a "política" e a "polícia": a constituição e a crítica da sociedade industrial democrática na sociologia paulista dos anos 1950 e 1960* (dissertação de mestrado, São Paulo, Universidade de São Paulo, 2002), p. 3.

trabalho se consolidasse como disciplina. O que buscaremos demonstrar, portanto, nesta terceira parte, é que havia um acordo, um diálogo em comum, ainda que não explícito, e um ambiente em que os temas relativos ao mundo do trabalho foram ganhando relevância ao longo de duas décadas, criando-se, dessa forma, uma tradição de reflexão. Essa experiência produziu uma explicação sobre a classe trabalhadora e a sociedade brasileira que influenciou e continua a influenciar gerações de sociólogos brasileiros e latino-americanos, tema de análise do nosso último capítulo.

Nesta parte, as questões relativas à constituição e à institucionalização da sociologia uspiana do trabalho serão abordadas nos capítulos 7 e 8. No primeiro, "Uma história revisitada: a constituição da sociologia uspiana", destacaremos os elementos que permitiram o surgimento das primeiras reflexões e pesquisas, dando ênfase às disputas político-acadêmicas fundamentais para a constituição desse novo campo das ciências sociais. No capítulo seguinte, "A consolidação de uma tradição: a sociologia uspiana do trabalho", nosso objetivo será demonstrar o quanto as primeiras pesquisas sobre o mundo industrial e do trabalho, realizadas nas décadas de 1950, foram fundamentais para se criar as bases de reflexão dos estudos posteriores, aqueles realizados na Cadeira de Sociologia I e no Cesit e que ganharam maior projeção nas décadas seguintes. Nesses dois capítulos, buscaremos demonstrar e problematizar as influências que a sociologia uspiana do trabalho recebeu dos estadunidenses e franceses, assim como os diálogos que teve com eles.

Por fim, no capítulo 9, "Uma análise crítica da sociologia uspiana do trabalho", buscaremos expor como os autores envolvidos criaram uma tradição de pensamento sociológico no campo dos estudos sobre o mundo do trabalho, destacando seus diálogos e influências teóricas e metodológicas. Ali, tentaremos, por fim, apresentar uma análise crítica sobre a produção uspiana do trabalho.

# 7
# Uma história revisitada: a constituição da sociologia uspiana

> *[...] nas ciências sociais, as próprias condições de existência social nas quais o cientista se encontra inserido são componentes fundamentais de sua atividade científica [...] A problemática ou as possibilidades da interpretação guardam sempre alguma correspondência com o universo cultural no qual o cientista está imerso.*[1]

Diferentemente de outros campos, a sociologia do trabalho brasileira olhou muito pouco para sua própria história. Ainda assim, há um conjunto de trabalhos, teses, artigos, ensaios ou relatos de protagonistas e discípulos que visa explorar determinados aspectos de sua empreitada, ressaltando os projetos científicos de um único sociólogo ou de um grupo de sociólogos[2]. Nesses estudos, a chamada

---

[1] Octavio Ianni, *Sociologia da sociologia latino-americana* (2. ed., Rio de Janeiro, Civilização Brasileira, 1976).

[2] Alguns exemplos de artigos, teses e livros voltados para o tema são: Wagner de M. Romão, *Sociologia e política acadêmica nos anos 1960: a experiência do Cesit* (São Paulo, Humanitas, 2006); João Carlos Cândido, *Entre a "política" e a "polícia": a constituição e a crítica da sociedade industrial democrática na sociologia paulista dos anos 1950 e 1960* (dissertação de mestrado, São Paulo, Universidade de São Paulo, 2002); Nadya A. Guimarães e Marcia de P. Leite, "A sociologia do trabalho industrial no Brasil: desafios e interpretações", *BIB. Revista Brasileira de Informação Bibliográfica em Ciências Sociais*, n. 37, 1994, p. 39-59; Marcia de Paula Leite, "A sociologia do trabalho na América Latina: seus temas e problemas (re)visitados", *Sociologia & Antropologia*, v. 2, n. 4, 2012, p. 103-27; José Sérgio Leite Lopes, "Sobre o trabalhador da grande indústria na pequena cidade: crítica e resgate da 'crise do Brasil arcaico'", *Boletim do Museu Nacional*, n. 43, 1983; José Sergio Leite Lopes, Elina Pessanha e José Ricardo Ramalho, "Esboço de uma história social da primeira geração de sociólogos do trabalho e dos trabalhadores no Brasil", *Educação & Sociedade*, v. 33, n. 118, 2012, p. 115-29; José Sergio Leite Lopes, "Touraine e Bourdieu nas ciências sociais brasileiras: duas recepções diferenciadas", *Sociologia & Antropologia*, v. 3, n. 5, 2013, p. 43-79; José Ricardo Ramalho e Iram Jácome Rodrigues, "Sociologia do trabalho no Brasil: entrevista com Leôncio Martins Rodrigues", *Revista Brasileira de Ciências Sociais*, v. 25, n. 72, 2010, p. 133-79; Ruy Braga, *A política do precariado: do populismo à hegemonia lulista* (São Paulo, Boitempo, 2012,

"escola paulista de sociologia" recebeu destaque especial, apresentada como uma das percursoras da sociologia industrial e do trabalho no Brasil. Em parte, isso se explica pelo fato de que as pesquisas produzidas na Universidade de São Paulo, ao longo dos anos 1950 e 1960, compuseram um projeto político-acadêmico que proporcionou o primeiro grande ensaio de institucionalização de longa duração desse novo domínio em nosso país.

A maioria dos textos que abordam o desenvolvimento da sociologia do trabalho no Brasil se concentra nas análises das obras e das categorias formuladas por seus autores, predominando, muitas vezes, o estudo de exegese de texto ou a análise comparativa das teses e das "escolas". Em alguns casos, quando diferentes "tradições" são comparadas, ressaltam-se mais os confrontos político-teóricos e as disputas acadêmicas que as articulações entre seus membros na busca de constituir um campo comum de trabalho. São muito raros os estudos que priorizam a análise das instituições envolvidas na construção desse novo domínio das ciências sociais, aspecto que conduziria os pesquisadores a um rigoroso e necessário trabalho nos arquivos. Acreditamos, portanto, que, ao inseri-los em suas rotinas de pesquisas, os cientistas sociais teriam melhores condições não apenas de compreender os produtos culturais finais dessa geração de intelectuais como, e principalmente, de analisarem as condições sociais e institucionais nas quais suas pesquisas foram realizadas.

Longe da pretensão de apresentar uma reflexão completa sobre a história da sociologia do trabalho, tarefa árdua e que demanda um projeto coletivo, este livro busca fazer uma pequena contribuição para essa história, apontando alguns fatos e questões relativos à institucionalização da disciplina e às lutas político-acadêmicas que consideramos importantes para explicar o surgimento e o desenvolvimento da sociologia do trabalho brasileira, ressaltando, sobretudo, as relações estabelecidas entre a "escola uspiana" e as escolas "carioca" e "francesa". Essas lutas e relações permitiram a constituição de um novo campo ou subcampo do saber, no sentido dado por Bourdieu[3].

Um momento importante do desenvolvimento desse campo foi a chegada do grupo de franceses da sociologia do trabalho à América Latina, em meados da década de 1950. Esse contato ocorreu quando organizações como a Unesco, OEA, fundações filantrópicas e governos progressistas agiam sobre a região com o objetivo de contribuir para a criação de uma comunidade internacional de ciências sociais alinhada com seus projetos de modernização da sociedade. Tal processo tinha tomado impulso anos antes com a criação das associações internacionais e

---

coleção Mundo do Trabalho); e Maria Aparecida Bridi, Geraldo Augusto Pinto e Sávio Cavalcante, "Sociologia do trabalho no Brasil: um panorama das pesquisas sobre reestruturação produtiva, sindicalismo e classe trabalhadora", em Rita de Cássia Fazzi e Jair Araújo de Lima, *Campos das ciências sociais: figuras do mosaico das pesquisas no Brasil e em Portugal* (Petrópolis, Vozes, 2020).

[3] Pierre Bourdieu, *Science de la science et réflexivité: cours du Collège de France 2000-2001* (3. ed., Paris, Raisons d'Agir, 2007, coleção Cours et Travaux).

nacionais de ciências sociais, os intercâmbios de estudantes e professores, os eventos acadêmicos internacionais e o surgimento de revistas especializadas, possibilitando um maior diálogo entre os vários grupos de pesquisa.

O encontro entre os sociólogos da USP e os franceses, no final dos anos 1950, teve enorme importância no desenvolvimento da sociologia paulista e em sua projeção nacional e internacional, influenciando a produção intelectual e as carreiras dos envolvidos, em particular dos membros da Cadeira de Sociologia I. Esse fato acabou por reforçar e legitimar uma narrativa hegemônica sobre o desenvolvimento da sociologia uspiana do trabalho, difundida por seus principais protagonistas, que pode ser ilustrada nas falas reproduzidas logo abaixo.

Segundo Fernando Henrique Cardoso,

[...] mais tarde, por alguma razão, creio que foi o Fernando de Azevedo quem convidou o Friedmann. Ele era um professor francês do Conservatoire National des Arts et Métiers. Ele foi o iniciador do que se chamou de sociologia do trabalho, nos anos 1950, no começo dos anos 1950. Aí veio o Friedmann para cá. E isso coincidiu com uma eleição. Não sei se foi de 54 ou de 50. Acho que foi de 54. Meu pai era general, mas ele foi candidato a deputado pelo Partido Trabalhista Brasileiro (PTB) e foi eleito. Eu nunca participei da vida política ativa na época acadêmica. Só muito mais tarde. Mas eu conhecia e andei com o Friedmann, pois na época tinha suas vantagens e desvantagens. Eu tinha um automóvel. Uma tia minha me deu um carro. Então andei muito com ele para mostrar São Paulo e mostrar também como era a eleição em São Paulo. E era muito complicado, pois o Partido Comunista estava embutido no PTB e ele não entendia nada. Isso daqui era Casa de Getúlio, mas na verdade era tudo comunista. Então era difícil para um europeu entender a situação brasileira, então eu andei com o Friedmann por aí [...] O fato é que eles resolveram indicar o Alain Touraine para vir para cá. Touraine a essa altura já tinha feito aquela pesquisa lá no Chile, em Huachipato e Lota. E, por acaso, tinha trabalhado lá com alguém que depois escreveu um livro comigo, Enzo Faletto. O Alain veio para cá e eu falava francês desde pequeno, então era mais fácil entrar em contato com essa gente [...][4]

Essa versão é reforçada por Leôncio Martins Rodrigues:

[...] o Florestan Fernandes me convidou para integrar um grupo de trabalho que tinha sido criado pelo Fernando Henrique, uma coisa chamada Centro de Sociologia Industrial e do Trabalho [Cesit] [...]. Veio aqui o Touraine [...]. Antes, passou o Friedmann aqui, que, se não me engano, tinha sido catedrático do Touraine, na hierarquia francesa, *mutatis mutandis*. O Friedmann tinha escrito aquele livro *O trabalho em migalhas*, *Le travail en miettes*, além de outros. Depois, veio o Touraine aqui e fez uma série de conferências sobre organização do trabalho, e incentivou a formação do Cesit, o Centro

---

[4] Ver Fernando Henrique Cardoso, entrevista concedida ao autor em 6 dez. 2017. Vale ressaltar que Cardoso confunde a data da chegada de Friedmann ao Brasil. Em sua memória, ele teria visitado o país em 1954, quando teria feito o tal passeio de carro com o francês pela região industrial de São Paulo. Além disso, a eleição de Leônidas Cardoso, pai de Fernando Henrique, como deputado federal, foi em 1954.

de Sociologia Industrial e do Trabalho, que ficou sob a direção do Fernando Henrique. Eu não era formado, portanto, como professor eu não poderia ser contratado, mas poderia ser como auxiliar de pesquisa, e fui como auxiliar de pesquisa para o Cesit.[5]

Muito parecido é o relato de Touraine sobre a mesma questão:

> Foi talvez por intermédio da Associação Internacional de Sociologia [ISA], da qual Friedmann era o presidente [que chegou o pedido da USP para o envio de especialista em sociologia industrial], mas a mesma demanda finalmente me foi feita pela USP e, portanto, eu fui; aliás, foi divertido porque eu fui ensinar no quadro das atividades da Cadeira II, isto é, Fernando de Azevedo[...]. E depois de dois meses mais ou menos, me pediram para eu especificar meus projetos, fazer propostas, e eu disse: "Bem, eu acho que se deve criar um Centro de Sociologia do Trabalho e proponho que seu diretor seja Fernando Henrique Cardoso". Foi um escândalo! Porque era a outra cadeira, a Cadeira I. Então, fui considerado um traidor. E como todos os traidores, mudei de lado e fiquei muito amigo de Fernando Henrique, de Octavio Ianni, desse pessoal [...][6]

Essas narrativas acabaram por supervalorizar o Centro de Sociologia Industrial e do Trabalho (Cesit), aprovado em 1961, e os trabalhos produzidos por seus membros, alçando-os como precursores da sociologia do trabalho no Brasil, destacando o papel de algumas figuras, em detrimento de outros personagens e grupos que vinham, desde o início dos anos 1950, produzindo pesquisas sobre o mundo industrial e do trabalho. Ainda segundo essas narrativas, a sociologia do trabalho no Brasil teria surgido quando Friedmann e, em seguida, Touraine visitaram a USP e conheceram o jovem Fernando Henrique Cardoso, que se destacaria pelo fato de, na época, ter por sorte um carro e falar francês[7].

É verdade que Friedmann se impressionou, logo em sua primeira visita, em 1958, com todo o grupo de jovens sociólogos da USP, em particular com Cardoso[8]. Entretanto, seria ingenuidade considerar que o *patron* da sociologia francesa teria se impressionado com um bom francês e com uma carona graças à qual pôde visitar zonas industriais de São Paulo. Na verdade, Friedmann se animara em conhecer

---

[5] Leôncio M. Rodrigues, *Leôncio Martins Rodrigues Netto (Depoimento, 2008)* (Rio de Janeiro, CPDOC/FGV; LAU/IFCS/UFRJ; ISCTE/IUL, 2010).

[6] Touraine citado em José Sergio Leite Lopes, "Touraine e Bourdieu nas ciências sociais brasileiras: duas recepções diferenciadas", cit., p. 45.

[7] Essa mesma narrativa de Cardoso, ressaltando a importância de ter um carro e de falar francês, apareceu em outros depoimentos, tais como em Fernando Henrique Cardoso, *Fernando Henrique Cardoso (Depoimento, 2011)* (Rio de Janeiro, CPDOC/FGV; LAU/IFCS/UFRJ; ISCTE/IUL, 2012) e em Fernando Henrique Cardoso, *Um intelectual na política: memórias* (São Paulo, Companhia das Letras, 2021).

[8] Na preparação de sua terceira viagem à América Latina, em agosto de 1960, Friedmann escreveu a Azevedo confessando que seria "bem agradável pensar que o reverei, assim como os seus colaboradores, em particular F. H. Cardoso, D. Monteiro e R. Moreira" (ver *Carta de Friedmann a Fernando de Azevedo*, 10 jun. 1960, timbre da Flacso e carimbo de Paris XVI. Arquivo Fernando de Azevedo, Arquivo IEB-USP. Código: Cp-cx13, 23).

uma geração de jovens sociólogos que havia quase uma década se debruçava sobre o problema da industrialização e, em particular, se dedicava a construir uma sociologia capaz de intervir na realidade em plena transformação. Sua empolgação em conhecer a América Latina foi tamanha que ele publicou dois pequenos livros sobre a região para o público francófono[9]. Portanto, Friedmann se deparou com um grupo de intelectuais brasileiros que expressava a mesma preocupação que os franceses: o processo de modernização da sociedade.

Nas próximas páginas, tentaremos desmitificar essas narrativas, esclarecer pontos nebulosos e mostrar que elas foram mais o resultado das memórias dos "vencedores" que de lembranças dos fatos sucedidos. No entanto, ainda que tenhamos realizado uma pesquisa de fôlego nos arquivos, ela foi insuficiente para abordar e esclarecer todas as questões dessa história, deixando em aberto algumas perguntas.

## O encontro entre Friedmann e a sociologia uspiana

A confrontação dessas narrativas hegemônicas com as pesquisas em arquivos nos permitiu elaborar novas perspectivas explicativas para o desenvolvimento teórico e institucional da sociologia uspiana do trabalho. Por exemplo, esse encontro ocorrido em 1958 entre Friedmann e os acadêmicos de São Paulo, na antiga Faculdade de Filosofia, Ciências e Letras da USP, na rua Maria Antônia, foi resultado de um longo processo de relações acadêmico-pessoais que coincidiu, no final dos anos 1950, com a consolidação de uma comunidade científica internacional. Friedmann e os sociólogos da USP vinham alimentando vínculos desde a fundação da Associação Internacional de Sociologia (ISA), como demonstramos no capítulo 2, aprofundando-as com a criação da Flacso e do Clapcs, contando com volumosos incentivos financeiros e políticos de organizações internacionais, tais como a Unesco. Portanto, é de supor que a atuação dos brasileiros nos congressos internacionais e nas diretorias da ISA, nos espaços da Unesco e de outros organismos internacionais lhes permitiu estreitar laços com seus pares de outras nacionalidades. Dessa forma, a relação de Friedmann com os sociólogos da USP teve início nos fóruns internacionais[10], mas foi por meio de Fernando de Azevedo, catedrático da Cadeira de Sociologia II da USP, e da recém-criada Capes[11], chefiada por Anísio Teixeira, que a articulação da vinda do francês ao

---

[9] Georges Friedmann, *Problèmes d'Amérique Latine* (Paris, Gallimard, 1959); idem, *Problèmes d'Amérique Latine II: signal d'une troisième voie?* (Paris, Gallimard, 1961).

[10] Friedmann exerceu na ISA os cargos de presidente (1956-1959) e de membro do Comitê Executivo (1959-1962), mesmo período em que foi criada na América do Sul a Flacso, instituição da qual o francês foi presidente entre 1958 e 1964, e o Clapcs.

[11] A Campanha Nacional de Aperfeiçoamento de Pessoal de Nível Superior (atual Capes) foi criada em 11 de julho de 1951 e desde o início buscou concretizar "um duplo programa de emergência,

Brasil foi costurada, com o objetivo de contribuir para o desenvolvimento da sociologia industrial.

Em nenhum artigo ou tese sobre o desenvolvimento da sociologia do trabalho no Brasil o nome de Anísio Teixeira é mencionado como importante articulador, junto com Fernando de Azevedo, da vinda de Friedmann ao país. No entanto, as cartas que encontramos nos arquivos confirmam que, desde 1954, havia o convite para que o francês viesse ministrar uma palestra na USP sobre sociologia industrial. Naquela ocasião, Friedmann demonstrou grande interesse em conhecer nosso país. Porém seus planos foram sempre adiados por excesso de trabalho[12]. A primeira visita ao Brasil ocorreu, portanto, apenas no final de 1957, quando pôde fazer uma escala de quatro dias no Rio de Janeiro e se encontrar com Teixeira. No ano seguinte, finalmente se concretizou esse plano, com a realização das palestras e do seminário ministrados em São Paulo. Contudo, desde o início, o objetivo era estabelecer uma colaboração de pesquisa, de intercâmbio e de qualificação entre o CES e a FFCL-USP[13].

A reconstrução das missões de Georges Friedmann na América Latina tem sido uma tarefa árdua devido às dificuldades de encontrar informações precisas de seu percurso profissional durante o período de 1945 a 1959[14]. O que sabemos é que o autor realizou três viagens para a região nos anos de 1957, 1958 e 1960. A primeira ocorreu a convite da Universidade de Buenos Aires e do Instituto de Sociologia da Universidade do Chile e se efetivou nos meses de novembro e dezembro de 1957, com o objetivo de supervisionar a pesquisa de sociologia

---

compreendendo a assistência técnica às Universidades, mediante o contrato de professores estrangeiros e o preenchimento das lacunas mais instantes do nosso quadro técnico-científico, mediante o aperfeiçoamento no estrangeiro" (ver AT pi Capes 1952/1964.00.00, Arquivo Anísio Teixeira, Arquivo FGV-CPDOC).

[12] Em outubro de 1954, o francês confirma ter recebido carta de Anísio Teixeira, convidando-o para ministrar um curso na USP no ano seguinte. Este é o texto, vertido para o português: Sinto-me bastante honrado com esse convite e ficaria feliz, em princípio, de visitar o Brasil. Eu disse ao sr. Teixeira que, tão logo haja reunido as informações necessárias (tendo em vista os compromissos que assumi para 1955 e minhas obrigações profissionais), poderei lhe responder (ver *Carta de Georges Friedmann a Fernando de Azevedo*, 23 out. 1954. Arquivo Fernando de Azevedo, Arquivo IEB-USP. Código: CP-CX13,14).

[13] Depois de sua passagem por São Paulo, em 1958, Friedmann ainda se encontrou com Anísio Teixeira, no Rio de Janeiro, para discutirem a colaboração franco-brasileira no domínio da sociologia do trabalho (ver *Carta de Friedmann a Azevedo*, de 3 out. 1958. Arquivo Fernando de Azevedo, Arquivo IEB-USP. Código: CP-CX13,21/2).

[14] Durante esses anos, Friedmann foi professor da Cadeira de História do Trabalho e Relações Industriais do CNAM. Segundo o arquivo dessa instituição, o *Dossiê de carreira* de Friedmann se encontra desaparecido, o que impossibilita saber com exatidão as datas de suas licenças, os motivos de suas viagens, as formas de financiamento etc. As informações utilizadas neste livro foram obtidas em diferentes fontes secundárias nos arquivos do CNAM e da Ehess, nos livros de Friedmann sobre a América Latina (1959, 1961) e em jornais de grande circulação no Brasil durante a época em questão.

industrial realizada no Chile, nas cidades de Lota e Huachipato, com o auxílio da equipe de Friedmann no CES[15].

Um jornal da época fez o seguinte registro de sua primeira passagem pelo Brasil: "Procedente da Argentina, encontra-se no Rio [de Janeiro], o prof. Georges Friedmann, uma autoridade mundial em problemas de sociologia industrial e de organização racional do trabalho"[16]. Na capital do país, ele ministrou a conferência "Problemas humanos da empresa contemporânea", no auditório do Instituto Superior de Estudos Brasileiros (Iseb), em 16 de dezembro de 1957.

Sua segunda viagem para a América do Sul aconteceu de agosto a novembro de 1958, quando visitou, na companhia de sua filha Liliane, então com 17 anos de idade, as cidades de Lima, Santiago do Chile, Buenos Aires, São Paulo e Rio de Janeiro. A razão principal dessa nova viagem teria sido sua participação no lançamento das atividades da Faculdade Latino-Americana de Ciências Sociais (Flacso), em Santiago do Chile. Os jornais de São Paulo[17] registraram sua passagem pela cidade – uma repercussão rara para um intelectual –, a convite do Departamento de Sociologia e Antropologia da Universidade de São Paulo (USP)[18]. Ele aterrissou no dia 22 de setembro e durante uma semana ministrou três conferências abertas ao público e um seminário restrito aos professores e estudantes da FFCL-USP[19].

Numa entrevista concedida no hotel em que se encontrava hospedado, ressaltou estar

> realizando uma viagem especial, como presidente da Faculdade Latino-Americana de Ciências Sociais, fundada pela Unesco e por diversos países da América Latina. Após ter permanecido por cerca de uma semana em Lima, no Peru, quatro em Santiago do Chile, onde está situada a sede da universidade que presido, e uma em Buenos Aires, estou chegando a São Paulo [...] a convite da Faculdade de Filosofia, Ciências e Letras

---

[15] Torcuato Salvador Di Tella et al., *Huachipato et Lota: étude sur la conscience ouvrière dans deux entreprises chiliennes (Recherche menée par l'Institut de Recherches Sociologiques de l'Université du Chili)* (Paris, Éditions du Centre National de la Recherche Scientifique, 1966).

[16] Ver "Problemas humanos da empresa contemporânea", *Diário de Notícias* (RJ), 13 dez. 1957, p. 9. Hemeroteca Digital da Biblioteca Nacional do Brasil.

[17] Ver *Folha da Manhã*, 20 set. 1958, p. 7; *O Estado de S. Paulo*, 21 set. 1958, p. 25; *O Estado de S. Paulo*, 23 set. 1958, p. 17; e *Folha da Manhã*, 24 set. 1958, p. 6.

[18] Em carta, Azevedo afirma que Friedmann foi para São Paulo a convite do Centro Regional de Pesquisas Educacionais de São Paulo (CRPE-SP) (ver *Carta de Fernando Azevedo a Anísio Teixeira*, 20 set. 1958, timbre do CRPE-SP. Arquivo Anísio Teixeira, Arquivo FGV-CPDOC. Código: AT c 1931.12.27).

[19] As palestras ocorreram nas seguintes datas: no dia 23 de setembro, às 20h30, no salão nobre da Faculdade de Filosofia, Ciências e Letras da USP, com o tema "História do trabalho – sociologia industrial"; no dia 24, às 14h30, no Centro Regional de Pesquisas Educacionais (CRPE-SP), na Cidade Universitária Armando de Sales Oliveira, com o tema "A divisão do trabalho: especialização e lazeres"; no mesmo dia, às 20h30, no salão nobre da Faculdade de Filosofia da USP, com o tema "O progresso técnico: liberdade e servidão?". Por fim, no dia 25, às 16 h, um seminário no Departamento de Sociologia e Antropologia da USP.

[...] O seminário programado para amanhã [...] versará sobre pesquisas que estão sendo realizadas na França sobre sociologia industrial [...][20]

Podemos imaginar que, nesse seminário, Friedmann expôs as experiências que os franceses estavam tendo com as pesquisas sobre o mundo do trabalho, assim como as renovações que vinham fazendo nas instituições de ensino e pesquisa, consolidando centros e laboratórios em que realizavam suas investigações com auxílios financeiros do Estado, organismos nacionais e internacionais e fundações filantrópicas. O momento era entusiasmante para a sociologia francesa, pois uma série de novos projetos e instituições estava surgindo. Por exemplo, a grande pesquisa sobre os impactos das transformações técnicas na subjetividade dos operários, financiada pela AEP-Oece, estava sendo finalizada. Na Ephe, onde Friedmann se tornara *directeur d'études*, o LSI estava prestes a surgir. Uma nova revista voltada aos estudos sobre o trabalho, *Sociologie du Travail*, seria lançada no ano seguinte, assim como a publicação de um *Tratado de sociologia do trabalho*, organizado com Naville. O francês deve ter exposto também, aos acadêmicos da USP, a experiência que seu grupo estava tendo em Santiago do Chile, nas investigações em Lota e Huachipato. Com certeza, expressou sua visão sobre a importância de constituir uma sociologia pautada em pesquisas empíricas e capaz de intervir na sociedade, coincidindo com as posições defendidas por Fernandes e Azevedo[21]. Friedmann, portanto, na condição de presidente da ISA e da Flacso, estava na melhor posição para dar um panorama das ciências sociais no mundo e entusiasmar os brasileiros com a possibilidade de construir em São Paulo um laboratório de pesquisa que se vinculasse a essas experiências internacionais.

Juarez Brandão Lopes também marcou presença nesse seminário de Friedmann na USP, em 1958. Num de seus depoimentos[22], recorda que alguém (talvez, Florestan Fernandes) lhe telefonou para avisar que o sociólogo francês queria conhecê-lo. "Eu conversei com ele durante uma tarde", conta, quando passearam por São Paulo. "Devo ter falado das pesquisas que estava fazendo [...] andamos e tomamos chá

---

[20] Ver *Folha da Manhã*, 24 set. 1958, p. 6.
[21] É equivocada a imagem dicotômica de que a Cadeira de Sociologia I, dirigida por Florestan, seria mais política e preocupada em intervir na realidade, enquanto a Cadeira II, sob a tutela de Azevedo, seria mais teórica e menos politizada. Essa visão não se coaduna com a própria trajetória de Azevedo: signatário do Manifesto dos Pioneiros da Educação (1932), fundador da USP, secretário de governos em várias ocasiões, articulador de propostas políticas no âmbito da educação, entre muitos outros exemplos. Para maiores detalhes sobre a vida política desse sociólogo, ver Fernando de Azevedo, *História de minha vida* (Rio de Janeiro, José Olympio, 1971); Alessandra S. Nascimento, *Fernando Azevedo: dilemas na institucionalização da sociologia no Brasil* (São Paulo, Cultura Acadêmica, 2012); e Maria Luiza Penna, *Fernando de Azevedo* (Recife, Fundação Joaquim Nabuco, Massangana, coleção Educadores, 2010).
[22] Trata-se da intervenção de Juarez B. Lopes no Seminário Internacional "Quando a sociologia se submete à análise sociológica", em agosto de 2009, na Faculdade de Educação da Unicamp. O evento foi financiado pelo CNRS/Fapesp e contou com a presença da socióloga francesa Lucie Tanguy. Agradecemos à prof.ª Liliana Segnini por nos disponibilizar a transcrição dessa fala.

na Avenida Angélica." Brandão Lopes reconhece esse encontro como um ponto de inflexão sobre o grupo da USP no que concerne a reflexão sobre o mundo do trabalho e da indústria[23]. Ainda que os franceses tenham sido uma espécie de "pais fundadores" da sociologia em São Paulo, sua influência, até aquele momento, estava muito marcada nos estudos sobre a questão racial. As pesquisas na USP sobre trabalho e classe operária receberam, até 1958, uma maior influência da sociologia estadunidense. Portanto, a vinda de Friedmann ao Brasil marcou essa inflexão no referencial teórico e, ao mesmo tempo, foi uma oportunidade de novos campos de pesquisa e financiamento, que permitiu àqueles jovens acadêmicos se vincularem a um dos mais importantes centros de produção sociológica.

Depois das atividades em São Paulo, Friedmann seguiu, acompanhado de sua filha, para o Rio de Janeiro, onde participou do processo de seleção de novos estudantes bolsistas para a Flacso, retornando em seguida para a França. Estava persuadido que a USP, "pela qualidade de seus pesquisadores e pela sua situação no coração do centro industrial mais poderoso da América Latina, deve jogar e jogará, no desenvolvimento dos estudos sobre os aspectos sociais da industrialização, um papel eminente"[24].

A última viagem de Friedmann pela América Latina de que temos conhecimento ocorreu em 1960, quando teria visitado o Brasil e a Argentina antes de chegar a Santiago do Chile, onde o Comitê Diretor da Flacso se reuniu. Depois, ele seguiu para o México, onde passou duas semanas e, em seguida, para os Estados Unidos[25]. Sabemos pouco de sua passagem pelo Brasil naquele ano. Encontramos apenas uma nota num jornal do Rio de Janeiro informando uma palestra que daria no dia 11 de agosto na Aliança Francesa sobre o tema "Problemas humanos da civilização técnica"[26].

Nos anos seguintes, outros dois franceses, Alain Touraine e Michel Crozier, planejaram visitar o Brasil, por indicação de Friedmann, para ajudar nas reflexões e na construção do novo centro de pesquisa sobre a indústria e o trabalho. Desses dois, apenas Touraine conseguiu concretizar o projeto, acabando por estabelecer uma relação que transcendeu a sociologia do trabalho e o mundo acadêmico[27]. Sua influência sobre os autores brasileiros ainda merece um estudo à parte.

---

[23] Em outra entrevista, Brandão Lopes destaca que a passagem de Friedmann pelo Brasil o influenciou a conduzir suas pesquisas, realizadas com a ajuda do CBPE, para o campo da sociologia industrial.
[24] Ver *Carta de Friedmann a Azevedo*, 8 jun. 1961. Arquivo Fernando de Azevedo, Arquivo IEB--USP. Código: Cp-cx13, 24.
[25] Georges Friedmann, *Problèmes d'Amérique Latine II: signal d'une troisième voie?* (Paris, Gallimard, 1961).
[26] Ver *Correio da Manhã*, 6 ago. 1960, p. 2. Hemeroteca Digital da Biblioteca Nacional do Brasil.
[27] O plano inicial de colaboração entre os brasileiros e os franceses previa que Michel Crozier viesse a São Paulo, em 1961, ajudar na criação do Cesit. Tudo indica que a falta de auxílio financeiro impediu sua vinda. Ele lamenta com Fernandes esse empecilho, destacando que Touraine lhe deu

## Os significados da criação da USP para a sociologia brasileira

Está correta a afirmação de Ianni, que serve de epígrafe para este capítulo, de que há uma correspondência entre a realidade concreta e o pensamento, mais especificamente entre o cientista social e as condições em que ele está inserido[28]. No entanto, é necessário fugir das armadilhas das simplificações que acabam por considerar o pensamento como mero desdobramento de uma "infraestrutura", sem considerar as múltiplas mediações existentes entre eles e, sobretudo, a capacidade das ideias de terem relativa autonomia para se desenvolverem. Deve-se fugir de uma perspectiva mecanicista que impõe um abismo entre o "determinado" e os "determinantes", pois muitas vezes os "determinantes fundamentais" são, ao mesmo tempo, "determinantes determinados". "Desse modo, as várias manifestações institucionais e intelectuais da vida humana não são simplesmente 'construídas sobre' uma base econômica, mas também *estruturam* ativamente essa base, através de uma estrutura própria, imensamente intricada e relativamente *autônoma*."[29]

No caso concreto do objeto deste livro, devemos levar em consideração não apenas o contexto histórico em questão, mas as condições em que foram produzidas e desenvolvidas determinadas pesquisas acadêmicas, as demandas e estímulos para sua existência, o papel das agências de fomento, as influências de organizações externas ao mundo científico etc. Um pouco no sentido que defende Bourdieu, ainda que o campo científico não seja um universo totalmente autônomo em relação à realidade concreta, não podemos deixar de considerar suas lógicas internas e sua relativa autonomia[30]. E, por fim, não devemos subvalorizar o papel decisivo das mesquinharias e dos oportunismos como determinantes de certas ações, ainda que seja muito mais difícil comprová-las.

---

"informações entusiasmantes sobre a qualidade de seus colaboradores e o interesse de pesquisas que poderão ser feitas ou desenvolvidas em São Paulo" (ver *Carta de M. Crozier a F. Fernandes*, Paris, 18 abr. 1961. Fundo Florestan Fernandes, Acervo Coleções Especiais Ufscar/BCo. Código: 02.09.0145). As correspondências comprovam, também, que havia uma boa relação entre Crozier e os sociólogos da Cadeira de Sociologia I, em particular Fernando Henrique Cardoso, que o conheceu quando esteve em Paris no inverno de 1962-1963 (ver *Carta de G. Friedmann a F. de Azevedo*, 11 mar. 1960 (timbre da Ephe), Arquivo IEB-USP, Arquivo Fernando de Azevedo, Código: Cp-cx13,22; *Carta de Anísio Teixeira a Touraine*, 10 maio 1961, Arquivo Anísio Teixeira, Arquivo FGV-CPDOC. Código: AnT c 1931.12.27).

[28] Octavio Ianni, *Sociologia da sociologia latino-americana*, cit.
[29] István Mészáros, "Consciência de classe necessária e consciência de classe contingente", em *Filosofia, ideologia e ciências sociais* (São Paulo, Ensaio, 1993), p. 77.
[30] Pierre Bourdieu, *Science de la science et réflexivité*, cit.; Pierre Bourdieu, "Les conditions sociales de la circulation internationale des idées", em Gisèle Sapiro, *L'Espace intellectuel en Europe: de la formation des états-nations a la mondialisation XIXe-XXIe siècle* (Paris, La Découverte, 2009); Pierre Bourdieu, *Homo academicus* (Florianópolis, Ed. da UFSC, 2013).

As narrativas, análises e interpretações de quase todos os protagonistas da sociologia latino-americana que atuaram ao longo das décadas de 1950 e 1960 reforçam a ideia de que essa geração criou uma verdadeira sociologia científica ou profissional, em contraposição a uma suposta sociologia marcada pelo ensaísmo do final do século XIX e início do XX[31]. É comum que uma geração, para afirmar a legitimidade de sua teoria e método, critique ou até negue o conhecimento produzido por aqueles do passado[32]. No entanto, apesar dessa tendência geral da luta político-acadêmica, é fundamental compreender que os sociólogos dos anos 1950-1960 vivenciaram uma experiência nacional e internacional marcada por um estilo de fazer ciência que os levava a considerar tudo o que estivesse fora desse padrão – ou seja, a produção do saber científico sobre a sociedade com base em pesquisas empíricas e a utilização de métodos comprovadamente objetivos – como não científico.

Em várias dessas narrativas da ruptura entre gerações, há uma versão que considera que o verdadeiro aspecto científico foi trazido ao Brasil pelos professores estrangeiros que aqui trabalharam, em particular aqueles que se vincularam à Escola Livre de Sociologia e Política (ELSP) e à Faculdade de Filosofia, Ciências e Letras da USP (FFCL-USP). Esse contato teria sido um privilégio proporcionado por uma situação excepcional – a dificuldade de fazer carreira nas universidades europeias, a ascensão do nazifascismo e a guerra. Havia também a instigação por iniciar a carreira num país com características peculiares como o Brasil, onde a realidade colocava desafios para o pensamento tradicional[33]. Nos primeiros anos de existência da USP, ressalta Touraine, a cidade de São Paulo abrigava

> grandes intelectuais. Em boa parte, devido à formação que tiveram com os franceses que lá viveram por um tempo. Eles tiveram como professores Braudel, Lévi-Strauss,

---

[31] Elide Rugai Bastos, "Pensamento social da Escola Sociológica Paulista", em Sergio Miceli (org.), *O que ler na ciência social brasileira*, t. 4 (São Paulo/Brasília, Anpocs/Sumaré/Capes, 2002); Christophe Brochier, *La Naissance de la sociologie au Brésil* (Rennes, Presses Universitaires de Rennes, 2016, coleção Des Amériques); Octavio Ianni, *Sociologia da sociologia latino-americana*, cit.; Luiz Carlos Jackson e Alejandro Blanco, *Sociologia no espelho: ensaístas, cientistas sociais e críticos literários no Brasil e na Argentina (1930-1970)* (São Paulo, Editora 34, 2014); Carolina Pulici e Brasílio Sallum Júnior, *Entre sociólogos: versões conflitivas da "condição de sociólogo" na USP dos anos 1950-1960* (São Paulo, Edusp/Fapesp, 2008).

[32] Florestan, Ianni, Candido, Azevedo e outros falam de uma verdadeira ruptura entre a geração pós-1930 e a precedente, classificada de "amadora", não científica e sem rigor por não fazer pesquisa de campo, mais preocupada com a política que com o saber; Christophe Brochier, *La Naissance de la sociologie au Brésil*, cit.

[33] No caso dos franceses, durante o período entreguerras, consciente do declínio do poder de seu país, o governo inicia uma política pautada no *soft power*, fazendo frente aos concorrentes nazifascistas, criando, em 1920, o Service des Oeuvres Françaises à l'Étranger (Sofe), uma espécie de órgão de diplomacia intelectual que, ao longo dos anos 1920, teve como um de seus objetivos o envio de professores franceses para o exterior. Em 1933, mais de trezentos deles foram mandados para instituições superiores no exterior; Emmanuelle Loyer, *Lévi-Strauss* (Paris, Le Grand Livre du Mois, 2015).

Bastide... nada mal! E muitos bons filósofos passaram um tempo na USP. O meio intelectual da USP era muito bom. Existiam pessoas com grandes qualidades, como Antonio Candido.[34]

Segundo essa narrativa, que acaba por reforçar um "mito fundador", os estrangeiros trouxeram para as terras tropicais os múltiplos métodos e teorias modernas. Para Ianni[35], foi inegável que o contato com as novas gerações de intelectuais, tais como Dilthey, Weber, Freyer, Marx, Mannheim, Sartre, Lukács, Merton, Parsons etc., possibilitou novas expansões do pensamento científico na América Latina[36]. Todavia, a absorção dos modernos métodos científicos ocorreu definitivamente, de acordo com Germani[37], quando foram criadas, com a ajuda da Unesco e de outros organismos, novas instituições de ensino e de pesquisa na região, logo após a Segunda Guerra Mundial.

Numa perspectiva diferente de Ianni sobre o caráter dependente da sociologia latino-americana[38], Ruy Mauro Marini[39] afirma que ela estabeleceu, sobre bases firmes, uma tradição original e independente na teorização da região a partir dos anos 1920 e 1930, em particular com a emergência da crise econômica mundial. Além disso, a industrialização, a urbanização e o crescimento da classe trabalhadora e das classes médias teriam facilitado uma maior presença do marxismo na produção intelectual.

O fato é que a década de 1950 foi considerada como o marco da institucionalização das ciências sociais, em particular das disciplinas de economia e sociologia,

---

[34] Ver Alain Touraine, entrevista concedida ao autor em 22 fev. 2017.
[35] Octavio Ianni, *Sociologia da sociologia latino-americana*, cit.
[36] "Pode-se mesmo afirmar que há certa problemática que somente se impõe a partir de determinada teoria. Ou que somente com base em uma dada teoria é que uma dada problemática se resolve plenamente"; Octavio Ianni, *Sociologia da sociologia latino-americana*, cit., p. 5. É interessante o fato de que, naquela época, na América Latina, não houve na academia uma demarcação tão forte das diferentes "escolas" na reivindicação de um "clássico". Esses distintos autores, tais como Durkheim, Weber e Marx, se interpõem e coexistem a ponto de criarmos no Brasil diálogos que na Europa não fariam sentido algum, como a união do método dialético com o funcionalista ou, o que fez Cardoso em sua tese de doutorado, a junção de Marx e Sartre. "Quando eu publiquei este livro [*Capitalismo e*] *Escravidão no Brasil Meridional*, o Bastide escreveu uma resenha na França na qual dizia que era um livro que só podia ser escrito no Brasil, pois quem era marxista era uma coisa, sartriano era outra coisa etc. Aqui para nós não... nós fomos fazendo uma espécie de mistura... Porque o Florestan fez isso"; Fernando Henrique Cardoso, entrevista concedida ao autor em 6 dez. 2017.
[37] Gino Germani, *La sociología en la América Latina: problemas y perspectivas* (Buenos Aires, Ed. Universitaria de Buenos Aires, 1964).
[38] Segundo Ianni, esse caráter da sociologia latino-americana era um desdobramento de nossa dependência estrutural (econômica, social e cultural) em relação aos países centrais. Portanto, as teorias e as problemáticas eram externas, o que engendrava o risco de haver interpretações errôneas; Octavio Ianni, *Sociologia da sociologia latino-americana*, cit.
[39] Ruy Mauro Marini, "Origen y trayetoria de la sociología latinoamericana", em *América Latina, dependencia y globalización* (Bogotá, Clacso y Siglo del Hombre, 2008).

com a criação e a solidificação de importantes faculdades, universidades ou centros de pesquisa.

No entanto, uma diferença importante entre as novas gerações de cientistas sociais, em relação aos "ensaístas" das décadas anteriores, estava no estilo de pesquisa que valorizava o estudo original com base na investigação empírica, na pesquisa de campo, nos dados estatísticos etc. Seguiam, portanto, uma tendência mundial, regulamentada e legitimada pelos principais centros de produção intelectual, pelas revistas conceituadas e pelas associações internacionais, que acabaram por criar um mercado de circulação de ideias.

Ainda que a sociologia dos anos 1950 e 1960 se apresentasse como uma ciência carregada de uma neutralidade axiológica, seu fim era declaradamente político. Por exemplo, quando a Unesco "estimulou e subsidiou estudos sobre as relações raciais no Brasil, estava interessada em conhecer, para difundir em outras nações, as características modelares de uma 'democracia racial'"[40]. Já as pesquisas sobre as "relações industriais", incentivadas pelos vários organismos e fundações internacionais, buscavam uma forma de intervir no processo de industrialização, minimizando suas consequências sociais.

Nesse sentido, Ianni compreende que a aceleração das mudanças sociais causadas pelo rápido processo de urbanização e de industrialização, lançando na esfera da conflitualidade novas camadas sociais e originando novos e mais complexos problemas sociais, demandou, ao longo dos anos 1950 e 1960, a elaboração de planos setoriais, regionais e nacionais, fator que pressionou as instituições de ensino e pesquisa a formar novos e melhores técnicos em assuntos sociais. Na verdade, essa perspectiva expressava a visão predominante, no meio político e intelectual, dos países centrais e periféricos, durante o pós-guerra, marcados por um Estado intervencionista. Para isso, os conhecimentos produzidos nas universidades, tidos como científicos, foram fundamentais e alimentaram, durante anos, os discursos de alguns políticos que defendiam uma maior "tecnocracia" no aparato do Estado.

Processo similar ao europeu se passou na América Latina quanto à "modernização" do ensino e da pesquisa. Como as universidades eram estruturas conservadoras, organizadas em torno de cátedras, foram fundamentais os incentivos para a criação de instituições e centros paralelos às universidades tradicionais com o objetivo de formar pessoal e produzir pesquisas. Como consequência disso, foram criados o Clapcs, a Flacso, o Ilapes, a Cepal, o Cesit, o CBPE, entre muitos outros exemplos. A diferença desses institutos com os criados na Europa, em particular na França, estava no fato de que, no velho mundo, muitos se tornaram alternativas às centenárias universidades, como foi o caso da Ephe. No entanto, na América Latina, pelo próprio caráter restritivo das universidades e pelo contexto socioeconômico específico, a batalha pela "modernização" ocorreu por dentro e

---

[40] Octavio Ianni, *Sociologia da sociologia latino-americana*, cit., p. 20.

não por fora das estruturas universitárias. Ainda que a América Latina tenha tido importantes centros e laboratórios de ensino e pesquisa, em sua maioria sustentados com ajuda da Unesco e de fundações filantrópicas, muitos pereceram após os golpes de Estado e quando o "intervencionismo estatal" deixou de ser uma concepção hegemônica.

Dessa forma, a força de nossas ciências sociais está associada muito mais às ideias produzidas que às instituições criadas. Tem-se, portanto, a consolidação de tradições de pensamento social e não de instituições de ensino e pesquisa, interrompidas pelas vicissitudes políticas ou pela precariedade financeira. Diferentemente do que ocorreu no meio acadêmico estadunidense, a tão sonhada estabilidade profissional, que marcou a mutação social dos intelectuais em meados do século XX[41], foi um sonho inacabado para a geração dos anos 1950 e 1960 na América Latina.

A força desse pensamento social, como apontamos anteriormente, contou com importantes aportes da presença estrangeira durante uma etapa de formação das novas gerações de cientistas sociais. Segundo Massi,

> o Brasil elege os franceses como mestres. Os norte-americanos escolheram o Brasil como "objeto". Docência e pesquisa, dois modos distintos de relação com o Brasil que têm origens em dois modelos contrastantes de ciências sociais, tanto em termos dos paradigmas orientadores como também pela história da institucionalização das novas disciplinas.[42]

Em um relatório sobre os professores franceses elaborado por Azis Simão, José Ribeiro de Araújo e Eduardo D'Oliveira França para a FFCL-USP, são definidos três diferentes períodos de missões francesas na faculdade[43]. A primeira começou em 1934, com a fundação da universidade e quando Teodoro Ramos, com a ajuda de Georges Dumas, trouxe para o Brasil os primeiros professores da França, todos titulares, que em geral permaneceram por um semestre inaugural[44]. Na fase seguinte, vieram ao Brasil os *agregés*, acadêmicos em início de carreira, dispostos a permanecer por cerca de três anos[45], e que viam uma oportunidade

---

[41] Russell Jacoby, *Os últimos intelectuais: a cultura americana na era da academia* (São Paulo, Trajetória Cultural/Edusp, 1990).

[42] Fernanda Massi, "Franceses e norte-americanos nas ciências sociais brasileiras – 1930-1960", em Sergio Miceli (org.), *História das ciências sociais no Brasil* (São Paulo, Idesp/Vértice/Finep, 1989), p. 411.

[43] Ver *Relatório sobre os "professores franceses" (de 1937-1952)*. Arquivo de Azis Simão, Centro de Apoio à Pesquisa em História – Sérgio Buarque de Holanda (CAPH), USP, t. 121, caixa 4.

[44] Os professores titulares, mais próximos da oligarquia paulista, eram Robert Garric (letras), Pierre Deffontaines (geografia), Étienne Borne (filosofia), Émile Coornaert (história), Michel Berveiller (letras clássicas) e Paul Arbousse-Bastide (sociologia); Emmanuelle Loyer, *Lévi-Strauss* (Paris, Le Grand Livre du Mois, 2015).

[45] Nesse grupo, estavam Claude Lévi-Strauss (sociologia), Fernand Braudel (história), Pierre Monbeig (geografia), Jean Maugüe (filosofia), Pierre Hourcade (letras); idem.

de fazer nome e pesquisa em terras "desconhecidas", já que na França era quase impossível encontrar um posto nas universidades[46]. Por fim, na terceira fase, que teve início na década de 1950, os professores passaram a ter *status* de visitantes, permanecendo por apenas alguns meses, ministrando cursos especiais a convite da universidade[47].

Em artigo publicado na revista *Annales d'Histoire Économique et Sociale*, em 1929, com o título "Un champ privilégié d'études: l'Amérique du Sud" [Um campo privilegiado de estudos: a América do Sul], Lucien Febvre fala com entusiasmo do tema:

> [...] desta América do Sul que, durante tanto tempo, viveu em relativo isolamento e, em todo caso, em total ignorância das civilizações europeias, a natureza e a história fizeram para nós um valioso campo de experiência e comparações. Para nós, quem quer que sejamos, pré-historiadores ou etnógrafos, historiadores ou geógrafos, curiosos sobre o presente ou investigadores do passado, é excelente que existam americanistas, especializados no estudo de um mundo largamente original.[48]

A vinda de Friedmann e Touraine para São Paulo, respectivamente em 1958 e 1960, deu-se nos marcos dessa terceira fase. Com tempo menor de permanência no país, a constituição de relações mais sólidas entre franceses e brasileiros não se daria pela assimilação de uns pelos outros, mas por uma cooperação nos marcos de um cenário em que se constituía uma comunidade acadêmica internacional. Essa nova relação era possível, pois a USP tinha consolidado uma nova geração de cientistas sociais que haviam assumido a produção do conhecimento depois da partida de Roger Bastide[49].

---

[46] Vale listar alguns dos franceses que passaram pela USP: Fernand Braudel (1934-1936 e 1947), que, após regressar à França, consagrou-se como historiador, sucedendo Lucien Febvre na direção da revista *Annales*; foi professor da Ephe e do Collège de France. Lévi-Strauss (1935-1939), que viveu o florescimento do modernismo brasileiro e contou, devido à amizade com Mário de Andrade, com ajuda da prefeitura de São Paulo para realizar sua pesquisa na Amazônia. Roger Bastide (1937-1954), substituto de Lévi-Strauss e que, por vinte anos, realizou inúmeras e importantes pesquisas no Brasil; defendeu uma tese na Sorbonne sobre "As religiões africanas no Brasil"; manteve-se como importante contato acadêmico, ajudando as relações entre a USP e as instituições e intelectuais franceses. Georges Gurvitch (1947), contratado por um ano.

[47] Nessa última fase, as estadias de estrangeiros eram estabelecidas por meio de acordos de cooperação entre a USP e as instituições francesas, contando, em grande parte, com auxílios financeiros da Fapesp, da SBPC e da Capes.

[48] Lucien Febvre, *Annales,* 1929, citado em Guy Martinière, "Aspects de la coopération franco-brésilienne: transplantation culturelle et stratégie de la modernité" (Grenoble, Presses Universitaires de Grenoble/Éditions de la Maison des Sciences de l'Homme, 1982), p. 40.

[49] A terceira fase apontada no relatório de Simão coincide com a despedida de figuras estrangeiras que foram fundamentais na formação da primeira geração de sociólogos de São Paulo. Willems e Pierson, professores da ELSP, deixaram o Brasil, respectivamente, em 1949 e 1955. Bastide voltou para a França em 1953. A partir desse momento, caiu sobre os ombros dessa nova geração

Segundo Brochier, o francês foi um dos fundadores da sociologia uspiana, pois sua longa estadia lhe permitiu formar a primeira geração de sociólogos dessa universidade. Uma de suas principais missões foi convencer os estudantes a tentarem compreender a realidade brasileira, superando o diletantismo da classe média paulista. Nesse sentido, foi um defensor da utilização de técnicas estadunidenses de pesquisa, como a *survey*[50]. Foi sob a chefia de Bastide, na Cadeira de Sociologia I, que tiveram início os trabalhos de pesquisa sobre a questão racial no Brasil, patrocinados pela Unesco.

Após a partida de Bastide, em 1954, Florestan Fernandes assumiu a direção da Cadeira de Sociologia I da FFCL-USP e buscou consolidar, por meio de pesquisas e reflexões que impulsionou ao longo de toda a década de 1950, uma sociologia aplicada. Ele criou um espaço privilegiado para isso em seus cursos dessa disciplina, que serviam de formação e experimentação para as novas gerações por meio de investigações empíricas. Vamos aprofundar melhor essa questão no capítulo 9, mas vale destacar que a adoção desse método, que promoveu uma sociologia científica com capacidade de intervir no processo histórico, era fundamental, na perspectiva de Fernandes, para os tempos de transformação social.

## As disputas e alianças nos espaços de legitimação da sociologia

Após essa breve descrição e definição da formação da sociologia uspiana, destacaremos três esferas de atuação dos sociólogos da USP, por considerá-las fundamentais na gradativa formação do campo que permitiu florescer a sociologia do trabalho no Brasil. Nesses espaços de atuação, ressaltamos as alianças, as tensões e as lutas políticas que se deram em torno da busca de uma hegemonia político-acadêmica – e intelectual – sobre a sociologia brasileira. O momento era de institucionalização desse domínio e, justamente por conta disso, tiveram papel decisivo as iniciativas de organismos governamentais, como a Capes, e internacionais, como foi o caso da Unesco, assim como a atuação em vários espaços de construção, articulação e legitimação das ciências sociais. No Quadro 7.1 (a seguir), é possível ter um panorama geral do conjunto das atividades e dos fatos que consideramos importantes para o desenvolvimento da disciplina, em particular a sociologia do trabalho. Cada uma dessas esferas contribuiu tanto para o desenvolvimento das primeiras pesquisas sobre o mundo do trabalho quanto para o estabelecimento de vínculos políticos e acadêmicos entre os sociólogos brasileiros e estrangeiros, em particular os franceses.

---

de sociólogos a tarefa de continuar a produção de pesquisas e conhecimentos originais sobre a realidade brasileira.

[50] Christophe Brochier, *La Naissance de la sociologie au Brésil*, cit.

Quadro 7.1 – Desenvolvimento das ciências sociais, congressos, eventos e fatos importantes, no Brasil e na América Latina, durante a década de 1950

| Evento | Data | Local |
|---|---|---|
| Criação da Associação Latino-Americana de Sociologia (Alas), durante o Congresso Mundial da ISA | 4 a 9 de setembro de 1950 | Zurique |
| Criação da Sociedade Brasileira de Sociologia (SBS) | 19 de janeiro de 1950 | São Paulo |
| I Congresso da Alas | 20 a 25 de setembro de 1951 | Buenos Aires |
| II Congresso da Alas | 10 a 17 de julho de 1953 | RJ e SP |
| I Congresso Brasileiro de Sociologia (SBS) | 21 a 29 de junho de 1954 | São Paulo |
| III Congresso da Alas | 12 a 18 de outubro de 1955 | Quito |
| I Conferência Latino-Americana sobre o Ensino de Ciências Sociais | 5 a 14 de março de 1956 | Rio de Janeiro |
| IX Conferência Geral da Unesco (aprovação do Clapcs e da Flacso) | 5 de novembro a 5 de dezembro de 1956 | Nova Déli |
| IV Congresso da Alas | Julho de 1957 | Santiago |
| Conferência Latino-Americana de Ciências Sociais (aprovação dos estatutos do Clapcs e da Flacso) | 8 a 18 de abril de 1957 | Rio de Janeiro |
| Ida de A. Touraine ao Chile para ajudar em pesquisa no Instituto de Sociologia da Universidade do Chile | Agosto de 1957 | Santiago |
| 1ª visita de G. Friedmann ao Brasil | Dezembro de 1957 | Rio de Janeiro* |
| 2ª visita de G. Friedmann ao Brasil | Setembro de 1958 | SP e RJ |
| Seminário de G. Friedmann sobre sociologia industrial ao Departamento de Sociologia e Antropologia da USP | 25 de setembro de 1958 | São Paulo |
| V Congresso da Alas | 6 a 11 de julho de 1959 | Montevidéu |
| Seminário do Clapcs – "Resistência a mudança: fatores que dificultam ou impedem o desenvolvimento das transformações sociais nos países em curso de desenvolvimento econômico" | 19 e 29 de outubro de 1959 | Rio de Janeiro |
| 3ª visita de G. Friedmann ao Brasil | Agosto de 1960 | Rio de Janeiro* |
| Visita de A. Touraine para ajudar na criação do Cesit | 1960 | São Paulo |
| Criação do Centro de Sociologia Industrial e do Trabalho (Cesit) da USP | 1961 | São Paulo |
| II Congresso Brasileiro de Sociologia (SBS) | 12 a 17 de março de 1962 | Belo Horizonte |

Fontes: elaborado pelo autor, com base em dados dos sites <http://sociologia-alas.org/> e <http://www.sbsociologia.com.br>; acesso em março de 2022; atas de reuniões/assembleias da SBS (1934, 1950 e 1952); *Sociedade Brasileira de Sociologia: 60 anos*, catálogo, 2007; arquivos da Unesco, Paris; arquivos da Ephe/Ehess, Paris; jornais brasileiros e franceses.

* Não foi possível precisar o percurso de G. Friedmann no Brasil.

## *A criação da SBS e as disputas entre Rio de Janeiro e São Paulo*

A reorganização da Associação Internacional de Sociologia (ISA), impulsionada pelos incentivos da Unesco, em 1949, desencadeou a organização de associações nacionais e regionais em todo o mundo. No Brasil, vários sociólogos receberam cartas-convite da Unesco e da ISA para participarem da fundação e do primeiro congresso da nova entidade internacional[51]. Fernando de Azevedo foi um dos destinatários dessas cartas, convidado na condição de presidente da antiga Sociedade de Sociologia de São Paulo. Facilitou esse precoce contato entre a Unesco e os sociólogos do Brasil o fato de o brasileiro Arthur Ramos ser o então presidente do Departamento de Ciências Sociais da Unesco (DCS). A chegada dessa carta fez com que Azevedo convocasse uma reunião pública da antiga associação paulista, então inoperante[52], para decidir como se posicionar frente à nova conjuntura de reorganização internacional das ciências sociais.

O encontro ocorreu no dia 19 de janeiro de 1950, com a presença, majoritária, de cientistas sociais paulistas[53]. Naquela ocasião, após uma longa discussão, optou-se por refundar a associação, agora com abrangência nacional e o nome de Sociedade Brasileira de Sociologia (SBS)[54], estabelecendo sua sede em São Paulo. Fernando de Azevedo foi eleito o presidente da entidade[55]. Também foram aprovadas a filiação à ISA e a criação de uma comissão responsável por elaborar um novo estatuto da entidade, além de definir como uma de suas principais funções a representação internacional da sociologia brasileira junto à associação internacional. A rapidez com que a entidade foi reorganizada, antes do I Congresso da ISA, mesmo tendo em tal reunião uma representação bastante pequena e reduzida, não se justifica apenas pela necessidade de ter uma representação do Brasil na nova organização internacional. Estava também em questão o desejo

---

[51] Facilitou também o fato de Azevedo, com a ajuda de Antonio Candido e Florestan Fernandes, ter enviado à Unesco uma lista com nomes de pessoas e entidades que atuariam no campo da sociologia (ver *Ata de fundação da SBS*, 19 jan. 1950, disponível *online*. No Rio de Janeiro, Costa Pinto também recebeu um dossiê com todas as resoluções e discussões do congresso constitutivo de 1949 (ver *Carta de Arthur Ramos a Costa Pinto*, 29 set. 1949. Acervo Digital, Biblioteca Nacional do Brasil. Código: I-35,18,372A).

[52] A Sociedade de Sociologia de São Paulo foi criada em 1934, no bojo do surgimento da ELSP e da FFCL-USP, operando até 1938, quando encerrou as atividades por conta da situação política repressiva do Estado Novo.

[53] Estavam presentes na reunião Maria Isaura Pereira de Queiroz, Antonio Candido, Florestan Fernandes, Octavio da Costa Eduardo, Herbert Baldus, Fernando de Azevedo, Azis Simão, Donald Pierson, Antonio Rubbo Müller, Juarez R. B. Lopes, Levi Cruz, Oracy Nogueira, Sergio Buarque de Holanda, Mauro Brandão Lopes, Lucila Herrmann, Maurício Segall, Gioconda Mussolini, Mário Wagner Vieira da Cunha, Egon Shaden, Roger Bastide (ver *Ata de Fundação da SBS*, 19 jan. 1950, disponível *online*).

[54] É importante destacar que, nessa etapa do desenvolvimento da vida acadêmica no Brasil, eram enquadrados como sociólogos todos aqueles que estudavam as sociedades. Portanto, estavam incluídos na nova associação os antropólogos e os cientistas políticos, assim como os pesquisadores de outras áreas que se consideravam cientistas sociais.

[55] Azevedo permaneceu na presidência da SBS até 1960, quando foi substituído por Florestan Fernandes (1960-1962), seguido por Orlando de Carvalho (1962-1964). Com o golpe, a SBS ficaria inoperante até 1985, quando retomou suas atividades.

do grupo paulista de se antecipar na luta política pela direção da representação dos sociólogos brasileiros.

Portanto, a fundação da SBS deu início à corrida, entre os diversos grupos das ciências sociais, pela hegemonia política sobre a disciplina no Brasil. Nesse sentido, a nova entidade daria maiores condições para que o grupo que a dirigisse ditasse as regras desse campo científico. Além disso, ela proporcionava uma maneira de se conectar aos grandes centros de produção intelectual do mundo, pois era por meio das associações nacionais que se elegiam os delegados que representariam os países nos congressos da ISA. Estar nesse espaço era uma grande oportunidade de estabelecer contatos pessoais e acadêmicos com indivíduos e grupos de outras nacionalidades. Ao longo dos anos 1950, tanto Fernando de Azevedo quanto Luiz de Aguiar da Costa Pinto rivalizaram nessa disputa, nem sempre aberta e conflituosa, nos espaços de representações internacional e nacional.

Costa Pinto, que não estava presente na reunião que decidiu pela reorganização da SBS, escreveu várias cartas a Azevedo manifestando tanto o interesse em participar como delegado do congresso em Zurique (1950) quanto a necessidade de a nova entidade ter um caráter efetivamente nacional[56]. As tensões entre os dois sociólogos foram ganhando dimensões cada vez maiores ao longo da década de 1950 até chegarem a um ponto irreconciliável após a polêmica sobre a sede de um centro de pesquisa internacional financiado pela Unesco. Ao final, esta organização nomeou o carioca para a sua direção[57]. No entanto, ainda nesse período de construção da SBS, Azevedo tentou diminuir os descontentamentos e as críticas de Costa Pinto, argumentando que a entidade estava ainda em fase de construção e expansão nacional e que a questão mais importante naquele momento seria a realização de um bom congresso nacional[58].

O processo de reorganização da nova entidade ocorreu logo após sua fundação, com a criação de novas seções em outros estados da federação (ver Tabela 7.1, na próxima página). Em julho de 1951, por exemplo, no gabinete de Antropologia da Faculdade Nacional de Filosofia, foi criada a seção do Distrito Federal (Rio de Janeiro) da SBS, tendo justamente como presidente Costa Pinto[59]. Dessa forma,

---

[56] Ver *Carta de Costa Pinto a Fernando de Azevedo*, 27 maio 1950. Arquivo IEB-USP, Arquivo Fernando de Azevedo. Código: Cp-cx25, 19.

[57] Os mal-entendidos entre Costa Pinto e Azevedo foram aumentando progressivamente. Em 1956, por exemplo, o carioca escreveu ao paulista afirmando ter sabido por Anísio Teixeira e Jayme Abreu que seu último livro, *As ciências sociais no Brasil: estudo realizado para a Capes* (1955), fora lido por Azevedo e que este teria ficado magoado pelo carioca não ter sido justo no que se referia à "escola" de São Paulo (ver *Carta de Costa Pinto a Fernando de Azevedo*, 4 jan. 1956. Arquivo IEB-USP, Arquivo Fernando de Azevedo. Código: Cp-cx25, 30/3).

[58] Ver *Carta de F. de Azevedo a Costa Pinto*, 10 abr. 1953. Arquivo IEB-USP, Arquivo Fernando de Azevedo. Código: Ca-ca-cx13, 53/4.

[59] A seção tinha como secretário Edison Carneiro, e como tesoureira, Maria Vasconcelos (ver *Correio de Manhã*, n. 17.889, Rio de Janeiro, 11 jul. 1951. Hemeroteca Digital da Biblioteca Nacional do Brasil).

buscou-se amenizar as incipientes disputas que se abriram com a reunião de 1950, dando um espaço de atuação e construção para o Rio de Janeiro, ainda que este não ocorresse no interior da direção nacional da SBS.

Tabela 7.1 – Números de associados da SBS, nas seções regionais, em abril de 1950

| São Paulo | 85 |
| Distrito Federal (RJ) | 40 |
| Pernambuco | 7 |
| Paraná | 7 |
| Minas Gerais | 4 |
| Santa Catarina | 8 |

Fonte: elaborada pelo autor com base em *Sociedade Brasileira de Sociologia: 60 anos*. SBS, 2010, disponível *online*.

É visível, pela tabela acima, que os dois principais estados (cidades) com maior peso político no interior da SBS, logo após sua fundação, eram São Paulo e Rio de Janeiro. O estado do Paraná, por exemplo, tinha apenas sete filiados em sua seção estadual, mas isso não o impediu de entrar na disputa pelos rumos da entidade nacional.

A primeira luta política aberta no interior da SBS se deu em torno do local de seu primeiro congresso. São Paulo e Curitiba se apresentaram para o páreo. Aqueles que defendiam a segunda, usavam como argumento o fato de que já existia uma estrutura pronta para sua realização em 1953[60]. Costa Pinto argumentou que o secretário da SBS do Rio de Janeiro, Edison Carneiro, visitara o Paraná e se convencera da importância de o congresso nacional ocorrer na capital paranaense[61]. Era óbvio que estava em jogo mais que meramente o local, pois nesse congresso seriam votados os novos estatutos e a nova diretoria da associação nacional. Portanto, realizá-lo fora de São Paulo dificultaria a participação dos paulistas, criando, com essa manobra, condições mais equitativas para os cariocas disputarem os rumos da entidade. No entanto, Azevedo, um velho astuto da luta política no meio acadêmico, não permitiu isso. Como a cidade de São Paulo se preparava para as comemorações de seu quarto centenário, Azevedo conseguiu assinar um contrato com a administração municipal para financiar e colocar o

---

[60] Nesse ano, a cidade de Curitiba completava 260 anos de emancipação e, para comemorar, organizou e patrocinou vários eventos, entre eles um congresso de sociologia. Nesse caso, os sociólogos do Paraná já tinham garantidos a estrutura e o financiamento do evento.
[61] Ver *Carta de Costa Pinto a Fernando de Azevedo*, Rio de Janeiro, 7 out. 1951. Arquivo IEB-USP, Arquivo Fernando de Azevedo. Código: Cp-cx25, 23.

I Congresso da SBS como parte de suas atividades comemorativas[62], garantindo, assim, o financiamento e a estrutura do evento, o que tornou o de Curitiba uma mera atividade preparatória.

A disputa pela hegemonia da representação da sociologia no Brasil e da relação com as instituições e entidades internacionais passava pela definição sobre o que seria a sociologia, ou seja, seu caráter científico. É amplamente conhecida a disputa que se estabeleceu entre a escola paulista e as demais em torno da cientificidade da sociologia, suas teorias e seus métodos[63]. Essa foi uma das várias discussões ocorridas no I Congresso da entidade, em 1954, que contou também com debates sobre o ensino da sociologia nas escolas secundárias, os processos de mudança social e o papel das ciências sociais. Mais que isso, estava em jogo, nessa disputa entre Rio de Janeiro e São Paulo, quem teria a hegemonia sobre a interpretação do Brasil, num período em que isso significava aportar para o processo de desenvolvimento da nação. Como veremos, naquele histórico congresso, foram consagradas algumas pesquisas e discursos, como foi o caso da defesa de Florestan Fernandes do ensino de sociologia nas escolas secundárias e da comunicação de Azis Simão sobre o voto operário em São Paulo, a primeira pesquisa desse tipo no Brasil.

Apesar das disputas entre Azevedo e Costa Pinto, deve-se destacar a importância da atuação política dos dois junto à ISA, contribuindo, entre muitos outros brasileiros, para a construção de uma rede de relações pessoais e acadêmicas, e encarando esses espaços como locais de disputa e produção de discursos. O Brasil estava sendo colocado no cenário das pesquisas internacionais, tendo a questão racial como seu primeiro destaque, com estudos realizados pelos grupos do Rio de Janeiro (Costa Pinto) e de São Paulo (Bastide/Fernandes). Portanto, as disputas nacionais não inviabilizavam, no momento, atuações conjuntas no interior da ISA e de outros órgãos e instituições internacionais[64].

*Os centros de pesquisas educacionais e os estudos sobre industrialização*

A ideia de aplicar conhecimento científico no desenvolvimento de determinadas áreas da sociedade esteve na base da expansão pela qual passou o Inep, no início

---

[62] Ver *Certificado de contrato*. Arquivo IEB-USP, Arquivo Fernando de Azevedo. Código: FA-D5/1,01.

[63] Azevedo estava convencido da necessidade de assegurar que ficassem nas mãos de São Paulo os rumos da reorganização da Associação Nacional de Sociologia, pois considerava que havia muita gente fazendo uma sociologia que em nada seguia os padrões científicos. Achava também que as instituições que seriam a base para um verdadeiro impulso da "sociologia científica" eram a ELSP, a FFCL-USP e a "escola" do Rio de Janeiro (ver *Carta de F. de Azevedo a Roger Bastide*. 17 fev. 1953. Arquivo IEB-USP, Arquivo Fernando de Azevedo. Código: Cc-cx4, 16).

[64] No Congresso da ISA de 1950, foi fundada a Associação Latino-Americana de Sociologia (Alas), outro importante espaço que serviu de articulação entre os latino-americanos ao longo das décadas de 1950 e 1960 e criou condições para que eles se relacionassem entre si.

da década de 1950, dando origem ao Centro Brasileiro de Pesquisas Educacionais (CBPE), em dezembro de 1955[65]. Concomitantemente, foram sendo estruturados os centros regionais, também vinculados ao Instituto Nacional de Estudos Pedagógicos e articulados com o centro nacional. Assim, com o surgimento dessas instituições, a escola passava a ser compreendida como fator de progresso ou reajustamento e, portanto, agente fundamental no processo de desenvolvimento da sociedade. Tinha-se, pela primeira vez, o estabelecimento de uma estrutura nacional e regional de pesquisa científica voltada para a realidade brasileira[66].

Um dos objetivos principais do CBPE e dos centros regionais era realizar pesquisas sobre as condições culturais da sociedade brasileira para compreender, em suas diversas regiões, quais eram as tendências de desenvolvimento e de regressão, e as origens dessas condições e forças, visando a uma interpretação regional do país tão exata e tão dinâmica quanto possível[67]. Esse quadro geral deveria ser complementado com pesquisas educacionais específicas sobre as condições escolares. As duas dimensões de investigação permitiriam elaborar planos de ação, materiais didáticos e treinamento de pessoal em cada região.

Fernando de Azevedo destacou a importância daquele momento:

> Parece-me, pois, uma orientação feliz a dos que procuram, no plano geral dos centros de pesquisas, unindo-as ou articulando-as não por pontes de ligação, armadas por precárias medidas administrativas, mas pela identidade de espírito científico e por esse sentimento de trabalho em comum.[68]

A criação do CBPE e dos centros regionais almejava a formulação de uma "política científica de educação". Vinculados ao Ministério da Educação, esses centros contaram, desde o início, com forte apoio financeiro e de pessoal da Unesco. Ao longo dos anos 1950, a reforma da educação e a erradicação do analfabetismo na América Latina foram uma das prioridades dos governos e de vários organismos internacionais, como a ONU e a OEA[69]. Isso ocorreu no momento em que as

---

[65] O CBPE foi criado pelo Decreto n. 38.460, de 28 dez. 1955, do presidente da República.

[66] O CBPE e os centros regionais contavam tanto com um corpo de funcionários permanentes quanto de pesquisadores contratados por tempo determinado, em função dos planos e projetos específicos. A Unesco também contratou pesquisadores estrangeiros para atuarem junto a esses centros. Os primeiros pesquisadores a colaborarem com a nova instituição foram Josildeth Gomes, Carlo Castaldi, José Bonifácio Rodrigues, Orlando F. de Melo, L. de Castro Faria e Costa Pinto.

[67] "Os estudos e as pesquisas educacionais no Ministério da Educação e Cultura", *Educação e Ciências Sociais: Boletim do Centro Brasileiro de Pesquisas Educacionais*, v. 1, n. 1, 1956, p. 38.

[68] Fernando Azevedo, "Discurso proferido na inauguração do Centro Regional de Pesquisas Educacionais de São Paulo", *Educação e Ciências Sociais: Boletim do Centro Brasileiro de Pesquisas Educacionais*, v. 1, n. 2, 1956, p. 10.

[69] A criação do CBPE e dos centros Regionais foi uma jogada política sagaz de Anísio Teixeira. Em setembro de 1952, o diretor do Departamento de Educação da Unesco, William Beatty, visitou o Brasil com o propósito de instalar no país um centro latino-americano de preparação

ciências sociais se institucionalizavam e ganhavam maior projeção como disciplinas capazes de contribuir cientificamente para as políticas públicas. Portanto, a modernização da sociedade brasileira, que passava pela resolução do seu gargalo "educação", deveria estar vinculada às ciências modernas da sociedade[70].

Antes de sua criação, uma reunião no Rio de Janeiro, ocorrida no dia 18 de agosto de 1955, reuniu vários cientistas sociais e pedagogos para debater o plano de trabalho dos centros[71]. Nela, Fernandes proferiu observações críticas aos documentos elaborados para a constituição do CBPE e expressou que

> a criação de um centro de pesquisas, que pusesse a serviço do Ministério da Educação a investigação científica, racionalmente aproveitada para fins práticos, era algo que se fazia prementemente necessário. Até hoje, o que nos tem faltado, exatamente, no terreno da orientação e da realização das reformas educacionais, é o apoio nos dados da pesquisa científica. Por isso, acredito que a criação do Centro Brasileiro de Pesquisas Educacionais marca uma data das mais importantes na história do ensino no Brasil; e que ele poderá prestar inestimáveis serviços ao nosso país, na medida em que corresponder efetivamente às necessidades que tornaram obrigatória a sua fundação.[72]

Desde o início, os professores do Departamento de Sociologia e Antropologia da FFCL-USP estiveram presentes nas reflexões, articulações e elaborações dos planos de trabalho do CBPE e do Centro Regional de Pesquisa Educacional de São Paulo (CRPE-SP)[73], que se constituiu por meio de um acordo entre o Inep-Ministério da Educação, a Reitoria da USP e o departamento em questão.

---

de educadores rurais e especialistas em educação de base. Ele havia concluído que não havia condições de uma empreitada assim no país. No entanto, Teixeira, na ocasião, para não deixar escapar a oportunidade, propôs a realização de uma grande *survey* sobre a situação educacional brasileira, feita por especialistas do Brasil e da Unesco, "da qual resultassem elementos sobre os quais fosse possível planejar, em todos os níveis e graus de ensino, medidas de longo alcance visando à reconstrução educacional do país" ("Os estudos e as pesquisas educacionais no Ministério da Educação e Cultura", cit., 1956, p. 37). A ideia foi evoluindo para a construção de uma instituição permanente, que ganhou o nome provisório de "Centro de Altos Estudos Educacionais". A colaboração dos técnicos vinculados à Unesco foi acertada na visita de William Carter, chefe do Unesco Exchange of Persons Programme, em janeiro de 1954.

[70] Alessandra S. Nascimento, *Fernando Azevedo: dilemas na institucionalização da sociologia no Brasil* (São Paulo, Cultura Acadêmica, 2012).

[71] À reunião compareceram Anísio Teixeira, Fernando de Azevedo, Almeida Júnior, J. Roberto Moreira, Charles Wagley, Mário de Brito, Jaime Abreu, L. de Castro Faria, Antonio Candido de Mello e Souza, José Bonifácio Rodrigues, Lourival Gomes Machado, Bertram Hutchinson, Florestan Fernandes, Egon Schaden, L.A. Costa Pinto e o representante no Brasil da Assistência Técnica da ONU, Henri Laurentie ("Os estudos e as pesquisas educacionais no Ministério da Educação e Cultura", cit., 1956).

[72] "Os estudos e as pesquisas educacionais no Ministério da Educação e Cultura", cit.

[73] Além do Centro Regional de Pesquisas Educacionais de São Paulo, estavam previstos, desde sua fundação, a criação de centros regionais em Recife (que foi dirigido por Gilberto Freyre), Salvador, Belo Horizonte e Porto Alegre.

Nesse centro, a universidade forneceria o diretor e os membros do Conselho Administrativo, escolhidos no corpo docente dos departamentos de Pedagogia e Sociologia e Antropologia[74]. A sede do CRPE-SP ficou no mesmo espaço do Inep, um prédio modernista de cerca de duzentos metros de comprimento e trinta de largura dentro da Cidade Universitária da USP. Mais uma vez, Azevedo teve papel fundamental, tanto na articulação da instalação desse centro regional quanto no seu funcionamento, sendo seu diretor de 1956 a 1961.

Como apontamos, a Unesco contribuiu para o funcionamento do CBPE e dos centros regionais desde antes de sua fundação. Em fins de 1954, por exemplo, ela enviou para o Brasil o sociólogo britânico Bertram Hutchinson, que permaneceu no país por mais de uma década e foi uma figura importante nas primeiras pesquisas sobre o mundo industrial e urbano desses institutos. Também enviou o estadunidense Charles Wagley e o francês Jacques Lambert. No caso de São Paulo, além dos aportes financeiros e de pessoal, a Unesco patrocinou o Curso de Especialistas em Educação para a América Latina, ministrado de 1958 a 1967 e destinado a professores de várias regiões[75]. Isso tudo possibilitou a Azevedo nutrir um forte vínculo com a organização, mesmo quando sua relação com o Departamento de Ciências Sociais (DCS) esteve abalada por conta de uma polêmica em torno da sede do futuro Clapcs.

Todos os centros regionais e o CBPE eram subordinados ao Inep e ao seu diretor-geral, Anísio Teixeira. Cada sede do centro tinha autonomia para trabalhar questões locais, mas os grandes eixos das pesquisas eram decididos pela Divisão de Estudos e Pesquisas Sociais e pela Divisão de Estudos e Pesquisas Educacionais. A primeira era responsável pela realização de investigações sobre a cultura e a sociedade brasileira em geral e suas vinculações com os fatos educacionais. Ela contava com as contribuições de especialistas da sociologia, psicologia social, antropologia, economia e demais disciplinas de ciências sociais. Já a segunda divisão era responsável por levantar o quadro completo da educação brasileira em todos os níveis e ramos, em todas as regiões do país. Logo a seguir, daremos exemplos de algumas dessas pesquisas.

---

[74] O Conselho Administrativo tinha a função de assessorar o diretor-geral. Seus membros cumpriam um mandato de três anos, sendo dois deles escolhidos no Departamento de Sociologia e Antropologia, dois no Departamento de Pedagogia e dois por indicação do diretor. A primeira composição do Conselho Administrativo contou com Egon Schaden, Florestan Fernandes, José Querino Ribeiro, Laerte Ramos de Carvalho, Antonio Candido e Milton da Silva Rodrigues; Márcia dos Santos Ferreira, "O Centro Regional de Pesquisas Educacionais de São Paulo (1956/1961)" (dissertação de mestrado, São Paulo, Universidade de São Paulo, 2001).

[75] A Unesco manteve dois professores estrangeiros no CRPE-SP e concedeu bolsas de aperfeiçoamento aos educadores selecionados (em geral eram trinta bolsas, vinte para brasileiros e dez para estrangeiros).

## As pesquisas patrocinadas pelo CBPE e os centros regionais

Várias pesquisas e pesquisadores foram patrocinados pelo CBPE e pelos centros regionais ao longo de sua existência. No entanto, algumas tiveram destaque por sua duração, sua abrangência nacional e os impactos no desenvolvimento das ciências sociais. Destacaremos, logo adiante, aquelas pesquisas que envolviam as problemáticas referentes à questão da industrialização e da urbanização da sociedade brasileira. O panorama que faremos foi constituído com base em consultas à revista *Educação e Ciências Sociais*, um periódico editado e publicado pelo próprio CBPE[76].

No que diz respeito ao objeto específico deste livro, vale destacar que essas investigações envolveram diversos professores, pesquisadores e estudantes alocados tanto nas Cadeiras de Sociologia I e II quanto aqueles, em menor número, vinculados à ELSP. Fizeram parte, para citar alguns nomes, Wagner Vieira da Cunha, Florestan Fernandes, Fernando Henrique Cardoso, Juarez Brandão Lopes, Luiz Pereira e o próprio Fernando de Azevedo, provando que, antes mesmo da criação do Cesit, em 1961, tais autores tiveram uma experiência em comum: pesquisas patrocinadas por um mesmo centro, vinculado à Unesco e ao Ministério da Educação, ainda que seus objetos de pesquisa fossem diferentes.

### a) Pesquisa sobre educação e mobilidade social em São Paulo

O objetivo geral desse estudo, ocorrido entre 1956 e 1959, era conhecer as influências recíprocas entre educação e a mobilidade social em São Paulo, tentando determinar o tipo e o grau de relação entre essas duas variáveis[77]. Ele foi dirigido por Bertram Hutchinson, que contou com uma equipe de cientistas sociais e estudantes de São Paulo (USP e ELSP). A pesquisa tomou como amostra 2.500 universitários de uma lista de 6 mil inscritos nos cursos superiores da USP.

Entre os que colaboraram com a pesquisa estavam Carlo Castaldi, antropólogo e responsável pelo estudo sobre a integração dos imigrantes italianos na hierarquia social de São Paulo; Juarez Brandão Lopes, sociólogo e então professor da ELSP, que dirigia o estudo sobre o processo de integração na capital paulista dos imigrantes nacionais provenientes de outros pontos do território nacional[78]; e Carolina Martuscelli Bori, assistente de psicologia na USP, responsável pelas pesquisas psicológicas no campo da educação.

---

[76] A consulta que realizamos abrange todas as revistas publicadas entre 1956 e 1962, ou seja, do volume 1 ao 21.

[77] Mais especificamente, o projeto tinha como objetivo compreender "o *status* social de origem dos universitários paulistas, as fontes e os critérios de recrutamento e peneiramento para as várias profissões, as tendências de mobilidade social que estão em processo, analisadas por meio do estudo da história ocupacional de duas ou três gerações, com que serão colhidas informações, igualmente pertinentes para diagnosticar as tendências da mobilidade intergeracional"; "Os estudos e as pesquisas educacionais no Ministério da Educação e Cultura", cit., p. 68.

[78] Foi nesse projeto de pesquisa que Lopes, ainda em torno da temática educação e mobilidade social, iniciou a sua mais longa reflexão e contribuição para a sociologia, ou seja, a desintegração e a permanência da ordem tradicional na sociedade industrial; Juarez R. Brandão Lopes, "Escolha ocupacional e origem social de ginasianos em São Paulo", *Educação e Ciências Sociais: Boletim do Centro Brasileiro de Pesquisas Educacionais*, v. 1, n. 2, 1956; e Juarez R. Brandão Lopes,

*b) Relações de raças no Brasil Meridional*

As pesquisas sobre relações raciais realizadas no Brasil, sob patrocínio da Unesco, entre 1950 e 1953 deixaram, segundo relatório do CBPE, algumas lacunas. Entre elas, estava o Brasil meridional, que, "pela presença de núcleos coloniais estrangeiros, o padrão de relações interétnicas apresenta peculiaridades marcantes"[79]. Essa constatação deu origem a uma investigação a cargo de Florestan Fernandes e seus assistentes (Cardoso, Ianni e Renato Jardim Moreira), cujas teses de doutorado em sociologia seriam com as pesquisas de campo financiadas por esse projeto[80].

*c) Estudos sobre trabalho e estratificação social do Brasil*

Inicialmente um estudo bibliográfico, essa pesquisa se desdobrou, a partir de 1956, em uma série de reflexões sobre sociologia industrial e estratificação social e esteve a cargo de L. A. Costa Pinto e seu assistente, Valdemiro Bazzanella. As principais pesquisas realizadas foram um estudo sobre as alterações internas no grupo de "trabalhadores intelectuais", de nível superior, e a alteração de sua posição na sociedade brasileira, incluindo o *status* social, os valores e as atitudes, de Evaristo de Morais Filho (Universidade do Brasil); uma investigação sobre trabalho feminino, a cargo de Heloísa Rodrigues Parente, cientista social e antiga funcionária da OIT e do Banco Nacional do Desenvolvimento Econômico; uma pesquisa sobre os impactos do desenvolvimento econômico na estrutura ocupacional, buscando captar o surgimento de novas ocupações fruto da industrialização e da urbanização, sob responsabilidade de João Jochman, técnico do IBGE; e, por fim, um estudo sobre as consequências ideológicas, políticas e eleitorais da ascensão das massas urbanas no Brasil[81].

*d) Leopoldina e Cataguases: cidades-laboratório para estudos referentes à educação, à industrialização e à urbanização*

De 1957 até meados dos anos 1960, os municípios de Leopoldina e Cataguases, em Minas Gerais, serviram de laboratório para as pesquisas do CBPE[82] que estavam sob

---

"A fixação do operário de origem rural na indústria: um estudo preliminar", *Educação e Ciências Sociais*, v. 2, n. 6, 1957, 293-322.

[79] "Noticiário do CBPE", *Educação e Ciências Sociais: Boletim do Centro Brasileiro de Pesquisas Educacionais*, v. 1, n. 1, 1956, p. 64.

[80] Vale acrescentar que "aproveitando as possibilidades abertas com o financiamento da pesquisa sobre relações raciais patrocinadas pela Unesco, Florestan pôde introduzir seus assistentes em trabalhos de pesquisa empírica. Houve, naquele momento, o aproveitamento de condições razoáveis de pesquisa, ainda não possíveis nos anos anteriores. Essa experiência trouxe consigo a criação de um modo particular uspiano de observar as relações raciais no país, que se tornou célebre. Essa perspectiva também legitimava as posições de Florestan frente à Cadeira II, sua rival, que nunca teve uma linha de pesquisa prioritária"; Wagner de M. Romão, *Sociologia e política acadêmica nos anos 1960: a experiência do Cesit* (São Paulo, Humanitas, 2006), p. 56-7.

[81] "Noticiário do CBPE", cit.

[82] No ano de 1958, com os aportes financeiros vindos da Campanha Nacional pela Erradicação do Analfabetismo, parte do Programa de Metas do presidente Juscelino Kubitschek, foram

a direção de Oracy Nogueira, formado na Escola de Chicago e professor da ELSP, contando com a colaboração de outros professores, assistentes e estudantes. Em geral, buscou-se articular os estudos técnicos com soluções práticas, envolvendo as várias áreas relacionadas ao desenvolvimento social, cultural e econômico das duas cidades. Partia-se da ideia de que os problemas relativos ao desenvolvimento não seriam solucionados apenas por resoluções "técnicas", mas que era necessária uma tomada de consciência da população local por meio de um processo pedagógico[83]. Essas cidades serviriam, portanto, de campo permanente para pesquisas, aplicações experimentais e demonstrações que buscassem o esclarecimento e a solução de problemas educacionais do país, formulando propostas de políticas públicas, especialmente no que se referia aos níveis elementares e médios de ensino[84].

Bertram Hutchinson estava encarregado de um estudo sobre a mobilidade social nas duas cidades e seus efeitos sobre a educação, "com especial interesse na relação entre o desenvolvimento cultural que se está operando no interior e os processos de industrialização e de renovação tecnológica nas atividades agropastoris"[85].

Juarez Brandão Lopes, agora professor da FEA-USP, "incumbiu-se de uma pesquisa sobre o processo de industrialização nas cidades de Leopoldina e Cataguases, com ênfase no estudo do seu impacto sobre a estrutura social, sobre a família e sobre o sistema educacional"[86]. Contou com o auxílio de Carolina Martuscelli Bori e havia a previsão de que, em janeiro de 1959, seria entregue um relatório preliminar da pesquisa e, três meses depois, sua publicação em forma de livro[87].

*e) Projeto de pesquisa sobre os processos de industrialização e urbanização*

Por fim, como último exemplo, a Divisão de Estudos e Pesquisas Sociais elaborou um amplo programa de pesquisas para os anos de 1959 e 1960 com o objetivo de alcançar uma caracterização geral do processo de urbanização e industrialização do país. A direção-geral do programa coube a Darcy Ribeiro, que contou com a ajuda de Oracy Nogueira. O programa foi planejado com duas ordens de atividades:

---

criados outras cidades-laboratórios em Timbaúba (PE), Catalão (GO) e Santarém (PA). Essa ajuda financeira foi fundamental para prolongar as pesquisas; Darcy Ribeiro, "O programa de pesquisas em cidades-laboratórios", *Educação e Ciências Sociais: Boletim do Centro Brasileiro de Pesquisas Educacionais*, v. 3, n. 9, 1959.

[83] Buscou-se abordar questões relativas à configuração ecológica da região, à organização social, ao sistema cultural ou normativo, aos problemas sociais (pauperismo, prostituição, mortalidade infantil etc.) e ao processo de socialização.

[84] Oracy Nogueira, "Projeto de instituição de uma área laboratório para pesquisas referentes à educação", *Educação e Ciências Sociais: Boletim do Centro Brasileiro de Pesquisas Educacionais*, v. 3, n. 7, 1958.

[85] Darcy Ribeiro, "O programa de pesquisas em cidades-laboratórios", cit., p. 21.

[86] Ibidem, p. 20.

[87] Várias monografias produzidas por esse projeto de pesquisa foram publicadas na série Sociedade e Educação do CBPE. Alguns dos livros publicados foram *O Brasil provinciano*, de Darcy Ribeiro e Oracy Nogueira; e *A vida social na Zona da Mata; Leopoldina-Cataguases – Minas Gerais*, de Oracy Nogueira.

"a) estudos de base bibliográfica que compreenderão o conhecimento já alcançado sobre os aspectos básicos dos processos de urbanização e industrialização; b) pesquisas de observação direta sobre a forma, a intensidade e os efeitos destes processos em um grupo de oito centros urbanos da região centro-sul – tipo da área mais desenvolvida do país"[88].

Para os estudos de base bibliográfica, colaboraram Mario Wagner Vieira da Cunha (sobre o sistema de administração no Brasil) e Florestan Fernandes (sobre a condição do negro e as tarefas para sua integração numa sociedade de base industrial), entre outros especialistas. O programa ainda ambicionava o estudo comparativo do processo de industrialização e urbanização no Brasil com outros países.

As pesquisas interdisciplinares de observação direta[89] ficaram, mais uma vez, sob a supervisão de Bertram Hutchinson, que escolheu como campo as cidades do Rio de Janeiro, São Paulo, Belo Horizonte, Curitiba, Juiz de Fora, Volta Redonda, Americana e Londrina. Em todas elas, seria aplicada uma *survey* sobre uma amostra de 5,5 mil a 6 mil famílias. Participaram dessa pesquisa, entre vários estudiosos, Luiz Pereira (então professor da Faculdade de Filosofia de Araraquara), Fernando Henrique Cardoso e Octavio Ianni.

Como parte desse programa, foi realizado em São Paulo, nos dias 28, 29 e 30 de dezembro de 1959, no Salão Nobre da FFCL-USP, um simpósio para apresentação dos resultados parciais das monografias bibliográficas[90] e das pesquisas de observação direta.

\*\*\*

---

[88] "Projeto de pesquisa sobre os processos de industrialização e urbanização", *Educação e Ciências Sociais: Boletim do Centro Brasileiro de Pesquisas Educacionais*, v. 5, n. 11, 1959.

[89] Os autores e as pesquisas previstas eram: Bertram Hutchinson (CBPE), "caracterização da forma, intensidade e efeitos da urbanização e industrialização em cada cidade do projeto"; Carolina Martuscelli Bori, "a estrutura da família e as mudanças na posição social da mulher e nas inter-relações de grupo familial decorrentes da industrialização e urbanização"; Arrigo Angelini (USP), "a criança e os adolescentes brasileiros das áreas mais desenvolvidas, aspectos sociopsicológicos"; Roger Seguin (CBPE), "a escola pública primária brasileira das áreas metropolitanas mais desenvolvidas"; Joseldeth Gomes Consorte (CBPE), "distribuição das oportunidades de educação elementar na região centro-sul"; Dante Moreira Leite (Fac. Fil. Araraquara), "o professor secundário brasileiro"; Luiz Pereira (Fac. Fil. Araraquara), "formação profissional e condição social do professor primário brasileiro"; Eunice Ribeiro (USP), "ajustamento social e ocupacional dos contingentes rurais nos centros metropolitanos"; Aniela Ginsberg (PUC-SP), "adaptação do imigrante estrangeiro e migrantes nacionais"; Fernando H. Cardoso e Octavio Ianni (USP), "efeitos sociais da industrialização na cidade de São Paulo, um estudo de caso"; Fernando Bastos D'Avilla (PUC), "comportamento religioso das populações urbanas brasileiras"; "Projeto de pesquisa sobre os processos de industrialização e urbanização", *Educação e Ciências Sociais: Boletim do Centro Brasileiro de Pesquisas Educacionais*, v. 5, n. 11, 1959, p. 116-7.

[90] As monografias seriam publicadas na forma de livros. Foi nesse marco que surgiram os livros de Mario Wagner Vieira da Cunha, *O sistema administrativo brasileiro: 1930-1950*, e de Florestan Fernandes, *A integração do negro na sociedade de classes*. Também foi anunciada a publicação de uma monografia escrita por Cardoso e Ianni intitulada *Efeitos sociais do processo de industrialização de São Paulo*.

É possível verificar que, ao longo da segunda metade da década de 1950, o CBPE e os centros regionais serviram de primeira experiência de pesquisa científica nacional e de cooperação entre professores e acadêmicos de diferentes instituições. Como veremos, isso aconteceu concomitantemente a um dos mais importantes conflitos ocorridos entre as "escolas" de sociologia do Rio de Janeiro e a de São Paulo, mais especificamente entre Costa Pinto e Fernando de Azevedo. O que impediu que essa "guerra de posições" no meio intelectual atingisse o CBPE, paralisando suas atividades, foi o fato de este ter uma estrutura descentralizada, tanto na administração de suas sedes regionais quanto na realização de cada programa de pesquisa. Ainda que parte importante dos sociólogos que marcaram a década de 1950 e 1960 tivesse algum vínculo de pesquisa com o CBPE e os centros regionais, seus trabalhos tinham certa autonomia em relação aos demais. O que unificava as diversas reflexões eram os eventos e as publicações do CBPE, que deveriam servir para alimentar as políticas educacionais do Inep/Ministério da Educação.

*As conferências da Unesco e o rompimento entre Rio de Janeiro e São Paulo*

Após a Unesco ter realizado, em 1954, três conferências internacionais sobre o ensino de ciências sociais nas cidades de Nova Déli (Índia), San José (Costa Rica) e Damasco (Síria)[91], ela resolveu impulsionar uma quarta na América do Sul com o objetivo de congregar os países que não haviam participado do evento na Costa Rica. A cidade do Rio de Janeiro, então capital do Brasil, sediou essa nova conferência[92] entre os dias 5 e 14 de março de 1956[93], contando com o apoio do Ibecc, da OEA e do governo brasileiro. Participaram do evento os representantes nomeados pelos governos dos países membros e um *expert* de cada país, que seria designado pela Unesco com o objetivo de relatar a conferência e preparar um documento prévio sobre a situação do ensino de ciências sociais nas universidades de seus respectivos países. Além desses delegados, a conferência contou com vários observadores[94]. O Brasil teve a presença de Themístocles Brandão Cavalcanti (Ibecc), Paulo B. Carneiro (delegado na Unesco),

---

[91] Como parte de sua política de internacionalização, o Departamento de Ciências Sociais da Unesco criou, em 1953, o Conselho Internacional de Ciências Sociais, órgão composto de especialistas de vários países. Em 1955, esse conselho recebeu o montante de 18 mil dólares.

[92] Em alguns documentos e, principalmente, nos jornais brasileiros, esse evento foi noticiado como Seminário Latino-Americano sobre Ensino de Ciências Sociais. Em documentos da Unesco, encontramos também o título Conferência sobre Ensino Universitário de Ciências Sociais na América do Sul (ver Arquivos da Unesco, Paris).

[93] A Conferência deveria ter acontecido entre os dias 8 e 16 de dezembro de 1955, mas foi adiada, a pedido da delegação brasileira, em razão da crise política aberta no Brasil com a sucessão presidencial.

[94] Entre os observadores, vale destacar a presença de representantes da ONU, OIT, FAO, OEA e OMS, das associações internacionais de economia, ciência política, sociologia, ciências jurídicas e psicologia científica, da Alas e de universidades como a UBA, USP e Universidade do Chile (ver Arquivo da Unesco, Paris).

Carlos Delgado de Carvalho, Anísio Teixeira (Capes) e J. Roberto Moreira como delegados governamentais, além de Luiz de Aguiar Costa Pinto enquanto delegado da Universidade do Brasil (RJ), Bastos Davilla, pela Universidade Católica e, como *expert* nomeado pela Unesco, Mario Wagner Vieira da Cunha, diretor do Instituto de Administração da USP. Também estiveram presentes, na condição de observadores, Edison Carneiro, Darcy Ribeiro, Castro Faria e Guerreira Ramos (Iseb).

A conferência, que ocorreu no Palácio do Itamaraty, debateu os métodos de ensino e de avaliação dos estudantes; a formação pedagógica e a seleção dos professores universitários; o estágio das pesquisas e as técnicas utilizadas; e, por fim, o nível de profissionalização das ciências sociais.

A primeira importante constatação da conferência foi que o ensino de ciências sociais – à exceção da economia política – não existia na região[95], a não ser sob a forma de cadeiras auxiliares para a formação profissional e cultural de especialistas em outros domínios, tais como advogados, agrônomos, médicos, engenheiros, licenciados em filosofia etc. Em geral, a sociologia estava alocada nas faculdades de direito (à exceção do Brasil). Portanto, tendo em vista esse quadro, a conferência votou "preconizar a criação de faculdades e institutos especializados para as ciências sociais nos lugares onde seu ensino não está organizado, levando em conta as estruturas universitárias existentes". Como resolução, foi sugerido também que os cursos de ciências tivessem duração de quatro anos e um currículo flexível, sendo os dois primeiros anos com disciplinas gerais.

As resoluções da conferência eram coerentes com a política da Unesco nos anos 1950 de impulsionar e incentivar a criação e o desenvolvimento das ciências sociais em várias regiões do mundo, na sua forma institucional e profissional, e de se colocar como mediadora entre esses centros de produção do conhecimento. Sua política se alinhava à visão de que as ciências sociais poderiam contribuir para o projeto de "modernização capitalista" do pós-guerra, concebendo-as como uma disciplina prática que poderia contribuir para o desenvolvimento econômico e social. Entendia que a evolução das estruturas políticas e sociais impulsionadas pelo desenvolvimento prodigioso da técnica, das transformações econômicas e da conflagração de uma ordem mundial impunha à humanidade a produção de uma ciência social que assumisse o papel de "orientar e de controlar os fenômenos que estão na origem das perturbações da vida nacional e internacional"[96]. Essa concepção ficava ainda mais clara num relatório sobre a Conferência do Rio, enviado ao diretor-geral da Unesco:

---

[95] À exceção também do Brasil e da Venezuela, onde já existiam cursos de formação de especialistas. Um relatório escrito por F. Vito sobre a conferência ressalta como problema das ciências sociais na região seu caráter abstrato, que levaria deliberadamente a evitar os problemas da região. Como resolução, ele recomenda que um rigoroso método de investigação seria a melhor maneira de produzir ações viáveis para a resolução dos problemas (ver *Rapport: la conférence régionale de l'Amérique Latine sur l'enseignement des sciences sociales*, de F. Vito. Arquivos da Unesco, Paris).

[96] Unesco, *Les Sciences sociales, l'Unesco et son programme*, t. 12 (Paris, Unesco, 1954).

A primeira e mais evidente impressão que emergiu dos debates é que o desenvolvimento das ciências sociais na América Latina apresenta não apenas um interesse teórico, mas ainda um interesse prático, como instrumento importante do progresso econômico e social das nações desse continente. Este ponto inspirou todas as recomendações e todos os oradores o sublinharam. O destaque foi maior sobre o fato de que isso se trata, ao lado do desenvolvimento das ciências sociais, de empregar essas últimas como um dos meios de resolver os problemas presentes e complexos que se colocam aos povos latino-americanos na fase atual de sua evolução.[97]

Sob essa conjuntura, a Conferência do Rio de Janeiro destacou como primordial para o desenvolvimento das ciências sociais na América Latina a criação de uma faculdade e de um centro de pesquisa em ciências sociais:

> Numerosos oradores destacaram que, independentemente das condições geográficas, as nações latino-americanas apresentam entre elas certas semelhanças estruturais. Com uma tradição cultural comum, é possível centralizar os esforços para desenvolver o ensino de ciências sociais na criação de organismos suscetíveis de vir a ajudar a todos os países da região.[98]

Vários fatores contribuíram para que tal proposta tivesse uma ampla aceitação pelos delegados e observadores da conferência. A primeira e mais importante é que havia uma demanda social para a criação desses dois centros de ensino e pesquisa. Naquele momento, os vários países da América Latina passavam por um dos mais importantes processos de transformação social e econômica do mundo, impulsionados pela urbanização, pela industrialização e pela alteração de sua configuração demográfica (com o êxodo rural e as altíssimas taxas de natalidade), que demandavam estudos científicos das suas consequências sociais e, acima de tudo, propostas de resolução dos problemas. Nesse sentido, a profissionalização das ciências sociais era fundamental para a formação de especialistas, de *experts*, de planejadores e de futuros quadros de pessoal de ensino e de pesquisa, o que demandava uma melhoria no ensino superior.

A proposta de uma ciência social prática e vinculada aos processos políticos de transformação social e econômica da América Latina, em particular sobre as questões relativas à industrialização, ficou clara numa das resoluções da conferência:

> Considerando que nos processos de industrialização que atualmente estão em marcha na América do Sul, assim como no resto do mundo, é uma finalidade primordial a de alcançar a maior produtividade possível; que para isso é fundamental uma adequada organização diretiva da empresa industrial em seus diferentes níveis e uma compreensão adequada do automatismo de seu funcionamento; que os processos antes mencionados

---

[97] Ver *Rapport de mission: table ronde sur l'enseignement supérieur des sciences sociales en Amérique du Sud (5-14 mars 1956)*, de K. Szczerba-Likiernik, p. 6., 18 abr. 1956. Arquivos da Unesco, Paris. Código 370.23 (8) 067 "56".
[98] Idem.

estão intimamente vinculados com o problema das relações humanas e do trabalho; que o ritmo rápido das transformações econômicas na América do Sul e as implicações sociais e humanas que acarretam requerem a cooperação de profissionais das ciências sociais devidamente especializados. *Recomenda: as universidades da América do Sul deveriam fomentar ativamente as disciplinas designadas com o nome genérico de Relações Industriais ou Relações de Trabalho.*[99]

Durante a conferência, o embaixador do Chile[100] declarou que seu governo estava de acordo em dar todo o apoio necessário para a criação desse novo centro em seu país, assegurando o local e a ajuda com o pessoal e as despesas, na condição de que a Unesco também contribuísse financeiramente com o material científico e o envio de especialistas. Os representantes brasileiros assumiram postura semelhante à chilena, reivindicando o país como sede do segundo centro e se dispondo, também, a fornecer uma equipe de pesquisadores que trabalhariam sob a direção de *experts* estrangeiros qualificados. Essas propostas foram aprovadas por unanimidade na plenária do evento de 1956 no Rio de Janeiro[101].

A Conferência Geral da Unesco ocorrida em Nova Déli, em 1956, referendou a resolução do Rio de Janeiro de criação de duas instituições de ensino e pesquisa na América Latina. Os créditos foram votados para a partir de 1958, o que deixaria tempo para as articulações políticas e a organização dos centros, assim como para a concretização de seus programas. Como parte dessa etapa, foi organizado um novo encontro na capital fluminense, de 8 a 18 de abril de 1957, no qual foram formalizadas as estruturas dessas instituições e, no caso do Brasil, seu local. Estavam criados a Faculdade Latino-Americana de Ciências Sociais (Flacso) e o Centro Latino-Americano de Pesquisas em Ciências Sociais (Clapcs), que começaram a funcionar em 1958[102].

---

[99] Ver "Resolução 24" de *Recomendaciones adoptadas en la Conferencia sobre la Enseñanza Universitaria de las Ciencias Sociales en la América del Sur, Rio de Janeiro, 5-14 marzo de 1956*. Arquivos da Unesco, Paris. Código: 370.23 (8) 067 "56" 091 (grifos nossos).

[100] O Chile contava com a seguinte delegação: Raul Bazan d'Avila, embaixador no Brasil, o prof. Gustavo Lagos Matus, delegado pela Universidade do Chile, e Rafael Correia Funezalida, relator.

[101] A articulação de um centro de pesquisa sobre a América Latina, com sede no Brasil, teve início em abril de 1952, quando K. Szczerba-Likiernik, então chefe da Divisão pelo Desenvolvimento Internacional das Ciências Sociais da Unesco, visitou o Brasil. Essa informação pode ser confirmada na carta que ele enviou a Fernando de Azevedo, provando, também, o envolvimento do brasileiro nessa questão muito antes da Conferência de 1956: "Durante a reunião ocorrida na Universidade de São Paulo, ao final da mesa-redonda do Rio de Janeiro e que você aceitou coordenar, foi decidido que um plano detalhado sobre o projeto de criação de um Instituto de Pesquisa Regional sobre a América do Sul seria elaborado por um pequeno grupo de especialistas brasileiros das ciências sociais. Eu ficaria muito agradecido se você me mantivesse atualizado da evolução desse trabalho" (ver *Carta de Szcezerba-Likiernik a Fernando de Azevedo*, 23 abr. 1952 (timbre da Unesco). Arquivo IEB-USP, Arquivo Fernando de Azevedo. Código: Cp.cx30,52).

[102] A Flacso e o Clapcs eram consideradas organizações irmãs, com sede em dois países. A ideia inicial era que eles tivessem um contínuo diálogo e planejamento em comum. A primeira reunião dos

Numa carta escrita logo após a Conferência Geral da Unesco, que aprovou a criação da Flacso e do Clapcs, o chefe de divisão de desenvolvimento internacional do Departamento de Ciências Sociais ressaltou para Themístocles Cavalcanti, presidente do Ibecc e um dos responsáveis pela criação do Clapcs, a vontade da Unesco de patrocinar pesquisas sobre o mundo industrial:

> Por outro lado, convém ter em conta o fato de que a Conferência Geral juntou a esses projetos um projeto relativo ao desenvolvimento social em relação ao progresso técnico e que também foi sublinhado, durante as discussões, o quanto esse fenômeno é importante para a região interessada.[103]

No dia seguinte, preocupado em virtude de uma recepção negativa de seu informe, Szczerba-Likiernik enviou uma segunda carta a Cavalcanti, destacando que a temática sobre o progresso técnico seria apenas uma sugestão e que caberia ao Clapcs decidir sua linha de pesquisa. No entanto, acrescentou, no final da carta, que "os problemas das implicações sociais da industrialização adquirem, em nossa época, uma importância que vai crescendo constantemente, e a pesquisa sociológica, se ela quiser assegurar o máximo de eficácia, deve ter isso em conta, e, eu diria mais, estar estreitamente ligada"[104]. Sugeriu ainda que, caso o novo centro optasse por essa linha de pesquisa, ele se beneficiaria com ajuda financeira, pois era de interesse da Unesco e de outros órgãos esse tipo de investigação e a aplicação de métodos comparativos entre os vários resultados regionais numa escala internacional.

Evidentemente que o mundo da indústria e do trabalho emergia como problemática central para as ciências sociais. É interessante uma carta enviada pelo argentino Gino Germani ao DCS da Unesco sobre essa questão:

> Nos inteiramos da leitura do documento 9/C Resoluções (prov.) de 5 de janeiro, em que a resolução 4.74 previa a possibilidade de realizar estudos em países latino-americanos sobre problemas de industrialização e mudanças sociais e culturais relacionados (pontos A e B). O Instituto de Sociologia tem organizado para o corrente ano uma nvestigação

---

dois centros ocorreu na sede da Unesco em Paris, durante sua Conferência Geral, no dia 16 de novembro de 1958. Estavam representados nela os seguintes países: Argentina, Bolívia, Brasil, Chile, Colômbia, Costa Rica, Cuba, República Dominicana, Equador, Honduras, México, Nicarágua, Panamá, Peru, Salvador, Uruguai, Venezuela e Haiti. Para um estudo mais aprofundado sobre o Clapcs, sugerimos a leitura de B. Bringel, L. Nóbrega e L. Macedo, "A experiência do Centro Latino-Americano de Pesquisas em Ciências Sociais (Clapcs) e os estudos sobre a América Latina no Brasil", em *Sociologia latino-americana: originalidade e difusão* (Rio de Janeiro, Núcleo de Estudos de Teoria Social e América Latina, 2014), e de B. Bringel et al., "Notas sobre o Clapcs na 'era Costa Pinto' (1957-1961): construção institucional, circulação intelectual e pesquisas sobre a América Latina no Brasil", em *Sociologia latino-americana II: desenvolvimento e atualidade* (Rio de Janeiro, Núcleo de Estudos de Teoria Social e América Latina, 2015).

[103] Ver *Carta de Szczerba-Likiernik a Th. Cavalcanti*, 18 dez. 1956. Arquivos da Unesco, Paris. Código: 370.230.63 (81) AMS.

[104] Ver *Carta de Szczerba-Likiernik a Th. Cavalcanti*, 19 dez. 1956. Arquivos da Unesco, Paris.

que se refere exatamente a esses problemas. Este trabalho, que tem várias etapas, se realizará em primeiro lugar numa comunidade urbana da zona metropolitana da cidade de Buenos Aires e deverá, principalmente, determinar as características culturais e psicossociais dos operários industriais imigrados recentemente para a cidade e, portanto, transferidos das tarefas artesanais ou agrícolas às tarefas industriais, em comparação com as características dos operários dedicados à indústria e urbanizados desde há algum tempo (ou segunda geração).[105]

O estudo que Germani menciona deu origem ao livro *Política y sociedade en una época de transición*, publicado em 1962, um clássico das ciências sociais argentinas e da análise do peronismo[106]. Um ano antes, Friedmann enviava Touraine para Santiago do Chile para organizar a pesquisa sobre os operários de Huachipato e Lota. Naquele ano de 1957, o próprio Friedmann fez sua primeira viagem para a América Latina, sendo que um dos seus destinos foi a capital argentina, a convite da Universidade de Buenos Aires, onde deve ter se encontrado com Germani. Como fica evidente, um conjunto de ações ocorreu ao mesmo tempo, em vários países, tendo como problemáticas centrais o processo de industrialização, suas formas de resistência, a consciência dos atores etc.

No Brasil, Costa Pinto, responsável por elaborar o projeto do novo centro, estava convencido de que para a América Latina eram de extrema importância os problemas relativos às consequências sociais do desenvolvimento econômico e que, por essa razão, os estudos de seus problemas, "que constituem a principal preocupação dos povos e dos governos latino-americanos, será objeto fundamental e permanente das atividades científicas do Centro"[107]. Essa visão se consolida na primeira reunião do Comitê Diretor do Clapcs, ocorrida entre 5 e 10 de novembro de 1957, em Belo Horizonte, onde aprovaram a execução dos seguintes projetos a partir do ano seguinte: (1) estudo-piloto sobre as implicações sociais do desenvolvimento econômico na região do Recôncavo da Bahia[108]; (2) estudo sobre a estratificação e a mobilidade social em seis países (Argentina, Brasil, Uruguai, Chile, Costa Rica e México); (3) estudos sobre as tarefas urgentes da antropologia na região; (4) inventário sobre o atual estágio das ciências sociais; e (5) estudo sobre a estrutura agrária e as condições de trabalho na agricultura da América Central.

\*\*\*

---

[105] Ver Arquivos da Unesco, Paris.
[106] Ver Luiz Carlos Jackson e Alejandro Blanco, *Sociologia no espelho*, cit.
[107] Ver *Avant-projet de réglement de la Clapcs, soumis à la sous-commission des sciences sociales de l'Ibecc pour discussion par L. A. Costa Pinto*, p. 1. Arquivos da Unesco, Paris. Código: 370.230.63 (81) AMS.
[108] O estudo foi realizado por uma equipe internacional dirigida por Hebert Blumer, prof. de sociologia da Universidade da Califórnia (Berkeley). A região do Recôncavo foi escolhida por ser uma zona de economia tradicional, que estava recebendo um choque de industrialização com a exploração e o refino do petróleo. Esse estudo deu origem ao livro *Recôncavo, laboratório de uma experiência humana* (1958).

A maior presença da Unesco na região e a disposição desta em investir na criação de um novo centro de pesquisa no Brasil, com composição e projetos de pesquisas internacionais, ligado a instituições de outros países, reacendeu uma forte disputa entre o grupo de sociólogos do Rio de Janeiro, vinculados a Costa Pinto e Cavalcanti, e o Departamento de Sociologia e Antropologia da FFCL-USP, dirigido por Fernando de Azevedo. Dessa vez, a disputa ocorreu sobre o local em que seria instalado o Clapcs. No entanto, de fundo, estava em jogo, mais uma vez, quem exerceria hegemonia intelectual sobre as ciências sociais no país.

Após o término da I Conferência Latino-Americana sobre o Ensino de Ciências Sociais, ocorrida no Rio de Janeiro, a Capes organiza uma reunião no dia 27 de março de 1956, com o objetivo de debater a criação do novo centro de pesquisa. Estavam presentes membros de várias instituições, porém nenhum representante de São Paulo. No dia seguinte, a Comissão de Ciências Sociais do Ibecc organizou uma reunião com o mesmo objetivo[109]. Ficou definido que essa comissão, dirigida por Costa Pinto, participaria da elaboração do programa de atividade e do plano do novo instituto. Propôs-se, também, ao Congresso Nacional brasileiro, a votação de créditos para o novo centro e foi decidido formar um grupo de trabalho com representantes das grandes universidades brasileiras, em que a USP parece ter ficado de fora.

A rapidez com que as posições foram tomadas evidencia o grande interesse que esse amplo grupo de entidades e pessoas tinha em constituir o novo centro[110]. No entanto, a pressa com que essas questões foram encaminhadas parece ter desagrado aos cientistas sociais da FFCL-USP. Szczerba-Likiernik observou, em seu relatório enviado para a Unesco, em abril de 1956:

---

[109] Apesar de uma delegação reduzida àqueles que viviam e trabalhavam na capital do país, o Rio de Janeiro, a representação foi significativa nas duas reuniões. Na da Capes estavam presentes Costa Pinto (Universidade do Brasil), Paulo Berredo Carneiro (delegado permanente do Brasil na Unesco), Th. Cavalcanti (presidente do Ibecc), H. Laurentie (representante permanente da ONU no Bureau de Assistência Técnica ao Rio de Janeiro), J. Alren (Conselho Brasileiro de Pesquisas sobre Educação), D. de Carvalho (Universidade do Brasil), Darcy Ribeiro (Serviço de Proteção dos Índios no Brasil), A. de Castro (membro da Capes), professores Roberto Moreira e Atkon, além de A. Teixeira (presidente da Capes). Na reunião do Ibecc estavam presentes Cavalcanti, Costa Pinto, Dodsworth Martins, Paulo B. Carneiro, José Simeão Leal, E. Carneiro, Darcy Ribeiro, L. Castro Feria e o reverendo Bastos de Ávila (ver *Relatório de missão ao Brasil – complementar ao relatório de 18 de abril de 1956, 30 de abril de Szczerba-Likiernik*. Arquivos da Unesco, Paris. Código: 370.23 (8) 067 "56").

[110] Tanto as crises políticas da época quanto a sucessão presidencial podem explicar a rapidez desse processo. A conferência sobre o ensino de ciências sociais, na qual foi aprovada a criação do Clapcs e da Flacso estava planejada para o ano de 1955, mas foi adiada por conta dessa crise. Para se ter uma ideia da instabilidade do momento, sem saberem ainda qual seria a posição do novo presidente da República, Juscelino Kubitschek, quanto à pesquisa e ao ensino superior, Anísio Teixeira e Th. Cavalcanti apresentaram suas cartas de demissão, que foram prontamente recusadas.

convém notar que já existe uma certa rivalidade pela localização do Centro entre São Paulo e Rio de Janeiro. Estes locais poderiam facilmente ser encontrados tanto numa quanto na outra cidade. Mas, parece, entretanto, que a maioria dos participantes preferem o Rio de Janeiro.[111]

A polêmica explodiu quando ocorreu a II Conferência sobre o Ensino de Ciências Sociais, também no Rio de Janeiro, entre 8 e 17 de abril de 1957. Dessa vez, para tentar amenizar a fricção entre os grupos, entrou na jogada o diretor do DCS da Unesco, T. H. Marshall. No entanto, o próprio Anísio Teixeira, um aliado de Azevedo na capital, relata que percebeu, em conversa com Themístocles Cavalcanti, que tudo já estava meio encaminhado, ou seja, o novo centro seria no Rio[112]. Teixeira estava convencido de que as posições de Costa Pinto e Cavalcanti dificultavam o diálogo entre eles e São Paulo. Chegou a propor, em vão, uma reunião para aparar as arestas.

O jogo político era ardiloso. T. H. Marshall visitou por um dia São Paulo, antes do início da Conferência de 1957, na presença do presidente da Capes e do professor Robert Havighurst, codiretor de pesquisas do CBPE, para resolverem pessoalmente a divisão criada quanto ao local da sede do Clapcs e apagar qualquer rusga entre eles e a Unesco. Segundo Anísio Teixeira, o diretor do DCS confessou a ele, depois dessa reunião, que regressara com "uma profunda impressão a respeito de Fernando de Azevedo e uma muito boa impressão de todo o grupo de São Paulo"[113]. Em seu relatório enviado a Unesco, Marshall destaca:

> Eles alegaram que tinham sido levados a esperar, há um ano, que o centro seria localizado em São Paulo, e que a Unesco tinha arbitrariamente decidido instalá-lo no Rio. Eu expliquei que a resolução da Unesco não especificou o local, que era uma questão a ser decidida pelo governo brasileiro (quem proporcionaria o edifício), depois de consultar os delegados presentes na Mesa Redonda [de 1957]. Eles, então, me garantiram que não tinham rivalidades com a Unesco, e nossa reunião terminou em uma atmosfera de amizade calorosa, mas continua a ser necessário convencê-los a cooperar com o Ibecc.[114]

---

[111] Ver *Relatório de missão ao Brasil – complementar ao relatório de 18 de abril de 1956, 30 de abril de Szczerba-Likiernik*, p. 3. Arquivos da Unesco, Paris. Código: 370.23 (8) 067 "56".
[112] Relata Teixeira a Azevedo: "Vi logo que minha sugestão não seria aceita, pois tudo parecia já resolvido. Lembrei-lhe, então, que lhe telefonasse diretamente. Também a sugestão não pareceu viável. Disse-lhe, então, que deixaria vagas no Conselho Diretor [para] São Paulo. No outro dia, vi, pelos jornais, que tudo ficara resolvido – com todos os órgãos de direção completos e nomeado diretor do Centro, o prof. Costa Pinto" (ver *Carta de Anísio Teixeira a Fernando de Azevedo*, Rio de Janeiro, 17 abr. 1957. Arquivo IEB-USP, Arquivo Fernando de Azevedo. Código: Cp-cx32a, 72).
[113] Ver *Carta de Anísio Teixeira a Fernando de Azevedo*, Rio de Janeiro, 17 abr. 1957. Arquivo IEB-USP, Arquivo Fernando de Azevedo. Código: Cp-cx32a, 72.
[114] Ver *Rapport of Mission to Rio de Janeiro and Santiago de Chile, 4 April to 1 May 1957: Social Science Centre in Latin American*. T. H. Marshall. Arquivos da Unesco, Paris. Código: 370.720.63/81/AMS.

Limpando o terreno quanto a qualquer desentendimento entre a Unesco e o Departamento de Sociologia e Antropologia da FFCL-USP, o embate então se deu, ao menos no âmbito público, entre este e o grupo do Rio de Janeiro. No interior da Unesco, o embaraço era enorme, principalmente porque Fernando de Azevedo e o departamento dirigido por ele publicaram suas diferenças em jornais de grande circulação um dia antes do início da Conferência de 1957. Paulo B. Carneiro e outros membros da Unesco culpavam Azevedo por toda a confusão causada[115].

A decisão já estava tomada, como anunciou Szczerba-Likiernik, assim que aterrissou no Brasil, em 5 de abril de 1957, para participar da conferência. "A sede do futuro instituto ficará no Rio de Janeiro", exclamou[116]. No entanto, a declaração pública assinada por todo o Departamento de Sociologia e Antropologia da FFCL-USP contra o Clapcs e sua sede no Rio de Janeiro foi alimentada por outra disputa, ainda mais importante, sobre a distribuição das escassas verbas governamentais para as ciências sociais.

Pouco antes da Conferência de 1957, ocorrida no mês de abril, Cavalcanti começou a articular a criação de um Conselho Nacional de Ciências Sociais que, eventualmente, receberia apoio financeiro do Conselho Nacional de Pesquisa (futuro CNPq). Os acadêmicos da USP enxergaram nessa proposta uma manobra para destinar maiores recursos para as pesquisas na capital brasileira. Em ofício publicado em jornais de grande circulação, a posição do Departamento de Sociologia e Antropologia foi que

> importa, em segundo lugar, notar que o aludido plano do Ibecc, quando Conselho Nacional de Ciências Sociais, esboça as finalidades do projeto e indica como principal função sua servir de "suporte" ao centro regional de pesquisas para a América Latina, que atualmente a Unesco intenta instalar no Rio de Janeiro. Ora, essa destinação particular prejudica, desde logo, a eficiência do projeto Conselho, cuja ação, como é fácil perceber, se absorveria na função auxiliar que deverá representar junto aquele instituto da Unesco, ao invés de beneficiar em todo o território nacional os vários núcleos de ensino e pesquisa de antropologia, sociologia e política que, sobre o planejado centro regional, apresentam ao menos a nítida vantagem de já existirem e se encontrarem ativos, para não aludir ao nível de produção e ao conceito internacional de que começam alguns deles a fruir.[117]

As disputas em questão não eram, portanto, apenas de prestígio nem envolviam somente vaidades acadêmicas. Estava em jogo a definição de qual instituição seria o principal polo de produção intelectual das ciências sociais brasileira, com o "selo" da Unesco. Aquela que garantisse mais verbas e estabelecesse contatos interna-

---

[115] Ver *Carta de Anísio Teixeira a Fernando de Azevedo*. Rio de Janeiro, 30 maio 1957. Arquivo IEB--USP, Arquivo Fernando de Azevedo. Código: Cp-cx32a, 74.
[116] Ver *A Noite*, n. 15.585, Rio de Janeiro, 5 abr. 1957, p. 6. A declaração também foi publicada no jornal *O Estado de S. Paulo*, 6 abr. 1957, p. 7.
[117] Ver *Jornal do Commercio*, Rio de Janeiro, ed. 161, 13 abr. 1957, p. 5.

cionais estaria na frente da disputa. Muito antes de explodir o conflito público, provavelmente ainda em 1956, logo após a realização da Conferência do Rio, Azevedo envia uma longa carta, assinada em nome do Departamento de Sociologia e Antropologia da FFCL-USP, ao chefe da Divisão para o Desenvolvimento das Ciências Sociais da Unesco, Szczerba Likiernik. Nela, o brasileiro lista uma série de observações que teriam sido feitas pelos professores do seu departamento em relação ao projeto de criação do Clapcs:

> Remarcamos que a criação do Centro Regional de Pesquisas Sociais sobre a América Latina, em São Paulo, interessa particularmente o Brasil, porque ele vem ao encontro das necessidades urgentes, não somente sobre o plano da elevação do nível de trabalho científico no terreno das ciências sociais, como também ao que concerne o financiamento das pesquisas, a criação de oportunidades reais para o desenvolvimento das ciências sociais ou a utilização e a preparação técnica de jovens pessoas de formação científica.

Segundo a carta, os professores estavam convencidos de que São Paulo seria o local ideal para o estabelecimento desse centro. No entanto, colocaram algumas condições que, se não atendidas, impediriam a continuidade da ação em comum. Estas eram relativas a quem financiaria o projeto – pois não estavam de acordo que o encargo ficasse apenas com o governo brasileiro e os Estados-membros da Unesco na América do Sul. Sem saber o quanto a organização aportaria, seria impossível, ressaltaram, a colaboração do Departamento de Sociologia e Antropologia. Outro empecilho estava na proposta da Unesco de que o objeto de estudo prioritário do novo centro fossem "as implicações humanais dos efeitos da industrialização", questão que o departamento considerava pouco realista, considerando o estado de desenvolvimento do ensino e da pesquisa em ciências sociais no Brasil e em outros países da América Latina, com pouca disponibilidade de pessoal especializado. Em vez de deslocar esses escassos recursos humanos para um centro de pesquisa, afirmam, seria mais conveniente a utilização destes em instituições já existentes, como a USP.

> Enfim, há duas condições que contribuem a criar uma situação difícil: nossas limitações atuais quanto à disponibilidade de pessoal especialista e o grau de ingerência da Unesco na constituição e na administração do futuro Centro. A primeira condição nos obriga a refletir bastante antes de assumir as responsabilidades bastante pesadas para nossas possibilidades efetivas. A segunda condição coloca suposições legítimas quanto ao interesse reduzido que teria para nós uma semelhante instituição, se não nos é possível se beneficiar, desde o início e em escala crescente, os especialistas brasileiros e latino-americanos e exercer uma influência contínua e decisiva nas escolhas e a utilização dos especialistas estrangeiros, que devem ser contratados.[118]

---

[118] Ver *Carta de F. de Azevedo à Szczerba-Likiernik*, s/d. Arquivo IEB-USP, Arquivo Fernando de Azevedo. Código: Ca-cx9, 38.

A carta termina por anunciar que o Departamento de Sociologia e Antropologia da FFCL-USP só poderia colaborar com a Unesco na criação desse novo centro de pesquisa depois que as questões colocadas fossem resolvidas. O tom pode ter soado arrogante aos membros do DCS e os fatos subsequentes nos indicam que, após essa correspondência, a USP foi colocada de lado e o projeto seguiu com o grupo do Rio de Janeiro. Isso enfureceu Fernando de Azevedo, resultando no desfecho da publicação da carta pública contra a criação do Clapcs.

Era óbvio que a Unesco queria a participação da FFCL-USP nas atividades de gestão e pesquisa do Clapcs. No entanto, apesar da força intelectual que a universidade vinha ganhando, ela ainda não havia se projetado e se destacado como a principal instituição de ensino e pesquisa do país. Na segunda metade dos anos 1950, em pleno desenvolvimento acelerado da economia brasileira, as instituições instaladas na capital federal, então o Rio de Janeiro, tinham peso significativo no plano intelectual e político[119]. Na Conferência de 1957, Szczerba-Likiernik destaca "a presença assídua de um representante do presidente da República" e a passagem no evento do chefe da Casa Civil, Vítor Nunes Leal, fatos que demonstrariam o compromisso do governo federal com a instituição que viria a se instalar em território nacional com ajuda da Unesco[120].

Para piorar a situação, o Departamento de Sociologia e Antropologia da FFCL-USP não enviou representantes para a conferência de 1957, o que o deixou isolado nessa disputa. Em São Paulo, tanto a ELSP quanto os professores de sociologia da Faculdade de Economia da USP, em particular Mario Wagner Vieira da Cunha, eram favoráveis à criação do centro e a sua localização no Rio de Janeiro, tendo enviado para a conferência observadores que participaram ativamente das atividades. Ao total, doze universidades estavam presentes, menos as Cadeiras I e II de Sociologia da USP.

*Uma reaproximação em 1959: o Seminário "Resistências à mudança"*

Dois anos mais tarde, essa cisão ainda era presente e dificultava a participação dos uspianos nas atividades organizadas pelo então recém-criado Clapcs, como foi o caso do seminário "Resistências à mudança: fatores que impedem ou impossibilitam as transformações sociais nos países em curso de desenvolvimento econômico", que ocorreu de 19 a 24 de outubro de 1959, nas dependências do Museu Nacional, na Quinta da Boa Vista, no Rio de Janeiro[121]. Mesmo assim, apesar

---

[119] A transferência da capital para Brasília, no início dos anos 1960, teve consequências irreversíveis sobre várias instituições de ensino e pesquisa, entre elas o próprio Clapcs.
[120] Ver *Rapport de Mission au Brésil (4 au 30 avril 1957). Centre Régionaux de Sciences Sociales en Amérique Latine*, Szczerba-Likiernik. Arquivos da Unesco, Paris. Código: 370.230.63 (81) AMS.
[121] Sobre a importância do local escolhido para o evento, um jornal ressaltou: "[...] nossa casa tradicionalmente voltada ao estudo dos problemas culturais brasileiros, de onde tanta palavra de alto

da relutância de Costa Pinto, as participações de Florestan Fernandes, Fernando Henrique Cardoso e Octavio Ianni tiveram destaque nesse evento[122]. Porém, foram os esforços da Unesco – em particular, do DCS e de seus especialistas residentes no Brasil[123] – que permitiram a reaproximação entre a Cadeira de Sociologia I da USP e o Clapcs. O marco dessa inflexão foi, sem dúvida, esse seminário de 1959.

No entanto, o evento foi muito mais que uma reaproximação entre os cariocas e os uspianos, permitindo consolidar novos laços acadêmicos e pessoais que perduraram por décadas, ainda que nem sempre seus membros estivessem de acordo sobre os caminhos teóricos e analíticos a seguir[124]. Esse seminário registrou, também, uma inflexão teórica entre os membros da Cadeira de Sociologia I, em especial Florestan Fernandes. A ideia de que seria possível ter um controle racional da mudança social progressivamente deu lugar à perspectiva de que a modernização não ocorreria sem as imprevisibilidades dos conflitos sociais. Isso os levou a aprofundar cada vez mais as reflexões sobre as singularidades do Estado e das classes sociais no Brasil.

Em carta a Fernandes, Costa Pinto anunciou os objetivos do seminário e seus desdobramentos:

> A aspiração dos promotores do Seminário na escolha deste tema é fazer uma análise em termos elevada e estritamente científicos, não só dos planos, das intenções, dos móveis e dos impulsos que conduzem ao desenvolvimento econômico e social – mas, sobretudo, daqueles fatores de diversa ordem que impedem ou dificultam a sua consecução efetiva. Deseja-se, assim, recolher, comparar e analisar depoimentos e experiências, estudos de casos e situações concretas, bem como hipóteses e teorias explicativas sobre o assunto, com vistas a aumentar a área do nosso conhecimento sobre a matéria. Com publicação em volume das comunicações apresentadas e dos debates que sobre elas ocorreram serão amplamente divulgados os resultados do Seminário. O relator do Seminário será o prof. Jean Labbens, perito da Unesco, integrante do corpo técnico do Clapcs. Especialistas de toda a América Latina, dos Estados Unidos e da Europa – sociólogos, economistas, educadores, antropólogos etc. – foram

---

valor científico tem saído, de onde tantas pesquisas têm revelado aspectos particulares de nossa vida cultural, e em particular quanto às nossas populações indígenas" (ver "Ciências Sociais no Rio", *Diário de Notícias* (RJ), ed. 11.334, 25 out. 1959, Suplemento Literário, p. 3).

[122] Clapcs, "Resistências à mudança: fatores que impedem ou dificultam o desenvolvimento", em *Anais do Seminário Internacional, reunido no Rio de Janeiro, em outubro de 1959*, t. 10 (Rio de Janeiro, Clapcs, 1960) p. 349.

[123] Destacam-se as atuações de Jean Labbens, professor da Faculdade Católica de Filosofia de Lyon e então especialista da Unesco no Clapcs, e de K. Szczerba-Likiernik, então chefe da Divisão para Desenvolvimento Internacional das Ciências Sociais da Unesco (ver Arquivos da Unesco, Paris).

[124] Quando já estava no exílio, Florestan Fernandes e Costa Pinto trocaram diversas cartas. Foi este último quem convenceu o uspiano a escrever uma espécie de balanço de suas atividades frente à Cadeira de Sociologia I quando se encontraram na *gare* central de Toronto, em 15 de maio de 1976, numa rápida passagem de Costa Pinto ao país de exílio de Fernandes; ver Florestan Fernandes, *A sociologia no Brasil: contribuição para o estudo de sua formação e desenvolvimento* (Petrópolis, Vozes, 1977), p. 213-52.

convidados a participar dos trabalhos e em relação a muitos já temos assegurado o comparecimento ao Seminário.[125]

No entanto, conseguir a participação dos sociólogos da FFCL-USP no evento do Clapcs não foi uma tarefa fácil. Muita mágoa e rancor havia ficado do episódio da criação e escolha da sede desse centro financiado pela Unesco. E, para piorar, ainda que alguns desejassem participar, teriam de se indispor com Fernando de Azevedo. Foi por esses motivos que, em meados de 1959, Jean Labbens, especialista da Unesco no Clapcs, fez duas visitas a São Paulo com o objetivo de amenizar o conflito e criar novas pontes. Na primeira, ele se encontrou com Maria Isaura Pereira de Queiroz, Florestan Fernandes e Antonio Candido, e conversou, por telefone, com Azevedo, que se encontrava fora da capital paulista. Na segunda viagem, encontrou-se diretamente com Azevedo, Cardoso e, novamente, Fernandes. Em carta, Szczerba-Likiernik, que acompanhava o caso desde Paris, manifestou o desejo de que

> seja possível, a esta altura, melhorar as relações com São Paulo. Eu gostaria também que Costa Pinto tome, ao mesmo tempo, todas as iniciativas necessárias. É totalmente compreensível que restabelecer os contatos com São Paulo seja uma tarefa difícil, já que este estado de tensão existe desde a reunião de 1956. Mas eu estou convencido de que é necessário ter uma certa boa vontade. Eu terei a oportunidade de me encontrar com Costa Pinto no Congresso de Sociologia de Stresa e não me esquecerei de falar com ele.[126]

Chegando a São Paulo, em sua primeira viagem, Labbens procurou Maria Isaura Pereira de Queiroz, na esperança que ela participasse do evento, já que, como especialista sobre religião dos caboclos e a economia camponesa, seria um bom nome para a primeira sessão. Mas ela declinou do convite. "Eu acredito que ela não esteja muito por dentro dos incidentes [...] ocorridos entre o Centro e a Faculdade de Filosofia. A posição de sua família e o fato de que as suas ambições de carreira são limitadas, a deixam numa situação independente", afirmou Labbens[127].

Em seguida, o francês se encontrou e conversou longamente com Florestan Fernandes, que apontou que, após Azevedo mobilizar todo o Departamento de Sociologia e Antropologia da FFCL-USP contra o Clapcs, seria muito difícil reverter a situação naquele momento. "Estava claro para ele [Fernandes] que Azevedo havia forçado um pouco a mão e que ele desejaria uma posição mais amenizada."[128] A conversa seguiu sobre a sociologia brasileira e o papel do Clapcs,

---

[125] Ver *Carta de Costa Pinto a Florestan Fernandes*. Rio de Janeiro, 26 jun. 1959 (timbre do Clapcs). Fundo Florestan Fernandes. Acervo Coleções Especiais Ufscar/BCo. Código: 02.09.1709.
[126] Ver *Carta de K. Szczerba-Likiernik a J. Labbens*, de 17 ago. 1959. Arquivo da Unesco, Paris. Código: 3A06(8)TA "59".
[127] Ver *Carta de Jean Labbens a K. Szczerba-Likiernik*, Rio de Janeiro, 4 ago. 1959. Arquivos da Unesco, Paris. Código: 3A06(8)TA "59".
[128] Idem

que Fernandes julgava impreciso. Revelou, também, que não tinha ajuda de custo suficiente para viajar ao Rio de Janeiro, auxílio que estava sendo dificultado por Costa Pinto, simplesmente porque não queria nenhuma colaboração da FFCL--USP. "Ele [Costa Pinto] me repetiu várias vezes que o centro não tem necessidade desta faculdade", observou Labbens em seu relatório[129].

Nesse segundo retorno a São Paulo, o objetivo principal do francês era convencer Azevedo a não colocar obstáculos à participação da FFCL-USP no seminário de outubro. No entanto, nessa viagem, descobriu que os assistentes de Florestan Fernandes eram nitidamente favoráveis ao evento. "Cardoso afirmava que participaria com certeza do Seminário", escreveu o enviado da Unesco. Porém, Fernandes tinha uma atitude mais cautelosa, pois, à diferença de seus assistentes, era mais velho e pleiteava passar no concurso para catedrático, questão em que Azevedo poderia ter alguma influência. Nesse caso, o interesse dos mais novos se explicava pelas possibilidades de pesquisas e colaborações com o Clapcs, já que os recursos financeiros da USP eram escassos[130].

Após essas investidas de Labbens, a participação da Cadeira de Sociologia I da USP estava assegurada, como ele mesmo relatou à Szczerba-Likiernik:

> Como eu indiquei em minha carta de 15 de agosto, Florestan Fernandes apresentará um relatório para o Seminário. Seus dois assistentes farão cada um uma comunicação. Além disso, o Departamento de Sociologia e Antropologia decidiu deixar a seus membros a liberdade de participar a título pessoal das atividades do Centro. Não se trata ainda de uma colaboração institucional, no entanto, o caminho me parece aberto, pois, com a vinda de Florestan Fernandes e seus assistentes, é uma das duas cadeiras de sociologia que se desloca por completo.[131]

Labbens também relatou que tomou conhecimento dessas decisões quando estava a caminho de Lima, Peru. Imediatamente enviou uma carta para Costa Pinto, relatando seus avanços em São Paulo. Porém, soube posteriormente, pela secretária do Clapcs, que ela nunca chegara a seu destino. Enviou, então, uma segunda carta e, novamente, o brasileiro não a recebeu, pois já se encontrava a caminho do Congresso da ISA na Itália. Portanto, a participação de Florestan Fernandes e seus assistentes pode ter ocorrido sem o consentimento ou o desejo

---

[129] Quando Labbens mencionou a questão financeira para Costa Pinto, ele respondeu que "não faria nada de especial para Florestan Fernandes". Ele então argumentou dizendo que "5.000 cruzeiros era uma quantidade mesquinha para um Relatório sobre o tema de um dia". Em situação similar encontrava-se um professor da ELSP. Então, após pressão política, o diretor do Clapcs ofereceu 20 mil cruzeiros por seus relatórios, seus gastos de viagens e hospedagem (ver idem).

[130] Em diversas ocasiões, ao longo dos anos 1950, Florestan expressou preocupação com a crise das ciências no Brasil, em particular, na USP, devido à falta de recursos e estrutura para desenvolver as pesquisas. Ver "A crise das ciências sociais em São Paulo", em Florestan Fernandes, *A sociologia no Brasil* (cit.).

[131] Ver *Carta de Jean Labbens a K. Szczerba-Likiernik*, de 4 set. 1959, cit.

de Costa Pinto, que provavelmente recebeu o informe em Stresa, da boca de Szczerba-Likiernik, quando tudo já estava acertado.

O seminário "Resistências à Mudança" foi organizado pelo Clapcs e pela Flacso, as duas instituições irmãs de ensino e pesquisa da Unesco gestadas nas discussões das conferências sobre o ensino e a pesquisa de ciências sociais na América Latina de 1956 e 1957. De início, ele deveria ocorrer de forma concomitante à instalação da 3ª Seção do Comitê Diretor dessas duas instituições, de 26 a 31 de outubro. A elaboração de seu programa e a definição dos nomes a serem convidados demandou exaustivas negociações políticas entre a direção do Clapcs – no caso, Costa Pinto – e os representantes do DCS da Unesco, em particular Labbens e Szczerba-Likiernik[132]. Constavam, por exemplo, no primeiro projeto de programa do seminário, os nomes de Georges Friedmann (França) e T. Bottomore (Inglaterra). Dias antes do seu início, um jornal publicou uma lista de 60 participantes, em que mencionava José Medina Echavarría (Flacso). No entanto, nenhum destes registrou presença no seminário de 1959[133].

Devido às dificuldades de encontrar especialistas que pudessem participar do seminário, seus organizadores tiveram de torná-lo mais curto e modesto. O evento ocorreu, portanto, de 19 a 24 de outubro, seguido pela instalação do Comitê Diretor do Clapcs e da Flacso, entre os dias 26 e 29 do mesmo mês. O seminário, que registrou a presença de 49 especialistas[134], foi dividido em cinco sessões plenárias e uma sessão com duas comunicações introdutórias[135]. Essas ses-

---

[132] Alguns nomes, preteridos pelos representantes da Unesco, eram vetados por Costa Pinto. Foi o caso de Gilberto Freyre e de René Ribeiro. Outros, como Celso Furtado, recusaram o convite por conta de agenda (ver *Carta de J. Labbens a K. Szczerba-Likiernik*, de 1º set. 1959. Arquivos da Unesco, Paris. Código: 3A06(8)TA "59").

[133] Os motivos da ausência desses autores ainda não estão claros. Nos casos de Friedmann e Bottomore foi, provavelmente, por falta de disponibilidade de agenda. No caso de Echavarría, anunciado na lista dos participantes três dias antes de seu início, algo deve ter ocorrido que inviabilizou sua participação (ver "Os sociólogos estudarão no Rio entraves ao desenvolvimento", *Diário de Notícias* (RJ), ed. 11.326, 16 out. 1959).

[134] Uma lista de participantes foi divulgada nos anais desse evento publicado em livro. Além das figuras citadas, também estiveram presentes Aurelius Morgner (ELSP), Darcy Ribeiro (CBPE), Eduardo Hamuy (Instituto de Sociologia, Universidade do Chile), Gino Germani (Universidade de Buenos Aires), Gustavo Lagos Matus (Flacso), Isaac Ganón (Universidade da República, Uruguai), Milton Santos (Universidade da Bahia), Orlando Carvalho (Universidade de Minas Gerais), Victor Nunes Leal (Universidade do Brasil); ver Clapcs, "Resistências à mudança: fatores que impedem ou dificultam o desenvolvimento", em *Anais do Seminário Internacional, reunido no Rio de Janeiro, em outubro de 1959* (Rio de Janeiro, Clapcs, 1960). Também foi divulgada a participação de representantes de industriais e organizações internacionais, tais como João Paulo de Almeida Magalhães (CNI), Roberto Dannemann (Serviço Nacional de Aprendizagem Comercial) e Angel Palerm (OEA) (ver idem).

[135] As duas comunicações introdutórias foram "Les Obstacles au développement provenant de la formation d'une société dualiste", de Jacques Lambert, e "Les Obstacles socio-culturels au développement économique", de Jean Labbens (ver Clapcs, "Resistências à mudança, cit.")

sões foram divididas em "Os grupos indígenas e alienígenas e o desenvolvimento econômico da América Latina – fatores demográficos", "As estruturas agrárias e o desenvolvimento econômico", "Obstáculos institucionais ao desenvolvimento econômico", "Atitudes e motivações desfavoráveis ao desenvolvimento" e "A educação, a instrução e as mudanças sociais".

Em cada sessão plenária, dois ou três especialistas apresentavam os seus relatórios sobre o tema, escritos e enviados com antecedência para todos os participantes do evento. Eles eram seguidos pelas apresentações de comunicações de outros especialistas e, posteriormente, abria-se para o debate entre todos. Para este livro, nos interessa as sessões ocorridas na quarta-feira e quinta-feira, respectivamente, "Obstáculos institucionais..." e "Atitudes e motivações...". Na primeira, um dos relatórios foi apresentado por Mario Wagner Vieira da Cunha, sendo que na segunda foi Florestan Fernandes quem abriu a sessão ao lado de C. Wright Mills e Gino Germani. Na quinta-feira, também apresentaram os seus trabalhos Octavio Ianni, Juarez Brandão Lopes e Fernando Henrique Cardoso[136]. Por fim, após uma semana de discussões no sábado de manhã, todos os participantes se reuniram numa última sessão em que se debateu os memorandos sobre pesquisas preferenciais, já que um dos objetivos do seminário era elaborar um plano de trabalho para o Clapcs e a Flacso para os anos seguintes.

A forma como o Clapcs foi criado e a divisão ocorrida entre Rio de Janeiro e São Paulo prejudicou a relação do Brasil com a Unesco e, consequentemente, os benefícios que esta poderia trazer para o novo centro de pesquisa. Basta olharmos a diferença entre o prestígio e a importância na produção intelectual entre o Clapcs e a Flacso. Parece-nos que essas disputas, com a hegemonia do Rio de Janeiro sobre a sua direção, a condenou, desde seu início, a uma posição secundária no cenário internacional. Anísio Teixeira, presidente da Capes, confessou a Azevedo, logo depois que o centro foi aprovado, que estava pessimista quanto a seu desenvolvimento. Mesmo ele, que estivera na abertura e no encerramento da conferência de 1957, ficara sabendo pelos jornais que Costa Pinto seria nomeado o diretor do novo centro[137].

Menos complicada era a situação da Flacso, que tinha sede em Santiago do Chile, país em que não havia dois ou três importantes polos de produção intelectual como no Brasil[138]. O projeto contou com o entusiasmo do reitor da Universidade do Chile,

---

[136] Os relatórios e comunicações citados foram "Resistência da burocracia às mudanças sociais, no setor público e no setor privado", de Mário W. Vieira da Cunha; "Atitudes e motivações desfavoráveis ao desenvolvimento", de Florestan Fernandes; "Dilemas de burocratização no Brasil", de Octavio Ianni; "Motivações e atitudes do operário e o desenvolvimento econômico: observações sobre a resistência da produção", de Juarez Brandão Lopes; e "Atitudes e expectativas desfavoráveis à mudança social", de Fernando Henrique Cardoso (ver Clapcs, "Resistências à mudança", cit.).
[137] Ver *Carta de Anísio Teixeira a Fernando de Azevedo*, Rio de Janeiro, 17 abr. 1957. Arquivo IEB--USP, Arquivo Fernando de Azevedo. Código: Cp-cx32a, 72.
[138] Sobre a Flacso e as ciências sociais no Chile, ver Ricardo Festi, "Sociologues en exil: vie et mort d'une génération d'intellectuels", Brésil(s), 22 | 2022; disponível em: <http://journals.openedition.org/bresils/13854> e < https://doi.org/10.4000/bresils.13854>; acesso em: 30 mar. 2023.

o mesmo que entrara em contato com Friedmann para que ele e seu grupo ajudassem na construção de uma linha de pesquisa em sociologia industrial no recém-criado Instituto de Sociologia. Ele era um personagem de grande influência política no país, conseguindo atrair dinheiro de fundações filantrópicas e cooperação de instituições como o Institute of Social Research e o National School of Sociology. Em visita a Santiago, T. H. Marshall, diretor do DCS da Unesco, constatou que estavam envolvidos no projeto de criação da Flacso, entre vários outros, o prof. Eduardo Hamuy, "homem de grande energia e ambição, bem treinado na sociologia moderna", que havia dirigido uma importante *survey* sobre educação, além de Raul Samuel, que estudara na França e pesquisava opinião pública, e Jean-Daniel Reynaud, que na passagem do diretor da Unesco estava no meio da pesquisa sobre consciência operária em Lota e Huachipato, contando com a ajuda de oito assistentes[139].

No entanto, ainda que ao longo da segunda metade da década de 1950 os acadêmicos do Rio de Janeiro, envolvidos na criação do Clapcs, e os sociólogos da FFCL-USP tivessem se distanciado por conta de várias divergências políticas, o seminário de 1959, "Resistências à Mudança", simbolizou um ponto de inflexão nessa relação, abrindo a possibilidade de acordos e trabalhos em conjunto, como foi o caso da pesquisa de Fernando Henrique Cardoso sobre os empresários industriais na América Latina, no início da década de 1960. Como demonstraremos, nos primeiros anos do Cesit, Cardoso levou à frente uma significativa investigação sobre a mentalidade dos empresários industriais em São Paulo. No final de 1963, com a colaboração e o apoio financeiro da Cepal e do Clapcs, o sociólogo uspiano expandiu sua pesquisa, comparando as realidades de Brasil, Argentina, Chile, Colômbia e México. Sua solicitação de afastamento das atividades na USP para realizar esse estudo saiu no início de 1964, mas logo em seguida, por conta do golpe militar e de sua decisão de deixar o Brasil, Cardoso solicitou novo afastamento, agora de um ano, com prejuízo de vencimentos, "a fim de, a convite do Instituto Latino-Americano de Planificação Econômica e Social (Ilapes), órgão filiado à Cepal e mantido pela ONU, realizar pesquisas em Santiago do Chile"[140].

Outro fato que comprova essa reaproximação ocorreu no início do processo de escolha do novo diretor do Clapcs. Tanto o DCS da Unesco quanto algumas figuras vinculadas à Cepal buscaram, em 1960, convencer Florestan Fernandes a assumir a direção do Clapcs. Louis Swenson, diretor principal adjunto da Cepal, expressou por carta a Isaac Ganon, presidente do Comitê Diretor do Clapcs e

---

[139] Ver *Rapport of Mission to Rio de Janeiro and Santiago de Chile*, cit.
[140] No pedido de afastamento, Cardoso acrescenta: "cumpre-me informar que o interessado deverá continuar as pesquisas iniciadas em dezembro de 1963, quando esteve afastado conforme publicação no *Diário Oficial* de 9/1/64, sobre o empresário industrial na América Latina, as quais fazem parte do programa de trabalhos da Cadeira de Sociologia I, e visitar os centros industriais latino-americanos mais importantes" (ver *Fernando Henrique Cardoso. Afastamento*. Arquivo Geral da USP. Código: 63.1.27005.1.6, CX 2514).

da Flacso, que o momento político latino-americano exigia alguém que tivesse um íntimo contato com os problemas da América Latina. Caberia a organismos como o Clapcs, afirmou, "a tarefa de esclarecer a opinião e canalizar a ação das classes dirigentes em relação com a natureza, peculiaridades e dimensões dos problemas que afetam o desenvolvimento econômico-social da América Latina, propiciando uma atitude muito mais dinâmica e imaginativa no enfoque e solução desses problemas que a observada até agora. A ausência de semelhante atitude mais atenta e vigorosa por parte das classes dirigentes da América Latina poderia, talvez, ter consequências políticas desfavoráveis de longo alcance"[141]. O próprio Ganon conversou com Fernandes que, no fim, acabou não sendo eleito para a direção do Clapcs, em 1961.

***

Esses fatos relatados com certo detalhe neste capítulo nos permitem destacar duas questões fundamentais. A primeira era que as ciências sociais brasileiras ainda careciam de especialistas para realizar pesquisas empíricas e compor centros e laboratórios de pesquisa. No entanto, se o estado era este em 1956/1957, também era verdade que uma nova geração de acadêmicos estava emergindo, inclusive no interior da USP. A segunda questão é que essa disputa acabou por transformar a derrota conjuntural numa vitória mais estratégica para a USP na sua disputa pela hegemonia da produção intelectual no país. Pode-se afirmar que esse episódio demonstrou que a instituição precisaria de maior autonomia e independência em relação ao governo federal quanto ao financiamento de suas pesquisas e futuros centros e laboratórios. Não à toa, poucos anos depois, foi criada a Fundação de Amparo à Pesquisa do Estado de São Paulo (Fapesp), com forte engajamento dos acadêmicos mais novos da USP, que rapidamente se tornou, ao longo dos anos, o mais importante órgão de fomento à pesquisa do Brasil. Outra lição importante foi colocada para as novas gerações, que passaram a atuar de uma maneira mais diplomática nas lutas políticas, pois era evidente que Azevedo, apesar da enorme importância política que teve na construção da USP e em outras questões relativas à educação pública, representava uma figura do passado. Nesse sentido, estava em Florestan Fernandes e, em particular, em Fernando Henrique Cardoso, as características do novo perfil acadêmico que emergiu nos anos 1960. Por fim, pode-se dizer que a criação do Cesit foi um reflexo indireto das lições tiradas dessas experiências de pesquisas e disputas ao longo da década de 1950.

---

[141] Ver *Carta de Louis N. Swenson a Isaac Ganon*, 29 dez. 1960 (timbre Cepal-ONU). Fundo Florestan Fernandes. Acervo Coleções Especiais Ufscar/BCo. Código: 02.09.2070.

# 8
# A consolidação de uma tradição: a sociologia uspiana do trabalho

**A inserção da sociologia do trabalho na USP**

Ao longo da década de 1950, o mundo industrial e do trabalho foi, progressivamente, ganhando relevância como objeto de pesquisa e tema de eventos acadêmicos ou de disciplinas. A própria Conferência sobre o Ensino de Ciências Sociais na América Latina, organizada pela Unesco em 1956, na qual foi votada a criação da Flacso e do Clapcs, reforçou, em suas resoluções, a importância de as universidades fomentarem o ensino sobre as relações industriais ou as relações de trabalho. O contexto socioeconômico impunha essa demanda. Como recorda Cardoso,

> a vida da sociedade brasileira entrou na universidade. Ela deu uma chacoalhada na universidade. As pessoas dessa época... alguns tinham tido uma militância política, mas muitos não. E, de repente, quando começa o governo de Jango... uma confusão e tal... greve e tal... teve o suicídio de Getúlio, em 1954 [...] daí por diante o Brasil começa a se agitar muito, se transforma muito... a universidade é refratária a tudo isso.[1]

Antes dos incentivos da Unesco aos estudos sobre o mundo do trabalho, as problemáticas relativas a esse objeto já estavam presentes nas preocupações e nos estudos de alguns autores que atuavam na Universidade de São Paulo. Ao longo da década de 1950, esse objeto foi ganhando progressiva importância e presença nas pesquisas, atividades, cursos e leituras no interior da universidade. Depois, esses estudos passaram a ter uma forma mais organizada e sistemática a partir dos incentivos do CBPE e dos centros regionais e, por fim, ganharam um caráter mais institucional com a criação do Cesit.

---

[1] Ver Fernando Henrique Cardoso, entrevista concedida ao autor em 6 dez. 2017.

O autor pioneiro nessa área foi Mário Wagner Vieira da Cunha, que teve enorme importância no desenvolvimento dos estudos sobre o mundo do trabalho e da indústria na Universidade de São Paulo. Ainda que tenha sido professor catedrático na FEA-USP, ele manteve fortes relações com as cadeiras de sociologia da FFCL-USP, teve uma ligação estreita com Donald Pierson e com os quadros vinculados ao Senai, e exerceu influência marcante sobre Juarez Brandão Lopes e Fernando Henrique Cardoso.

Brandão Lopes, por exemplo, formou-se em sociologia e política em 1949 na ELSP, fez especialização na mesma instituição (1951) e, logo em seguida, seguiu para a Escola de Chicago (1951-1953), onde obteve o título de mestre. Assim que retornou ao Brasil, assumiu um posto de técnico de administração na FEA-USP e depois de assistente do Instituto de Administração da mesma faculdade. Quando Vieira da Cunha se afastou do cargo de diretor de 1960 a 1963, atendendo a um convite da ONU para criar um curso de administração pública na Colômbia, foi Brandão Lopes quem o substituiu na direção do Instituto de Administração.

Na segunda metade da década de 1950, ele realizou seus principais estudos sobre as atitudes operárias em fábricas da região metropolitana de São Paulo e de duas cidades do interior de Minas Gerais, além de se preocupar com a questão dos impactos da industrialização e da urbanização sobre a sociedade tradicional. Desses estudos, o autor começou a formular as teses que viraram a marca da sociologia uspiana do trabalho. O operário, recém-migrado do meio rural, tinha dificuldades em se adaptar ao novo meio urbano e industrial, carregando consigo um anseio de ascensão social e de fuga de sua condição. Essa atitude marcaria um traço conservador do operariado brasileiro e sua incapacidade de construir um projeto de negação da ordem capitalista[2].

Ainda sobre a importância de Vieira da Cunha, foi ele quem recomendou, em 1951, a pedido do amigo Florestan Fernandes, a contratação de Fernando Henrique Cardoso para prestar serviços técnicos para o Instituto de Administração da FEA-USP, pelo prazo de dois anos[3]. Como veremos, foi nessa faculdade que Cardoso iniciou suas pesquisas sobre o mundo da indústria e do trabalho.

Outro autor importante nessa primeira fase dos estudos sobre o mundo do trabalho e da indústria na USP foi Azis Simão. Formado em bacharelado e licenciatura em ciências sociais pela FFCL-USP, em 1950, e especialista pela mesma

---

[2] Ver Ricardo Antunes, *A rebeldia do trabalho: o confronto operário no ABC paulista – As greves de 1978/80* (Campinas/São Paulo, Unicamp/Ensaio, 1988); Ricardo Antunes, *Classe operária, sindicatos e partido no Brasil: um estudo sobre a consciência de classe – Da Revolução de 30 até a Aliança Nacional Libertadora* (São Paulo, Autores Associados/Cortez, 1982, coleção Teoria e Prática Sociais).

[3] Cardoso ainda era estudante de graduação e recebeu cartas de recomendações de Florestan Fernandes, Fernando de Azevedo e Roger Bastide (ver *Contrato Autárquico de Fernando H. Cardoso*. Arquivo Geral da USP. Código: CX 4620/08).

faculdade em 1951, ele foi o primeiro a realizar um estudo sobre a consciência operária, isto é, sobre suas tendências eleitorais. Tratava-se, evidentemente, de uma pesquisa inovadora, não apenas pelo objeto em si, mas justamente pelo fato de a participação dessa camada nas decisões político-eleitorais ser, à época, algo recente no Brasil. Sua pesquisa acabou ganhando maior repercussão ao ser apresentada no I Congresso Brasileiro de Sociologia[4], impactando a recém-formada comunidade de sociologia do Brasil. Muitos estudos sobre a institucionalização da sociologia citam esse trabalho de Simão, mas poucos o analisam. Vale destacar que ele aplicou, pela primeira vez, o método de *survey* entre os trabalhadores e apresentou, com originalidade, uma reflexão sobre as atitudes dos operários perante o voto, problematizando o fenômeno do "trabalhismo" – não estava em voga ainda o termo populismo.

Durante essa primeira fase, os estudos sobre o mundo do trabalho foram realizados de forma fragmentada e individualizada. Poucos campos de pesquisa das ciências sociais poderiam ser considerados maduros, visto que os acadêmicos estavam ainda desbravando os vários objetos e temáticas. A interdisciplinaridade, um traço marcante daquela época, era reflexo mais da falta de especialização que de uma vontade de produzir explicações sobre a totalidade. Tinha-se, portanto, um terreno aberto para experimentações e pioneirismo. No entanto, ao longo da década de 1950, a crescente presença das pesquisas acerca da industrialização e do mundo do trabalho ocorreu concomitantemente ao processo de institucionalização e coordenação da sociologia do trabalho. Essa maior presença, no caso da USP, pode ser verificada em seus cursos, disciplinas, seminários e outros tipos de evento acadêmico e extra-acadêmico.

\*\*\*

As disciplinas, cursos, seminários, conferências e eventos relacionados à temática da sociologia industrial ou do trabalho realizados pela sociologia uspiana ao longo das décadas de 1950 e 1960, obtidas em pesquisa que realizamos em diversas fontes documentais dos arquivos da USP, permitiram a elaboração da Tabela 8.1 (na próxima página) na qual se pode observar que, de 1959 a 1964, há uma maior incidência de eventos relacionados à sociologia do trabalho, exatamente na época em que a questão ganhou relevância na América Latina com a criação da Flacso e do Clapcs, com a chegada dos franceses e, obviamente, com a criação do Cesit.

Também podemos concluir que o tema mundo industrial e do trabalho permitiu que a sociologia uspiana transitasse da USP para outras instituições de ensino, em particular a ELSP, e para fora das esferas acadêmicas. Esse foi o caso do curso dado por Brandão Lopes sobre sociologia industrial na pós-graduação da ELSP, de 1954 a 1956, ou do de psicologia do trabalho na FGV, de 1955 a 1958.

---

[4] Azis Simão, "O voto operário em São Paulo", em *Anais do I Congresso Brasileiro de Sociologia* (São Paulo, 1955).

**Tabela 8.1 – Crescimento da sociologia industrial ou sociologia do trabalho na Universidade de São Paulo, conforme disciplinas específicas, menções em conteúdo de cursos e eventos – 1953/1969**

|   | 1953 | 1954 | 1955 | 1956 | 1957 | 1958 | 1959 | 1960 | 1961 | 1962 | 1963 | 1964 | 1965 | 1966 | 1967 | 1968 | 1969 |
|---|---|---|---|---|---|---|---|---|---|---|---|---|---|---|---|---|---|
| I |   |   |   |   |   |   | 1 |   |   | 1 | 1 | 1 | 3 | 3 | 3 | 3 | 3 |
| II |   |   |   |   |   |   |   | 1 | 1 |   |   |   | 1 | 1 |   |   |   |
| III | 3 | 1 | 1 | 1 | 1 |   | 2 | 3 |   |   |   | 2 | 1 |   | 1 |   |   |
| IV |   |   |   |   |   |   | 1 | 3 | 1 | 2 |   |   |   |   |   |   |   |
| V |   | 1 | 2 | 1 |   |   | 5 | 3 |   | 1 | 1 |   |   |   |   |   |   |

Fontes: elaborada pelo autor com base em *Programas de Cursos* do Departamento de Sociologia e Antropologia ou da Faculdade de Filosofia, Ciências e Letras da USP, de 1950 a 1968; arquivos da Administração da FFLCH-USP e CAPH; *Processos de vidas funcionais* de Juarez Brandão Lopes, Fernando Henrique Cardoso, Florestan Fernandes, Azis Simão, Leôncio Martins Rodrigues; Arquivo Geral da USP.

Notas:
I – Disciplinas de Sociologia do Trabalho (ou similares) no curso de graduação e pós-graduação de Ciências Sociais ou Sociologia da USP
II – Disciplinas de Sociologia do Trabalho (ou similares) para outros cursos da USP
III – Disciplinas com conteúdo de Sociologia do Trabalho
IV – Eventos na USP sobre sociologia do trabalho
V – Eventos fora da USP sobre sociologia do Trabalho

Nas disciplinas ministradas na FFCL-USP, as temáticas acerca do mundo industrial e do trabalho apareciam em suas ementas desde 1953. Um curso a cargo de Bastide, por exemplo, Sociologia Econômica, para os alunos dos terceiros anos de graduação em ciências sociais, tratava, entre vários pontos, de itens como "sindicato" e "a usina e a sociologia industrial". No mesmo ano, uma disciplina chamada Sociologia Urbana, a cargo da Cadeira de Sociologia II, tinha como um de seus pontos "a civilização mecânica e industrial e as aglomerações urbanas".

Em 1955, no curso de Dinâmica Social, ministrado por Azevedo para os alunos dos terceiros anos de ciências sociais, apareceu, pela primeira vez, na bibliografia obrigatória, um artigo de Friedmann[5]. Não por acaso, isso ocorreu na mesma época em que Anísio Teixeira e o próprio Azevedo articulavam a vinda do francês para a USP. No ano seguinte, no curso de Sociologia Aplicada, Cardoso ministrou seminários sobre "Os problemas sociais da sociedade de classe", que continha uma extensa bibliografia de sociologia industrial estadunidense[6].

---

[5] Tratava-se de "Technological Change and Human Relations", em *The British Journal of Sociology*, Londres, v. 3, n. 2, jun. 1952, p. 95-116.
[6] Ver *Programas de Cursos da FFCL-USP, de 1949 a 1968*. Arquivo da Administração da FFLCH-SP e CAPH.

Também passou a ser comum, entre os membros da sociologia uspiana, o atendimento às demandas externas. Em 1954, Brandão Lopes lecionou aulas de estatística e de organização racional do trabalho no curso preparatório de assistentes de administração, promovido pela Secretaria de Saúde Pública e da Assistência Social do Estado de São Paulo. Nos dois anos seguintes, ele realizou cursos a pedido da Federação do Comércio do Estado de São Paulo sobre "relações humanas no trabalho".

O ápice de atividades sobre o mundo do trabalho e da indústria ocorreu em 1959, um ano após o seminário de Friedmann para os professores da USP sobre o mesmo tema. As demandas internas e externas demonstravam que havia um enorme espaço para esses estudos e, portanto, para a criação de um centro de pesquisa. Em maio, o CBPE, que contava com a influência de Anísio Teixeira, organizou seminário sobre industrialização e urbanização e suas influências sobre educação. E, por fim, naquele mesmo ano, Florestan Fernandes, Cardoso e Brandão Lopes deram conferências no Fórum de Debates Roberto Simonsen.

Em meados dos anos 1950, a sociologia industrial estadunidense e, posteriormente, a sociologia do trabalho francesa eram lidas nos cursos da USP como reflexões abstratas de uma sociedade que viria a se concretizar no Brasil. Porém, quando a industrialização se tornou o fator mais dinâmico da economia brasileira, o mundo do trabalho foi incorporado à sociologia uspiana como objeto central de reflexão político-acadêmica e a classe operária brasileira passou a ter relevância como agente político. A partir disso, a sociologia do trabalho ganhou concretude no território brasileiro, permitindo um diálogo teórico, pautado em pesquisas empíricas, entre brasileiros e franceses.

Portanto, o surgimento da sociologia do trabalho no Brasil foi um longo processo de consolidação do mundo industrial e do trabalho como tema central de um grupo e de uma geração de sociólogos brasileiros e franceses. Suas pesquisas empíricas buscavam contribuir para o processo de "modernização" da sociedade capitalista ocidental, amenizando os danos que ela produzia sobre seus membros.

Quando os sociólogos do trabalho franceses desembarcaram no Brasil, no final dos anos 1950, encontraram um estilo de pesquisa semelhante ao que buscavam na França. A criação do Cesit, no início de 1962, que acabou por colocar em prática o projeto de uma *sociologia aplicada* esboçado pela Cadeira de Sociologia I, regida por Fernandes, só foi possível frente à conjuntura paulista de um governo estadual populista, que valorizava as políticas planificadoras e buscava uma relação instrumental com a universidade[7]. Foi relevante, também, o surgimento de uma fração entre os dirigentes empresariais que demandavam por pesquisas sobre o mundo industrial, acreditando que a racionalização do trabalho desencadearia

---

[7] Wagner de M. Romão, *Sociologia e política acadêmica nos anos 1960: a experiência do Cesit* (São Paulo, Humanitas, 2006).

maior produtividade e rentabilidade do capital. Por fim, fervilhavam na Universidade de São Paulo os debates acerca de sua reforma acadêmica e administrativa.

### As articulações e tensões na criação do Cesit

Após essa primeira etapa de desenvolvimento da disciplina com base em uma somatória de ações individuais e fragmentadas, que se encerraram com a primeira visita de Friedmann a São Paulo e com seu seminário para os professores e assistentes da USP, em 1958, tem início a fase de amadurecimento, de institucionalização e de pesquisas coletivas da sociologia uspiana do trabalho. Tal momento teve como uma das figuras fundamentais o francês Alain Touraine, que desembarcou na USP em 1960, após assumir a direção de um dos mais importantes laboratórios de sociologia industrial da França, vinculado à Ephe[8].

Antes de chegar a São Paulo, Touraine teve uma rápida passagem pelo Rio de Janeiro para estabelecer contato com Anísio Teixeira, provando que ainda atuava junto a Fernando de Azevedo na empreitada de construir na USP um novo laboratório que estudasse a industrialização e suas consequências para o Brasil[9]. Touraine ficou no país de 3 de agosto até a primeira quinzena de novembro. Durante esse período, o francês ministrou um seminário sobre sociologia do trabalho e ajudou os professores e assistentes da USP a planejarem a criação do futuro Cesit.

Ainda nessa estadia, segundo as narrativas dos protagonistas, Touraine teria assumido posição favorável à Cadeira de Sociologia I para o posto de direção do

---

[8] A estadia de Touraine em São Paulo coincidiu com a visita de Jean-Paul Sartre e Simone de Beauvoir ao Brasil. Segundo relatou Fernando Henrique Cardoso em entrevista concedida ao autor, o sociólogo francês e sua esposa Marisol, a seu lado e de Ruth Cardoso, seguiram com Sartre, Beauvoir e Jorge Amado, no dia 4 de setembro de 1960, para a famosa conferência ministrada na cidade de Araraquara. Várias caravanas de professores e estudantes do interior foram organizadas para ouvir o filósofo e, em seguida, assistir ao jogo entre Ferroviária e Santos (por conta do atraso do palestrante, os visitantes não puderam assistir ao jogo, que terminou com uma vitória de 4 x 0 da Ferroviária sobre o time de Pelé, sua maior derrota na temporada). Primeiramente, Sartre falou de Cuba, de reforma agrária e de participação dos estudantes na política. Em seguida, discorreu sobre sua obra. Simone de Beauvoir também respondeu a algumas perguntas sobre a luta das mulheres. Nessa reunião, Sartre pediu que os estudantes falassem sobre as lutas reivindicativas dos camponeses e operários, em particular sobre a luta pela terra em Santa Fé do Sul. "Um jovem de São José do Rio Preto expôs-lhe o caso, e acrescentou que os estudantes se haviam solidarizado com os arrendatários de Santa Fé do Sul e que haviam protestado contra a prisão de um agitador local. Em troca – disse – os 'operários e camponeses' se aliaram aos estudantes na luta pela Escola Pública" (ver "Sartre falou de política e de filosofia em Araraquara", *O Estado de S. Paulo*, 6 set. 1960, p. 15). Esse jovem era Michael Löwy, conforme nos revelou o autor em entrevista. O evento em Araraquara ilustra bem o clima em que foi construído o Cesit e as reflexões da Cadeira de Sociologia I.

[9] Ver *Carta de Alain Touraine a Fernando de Azevedo*, 8 jul. 1960. Arquivo IEB-USP, Arquivo Fernando de Azevedo. Código: Fa-cp-cx30, 77.

futuro centro de pesquisa, o que o colocou em rota de colisão com Azevedo. No entanto, em carta escrita em janeiro de 1961, quando já se encontrava em Paris, Touraine esclareceu a Azevedo sua posição:

> É difícil para mim, mais difícil ainda de Paris que de São Paulo, apresentar sugestões aceitáveis para a organização das pesquisas em sociologia do trabalho em sua Universidade. Eu posso somente insistir sobre a necessidade de criar uma organização de pesquisa autônoma, o que não quer dizer independente do Departamento ou da Universidade. Sobre esse ponto, só posso assumir a mesma posição que a sua. A experiência mostrou que as melhores formas de organização só podem ser determinadas em função da situação brasileira e das disposições dos membros do Departamento. Não é um estrangeiro, no curso de uma breve estadia, que pode resolver tais problemas. Eu espero, portanto, que vocês mesmos e seus colegas escolherão a solução que lhes parece a melhor; é sobre o quadro e as condições que vocês terão determinado que meus amigos e eu seremos sempre muito felizes de desenvolver uma colaboração que será tão útil quanto enriquecedora para nós.[10]

O conjunto da carta é recheada por um tom extremamente amigável e gentil com Azevedo, o que torna difícil concluir que a criação do Cesit produziu um imediato rompimento e um clima de inimizade entre as Cadeiras de Sociologia I e II da FFCL-USP. O que a carta comprova é que não foi durante a estadia de Touraine em São Paulo que tal rompimento entre ele e Azevedo ocorreu. Além disso, ainda que o francês tivesse demonstrado uma preferência pelos membros da Cadeira I para dirigir o futuro centro, a carta também comprova que Azevedo atuou a favor do centro até próximo a sua efetiva fundação – pouco depois de sua aposentadoria se consumar.

Outro fator que nos permite problematizar esse rompimento, na versão relatada pelos "vencedores", foi a assídua atuação de Azis Simão e Brandão Lopes na reflexão e articulação do Cesit. Por exemplo, um pouco depois do retorno de Touraine à França, ao longo do primeiro semestre de 1961, um curso mais amplo foi organizado por Simão na forma de extensão universitária com a seguinte programação:

28 de abril – A análise sociológica dos problemas econômicos, Florestan Fernandes.

04 de maio – As tendências atuais da sociologia industrial, Juarez Brandão Lopes.

10 de maio – Aspectos da ideologia do empreendedor no Brasil, Octavio Ianni.

16 de maio – A formação do proletariado paulista, Fernando H. Cardoso.

22 de maio – O sindicato e a industrialização, Azis Simão.

---

[10] Ver *Carta de Alain Touraine a Fernando de Azevedo*, 23 jan. 1961. Timbre do LSI. Arquivo IEB-USP, Arquivo Fernando de Azevedo. Código: Fa-cp-cx30, 78.

O curso foi ministrado na sede do Centro Universitário de Pesquisas e Estudos Sociais (Ceupes)[11] da FFCL-USP, entidade estudantil que também englobava, na época, professores. A reitoria emitiu certificados para quem cumpriu os requisitos de assistir às aulas, ser aprovado no exame final e pagar a taxa de inscrição de 100 cruzeiros. O curso teve 96 inscrições. Passaram por esse curso algumas figuras que seguiriam seus estudos em temáticas vinculadas ao mundo do trabalho, como foi o caso de Eder Sader, José Carlos Pereira e José de Souza Martins[12].

Simão também foi figura fundamental na relação com os franceses e na constituição do campo da sociologia do trabalho dentro e fora da USP, principalmente no período de 1960 a 1962. Na USP, foi ele quem organizou, em 1961, o curso de extensão sobre a sociologia industrial que serviu de reflexão sobre a implementação do futuro Cesit. Em dezembro de 1960, proferiu a palestra inaugural de um evento sobre os problemas do trabalho, organizado pelo Dieese, instituição da qual ele era membro do conselho técnico e consultivo. No ano seguinte, ministrou quatro palestras e seminários sobre "o sindicato e a organização do trabalho" para a Ford Motor do Brasil S/A. E, em 1962, falou sobre as funções políticas do sindicato para os trabalhadores da Federação Têxtil de São Paulo[13].

Simão teve uma atuação importante junto à Cadeira de Sociologia II, ministrando aulas e orientando as pesquisas de campo, muitas delas direcionadas às temáticas relacionadas à industrialização e à classe operária. Entre os trabalhos que orientou, ficou famosa a pesquisa realizada pelo jovem Michel Löwy, junto com Sarah Chucid, e com ajuda de José Albertino Rodrigues, sobre a consciência dos metalúrgicos em um congresso ocorrido em 1959[14]. Essa pesquisa era parte das atividades que Simão organizava com seus alunos dos cursos de pesquisa, dos terceiro e quarto anos de ciências sociais, de 1959 a 1960. Os estudantes eram responsáveis por compreender a composição e as atitudes da população de associados nos sindicatos da indústria metalúrgica, da construção civil, da indústria de vidro e das indústrias gráficas. O método principal era a aplicação de questionários sobre essa população[15].

---

[11] O Ceupes foi fundado em 11 de outubro de 1957 e, na prática, era uma entidade de representação estudantil. No início, foi organizado como centro de estudos e tinha como associados tanto alunos quanto professores. Sua sede ficava nas dependências da faculdade, na Rua Maria Antônia, 294. O presidente do Ceupes na época do seminário era Arlindo Gomes Faim.

[12] Na lista dos que receberam um certificado estavam, entre outros, Claudio José Torres Vouga, Eder Sader, Edith Gross, Ilda Fonseca, José Carlos Pereira e José de Souza Martins (ver Processo 61.1.7895.1.4, Interessado Centro Universitário de Pesquisas e Estudos Sociais, Título Realização de um curso de extensão universitária, sobre sociologia industrial. Arquivo Geral da USP).

[13] Ver 52.1.2214.1.0 – CX 452 – Contrato Docente "Azis Simão". Arquivo Geral da USP.

[14] Ricardo C. Festi, "Michael Löwy e a sociologia do trabalho: a descoberta da consciência de classe do operariado", *Caderno CRH*, v. 31, n. 83, 2018; Michael Löwy e Sara Chucid, "Opiniões e atitudes dos líderes sindicais metalúrgicos", *Revista Brasileira de Estudos Políticos*, n. 13, 1962.

[15] Segundo Relatórios de Atribuições de Azis Simão junto à Cadeira de Sociologia II, ele era responsável pelos cursos de Teoria e Prática de Pesquisa, para alunos de 3º e 4º ano de ciências

Provavelmente, estava nos planos de Fernando de Azevedo colocar Simão na equipe do novo laboratório de sociologia industrial que seria criado com a ajuda dos franceses. A não participação de seu assistente no Cesit ainda é uma questão não esclarecida. O fato é que, mesmo após a criação do Cesit, Simão manteve fortes relações com a sociologia do trabalho francesa, publicando artigos na revista *Sociologie du Travail* e realizando um estágio de pesquisa no LSI, em 1968, junto a Touraine[16].

Mesmo com essa articulação, que envolveu os principais professores e pesquisadores que estudavam o mundo do trabalho ao longo da década de 1950, o Cesit foi aprovado na Congregação da FFCL-USP, em novembro de 1961, como uma extensão da Cadeira de Sociologia I, excluindo efetivamente aqueles que não fossem vinculados a ela. Pode-se pensar que isso tenha sido uma questão burocrática inevitável, o que não seria verdade, pois o próprio Cesit, como sugerem as discussões em atas das instâncias deliberativas da universidade, era uma novidade burocrático-institucional para a USP.

Portanto, ainda são nebulosos para nós o momento exato e os reais motivos que causaram o rompimento e o mal-estar entre as duas cadeiras de sociologia por conta da criação do Cesit. No entanto, por mais que não tenhamos encontrado uma prova documental, podemos pressupor as possíveis razões. A primeira delas, como aponta o próprio Touraine em suas entrevistas, estava no fato de a cadeira dirigida por Azevedo focar muito mais nas pesquisas sobre o mundo tradicional que na indústria e no trabalho, apesar de abordar essas questões em seus cursos e de ter em seu quadro Azis Simão. A segunda razão, mais óbvia, estava no fato de a cadeira de Fernandes ter, entre seus membros, uma preocupação com a questão da industrialização e do proletariado, como era o caso de Cardoso, somada a uma perspectiva de pesquisa empírica e aplicada. O terceiro motivo explica-se pelo próprio cenário de disputas político-acadêmicas ocorridas no interior da USP e na necessidade da sociologia de criar instituições dedicadas estritamente à pesquisa. Nesse caso, estava em jogo a possibilidade de auxílios financeiros aos estudos e a

---

sociais, e de sociologia industrial com prática de pesquisa sobre a formação da indústria em São Paulo, para alunos de pós-graduação em ciências sociais (ver 52.1.2214.1.0 – CX 452 – Contrato Docente "Azis Simão". Arquivo Geral da USP).

[16] Seus estudos em Paris foram realizados de 1º de março a 30 de junho, financiados pela Fapesp e pelo CNRS. O objetivo era desenvolver uma "pesquisa sobre a participação das associações profissionais na elaboração dos planos de desenvolvimento econômico e social", tendo como modelo as políticas de planificação do governo francês e a sua "prática do diálogo social". Ele acreditava que o Brasil poderia se beneficiar da implantação de um modelo semelhante, tendo em vista que os empresários brasileiros haviam assumido uma posição passiva frente a um estatismo autoritário. Para essa pesquisa, o brasileiro realizou entrevistas com diretores de várias instituições governamentais, representantes de sindicatos patronais e de assalariados urbanos e rurais. Na França, além dos contatos com Touraine e Sabine Erbés-Seguin, ministrou três palestras no LSI sobre a sociologia industrial e os sindicatos no Brasil.

seus pesquisadores, ajuda que poderia ser facilitada com a mediação de um centro de pesquisa, como o próprio Azevedo experimentou ao dirigir o CRPE-SP. Por fim, como quarta razão para explicar o rompimento entre as cadeiras, foi decisivo o aporte financeiro que Fernandes e Cardoso receberam da Confederação Nacional da Indústria (CNI), como parte de um acordo para impulsionar a criação do Cesit.

Esse conflito deixou sequelas, talvez nunca superadas. Um ano após a fundação do Cesit, em seu momento mais dinâmico de atividades, Fernandes disse a Cardoso que "houve algum progresso nas relações com a Sociologia II, mas não sei se será duradouro... pelo planejamento dos cursos, fizemos passar o esquema que aprovamos, de modo que você dará o curso de semestre (último) de sociologia industrial"[17]. As duas cadeiras aparentemente só voltariam a se aproximar após o golpe militar de 1964, quando Fernando de Azevedo expressou solidariedade a todos os perseguidos, em particular a Cardoso, que se encontrava no exílio[18]. Um ato de reaproximação que deve ter sido difícil para ele.

A disputa não era por menos. A criação do Cesit acabou por inserir Fernandes e seu grupo no debate nacional sobre o desenvolvimento e a transformação da sociedade brasileira, criando, como aponta Romão[19], um poderoso instrumento de produção de conhecimento que acabou por dar, com o selo da objetividade da ciência, maior força política a seus argumentos. Isso lhes permitiria, conforme planejavam, atuar na formação da "consciência política" ou nas "atitudes e mentalidades" dos agentes envolvidos no processo de modernização. No entanto, por conta do golpe de 1964, esse projeto não pôde mostrar sua viabilidade. Todavia, ainda que não tenha se efetivado como ação política, o Cesit proporcionou os recursos para inserir seus principais membros na reflexão intelectual sobre o desenvolvimento do Brasil, dando origem a importantes e memoráveis teses.

## Um centro de estudos do trabalho na periferia capitalista

Em 6 de dezembro de 1961, o então diretor da FFCL-USP, Mário Guimarães Ferri, encaminhou para o reitor da universidade, Antonio Barros de Ulhôa Cintra, um ofício com o anteprojeto de lei para criar o Centro de Sociologia Industrial e do Trabalho (Cesit), anexo à Cadeira de Sociologia I. Aprovado em reunião da Congregação da FFCL-USP, em novembro, ele deveria ser submetido ao Conselho Universitário. Os trâmites para sua efetivação, desde as votações nas instâncias da universidade até a aprovação de Carvalho Pinto,

---

[17] Ver *Carta de Florestan Fernandes a Fernando Henrique Cardoso*, 12 dez. 1962. Acervo Digital da Fundação FHC, São Paulo. Código: 01/0007996.

[18] Ver *Carta de Florestan Fernandes a Fernando Henrique Cardoso*, 8 jun. 1964. Acervo Digital da Fundação FHC, São Paulo. Código: 01/0007993.

[19] Wagner de M. Romão, *Sociologia e política acadêmica nos anos 1960*, cit.

governador do estado de São Paulo, ocorreram de forma extremamente rápida, o que evidencia a capacidade política que tinham os envolvidos nesse projeto, em especial Fernando Henrique Cardoso[20].

Ele foi fruto de uma combinação de situações singulares que ocorreram naqueles anos iniciais da década de 1960. Vale destacar quatro fatores: primeiro, a eleição de Carvalho Pinto para o governo do estado de São Paulo, que alterou a relação dele com a universidade – ao contrário de seu antecessor –, valorizando o conhecimento produzido nela e alimentando o discurso de um Estado tecnocrático, planificador e racional[21], segundo, a participação política de Cardoso no Conselho Universitário da USP e o importante papel que exerceu na eleição do reitor Ulhôa Cintra[22]; outro fator importante foi a indicação de seu amigo Fernando Gasparin para a presidência da Confederação Nacional da Indústria (CNI), entidade que daria o aporte financeiro inicial para a constituição do centro; e, por fim, a criação de uma fundação de fomento à pesquisa no estado de São Paulo, a Fapesp.

O governo de Carvalho Pinto elaborou o assim chamado Plano de Ação do Governo do Estado (ver seção "A 'Era de Ouro' do Brasil" do capítulo 1) e, com ele, aproximou-se da USP, em especial do grupo conhecido como "modernizadores". A aliança entre esse grupo e o governador estadual trouxe para a universidade, entre outros aspectos, um aumento de verbas que ajudou, entre outras medidas, na construção da Cidade Universitária, na efetivação de projetos que propunham a modernização das suas instâncias e a constituição de uma agência de fomento à pesquisa, a Fapesp[23].

Quando o Plano de Ação foi lançado, no dia 13 de fevereiro de 1959, o reitor da USP estava presente na reunião dos secretários com o governador Carvalho Pinto. Um ano depois, com as diretrizes desse plano definidas, foi assinado o

---

[20] O ofício do diretor da FFCL-USP chegou ao gabinete do reitor no dia 12 de dezembro de 1961. Um parecer foi emitido pelo conselheiro universitário Antonio Adamastor Corrêa no mesmo dia e o projeto foi aprovado pela instância máxima da universidade no dia 21 de dezembro do mesmo ano. O decreto do governador que criou o Cesit, n. 39.854, foi de 28 fev. 1962.

[21] No programa de Carvalho Pinto, a universidade passaria a ocupar papel de destaque no fornecimento de conhecimento e pessoal técnico para consolidar o aparato burocrático estatal tecnocrático.

[22] Fernando Henrique Cardoso participou do Conselho Universitário nos anos de 1957 e 1958 e, depois, em 1961. Ele foi um dos principais articuladores da Associação de Auxiliares de Ensino da USP, que representava a grande massa de assistentes subjugados pelo poder catedrático; Wagner de M. Romão, *Sociologia e política acadêmica nos anos 1960*, cit. O próprio Cardoso, em entrevista ao autor, destaca seu papel e a contradição de ter mais força política que Fernandes.

[23] A educação, que envolvia ensino primário, secundário e profissional e superior, era a segunda em prioridades de investimentos no Plano de Ação do governo de Carvalho Pinto. Entre seus objetivos estava: "construir a Cidade Universitária Armando de Sales Oliveira" e "construir uma Fundação incumbida de administrar os recursos orçamentários previstos pelo art. 123 da Constituição Estadual, destinados à investigação técnica e científica"; São Paulo (Estado), Governador (1959-1963: Carvalho Pinto), *Plano de ação do governo 1959-1963: administração estadual e desenvolvimento econômico social* (São Paulo, Imprensa Oficial do Estado, 1959).

decreto que concedeu a verba de 1 bilhão de cruzeiros para a conclusão das obras da Cidade Universitária. Na ocasião, o governador declarou:

> tenho assinalado por diversas vezes a procedência dos prognósticos feitos com respeito às elites brasileiras. Enquanto a massa obreira de nosso país demonstra uma grande capacidade de trabalho, as elites há momentos em que fraquejam e se mostram insuficientes. O Brasil aparece atualmente como um país ávido, com fome de cultura e de ensino para serem bem aproveitadas as qualidades das inteligências nacionais. E é porque à universidade cabe constituir as elites, que ela merece singular destaque na tentativa de resolução de nossos problemas. Não é por outro motivo que meu governo se tem desvelado nesse sentido. Não é por outro motivo que o primeiro Fundo Especial a ser concedido o foi para a universidade. Este fundo vem assegurar a continuidade da grande obra que Armando de Sales Oliveira criou e, tenho a certeza de que dessa maneira estamos atendendo ao idealismo dos fundadores da Universidade de São Paulo.[24]

O Cesit era uma novidade para a universidade e esse aspecto foi destaque nas discussões da sessão do Conselho Universitário que o aprovou. Entendendo que essa estrutura de pesquisa poderia ser a nova cara da universidade nos próximos anos, um conselheiro destacou três artigos do anteprojeto, referentes à contratação de pessoal e de patrimônio, "a fim de estabelecer normas que possam orientar a criação de futuros centros". Segundo a ata da reunião do Conselho Universitário,

> vários conselheiros fazem uso da palavra debatendo amplamente o assunto, tendo o Conselheiro Fernando Henrique Cardoso esclarecido que o Centro já está em funcionamento, com pessoal trabalhando, *graças a donativo recebido de particular, no valor de dez milhões de cruzeiros*. O Conselheiro Theodoreto de Arruda Souto indaga se essa criação trará ônus para a universidade, tendo o Conselheiro Cardoso dito que em 1962 não.[25]

O anteprojeto foi aprovado por unanimidade. "Como vimos, na USP vivia-se um momento político favorável a propostas de inovação na estrutura acadêmica."[26] Porém, foram decisivos para sua aprovação, primeiramente, o fato de o Cesit já estar informalmente funcionando, ao menos como projeto elaborado em meados de 1961 e intitulado Economia e Sociedade no Brasil. Em seguida, contar com uma doação significativa de verba da CNI para a Cadeira de Sociologia I. Adiciona-se a isso o fato de que essa doação permitiu reforçar o discurso de que o novo centro de pesquisa inovaria, produzindo conhecimento com o apoio de setores externos à universidade, em particular os empresários. No entanto, na prática, a criação do Cesit foi fruto de um ato oportuno que contou com a sorte

---

[24] Ver "Um bilhão para a Cidade Universitária", *O Estado de S. Paulo*, 4 jun. 1960, p. 9.
[25] Ver *Ata da 551ª sessão do Conselho Universitário, realizada em 21 de dezembro de 1961*. Processo 61.1.26869.1.5, Interessado Centro de Sociologia Industrial e do Trabalho, Título Criação desse centro anexo a FFCL. Arquivo Geral da USP (grifos nossos).
[26] Wagner de M. Romão, *Sociologia e política acadêmica nos anos 1960*, cit., p. 67.

de uma velha relação pessoal entre dois amigos, num contexto político favorável, como admite o próprio Cardoso:

> Claro que foi inventado o centro de sociologia do trabalho. O que foi isso? O pai dessa moça que está aqui [na Fundação FHC], Heliana Gasparin, chamava-se Fernando Gasparin e era muito amigo meu. A mãe dela, essas coisas pessoais são muito curiosas, foi colega da Ruth no colégio, quando ela dava aulas. Então tínhamos uma ligação muito próxima [...] O Marcos Pereira, que foi jornalista do *Estado de S. Paulo*, e o Rubens Paiva, que mataram, eram muito amigos de Gasparin [...] Era um grupo de coisas assim e tal, embora cada um tivesse uma posição diferente... éramos ligados por uma ideologia nacional-desenvolvimentista. Quem tinha experiência de esquerda comunista era eu [...]. Então o Fernando foi nomeado por Jango para a Confederação Nacional da Indústria. Ele era bem jovem, tinha trinta e poucos anos. E era jornalista e tal. Então eu consegui que o Fernando desse uma doação para a universidade, para a cadeira do Florestan. Foi isso que deu origem ao Centro. Nós tivemos dinheiro para comprar uma perua, para fazer pesquisa, aparelhos de fotografia... aí fizeram o Cesit dentro da cadeira do Florestan e eu fui nomeado.[27]

Fernando Gasparin enveredou para a vida política, desde os tempos universitários, no campo do "nacionalismo burguês progressista". Engenheiro de formação e filho de um industrial dos ramos têxtil e alimentício, no final dos anos 1950 passou a atuar no sindicalismo patronal do setor industrial. "Gasparin fazia parte do que chamaríamos de 'oposição nacionalista' da Fiesp, composta também por Ramiz Gattás, do setor de autopeças, José Ermírio de Morais, do grupo Votorantim e Dilson Funaro, jovem empresário do setor de plástico."[28] Quando Franco Montoro foi ministro do Trabalho, no gabinete parlamentarista de Tancredo Neves, em meio à crise sucessória após a renúncia de Jânio Quadros da Presidência da República, Gasparin foi nomeado interventor na CNI, cargo que exerceu por apenas quatro meses. Foi durante essa curta passagem pela entidade que ele doou para o seu amigo e professor da USP o valor de 10 milhões de cruzeiros. Essa era uma quantia irrisória para os parâmetros da CNI, porém significativa para a universidade, pois equivalia a pelo menos sete vezes o orçamento anual da Cadeira de Sociologia I.

No entanto, mesmo com os incentivos do governo por meio do Plano de Ação e da existência de algumas figuras, como Gasparin, que defendiam que a modernização da sociedade brasileira passava por uma maior aproximação entre a universidade e o mundo empresarial industrial, essa perspectiva não era hegemônica entre os quadros da burguesia. Na entrevista citada acima, Cardoso também confirma que os empresários não tinham interesse nas pesquisas que o Cesit se propôs a fazer. Não por menos, como resposta a isso, um dos estudos desse novo centro se preocupava justamente em compreender os motivos pelos

---

[27] Ver Fernando Henrique Cardoso, entrevista concedida ao autor em 6 dez. 2017.
[28] Wagner de M. Romão, *Sociologia e política acadêmica nos anos 1960*, cit.

quais os empresários brasileiros tinham uma posição tão distante desse ideário modernizador. Nesse sentido, é importante destacar que o Cesit não foi similar nem cumpriu a mesma função que o ISST e o LSI na França.

No entanto, se não havia um interesse direto dos empresários e de suas entidades representativas nas pesquisas realizadas pela universidade, na esfera da representação do Estado, havia um grupo de jovens políticos – parte deles vinculados ao Plano de Ação coordenado por Plínio de Arruda Sampaio –, que compreendia que o processo de modernização da economia paulista passava por uma relação mais estreita com a USP. Por isso, esses jovens políticos tiveram muito interesse nas atividades do Cesit e chegaram até mesmo a participar de suas atividades e pesquisas. No entanto, o apoio do governo estadual durou pouco tempo, pois o grupo dos "planejadores" perderia rapidamente espaço no governo de Carvalho Pinto, minando as últimas possibilidades de fontes orçamentárias de fora do mundo acadêmico naquele momento[29]. O socorro, portanto, veio da nova fundação de fomento criada no estado de São Paulo, a Fapesp.

Sobre esse fato, Romão enfatiza que

> o projeto não foi contemplado pelo Plano de Ação do governo estadual. Entretanto, o financiamento da pesquisa foi possibilitado pela criação da Fapesp. As relações políticas de Fernando Henrique Cardoso com o grupo que ocupava a reitoria da USP facilitaram a liberação das verbas destinadas às pesquisas. Florestan Fernandes foi indicado para o cargo de representante das Ciências Humanas no Conselho Técnico-Científico da Fapesp. Os mecanismos de auxílio à pesquisa executados pela Fapesp eram novos e desconhecidos pelos pesquisadores que pleiteavam os financiamentos. Muitas das propostas de auxílio recebidas nos primeiros anos da Fundação são recusadas, em virtude de não se enquadrarem na categoria "projeto". Se por um lado isso é bastante compreensível, também é inegável que os grupos acadêmicos próximos ao núcleo de poder da Fundação nascente tiveram seus projetos mais facilmente aprovados.[30]

Nesse novo cenário, a Cadeira de Sociologia I se tornou a mais favorecida com os auxílios à pesquisa da Fapesp, em seus primeiros anos, no que se refere às ciências humanas e sociais – sociologia, antropologia, ciência política, direito, economia, letras, filosofia e psicologia. Do valor total de auxílios concedidos pela fundação, em 1962, essa área representou 6%, ou seja, 21.813.050 cruzeiros. A

---

[29] Em 1962, Cardoso envia um ofício ao diretor da FFCL-USP, que segue para o reitor e chega ao governador, solicitando mais recursos financeiros para o centro. O pedido de recursos foi para atender às seguintes despesas: 2 coordenadores de pesquisa; 2 pesquisadores e tarefeiros e material de consumo. O total solicitado foi de Cr$ 4.861.760,00 (ver *Processo 62.1.18737.1.7*, Interessado Centro de Sociologia Industrial e do Trabalho, Título Solicita recursos para realização de trabalhos em novos setores desse Centro visando colaboração com o grupo de planejamento do governo do Estado. Arquivo Geral da USP).

[30] Wagner de M. Romão, *A experiência do Cesit: sociologia e política acadêmica nos anos 1960* (dissertação de mestrado, São Paulo, Universidade de São Paulo, 2003), p. 76-7.

cadeira de Fernandes recebeu a quantia de 5.360.000 cruzeiros, o equivalente a quase 25% desse montante[31]. Essa verba foi praticamente toda destinada ao Cesit, utilizada para a aquisição de material de pesquisa (máquina fotográfica e máquina de calcular, por exemplo) e custeio com pessoal.

Como destaca Romão,

> a doação inicial da CNI e as dotações concedidas pela Fapesp ao Centro tornaram possível a constituição de um corpo de pesquisadores que envolvia alunos de graduação – que obtinham as recém-criadas bolsas de iniciação científica – e recém-graduados – que eram alçados à categoria de "pesquisador" contratado pelo Centro e ali procediam a seus estudos de pós-graduação. Enfim, tratava-se do surgimento de uma rede de auxílio à pesquisa que profissionalizava aqueles cientistas sociais. Além disso, toda uma infraestrutura de pesquisa pôde ser conquistada por fora do limitado orçamento da Universidade. Leôncio Martins Rodrigues conta que ele, mesmo recém-formado, tinha dois auxiliares de pesquisa, algo impensável até então...[32]

\*\*\*

Na teoria, o Cesit seria dirigido por um Conselho Administrativo, constituído por três membros, eleitos pelo pessoal docente e de pesquisa da Cadeira de Sociologia I, com mandatos renováveis de três anos cada, e um diretor, eleito por esse conselho com mandato de mesmo tempo de duração. Financeiramente, ele seria mantido por dotação orçamentária que lhe fosse concedida pela FFCL-USP e por doações, subvenções e legados concedidos à USP. Por fim, a contratação de pessoal para a prestação de serviços, no caso, a realização de pesquisas, ocorreria sob o regime da CLT, com aprovação do diretor da FFCL-USP e de seu Conselho Técnico-Administrativo (CTA)[33]. Isso facilitou e dinamizou a estruturação do Cesit, dando-lhe maior autonomia e flexibilidade para buscar recursos e contratar pessoal, fugindo da rigidez dos contratos das carreiras acadêmicas vigentes na universidade (professor catedrático, auxiliar, assistente etc.)[34].

---

[31] No ano de 1963, das 22 bolsas concedidas pela Fapesp na área de ciências humanas e sociais, 7 foram destinadas a orientandos de Florestan Fernandes ou de Nuno Fidelino de Figueiredo, então diretor da Codiplan, vinculado ao Cesit. "Do total de Cr$ 12.988.000,00 destinados a auxílios a projetos da área, 5.240.000 cruzeiros foram destinados especialmente ao Cesit." À Codiplan, foram concedidos 3,6 milhões de cruzeiros; Wagner de M. Romão, *A experiência do Cesit*, cit.

[32] Ibidem, p. 78.

[33] Entre 1965 e 1969, pudemos encontrar nas atas da CTA as contratações, como instrutor extranumerário junto ao Cesit, de José de Souza Martins, Sebastião Advíncula da Cunha, Gabriel Cohn, André Maria Pompeu Villalobos, Vera Lúcia Graciano Brizola, Maria Helena Oliva Augusto, José Rodrigues Barbosa, Raul Ximenes Galvão (ver *Atas de reuniões do Conselho Técnico-Administrativo, da FFCL-USP*, de janeiro de 1965 a agosto de 1969. Serviço de Apoio Acadêmico da FFLCH-USP).

[34] Conforme Romão, "no âmbito uspiano, a criação do Cesit foi o ponto alto da "hegemonia" da Cadeira de Sociologia I na Faculdade de Filosofia, momento em que se tornou possível a ampliação

## Quadro 8.1 – Diretores, professores, pesquisadores, auxiliares e colaboradores do Centro de Sociologia Industrial e do Trabalho (Cesit), vinculado à Cadeira de Sociologia I da FFCL-USP – 1961-1969

| Diretores |
|---|
| Florestan Fernandes, Fernando Henrique Cardoso, Luiz Pereira e Leôncio Martins Rodrigues |

| Professores | Auxiliares, instrutores e colaboradores |
|---|---|
| Fernando H. Cardoso<br>Florestan Fernandes<br>Luiz Pereira<br>Maria Sylvia Carvalho Franco Moreira<br>Marialice Mencarini Foracchi<br>Octavio Ianni<br>Bertram Hutchinson* | Albertina Boal<br>André Maria Pompeu Villalobos<br>Cacilda Maria Asciutti<br>Daisy Maria Del Nero<br>Eduardo Kugelmas<br>Gabriel Cohn<br>José de Souza Martins<br>José Francisco Fernandes Quirino dos Santos<br>José Rodrigues Barbosa<br>Linda Ganej<br>Lúcia Campello de Souza<br>Maria Conceição D'Incao<br>Maria do Carmo Campelo de Souza<br>Maria Helena Oliva Augusto<br>Maria Irene Franco Queiroz Ferreira<br>Maria Márcia Smith<br>Raul Ximenes Galvão<br>Sebastião Advíncula da Cunha<br>Vera Lúcia Brizola<br>Vera Maria Henrique Miranda<br>Zilah Branco Weffort<br>Dirceu Nogueira Magalhães**<br>José Cesar A. Gnaccarini**<br>Luiz Wejz**<br>Maria Célia Pinheiro Machado**<br>Renato Jardim Moreira**<br>Sedi Hirano** |
| **Pesquisadores** | |
| Celso de Ruy Beisiegel<br>Claudio José Torres Vouga<br>Gabriel Bolaffi<br>José Carlos Pereira<br>Leôncio Martins Rodrigues<br>Lourdes Sola | |
| **Economistas** | |
| Sebastião Advíncula da Cunha<br>Nuno Fidelino de Figueiredo<br>Aécio Candido Galvão | |

Fonte: elaborado pelo autor, com base em Fernando Henrique Cardoso, *Empresário industrial e desenvolvimento econômico no Brasil* (São Paulo, Difel, 1964, coleção Corpo e Alma do Brasil, n. 13), Florestan Fernandes, *A sociologia numa era de revolução social* (São Paulo, Companhia Editora Nacional, 1963, coleção Biblioteca Universitária, n. 12), Florestan Fernandes, *A sociologia no Brasil: contribuição para o estudo de sua formação e desenvolvimento* (Petrópolis, Vozes, 1977) e José Carlos Pereira, *Estrutura e expansão da indústria em São Paulo* (São Paulo, Companhia Editora Nacional, 1967, coleção Ciências Sociais).

* Comissionado junto à Cadeira de Sociologia I da FFCL-USP pela Unesco, vinculado ao Centro Brasileiro de Pesquisas Educacionais (CBPE).

** Esses foram citados em Florestan Fernandes, *A sociologia no Brasil*, cit., em que o autor não deixa claro se o vínculo principal deles foi com a Cadeira de Sociologia I e/ou com o Cesit.

Em seu estatuto, o Cesit apresentava como finalidades promover e intensificar o desenvolvimento de pesquisas no campo da sociologia industrial e do trabalho,

---

do quadro de pesquisadores a ela ligados, contornando-se os rígidos limites institucionais da Universidade de São Paulo na época"; Wagner de M. Romão, *Sociologia e política acadêmica nos anos 1960*, cit., p. 21-2.

difundir as contribuições resultantes dessas pesquisas por todos os meios possíveis, oferecer aos candidatos à carreira científica oportunidades de especialização nos referidos campos de especialização, organizar cursos extracurriculares em matérias pertencentes ao tema e manter e incentivar relações científicas e culturais com instituições congêneres, nacionais e estrangeiras[35].

O Quadro 8.1 (na página anterior), permite ter uma ideia da quantidade de professores, pesquisadores, auxiliares, instrutores e colaboradores que estiveram envolvidos nas atividades do Cesit, ao longo de sua curta existência. Vale destacar, entre seus membros, Bertram Hutchinson, um antigo colaborador do CBPE e mantido no Brasil com apoio financeiro da Unesco.

**Dilemas do Cesit: precariedade financeira, mudanças políticas e exílio**

Ainda não foram encontrados, infelizmente, documentos institucionais do Cesit, tais como relatórios de atividades ou atas de reuniões, que possam esclarecer importantes aspectos de seu desenvolvimento. Tudo nos indica, pela precariedade com que esse centro se constituiu e a situação política que ele acabou vivendo, que tais documentos nunca existiram. No entanto, é possível reconstruir, com imaginação sociológica e histórica, seus dilemas, crises e contradições com o auxílio de fontes secundárias, como são os casos dos projetos depositados na Fapesp, analisados por Romão[36], ou dos relatos registrados nos livros que resultaram de pesquisas realizadas no marco do Cesit.[37] Para a elaboração desta parte do capítulo, analisamos uma fonte inédita: as correspondências entre os envolvidos com o centro de pesquisa, em particular as de Cardoso e Fernandes.

As cartas trocadas entre eles são, portanto, um rico material que nos permite evidenciar as tensões, as expectativas e as frustrações existentes em torno do projeto do Cesit. Tais cartas também possibilitam clarificar alguns objetivos almejados por eles e que, evidentemente, não estavam impressos nos documentos de fundação do centro. Além disso, a precariedade das instituições brasileiras e a instabilidade política do período exigiram mudanças no projeto ao longo de seu percurso. Portanto,

---

[35] Ver *Decreto n. 39.854*, de 28 fev. 1962. Assembleia Legislativa do Estado de São Paulo, Departamento de Documentação e Informação, disponível *online*.
[36] Wagner de M. Romão, *Sociologia e política acadêmica nos anos 1960*, cit.
[37] Fernando Henrique Cardoso, *Empresário industrial e desenvolvimento econômico no Brasil*, cit.; Luiz Pereira, *Trabalho e desenvolvimento no Brasil* (São Paulo, Difel, 1965, coleção Corpo e Alma do Brasil, n. 17); José Carlos Pereira, *Estrutura e expansão da indústria em São Paulo*, cit.; Leôncio M. Rodrigues, *Industrialização e atitudes operárias: estudo de um grupo de trabalhadores* (São Paulo, Brasiliense, 1970); Paul Singer, *Desenvolvimento econômico e evolução urbana: análise da evolução econômica de São Paulo, Blumenau, Porto Alegre, Belo Horizonte e Recife* (São Paulo, Editora Nacional/Edusp, 1968).

as cartas nos deslocam do plano ideal almejado pelo Cesit para a concretude do cotidiano de uma instituição de pesquisa brasileira do início da década de 1960.

## As dificuldades concretas de um centro de pesquisa

Fernandes e Cardoso buscaram, desde a fundação do Cesit, uma aproximação entre o conhecimento científico produzido na universidade, os governos e o mundo empresarial, lançando mão de diferentes estratégias. Uma delas foi a articulação de uma parceria, em 1962, com Nuno Fidelino de Figueiredo, que havia pertencido aos quadros da Cepal e planejava criar uma instituição privada com o propósito de articular colaborações entre a Fiesp e a ONU-Cepal. No entanto, Fernandes o convenceu a vincular essa nova instituição à universidade. "Primeiro, para compeli-la ainda mais a sair da casca e a levar ao ambiente contribuições de caráter prático. Segundo, para formar em São Paulo um bom grupo de economistas e técnicos", argumentou o sociólogo[38]. Concretamente, propôs que esse novo organismo estivesse ligado ao Cesit, o que fez com que surgisse a Comissão de Desenvolvimento Industrial e de Planejamento (Codiplan)[39].

Fernandes elaborou a proposta de portaria que foi enviada ao governador de São Paulo e forneceu as bases institucionais para essa parceria entre Cesit e Codiplan. No entanto, na realidade, tal comissão foi uma forma encontrada de levar ao centro um amigo de Cardoso e ampliar formalmente suas funções e objetivos, permitindo o ingresso de mais auxílios. Em carta a Cardoso, que estava na França em intercâmbio, Fernandes exalta os objetivos, as expectativas e os limites do Cesit:

> Tenho esperanças de que esse relato minucioso dê uma ideia aproximada das peripécias por que passamos; e espero que você concorde com as minhas iniciativas. A restrição fundamental, que se poderia fazer, é clara: estamos introduzindo um contrabando no Cesit, dando ênfase à pesquisa tecnológica, ainda que eu tenha elaborado um disfarce que doura a pílula – a ideia de retardamento tecnológico como fulcro da coisa; e o critério socioeconômico como básico. O Nuno percebeu rapidamente a minha finura, mas achou que ela era aceitável e um bom caminho, para evitar desdobramentos de

---

[38] Ver *Carta de Florestan Fernandes a Fernando Henrique Cardoso*, 6 jan. 1963. Acervo Digital da Fundação FHC, São Paulo. Código: 01/0008003.

[39] Em uma valiosa nota de rodapé, Romão assim registra esse fato: "A Codiplan constitui-se em um projeto particularmente inovador. Foi uma forma de Fernando Henrique Cardoso envolver no Cesit seu amigo Nuno Fidelino de Figueiredo, que havia pertencido aos quadros da Cepal. Este ministrou, no primeiro ano de funcionamento do Cesit, curso de extensão universitária sobre Desenvolvimento Econômico da América Latina, com despesas custeadas pela Cepal. Outro economista experiente em gestão pública, Sebastião Advíncula da Cunha, também integra a Codiplan. Sebastião havia participado do governo Carvalho Pinto na elaboração do Plano de Ação. Segundo Leôncio Martins Rodrigues, Florestan queria que Sebastião disputasse uma das cadeiras da Faculdade de Economia [...] percebe-se que se tratava de um braço do Cesit que se envolveria mais diretamente na aplicação prática do conhecimento sociológico"; Wagner de M. Romão, *A experiência do Cesit*, cit., p. 78.

conflitos. Para nós, entretanto, tudo o que iremos fazer (no mínimo: em grande parte) escapa à pesquisa sociológica. *Só nos resta um consolo: é que o Cesit se tornará operativo, contribuindo para desencadear mudanças reais na estrutura da empresa industrial. O que colhe bem a nossa ambição de fazer alguma coisa no terreno prático, no caso na área mais acessível e vital da mudança da empresa industrial. Se dispuséssemos de mais gente com treino e alta capacidade inventiva, poderíamos tirar proveito disso, incentivando a inserção do sociólogo no trato dos problemas de planejamento e criando um novo padrão de pesquisa integrada, combinando sociologia, economia e tecnologia. Infelizmente, sei muito bem que não podemos tirar proveito tão grande em linhas mais ambiciosas – pela incrível falta de oportunidade com que se desenrolam os acontecimentos* [...].[40]

Cardoso manifesta pleno apoio às decisões de Fernandes na relação com Nuno de Figueiredo e na criação da Codiplan. Acrescenta ainda que estava convencido, pelo que viu na França, de que o Cesit só teria a lucrar com pesquisas de tipo tecnológico, ainda que o momento do centro não permitisse tirar o máximo proveito de um estudo integrado que envolvesse economia, sociologia e tecnologia. "Quando se vê aqui na Europa (passei férias de Natal na Itália e vi muita coisa interessante neste campo) o esforço enorme que eles fazem para romper tradições que são muito mais consistentes e o resultado relativamente satisfatório que obtêm, fica-se um pouco melancólico com o pouco que a USP faz para inovar e progredir."[41]

A Codiplan seria, portanto, uma oportunidade de levar para dentro do Cesit um corpo de experientes quadros que haviam participado de trabalhos na Cepal e no governo de Carvalho Pinto, ajudando, dessa maneira, na formação dos pesquisadores mais jovens e no fortalecimento de um pensamento científico mais prático. Resultado disso, a Fapesp aprovou, em 1963, um projeto de pesquisa sobre a adaptação de tecnologia mecânica ao meio brasileiro, concedendo bolsas para estagiários e um auxílio para a instalação de material[42]. No entanto, pelo pouco que se sabe dessa cooperação, seus frutos não foram muito promissores e as atividades da Codiplan se encerraram em 1964, quando Nuno Fidelino de Figueiredo abandonou suas funções por conta do golpe militar.

\*\*\*

Como temos apontado, as dificuldades no Cesit eram enormes e não se restringiam à mera escassez financeira, senão, e sobretudo, à precária formação de pessoal. Quando começaram os trabalhos de seleção dos casos a serem estudados, Fernandes destacou novamente esses limites:

---

[40] Ver *Carta de Florestan Fernandes a Fernando Henrique Cardoso*, 6 jan. 1963. Acervo Digital da Fundação FHC, São Paulo. Código: 01/0008003 (grifos nossos).
[41] Ver *Carta de Fernando H. Cardoso a Florestan Fernandes*. Paris, 11 jan. 1963. Fundo Florestan Fernandes. Acervo Coleções Especiais Ufscar/BCo. Código: 02.09.1005.
[42] Shozo Motoyama (org.), *Fapesp: uma história de política científica e tecnológica* (São Paulo, Fapesp, 1999).

Hoje, vejo que mesmo os melhores ainda são relativamente imaturos; gosto deles hoje muito mais que antes, pois os conheço melhor. Mas essas circunstâncias dão uma visão clara das limitações de cada um. Em regra, a falta de conhecimento teórico básico suficiente no campo é a barreira geral. Além disso, um adestramento prévio em pesquisas similares. O que tem de comer um terreno maior é Claudio, o mais simpático de todos. O mais sólido é o José Carlos[43], mas com lacunas de formação teórica muito sensíveis. O que tem mais garra é o Leôncio, prejudicando-se demais por uma preocupação carreirista chocante para uma pessoa de sua inteligência e que foi decididamente favorecido por mim e por você. A Lourdes Sola, depois de uma fase de atritos e desajustamento, está indo bem e formou a melhor dupla de pesquisadores. O Gaby, tão criticado pelos colegas, foi o único que acertou os prognósticos quanto à confecção das tabelas.[44]

E continua:

Estou convicto de duas coisas: primeiro, agora tenho plena certeza de que estava certo, na orientação que dei ao projeto. Várias vezes fiquei desapontado com as atitudes pouco entusiastas de você e principalmente de Ianni, que chegou a fazer uma afirmação de que não me esqueci: "Nós não podemos alterar a concepção que o senhor tem de pesquisa". Eu havia pensado o projeto, centralmente, como um meio de treinamento; o que restasse, no plano teórico, seria "lucro". Não poderíamos externar fundamentalmente esse propósito, por causa das circunstâncias; um centro de pesquisas e um projeto tão caro não poderiam ser vinculados a uma pesquisa de treinamento adiantado. Se tivéssemos escolhido qualquer alternativa mais complexa e ambiciosa, as coisas teriam saído bem piores... Segundo, você tem de empalmar a direção do Cesit de verdade. Já insisti em que os coordenadores de pesquisa assumam os seus papéis. Mas o Luiz não está integrado no projeto; e há relutância por parte do grupo em aceitar uma ascendência maior de Leôncio. [...] Só você poderá fazer isso e tenho a impressão que é um dever que lhe cabe. Como eles gostam de você, não surgirão obstáculos; doutro lado, você é o chefe e boa parte das inconsistências resultaram da colaboração ou da assistência esporádica que lhe foi prestada de nossa parte (incluindo-se aí todos nós três: FH, OI e FF). O melhor seria você projetar um mecanismo de liderança democrático que lhe permitisse fazer as outras coisas sem perder de vista a qualidade e a complexidade do ponto de apoio pessoal que os nossos pesquisadores jovens necessitam. Ao voltar, analisaremos melhor tudo isso...[45]

Quando essas cartas foram enviadas, Cardoso se encontrava na França realizando um estágio de estudo e pesquisa no já citado Laboratoire de Sociologie Industrielle (LSI), dirigido por Touraine. Tanto ele como Ianni haviam se beneficiado de auxílios financeiros dados ao Cesit e de licenças concedidas pela USP para que pudessem aprofundar seus estudos na Europa, de outubro de 1962 a março de

---

[43] Trata-se de José Carlos Pereira, que publicou *Estrutura e expansão da indústria em São Paulo*, cit.
[44] Ver *Carta de Florestan Fernandes a Fernando Henrique Cardoso*, 1º fev. 1963. Acervo Digital da Fundação FHC, São Paulo. Código: 01/0007991.
[45] Idem.

1963[46]. Não se tratava apenas de projetos de qualificação pessoais, mas, sobretudo, de intercâmbios com o objetivo de avançar nas relações entre instituições de ensino e pesquisa europeias, em particular francesas, e os sociólogos uspianos. Cardoso relata, mais de uma vez, que os europeus manifestavam grande expectativa com as pesquisas do Cesit. Portanto, ele estava consciente da necessidade de assumir a direção integral do centro, como vinha insistindo Fernandes, o que fez assim que retornou ao Brasil e após deixar seu cargo de conselheiro universitário[47].

*Golpe militar, exílio de Cardoso e dificuldades na gestão do Cesit*
A eleição de Ademar de Barros para governador de São Paulo (1963-1966) e a vitória de Luís Antônio da Gama e Silva para reitor da USP, em 1963, já apontavam uma mudança de conjuntura estadual e local que pendia para o conservadorismo. Mas a situação piorou, um ano depois, com o golpe de Estado que levou ao poder os militares. A partir desse momento, por exemplo, o reitor da USP passou a perseguir os grupos "progressistas" e "subversivos" da instituição, permitindo a instauração dos famosos inquéritos policiais militares (IPMs), instituindo no âmbito acadêmico um clima macartista.

A Cadeira de Sociologia I foi uma das mais atingidas pela perseguição política. Logo após o golpe, agentes do Dops entraram nas dependências da FFCL-USP em busca de Fernando Henrique Cardoso. Ele, ao tomar conhecimento do fato, decidiu deixar o Brasil, partindo para um autoexílio. Florestan Fernandes, que resistiu a abandonar seu cargo, foi preso no dia 11 de setembro daquele ano por ter se recusado a ser interrogado no IPM.

> A experiência do Cesit, portanto, pode ser dividida entre antes e depois do golpe de Estado de 1964. A Cadeira de Sociologia I, em processo de rápida expansão desde a criação do Cesit, fica fragilizada institucionalmente. Visto como reduto de "subversivos", o grupo passa a trabalhar à espera de represálias. A prioridade passa a ser a titulação de pesquisadores jovens, que deveriam preparar-se para substituir os mais antigos. Boa parte das atividades previstas no projeto inicial do Centro deixa de ser realizada. Não mais importava que os trabalhos realizados cumprissem o roteiro previsto no projeto inicial do Cesit, tanto no *survey* como no projeto Economia e Sociedade no Brasil [...]. As aposentadorias compulsórias de Florestan Fernandes, Fernando Henrique

---

[46] Cardoso e Ianni se beneficiaram de bolsas concedidas pela Capes. O primeiro, que foi para a França estagiar no LSI, recebeu também uma bolsa da Ephe. Ianni seguiu para Londres, onde trabalhou na London School of Economics (ver 62.1.21955.1.1, CX 2394, Fernando Henrique Cardoso, Afastamento. Arquivo Geral da USP).

[47] Cardoso resistia a deixar o mandato de conselheiro universitário, pois isso proporcionava a ele e à Cadeira de Sociologia I uma posição política estratégica, com estreitas relações com aqueles que comandavam a USP (ver *Carta de Fernando H. Cardoso a Florestan Fernandes*. Paris, 8 fev. 1962. Fundo Florestan Fernandes. Acervo Coleções Especiais Ufscar/BCo. Código: 02.09.1008).

Cardoso e Octavio Ianni, ocorridas em abril de 1969, mostraram que o temor não era exagerado, ainda que viesse a concretizar-se cinco anos depois.[48]

Depois de 1964, o Cesit ficou praticamente reduzido à função de núcleo formador de quadros para a Cadeira de Sociologia I, abrigando seus futuros docentes. As principais pesquisas do projeto Economia e Sociedade no Brasil foram aceleradas para serem rapidamente concluídas[49]. Ao mesmo tempo, a necessidade de estabilizar seus membros, obtendo para eles um posto de professor, num cenário político instável, colocou a cadeira de Florestan Fernandes em aberto confronto com outras cátedras. Com o clima de macartismo instaurado pelos IPMs, abriu-se a possibilidade de um revanchismo por parte de setores contra o grupo do Cesit, que passou a ser chamado de celeiro de "comunistas".

Como destaca Romão, "a situação se agrava com os efeitos do golpe de 1964. Assim, com o fim do apoio político tão importante na fase de constituição do Centro, minguam os recursos extrauniversitários para a consolidação do Cesit como uma instância independente"[50]. Soma-se a isso o exílio de Cardoso, que acabou por ser um duro golpe para os ânimos da equipe de pesquisadores que o seguiam. Ainda que Touraine tenha elaborado um projeto de pesquisa de cooperação internacional, no qual o Cesit seria incluído, as problemáticas levantadas pelo projeto inicial do centro pareciam ter caducado, sendo necessário buscar novas oportunidades institucionais e responder a novas questões que a realidade política colocava para os intelectuais.

Fernandes, que optou por permanecer em seu cargo, não concordava com o exílio de Cardoso. Ele o considerava prematuro, pois avaliava que o cenário não era tão repressivo assim e que, além disso, sua saída atrapalhava os planos do catedrático em aumentar seu poder político-acadêmico no interior da USP. Sua principal estratégia era a eleição de Cardoso, por meio de concurso público, para o posto da Cadeira de Sociologia II, vaga por conta da aposentadoria de Azevedo[51]. Além disso, seu autoexílio, logo após o golpe militar e a abertura do IPM, deu margens para críticas de seus desafetos, mas também de aliados e amigos. Ele criou um mal-estar na FFCL-USP, com avaliações negativas de seus colegas[52]. "Não são poucos os que acham que você exagerou. Na carta anterior, minha opinião era de que você estava, pelo menos, seguro e em condições de continuar o seu trabalho",

---

[48] Wagner de M. Romão, *A experiência do Cesit*, cit., p. 84.
[49] Idem.
[50] Ibidem, p. 89.
[51] Para piorar a situação, logo após o exílio de Cardoso, abriu-se o concurso para o posto de catedrático da Cadeira de Sociologia II. A ausência de FHC colocou toda a pressão em Ianni, que não tinha a mesma titulação de Cardoso e teria de concorrer com Ruy Coelho, antigo assistente de Azevedo e mais bem titulado.
[52] Ver *Carta de Florestan Fernandes a Fernando H. Cardoso*, 12 ago. 1964. Acervo Digital da Fundação FHC, São Paulo. Código: 01/0007992.

escreveu Fernandes[53]. Ainda assim, ele se mostrava otimista com um retorno em breve de Cardoso, o que evidencia a aposta de que o governo militar duraria pouco tempo e logo a ordem constitucional e democrática seria restabelecida.

As notícias enviadas por Fernandes e outros colegas sobre a situação da USP, assim como as mesquinharias que se abriram após o golpe, apenas deram mais segurança a Cardoso do acerto de sua decisão de deixar o país:

> Apesar de tudo, não foi por precipitação que saí do Brasil. Antes de tomar essa resolução, para mim muito difícil, consultei muita gente e de todos ouvi que minha situação pessoal parecia perdida: o exército (por informações diretas) queria prender-me e a USP se dispunha a sacrificar-me e a mais "uns poucos" para continuar trabalhando tranquila. Ora, ainda que não levassem até as últimas consequências tudo isso, parecia, e ainda me parece, que os planos do concurso já estavam muito comprometidos. Ainda assim, não fiz outra coisa no primeiro mês que passei no exterior senão tratar de trabalhar, com os escassos recursos de dados que dispunha, na tese. As notícias do mês de maio, inclusive sua primeira carta, não permitiram mais ilusões: nem a licença me concediam. Senti-me, subjetivamente com razão, traído pela USP. Não se dispunham a adiar os concursos, pois tudo corria "normalmente", e não me davam o recurso necessário para eu poder suportar a transição com mínimo de segurança para a família. Fiz das tripas coração e resolvi começar de novo, não pensando, a curto prazo, na Faculdade. E é neste barco que estou agora, sem ser marinheiro de primeira viagem, mas também sem o encanto que as novas aventuras devem ter.
> Não foi pouco, prof. Florestan, o que nós fizemos aí em São Paulo. Do exterior, como já me aconteceu na França, avalio melhor nosso esforço e dele me orgulho. Não é sem tristeza que me afasto dos companheiros daí. Às vezes penso que minha presença poderia ser útil e que, de certa forma, abandonei-os. Mas a realidade é que, nos dias que correm, minha presença aí é objetivamente um estorvo: penso hoje o empenho ingênuo com que me lancei em muitas lutas na USP [...].
> Sigo, por outro lado, com os meus projetos sobre os empreendedores. Espero cumprir os compromissos, nesse campo, que tenho com o Cesit, com a Fundação de Amparo à Pesquisa e com o Centro Latino-Americano. Tardarei um pouco mais apenas, pois até hoje não me foi possível reunir em Santiago todo o material e, por outro lado, tenho sido pressionado para outros trabalhos.[54]

Mas o exílio de Cardoso deixou um vazio na direção do Cesit e impactou os demais membros da equipe, que viam nele a principal liderança do grupo. "Tenho quase certeza de que alguns sofrem os impactos de sua decisão e de sua ida para o Chile como um golpe inesperado e em certo sentido incontrolável", confessou

---

[53] Ver *Carta de Florestan Fernandes a Fernando H. Cardoso*, 8 jun. 1964. Acervo Digital da Fundação FHC, São Paulo. Código: 01/0007993.
[54] Ver *Carta de Fernando H. Cardoso a Florestan Fernandes*, Nova York, 29 jun. 1964 (Timbre da Unicef). Fundo Florestan Fernandes. Acervo Coleções Especiais Ufscar/BCo. Código: 02.09.1018.

Fernandes a Cardoso[55]. Ainda que o catedrático tivesse maior autoridade e fosse quem formava intelectualmente a maioria dos que trabalhavam no centro, Cardoso estava mais próximo em termos geracionais dos demais membros e encarnava o *ethos academicus* da universidade moderna: intelectualmente brilhante e ambicioso, buscava uma teoria sobre a totalidade da sociedade e tinha as habilidades necessárias para transitar na comunidade internacional. Por conta disso, Fernandes, ainda preso à ideia de construir no país um centro de pesquisa de ponta e resistir ao golpe e a suas consequências, defrontava-se, em meados de 1964, com o desânimo do grupo e com a pressão de que seria imperioso, para fazer carreira acadêmica com algum sucesso, partir para o exterior. Ele se mostrava reticente em relação a isso, criticando inclusive a política da Fapesp de encaminhar para outros países os jovens estudantes.

Com o passar dos meses e com maior clareza da situação política instaurada com o golpe militar, Fernandes mostrava-se cada vez mais preocupado com o destino da USP e em particular das ciências sociais. Queixou-se várias vezes das disputas mesquinhas que se abriram entre os mais jovens por um posto universitário. O vazio deixado por Cardoso era grande, mas ficava mais claro para o velho sociólogo que seria muito difícil que seu melhor discípulo retornasse em breve. "Na reitoria, um alto funcionário, que é nosso amigo, disse que você ainda estaria sujeito a uma prisão preventiva"[56], confessou em janeiro de 1965.

Ainda que a situação tenha se tornado difícil para o Cesit e para os acadêmicos da USP, Cardoso, em Santiago do Chile, agora membro do Ilapes e trabalhando com Celso Furtado e outros nomes importantes das ciências sociais latino-americanas, buscou dar continuidade ao projeto intelectual iniciado no centro de pesquisa brasileiro. Sua investigação sobre os empresários industriais passou a receber um incentivo financeiro da Cepal, permitindo-lhe realizar um estudo comparativo entre vários países. Além disso, ele começou a elaborar uma crítica às teses desenvolvimentistas dessa instituição, que logo daria origem ao famoso livro que escreveu com Enzo Faletto, *Dependência e desenvolvimento na América Latina*, publicado em 1967. Tentou também, aproveitando que Santiago era o destino de muitos franceses, entre eles Touraine, articular uma colaboração entre o Cesit e o LSI. Se tudo desse certo, anunciou, "o Cesit receberá alguma verba para fazer pesquisas mais completas sobre as empresas industriais, em colaboração conosco"[57], ou seja, com a Cepal.

---

[55] Ver *Carta de Florestan Fernandes a Fernando Henrique Cardoso*, 11 jul. 1964. Acervo Digital da Fundação FHC, São Paulo. Código: 01/0007994.
[56] Ver *Carta de Florestan Fernandes a Fernando Henrique Cardoso*, 25 jan. 1965. Acervo Digital da Fundação FHC, São Paulo. Código: 01/0007988.
[57] Ver *Carta de Fernando H. Cardoso a Florestan Fernandes*, Santiago, 7 ago. 1964 (timbre do Ilapes). Fundo Florestan Fernandes. Acervo Coleções Especiais Ufscar/BCo. Código: 02.09.1019.

Ainda que a situação pessoal e familiar de Cardoso fosse difícil, como todos que partem para o exílio, sua situação profissional refletia o melhor momento de sua carreira acadêmica. Recebeu muitas propostas para trabalhar nos Estados Unidos, na França e em outros países da América Latina. Braudel, relatou Touraine, escreveu cartas defendendo que a Ephe recebesse Cardoso como *directeur d'études*. Em sua passagem por Santiago, em setembro de 1964, Touraine prometeu que o "ajudaria numa pesquisa que está fazendo na América Latina (coisa que não me custa quase nada) e que escreveria, em Paris, um capítulo sobre os empresários. Tenho, portanto, o compromisso de trabalhar em Hautes Études de novembro de 1966 a abril ou maio de 1967". O brasileiro já se encontrava próximo dos quarenta anos e refletia sobre sua vida acadêmica, não querendo perder seus anos mais produtivos em "lutas honrosas, mas intelectualmente pouco frutíferas"[58].

## O projeto do Laboratoire de Sociologie Industrielle para a América Latina

O projeto do Laboratoire de Sociologie Industrielle (LSI) "Mudança social e movimentos sociais na América Latina"[59] era parte das investigações que compunham o eixo "Desenvolvimento econômico e movimentos sociais na América Latina", conforme Quadro 3.1, exposto no capítulo 3. Articulado em 1964, com Gino Germani, e colocado em prática no ano seguinte, ele foi um pretensioso projeto de cooperação entre pesquisadores de diversos países que buscou realizar uma análise comparativa das escolhas econômicas (tipos de investimento, formas de determinação dos salários, inflação etc.) dos atores sociais no processo de transformação da sociedade – ou, para usar o vocabulário de Touraine, na manifestação do sistema de ação histórico (SAH). O LSI visava, em colaboração com institutos de pesquisa latino-americanos, realizar um "certo número de enquetes sobre a formação das classes operárias, sobre os efeitos das imigrações internas, os movimentos sociais e nacionais, e sobre a formação dos dirigentes da classe econômica"[60].

---

[58] Ver *Carta de Fernando H. Cardoso a Florestan Fernandes*, Santiago, 28 dez. 1964. Fundo Florestan Fernandes. Acervo Coleções Especiais Ufscar/BCo. Código: 02.09.1025.

[59] Esse é o título dado ao projeto no relatório do LSI de 1969. No entanto, ele aparece de diferentes formas nos diversos documentos encontrados. Recebeu o título de "Industrialização e movimentos sociais na América Latina", no relatório do LSI de 1966, e de "Pesquisa sobre as vias sociais de desenvolvimento da América Latina", num documento encontrado nos arquivos da Ehess, provavelmente de 1965 (ver *Recherche sur les voies sociales de l'industrialisation en Amérique Latine* (mimeo), p. 1. Fonds Clemens Heller – Amérique Latine. Arquivos da Ehess, Paris. Código: cpCH33).

[60] Ver "Laboratoire de Sociologie Industrielle". *Rapport sur les activités de l'École Pratique des Hautes Études – VI<sup>e</sup> Section – concernant l'Amérique du Sud*. Fonds Louis Velay: fonds de dossier sur l'Amérique Latine. Années 1960. Arquivos da Ehess, Paris. Código: CP9/72.

Na França, ele contava com o apoio e a cooperação do Institut des Hautes Études d'Amérique Latine (Iheal), criado em 1954, vinculado à Ephe e com aportes financeiros da Délégation Générale à la Recherche Scientifique et Technique. Previamente ao projeto, o LSI e o Iheal se esforçaram, sob a direção de Touraine e de Daniel Pécaut, para criar um Centro de Documentação Social sobre a América Latina com o objetivo de reunir documentos acerca dos problemas sociais da industrialização na região[61]. Os documentos reunidos e os dados das pesquisas seriam compartilhados com as instituições parceiras do LSI na América Latina. Parte dessa cooperação previa o envio de pesquisadores franceses em missões para os países envolvidos[62] e a ida dos coordenadores latino-americanos do projeto a Paris.

O LSI pretendia realizar as investigações na Argentina, no Brasil, no Chile, no Peru, na Colômbia e no México. Isso exigia não apenas uma significativa articulação político-acadêmica, algo possível para os franceses num momento de fortes aportes financeiros advindos de organismos nacionais e internacionais para os temas relativos ao desenvolvimento dos países do Terceiro Mundo, mas sobretudo dependia das condições políticas de cada nação. Os golpes militares, como veremos, foram um dos principais limitadores na articulação dessa enorme pesquisa. Mesmo assim, estiveram envolvidos na elaboração desse projeto os mais importantes centros de estudos sociológicos da América do Sul, ainda que nem todos tenham participado da sua concretização[63].

Segundo um dos relatórios do LSI,

> os estudos que serão realizados na América Latina abordam um aspecto essencial deste programa: como a introdução, nos processos de decisão social, das categorias criadas pela industrialização, em relação tanto aos operários quanto aos dirigentes industriais, determina as políticas econômicas, as vias sociais do desenvolvimento?

---

[61] De 30 de outubro de 1964 a 16 de janeiro de 1965, Pécaut visitou vários países da América do Sul (Argentina, Brasil, Chile, Uruguai, Peru e Colômbia) com o objetivo de reunir a documentação de base, principalmente dados estatísticos, que constituiria o novo centro de documentação. Essa missão também possibilitou que o francês estreitasse suas relações com os latino-americanos, o que foi decisivo para o projeto subsequente e para sua própria carreira acadêmica. O centro contou com a ajuda financeira do CNRS e foi concretizado em setembro de 1966 (ver "Rapport de Mission en Amérique Latine et aux États-Unis". *Activités des instituitions de recherches et d'enseignement à Paris concernant l'Amérique Latine (1963-1965)*. Fonds Clemens Heller – Amérique Latine. Arquivos da Ehess, Paris. Código: cpCH 33).

[62] Tiveram importância na execução desse projeto do LSI, além de Touraine e Pécaut, Karpik, Mottez e Ahtik.

[63] Entre eles, estão o Cesit, da USP; o Centro de Sociologia Comparada do Instituto Torcuato Di Tella e o Instituto de Sociologia da Universidade de Buenos Aires, os dois dirigidos por Gino Germani; o Departamento de Sociologia da Universidade de Buenos Aires, coordenado por Garcia Rena; e a Faculdade de Sociologia de Bogotá, com ajuda de Fals Borda e Rotinof. O Clapcs do Rio de Janeiro, na época sob o comando de Manuel Diegues, chegou a manifestar interesse em participar da pesquisa, mas nada confirma a efetivação dessa parceria. Os documentos pesquisados nos fazem crer que a Fundação Ford também colaborou financeiramente com o projeto.

A formulação mesmo dessa questão mostra que a orientação dessas pesquisas é diferente de muitos trabalhos sociológicos, mais interessados pelas consequências ou pelas condições sociais da industrialização. Em vez de situar primeiro uma sociedade em uma escala de crescimento ou de desenvolvimento e de pesquisar, em seguida, os atributos sociais dessa situação econômica, queremos reconhecer a diversidade de caminhos do desenvolvimento e explicar a maneira pela qual cada sociedade combina os dois elementos fundamentais da industrialização: a submissão do presente ao futuro graças a uma taxa elevada de investimentos; a participação de uma parte crescente da população no controle e na utilização dos instrumentos e dos produtos do trabalho coletivo.[64]

Em carta escrita por Touraine a Florestan Fernandes, a pesquisa é apresentada da seguinte forma:

> O objetivo da pesquisa é considerar as atitudes das novas categorias e o desenvolvimento de seus países. Em função de quais objetivos e por quais meios os trabalhadores desempenham um papel nos processos de decisão que levam ao desenvolvimento econômico e social? Como o tema e a modalidade do nacionalismo e da defesa de classe se entrelaçam? Qual concepção se forma do sindicalismo, da política, do trabalho industrial etc.? Como você pode ver, trata-se menos de um estudo sobre a integração ou a adaptação social que de uma análise da participação e da reivindicação.[65]

Como fica claro nos textos acima, as problematizações que colocavam o grupo de sociólogos em torno de Touraine coincidiam com as refletidas por uma parte da sociologia latino-americana, ou seja, as dificuldades do desenvolvimento econômico na periferia do capital[66]. No entanto, os atores estudados – sejam os operários, sejam os industriais – eram compreendidos tanto como agentes do desenvolvimento quanto como defensores de interesses privados. Porém, o elemento mais concreto desse estudo seria, como afirma o primeiro documento, a investigação sobre a formação da consciência operária, visto que ela permitiria compreender o conjunto dos motivos pelos quais uma categoria profissional se torna um ator político e social, intervindo ativa ou passivamente nas decisões que afetam o desenvolvimento nacional.

As primeiras reuniões das equipes de pesquisa ocorreram ao longo do primeiro semestre de 1965, em encontros realizados em Paris e Buenos Aires, com forte participação de Gino Germani. O LSI assumiu a maior parte dos custos do

---

[64] *Recherche sur les voies sociales de l'industrialisation en Amérique Latine* (mimeo), p. 1. Fonds Clemens Heller – Amérique Latine. Arquivos da Ehess, Paris. Código: cpCH33.
[65] Ver *Carta de Touraine a Florestan Fernandes*, Paris, 17 nov. 1965. Fundo Florestan Fernandes. Acervo Coleções Especiais Ufscar/BCo. Código: 02.09.0125.
[66] O mesmo documento ressalta a importância da realização de estudos sobre os empresários, aspecto que não foi contemplado pelo projeto francês. No entanto, destacam que "felizmente a Cepal levou à frente um importante programa de pesquisa nesse domínio. Os trabalhos de F. H. Cardoso no Brasil e de A. Lipman na Colômbia já demonstram o interesse nesses estudos. F. H. Cardoso deve estender suas pesquisas ao conjunto da América Latina" (ver *Recherche sur les voies sociales de l'industrialisation en Amérique Latine* (mimeo), p. 3).

projeto, pagando as missões, os coordenadores e os pesquisadores[67]. A pesquisa se efetivou com a aplicação de questionários entre os operários – cerca de 800 a 1.000 questionários por país – e a investigação em documentos relativos à atuação sindical, aos movimentos sociais e ao sistema político. As investigações foram realizadas entre novembro de 1965 e agosto de 1966, sem a participação da equipe brasileira, como mostraremos em seguida.

***

O Brasil seria um dos principais países para a aplicação e a efetivação dessa relação político-acadêmica de cooperação. Foi em São Paulo que Friedmann encontrou um grupo de sociólogos próximos a sua concepção de pesquisa e, por conta disso, enviou seu melhor "aluno", Touraine, para ajudar na articulação e na efetivação de um centro de pesquisa do trabalho e da indústria. Portanto, os primeiros anos do Cesit serviram para estreitar os laços pessoais e aprofundar as reflexões em comum em torno de temas como a classe operária, os empresários, a industrialização e o desenvolvimento, entre outros. A pesquisa que se iniciou em 1965 deveria concretizar esse projeto intelectual franco-brasileiro que vinha sendo preparado. No entanto, apesar da insistência e do desejo de Touraine, o Cesit acabou não participando do projeto. As razões para esse desfecho podem ser encontradas nas correspondências entre os intelectuais.

Após a sua defesa de doutorado, em junho de 1965, Touraine realizou uma nova viagem a Santiago do Chile, onde esteve com Fernando Henrique Cardoso, em exílio após o golpe militar no Brasil. Provavelmente, foi nesse encontro que ele se inteirou, pela primeira vez, da situação política no Brasil e das incertezas sobre o futuro do Cesit. Após deixar o Chile, Touraine ainda visitou o Brasil com o objetivo de convencer aqueles que tinham ficado em São Paulo a participarem da pesquisa do LSI. Fernandes, que então assumira a direção política do Cesit na ausência de Cardoso, estava no exterior. Restou, portanto, ao sociólogo francês, conversar pela primeira vez com Luiz Pereira e Leôncio Martins Rodrigues[68].

Com Fernandes ausente durante sua passagem pelo Brasil, Touraine tentou convencê-lo por meio de cartas. Numa delas, mostrou-se preocupado com a

---

[67] O orçamento francês era destinado a pagar os custos com a produção e a aplicação dos questionários, assim como do pessoal envolvido. As despesas foram assim apresentadas num dos documentos encontrados: 25 mil dólares para o salário do chefe de trabalho e 20 mil dólares para os custos das entrevistas, perfazendo 45 mil dólares (ver *Budget Amérique Latine de la VI<sup>e</sup> Section de l'Ephe (1963-1964)*. Fonds Clemens Heller – Amérique Latine. Arquivos da Ehess, Paris. Código: cpCH33). Também estava previsto no orçamento do LSI o financiamento de intercâmbios e estágios de pesquisadores e professores latino-americanos em Paris. Esse foi o caso de Cardoso, que teve uma verba disponível para sua estadia na Ephe como diretor de estudos associado no ano acadêmico de 1966-1967, o que só aconteceria dois anos depois.

[68] Ver *Carta de Touraine a Florestan Fernandes*, Paris, 17 nov. 1965. Fundo Florestan Fernandes. Acervo Coleções Especiais Ufscar/BCo. Código: 02.09.0125.

situação política em nosso país: "Em primeiro lugar, é possível realizar uma pesquisa por meio de entrevista neste momento?", indagou. Em seguida, caso fosse de interesse do Cesit, apresentava as condições para a efetivação do projeto no estado de São Paulo, ou seja, a aplicação de questionários entre 900 e 1.000 operários e a pesquisa documental, como já descrevemos anteriormente[69].

No entanto, as dificuldades políticas não eram os únicos empecilhos para a efetivação desse projeto internacional. Do ponto de vista intelectual, a pesquisa do LSI coincidia com as aspirações e reflexões que vinham sendo feitas pelo grupo do Cesit. Numa carta a Fernandes, Cardoso, em viagem ao México, informa que havia avançado em seus estudos sobre o empresariado. Como pesquisador do Ilapes, órgão vinculado à Cepal, encaminhava também uma pesquisa sobre a classe operária da Argentina e do Chile. "Além disso, o Leôncio deve ir a Santiago agora em janeiro para ajustar uma colaboração nova com o Cesit, sobre o mesmo tema. Por outro lado, o Weffort preparou um trabalho sobre 'desenvolvimento social e classes populares'", escreveu Cardoso[70].

Nesse momento pós-golpe militar, tanto a Cepal quanto o clima intelectual cosmopolita instaurado em Santiago apareciam para os jovens membros do Cesit como meios oportunos para dar continuidade em suas carreiras acadêmicas e intelectuais. Cardoso, principal articulador do Cesit, encontrava-se agora envolvido com um projeto de enorme envergadura internacional, compondo uma equipe dirigida por José Medina Echevarría, num cargo de bastante prestígio. Apesar de Echevarría formalmente ser o supervisor de Cardoso, na prática, ele havia entregue ao brasileiro a direção de todas as investigações[71].

Essa ansiedade e preocupação com o futuro de suas carreiras pode ser observada na carta que Rodrigues enviou a Fernandes em Santiago do Chile, em 14 de janeiro de 1966:

> Touraine passou por SP e propôs-me a direção (para o Brasil) de uma pesquisa que pretende realizar na América Latina. O assunto, em princípio, me interessou porque está na área de minhas preocupações [...] No entanto, a verba que Touraine dispõe parece-me pequena para o tamanho do projeto, de modo que estou inclinado a não aceitar. Como a coisa parece ainda meio "verde", pretendo ir ganhando tempo. Em começos de março, quando voltar ao Brasil, discutirei o assunto com o senhor para tomar uma decisão definitiva.[72]

---

[69] Ver *Carta de Touraine a Florestan Fernandes*. Paris, 22 dez. 1965. Fundo Florestan Fernandes. Acervo Coleções Especiais Ufscar/BCo. Código: 02.09.0144.
[70] Ver *Carta de Cardoso a Florestan Fernandes*. México, 1º jan. 1966. Fundo Florestan Fernandes. Acervo Coleções Especiais Ufscar/BCo. Código: 02.09.1010.
[71] A equipe era composta, segundo Cardoso, de jovens pesquisadores (um chileno, um uruguaio, um argentino, um guatemalteco, um mexicano e dois brasileiros – ele e Weffort). O posto que ocupava na Cepal era o mais alto na carreira profissional da ONU, com remuneração de 1,2 mil dólares mensais, livres de impostos, mais um adicional para a educação dos filhos.
[72] Ver *Carta de Rodrigues a Florestan Fernandes*, 14 jan. 1966. Fundo Florestan Fernandes. Acervo Coleções Especiais Ufscar/BCo. Código: 02.09.0337.

De fato, entre todos os membros do Cesit, Rodrigues era o que melhor havia desenvolvido uma pesquisa sobre a consciência e as atitudes operárias, tema de sua tese de doutorado ainda não defendida até aquele momento. Como na Cepal se oferecia a oportunidade de continuar suas investigações em pesquisa semelhante a que fora feita no Cesit, preferia seguir os passos de Weffort e ir "ganhando tempo" com Touraine. No entanto, diferentemente da impressão de Rodrigues, a pesquisa do LSI estava bem madura e sendo realizada em outros países. Com a possibilidade de uma verba complementar para a pesquisa no Brasil, Touraine tentou ganhar para o projeto Luiz Pereira, na época diretor do Cesit. Para isso, escreveu cartas a ele e novamente a Fernandes, que concordou que Pereira era um pesquisador perfeitamente qualificado para participar do projeto. No entanto, talvez devido ao valor oferecido para o trabalho[73], Pereira também acabou recusando a oferta.

Em carta, Fernandes parece ter argumentado que Pereira estava atribulado demais com outras tarefas, entre elas a direção do centro, para assumir a coordenação da pesquisa do LSI no Brasil. Em resposta, Touraine reconheceu que o "desenvolvimento intelectual de bons pesquisadores pode ser ameaçado pelo peso dos trabalhos coletivos e das responsabilidades de todas as ordens", e complementou: "Acredito que o mais sábio é esperar. Meu desejo de participar de pesquisas no Brasil segue vivo, mas sempre busco associar de uma maneira igual pesquisadores de meu grupo com pesquisadores de instituições nacionais"[74]. A questão seria retomada em conversa pessoal numa viagem que Touraine faria ao Brasil em seguida, mas, por conta de vários adiamentos e do endurecimento da ditadura, nunca ocorreu, impossibilitando a continuidade da relação entre o LSI e o Cesit, sonhada no início dos anos 1960.

---

[73] Touraine propôs de imediato o pagamento de 1.200 dólares a Pereira pela colaboração no projeto, mais outra soma um pouco acima desta para o trabalho de campo (ver *Carta de Touraine a Luiz Pereira*, 20 jul. 1966. Fundo Florestan Fernandes. Acervo Coleções Especiais Ufscar/BCo. Código: 02.09.0143).

[74] Ver *Carta de Touraine a Florestan Fernandes*, 23 ago. 1966. Fundo Florestan Fernandes. Acervo Coleções Especiais Ufscar/BCo. Código: 02.09.0142.

# 9
# Uma análise crítica da sociologia uspiana do trabalho

Seria razoável pensar que, diante da precariedade das instituições acadêmicas da periferia do mundo capitalista, a maioria das pesquisas e das teses elaboradas deriva de influências diretas das produções realizadas nos países centrais. "Muitas vezes, a adoção desses assuntos, por parte de sociólogos da América Latina, está relacionada aos recursos financeiros e institucionais, bem como aos mecanismos de aquisição de prestígio acadêmico nos países dependentes."[1] Nessa perspectiva interpretativa, tem-se mais uma assimilação que a produção de teorias originais. No entanto, se é verdade que muitas das teorias produzidas na América Latina foram reproduções ou adaptações das teses desenvolvidas por autores ou grupos localizados nos grandes centros de prestígio internacional, em particular dos Estados Unidos e da Europa, também é verdade que muito de nossa produção foi fruto de demandas autóctones e de criações originais. Isso não elimina o fato de que as fontes de financiamento foram fatores decisivos de influência sobre as temáticas e as metodologias escolhidas pelos autores do sul, em particular na década de 1950, quando ainda estava se constituindo uma rede de agências de fomento às pesquisas.

Uma leitura mais atenta e comparativa das obras produzidas nos anos 1950 e 1960, assim como a análise da ampla documentação encontrada nos arquivos, permite afirmar que havia um caminho de mão dupla, ainda que este fosse mais volumoso do centro para a periferia. Seria mais precisa a formulação de Bastos[2] quando afirma que os sociólogos da "escola paulista" tomaram para si a construção

---

[1] Octavio Ianni, *Sociologia da sociologia latino-americana* (2. ed., Rio de Janeiro, Civilização Brasileira, 1976), p. 46.
[2] Elide Rugai Bastos, "Pensamento social da escola sociológica paulista", em Sergio Miceli, *O que ler na ciência social brasileira*, t. 4 (São Paulo/Brasília, Anpocs/Sumaré/Capes, 2002).

de uma interpretação original das particularidades da formação da sociedade brasileira e latino-americana, pois, ainda que tivessem incorporado as teorias e os métodos produzidos nos países centrais, usaram tais recursos para, exatamente, confrontá-los com a realidade concreta. Não se tratava, portanto, de uma assimilação, mas de uma verificação, de uma comprovação e, em poucos casos, de uma superação da teoria dominante.

Nesse sentido, a autora conclui que "a partir da periferia percebe-se melhor o movimento da sociedade, possibilitando a verificação dos princípios que a estruturam"[3]. Porém, essa constatação não serve apenas para explicar a dinâmica da "escola paulista" de sociologia ou a relação de produção-assimilação do centro para a periferia. O próprio Alain Touraine, ao viajar em missão científica para o Chile em 1956, por indicação de Friedmann, confrontou sua concepção de modernidade e de modernização, assim como a de sujeito histórico que vinha elaborando desde que apresentara seu projeto de doutorado, em 1953, com a complexa realidade latino-americana encontrada nos microcosmos das cidades de Huachipato e Lota. Como desenvolvido no capítulo 6, o contato desse autor com a sociologia latino-americana, em particular sua maneira de pontuar o processo de modernização, repercutiram na sua teoria sociológica geral defendida em 1964, a *sociologie de l'action*.

Ao fazermos o exercício da análise comparativa entre duas tradições que mantiveram um intenso diálogo ao longo de décadas, no caso, as "escolas" francesa e brasileira, fica claro que a perspectiva dualista de análise da realidade não era uma exclusividade latino-americana. Na verdade, era uma perspectiva que coincidia com a visão de mundo predominante nas décadas posteriores ao fim da Segunda Guerra Mundial, quando o ideário de modernização focava no desenvolvimento econômico, quase linear, sem grandes rupturas na ordem social. Essa perspectiva espelhava, portanto, o contexto social de produção intelectual do período marcado por um Estado interventor e planejador, sendo que a superação do atraso estaria na introdução de efeitos modernizadores na parte "arcaica" (como na organização das empresas, na mentalidade dos empresários ou na consciência dos operários) para que houvesse um efeito em todo o sistema[4].

Porém, o dualismo, como perspectiva analítica, ganhou relevância na América Latina com a chegada de prestigiosas e ricas instituições, como a ONU, a Unesco e a Cepal. A maior institucionalização das ciências sociais e a constituição de uma

---

[3] Ibidem, p. 189.
[4] A principal instituição responsável pela difusão dessa visão dualista era a Cepal, vinculada à ONU. Ela elaborou a ideia de que era necessário pensar o "desenvolvimento para dentro" (e não "para fora"), influenciando as políticas desenvolvimentistas dos governos do Brasil, México, Colômbia, Chile, Argentina e outros países; Octavio Ianni, *Sociologia da sociologia latino-americana*, cit. Ver também Francisco de Oliveira, *Crítica à razão dualista: o ornitorrinco* (São Paulo, Boitempo, 2003).

comunidade acadêmica internacional amplificou essa influência. O dualismo foi, portanto, intensamente adotado pela sociologia da região, sendo questionado e superado apenas no final dos anos 1960, após o projeto modernizador do pós-guerra ter fracassado tanto na periferia, com os golpes militares, quanto no centro do capital, com as contestações de maio-junho de 1968 e a crise estrutural do capitalismo aberta em 1973.

No entanto, mesmo que a perspectiva dualista tenha sido a expressão analítico-metodológica do ideário modernizador das décadas de 1950 e 1960, não podemos simplificar as produções teóricas produzidas sob sua influência como sendo um todo homogêneo. Havia uma enorme diferença entre o "dualismo" da sociologia uspiana e o de Jacques Lambert, sendo que aquela continha uma maior tensão em suas categorias explicativas, que impossibilitava reduzir o universo estudado a dois polos opostos, o de dois *Brasis* que conviviam em separado no mesmo espaço. A complexa realidade brasileira envolvia tanto o operário industrial com mentalidade rural quanto o meio tradicional, sendo afetado pela introdução das modernas formas de produção fabril.

A dialética contida no desenvolvimento desigual e combinado das sociedades, em particular as periféricas, mas não apenas, fez com que as temáticas das pesquisas dos anos 1950, em todos os polos de produção sociológica do Brasil, principalmente no Rio de Janeiro e em São Paulo, contivessem a marca da ideia de "transição". Seria a transição do arcaico para o moderno, de uma sociedade agrária e rural para a urbana e industrial, de autoritária para democrática liberal, de fechada para aberta etc. No entanto, no caso das pesquisas desenvolvidas sob direção de Florestan Fernandes, desde os estudos sobre a questão racial no Brasil tinha destaque a emergência do povo na história, determinante fundamental para o impulso do processo modernizador do país[5].

Segundo Bastos, o livro *A integração do negro na sociedade de classe* não se limita a uma análise da questão racial. "Indo além do debate sobre raça, o negro, no livro em pauta, ilustra a forma 'como o povo emerge na história'."[6] Ou seja,

> ao ocupar um posto desprivilegiado na sociedade, resultado das desvantagens históricas constituídas pela escravidão, torna-se objeto fundamental para analisar a inserção do povo na sociedade brasileira, marcada pela ambiguidade. Indica que o negro, não excluído totalmente, mas sem condições de incluir-se de modo pleno na sociedade, figura um processo a que está condenada grande parte da população brasileira. Seu lugar na periferia do sistema denuncia os limites de uma verdadeira participação democrática do conjunto dos agentes sociais. Ao indagar sobre as possibilidades e condições de o negro tornar-se um agente histórico, o autor não visa analisar o voluntarismo presente

---

[5] Esse estudo, do qual participaram Fernando Henrique Cardoso e Octavio Ianni, foi fundamental na formação intelectual dos membros da Cadeira de Sociologia I da FFCL-USP e para as pretensões de uma sociologia aplicada preconizada por Fernandes ao longo da década de 1950.
[6] Elide Rugai Bastos, "Pensamento social da escola sociológica paulista", cit., p. 191.

nos grupos ou movimentos sociais, e sim analisar os limites de constituição dos sujeitos sociais políticos numa sociedade com heranças fortemente autocráticas.[7]

Com preocupações semelhantes às da sociologia francesa, a sociologia uspiana construiu um discurso de modernização, entendido como sinônimo de avanço para a emancipação humana, em contraposição ao passado, ao arcaico, ao atrasado etc.[8]. No entanto, buscava-se encontrar os sujeitos sociais da transformação ou da modernização que pudessem romper com a estrutura rígida da sociedade brasileira, estabelecendo um novo relacionamento social fundado em direitos.

Neste capítulo, apesar do destaque que damos a alguns autores, não será nossa intenção empreender uma análise aprofundada da obra de cada um deles. Essa é uma tarefa que demanda trabalhos futuros, buscando articular o pensamento de cada autor ao conjunto das reflexões da sociologia uspiana do trabalho. Nosso objetivo, portanto, é compreender a tradição sociológica formada por esse grupo de autores no decorrer das décadas de 1950 e 1960. Como pretendemos demonstrar, apesar de terem assumido postos em diferentes institutos e faculdades da USP, os diálogos intelectuais e as relações político-acadêmicas que mantiveram acabaram se tornando fundamentais para a consolidação dessa nova disciplina no Brasil, a sociologia do trabalho.

## O projeto de sociologia aplicada de Florestan Fernandes

Após a partida de Bastide, em 1954, Fernandes assumiu a direção da Cadeira de Sociologia I da FFCL-USP e buscou consolidar, por meio de pesquisas e reflexões que realizou ao longo da década de 1950, uma sociologia aplicada. O espaço privilegiado para essas discussões foram seus cursos de "Sociologia Aplicada", que serviram de formação e experimentação para as futuras gerações. A adoção de um método empírico de pesquisa consolidaria a chamada sociologia científica com o objetivo de produzir conhecimento capaz de intervir no processo histórico de transformação.

Segundo Fernandes, em texto publicado em 1958[9], o desmembramento da antiga ordem social brasileira – rural, escravocrata, senhorial, tradicional etc. – permitiu o surgimento e o desenvolvimento da sociedade moderna – ou seja, urbana e industrial – e, consequentemente, a proliferação, pela primeira vez, do pensamento e da ação racional. A cidade de São Paulo, por representar o centro

---

[7] Ibidem, p. 191-2.
[8] Idem.
[9] Trata-se de "Ciência e sociedade na evolução social do Brasil", publicado originalmente pela *Revista Brasiliense*, n. 6, jul.-ago. 1956, e republicado em Florestan Fernandes, *A sociologia no Brasil: contribuição para o estudo de sua formação e desenvolvimento* (Petrópolis, Vozes, 1977).

dinâmico da industrialização no Brasil, teria sido a primeira a desenvolver essa nova mentalidade. Entretanto, a evolução desse pensamento racional não teria eliminado a influência do irracionalismo na vida cotidiana dos indivíduos.

> A magia de origem folclórica continua a existir e a ser praticada, crenças religiosas ou mágico-religiosas, que apelam para o misticismo ou para valores exóticos, encontram campo propício para desenvolvimento graças às inseguranças subjetivas, desencadeadas pelas incertezas morais e ficções sociais do mundo urbano.[10]

Portanto, estaria nas novas instituições, desenvolvidas no contexto das políticas modernizadoras dos anos 1950 e 1960, o lugar privilegiado de aplicação das novas técnicas racionais de intervenção nos problemas das cidades, que receberiam a ajuda dos planejadores e do conhecimento produzido na universidade pública. Essa concepção refletia os argumentos que Fernandes desenvolvia na Cadeira de Sociologia I, claramente influenciados pela teoria de Karl Mannheim e, sobretudo, pela Escola de Chicago[11].

Em conferência proferida na Escola de Sociologia e Política de São Paulo, em outubro de 1955, Fernandes assim definiu os níveis de utilização plena da pesquisa sociológica:

> [...] em face do alcance desse desenvolvimento, a sociologia poderá ter certa importância tanto prática quanto educativa. Existem três níveis que poderão refletir de modo mais intenso tais efeitos: a) esfera da concepção racional do mundo; b) esfera da integração da teoria científica (inclusive: relações de teoria e aplicação; síntese dos resultados de investigação etc.); *c) esfera da intervenção prática, orientada racionalmente (ligações da sociologia aplicada e da pesquisa sociológica com o comportamento humano, com a solução racional dos problemas e tensões sociais e com o planejamento experimental)*. Só nessas condições se poderia falar na existência de condições para organizar a pesquisa sociológica em escala adequada, tendo em vista as necessidades teóricas e práticas que podem justificar o recurso a essa modalidade científica da pesquisa fundamental.[12]

Se na França o desenvolvimento da sociologia moderna se deu sob a tensão entre a concretização de um projeto político-acadêmico e a necessidade de responder criticamente às transformações produzidas pelo mundo industrial taylorista-

---

[10] Florestan Fernandes, *A sociologia no Brasil,* cit., p. 22.
[11] Wagner de M. Romão, *Sociologia e política acadêmica nos anos 1960: a experiência do Cesit* (São Paulo, Humanitas, 2006). Segundo Cardoso, ao longo da década de 1950, o que Florestan almejava "era reproduzir a Escola de Chicago, tomando a cidade [de São Paulo] enquanto um grande laboratório" (ver Fernando Henrique Cardoso, entrevista concedida ao autor em 6 dez. 2017). Sobre a influência de Mannheim, o principal livro desse autor que aparecia nas leituras dos cursos ministrados pela Cadeira de Sociologia I era *Ideologia e utopia* (1929).
[12] Intitulada "A função da pesquisa sociológica no mundo moderno", a conferência foi organizada pela entidade de estudantes dessa faculdade, entre 20 e 27 de outubro de 1955 (ver referência 02.06.7966, *Fundo Florestan Fernandes, Acervo Coleções Especiais Ufscar/BCo,* São Carlos, grifos nossos).

-fordista, no Brasil ela se deparou com as dificuldades de efetivação do projeto nacional-desenvolvimentista, a implementação do fordismo periférico, a "revolução democrática" e a superação dos elementos arcaicos da sociedade.

Por exemplo, ao longo da segunda metade da década de 1950, Fernandes e seus assistentes se engajaram na Campanha em Defesa da Escola Pública, criando, segundo Romão, uma oportunidade de colocar em prática suas ideias de "cientista social militante"[13]. O movimento mobilizou vários setores da sociedade e, provavelmente, tinha em suas fileiras Azevedo e os membros do CBPE. Reuniões, conferências, manifestos públicos e artigos em jornais divulgavam a campanha e permitiam aos intelectuais se colocarem como figuras públicas.

Do ponto de vista da reflexão teórica,

> em busca de um esquema conceitual que explicasse as dificuldades do desenvolvimento do país, Florestan inspira-se no pensamento de Karl Mannheim. Colocados os termos das questões no nível de atitudes sociopáticas fundadas em sentimentos egoísticos, a busca passa a ser pelo entendimento da mentalidade e da formação do pensamento daqueles que potencialmente seriam os agentes sociais da mudança.[14]

Fernandes e seus assistentes da Cadeira de Sociologia I viveram permanentemente sob as tensões e as contradições dessa sociologia aplicada. Se sua possibilidade era resultado do próprio processo de industrialização e desenvolvimento pelo qual passava o Brasil e, em particular, São Paulo, suas contradições emergiam da consolidação de uma estrutura de classes mais complexa. Ainda que o pensamento científico e sociológico tenha adquirido determinada autonomia no pensar, seu desenvolvimento e financiamento dependia de instituições sustentadas pela sociedade burguesa. *A posteriori*, Fernandes reflete sobre esse período:

> Postos diante das expectativas conservadoras dos "donos do poder", eu e meus companheiros de geração não procuramos nos incorporar às elites culturais do país: apegamo-nos a um radicalismo científico, que servisse, ao mesmo tempo, como um escudo protetor e um recurso de autoafirmação. Portanto, não cerramos fileiras com o "liberalismo esclarecido", que via, na criação da Faculdade de Filosofia, Ciências e Letras ou da Escola Livre de Sociologia e Política, um mecanismo de renovação do poder dos estratos dirigentes das classes dominantes, empenhados na defesa da hegemonia paulista. Procuramos legitimar uma área própria de autonomia intelectual e o fizemos em nome da "ciência" e da "solução racional" dos problemas sociais.[15]

---

[13] "Florestan foi um dos principais ativistas da Campanha. Entre fevereiro de 1960 e outubro de 1961, participou de mais ou menos 50 conferências dedicadas à análise crítica do projeto de Diretrizes e Bases da Educação em tramitação no Congresso Nacional e à discussão de temas gerais sobre educação, frequentando inclusive canais de televisão"; Wagner de M. Romão, *Sociologia e política acadêmica nos anos 1960*, cit., p. 38-9.
[14] Ibidem, p. 47-8.
[15] Florestan Fernandes, *A sociologia no Brasil,* cit. 14.

Fernandes estava ciente das contradições do projeto que defendeu ao longo dos anos 1950 e 1960. Em outro texto, reconhece que separou política e ciência, vocação socialista e *métier* de sociólogo, como se fossem extremos irreconciliáveis naqueles tempos. "Todavia, isso era algo que transcendia as possibilidades de uma 'sociologia científica' que era aceita, pelos donos do poder, em termos de um sociologismo positivista mal compreendido."[16] Ainda assim, manteve-se convicto, ao olhar para trás, de que sua sociologia era radical, pois se defrontava com uma sociedade opressiva e repressiva como a brasileira. A batalha de Fernandes e de seu grupo acontecia por dentro das estruturas de poder, erigidas, mantidas e dinamizadas para destruir o pensamento crítico. Como buscaremos demonstrar, a superação do arcaísmo e a introdução da modernidade eram as tarefas prementes para essa geração de sociólogos da USP, terreno preparatório para a superação da dependência e, talvez, para a possibilidade de surgimento de uma sociedade socialista.

## Trabalho, classe e industrialização no Brasil arcaico

### Mario Wagner Vieira da Cunha e a burocratização da indústria

Mario Wagner Vieira da Cunha é uma daquelas figuras que, na história das ciências sociais brasileiras, ficaria nas sombras ou em segundo plano, já que sua contribuição intelectual foi menor. Ele mesmo vê seu percurso acadêmico como uma história de fracassos e frustrações, pois, devido a certas circunstâncias, nunca pôde amadurecer nada daquilo que começou[17]. Ele é o mais próximo do que poderíamos chamar de um acadêmico que cumpriu o papel de técnico. No entanto, é impossível pensar o desenvolvimento dos estudos sobre a indústria e o trabalho na USP sem sua influência no início das carreiras de alguns jovens acadêmicos, em particular Juarez Brandão Lopes e Fernando Henrique Cardoso. Além disso, Vieira da Cunha foi um dos primeiros, senão o primeiro, a introduzir na USP as reflexões da Escola das Relações Humanas, de Elton Mayo, da sociologia industrial estadunidense e dos autores da sociologia do trabalho francesa[18].

---

[16] Ibidem, p. 140.
[17] Fernando Antonio Pinheiro Filho e Sergio Miceli, "Entrevista com Mário Wagner Vieira da Cunha", *Tempo Social*, v. 20, n. 2, 2008.
[18] Os principais trabalhos publicados por Vieira da Cunha, listados por ele em seu Dossiê de Carreira na USP, hoje de difícil acesso, foram *Social Rhythm in the Light of Functionalist Theories* (mestrado, Chicago, Universidade de Chicago, 1943), *Povoamento e classes sociais rurais do município de Cunha, no Estado de SP* (1939), *Os problemas humanos na indústria e a sobrevivência das indústrias criadas no período de guerra* (s/d), "Descrição da festa de Bom Jesus de Pirapora" (na revista *Arquivo Municipal*, 1937), *Social Research in Brazil* (coautoria com Donald Pierson,

Nascido em 1912, Vieira da Cunha formou-se em ciências jurídicas e sociais pela Faculdade de Direito da USP em 1936. Dois anos depois, obteve o diploma de licenciatura em Ciências Sociais da FFCL-USP e se tornou assistente da Cadeira de Sociologia I, sob a direção de Lévi-Strauss. Logo em seguida, conseguiu um afastamento, de 1941 a 1944, para realizar seu *master of arts* em antropologia na Universidade de Chicago, com uma bolsa da Fundação Rockefeller[19]. Quando retornou ao Brasil, trabalhou como professor de sociologia na ELSP, onde manteve boas relações com Donald Pierson, e encontrou um posto como técnico de administração no recém-criado Instituto de Administração da FEA-USP[20], onde se tornou, poucos anos depois, professor catedrático.

Quando retornou ao Brasil, logo após o termino da Segunda Guerra Mundial, foi convidado pelo diretor do Senai, o engenheiro Roberto Mange, a ministrar um curso de relações humanas, como parte da estratégia de Simonsen, presidente da Fiesp, de utilizar os intelectuais a serviço dos empresários da industrialização. Segundo o autor,

> o meu curso, de certo modo, teve repercussão no Brasil, naquela época. Eu fiz as apostilas, que foram multiplicadas, não se fez um livro, era na mesma linha do Simonsen. Quer dizer, eu estava sendo enquadrado. Com o Simonsen mesmo eu não conversei, mas havia a preocupação de trazer todo aquele clima de relações industriais, que estava se desenvolvendo nesse momento.[21]

Ao longo dos anos 1950, Vieira da Cunha passou a contribuir como "assessor" para organismos vinculados à ONU e outros organismos e associações. Foi ele quem escreveu, por indicação de Fernando de Azevedo, o relatório sobre a situação do ensino e da pesquisa em ciências sociais no Brasil para a conferência organizada pela Unesco em 1956, no Rio de Janeiro, marcando presença nos eventos que criaram a Flacso e o Clapcs, mas se abstendo da polêmica sobre o local da sede do último[22]. Foi também nomeado vice-presidente da SBS quando ela foi reorganizada em 1950[23]. No início dos anos 1960, afastou-se de suas funções na universidade para ser consultor da ONU na construção de institutos de

---

1946), *Burocratização das empresas industriais* (1951) e *O sistema administrativo brasileiro 1930--1950* (1963) (ver 47.1.9934.1.2 – RHI 50-01. "Dossiê de carreira de Mário W. Vieira da Cunha". Arquivo Geral da USP).

[19] Em Chicago, Vieira da Cunha trabalhou com Lloyd Warner, considerado na época o "papa" do movimento empresarial junto aos sindicatos.

[20] Vieira da Cunha foi nomeado, inicialmente, como técnico de administração, passando no ano seguinte para professor, posto que conservou até 1964, quando se aposentou pela USP (ver Ref. 47.1.9934.1.2 – RHI 50-01. Arquivos Gerais da USP).

[21] Fernando Antonio Pinheiro Filho e Sergio Miceli, "Entrevista com Mário Wagner Vieira da Cunha", cit.

[22] Lembremos que Vieira da Cunha foi vice-presidente da Sociedade Brasileira de Sociologia no decorrer dos anos 1950, ao lado de Azevedo, que foi seu presidente.

[23] Ver Ata de fundação da SBS.

administração pública na Colômbia, Venezuela e Somália[24]. Aposentou-se como professor da USP em 1964.

A mais importante contribuição desse autor para a sociologia uspiana do trabalho foi sua monografia *A burocratização das empresas industriais*, apresentada para o concurso da cátedra de ciência da administração e estrutura das organizações sociais da FEA-USP, em 1951. Sua relevância é menos pela originalidade do estudo que pelas novidades nos referenciais teóricos e metodológicos. Seu objetivo era estudar a burocratização da gestão industrial, tomando como base os esquemas analíticos da Escola de Mayo e alguns aspectos da teoria de Max Weber.

> Quando fui fazer a tese para professor catedrático, eu queria estudar uma indústria em que essas transformações estivessem acontecendo; a isso eu chamava de "burocratização", passagem de um regime de administração baseado em certo paternalismo para um regime distinto, aquele pregado pela ciência norte-americana de administração. Eu vasculhei e achei até que eu devia ir para a Votorantim, mas não houve jeito de eu conseguir uma penetração. Acabei indo para o Instituto Pinheiros. O Paulo Ayres[25] era diretor e me abriu as portas.[26]

A pesquisa foi realizada na divisão de produção dessa fábrica farmacêutica que, na época, contava com 352 funcionários, sendo 75% do sexo feminino e 62% menores de idade (entre 13 e 17 anos). De julho de 1949 a junho de 1951, lançou mão da observação participante, investigando o processo de trabalho e entrevistando, de maneira informal, particular e confidencial 144 trabalhadores (114 do sexo feminino e 30 do masculino). A receptividade de Paulo Ayres Filho, um liberal que se tornaria figura importante na política entre os empresários, permitiu a Vieira da Cunha executar seu trabalho sem grandes empecilhos. "Eu pude não só passar lá muitas horas, mas mandar mesmo uma funcionária minha, para ficar como empregada dele durante quase um ano; e aí recolhi um material

---

[24] Na Colômbia (1960-1961), ajudou na criação de uma Escola Superior de Administração Pública em Bogotá, que contou com a colaboração de 11 professores estrangeiros pagos pela ONU, pela Fundação Ford e pelo governo francês. No biênio seguinte (1962-1963), ajudou na implementação de uma instituição semelhante na Venezuela (ver 47.1.9934.1.2 – RHI 50-01. "Dossiê de carreira de Mário W. Vieira da Cunha". Arquivo Geral da USP).

[25] Paulo Ayres Filho (1918-2010) era proprietário do Instituto Farmacêutico Pinheiros Produtos Terapêuticos S.A. e foi uma espécie de "intelectual orgânico" de uma burguesia reacionária. No início dos anos 1960, fundou o Instituto de Pesquisa e Estudos Sociais (Ipes), que difundiu um pensamento liberal-reacionário e anticomunista, financiado pelo governo estadunidense e empresas do setor farmacêutico, e atuou em oposição ao governo de Goulart, tendo apoiado o golpe militar de 1964; Elaine de A. Bortone, "A participação do Instituto de Pesquisas e Estudos Sociais (Ipes) na construção da reforma administrativa na ditadura civil-militar (1964-1968)" (dissertação de mestrado, Niterói, Universidade Federal Fluminense, 2013).

[26] Fernando Antonio Pinheiro Filho e Sergio Miceli, "Entrevista com Mário Wagner Vieira da Cunha", cit.

riquíssimo. E tanto ele sabia que era riquíssimo que depois começou a fechar o tempo, para que eu não publicasse a tese."[27]

A monografia de Vieira da Cunha compreende a fábrica como uma organização social composta de duas maneiras de organização coexistentes, a formal e a informal. Sua análise se concentrou na primeira, tomando de Weber a ideia de que a administração era um tipo de organização da autoridade. No entanto, buscando superar o que considerava uma debilidade do sociólogo alemão, por ter negligenciado as microrrelações sociais em seu método histórico-cultural, o autor estudou o sistema burocrático de administração da divisão de produção da fábrica farmacêutica de modo a conhecer as condições necessárias de sua estruturação e funcionamento. Para isso, trouxe para seu objeto as contribuições feitas pela sociologia industrial estadunidense e francesa[28], conciliando a análise da fábrica como um sistema fechado com a perspectiva de sua inserção numa totalidade histórica.

No Instituto Pinheiros, conforme o autor, era possível verificar a existência de um método arcaico e paternalista, comum nas empresas brasileiras no início da década de 1950. O objetivo da pesquisa era, portanto, contribuir para um novo pensamento prático no campo da administração das fábricas, consolidando uma ordem fundada na autoridade racional-legal. Como professor catedrático na FEA-USP, Vieira da Cunha combatia um pensamento tradicional que desconsiderava a importância das relações humanas[29], questão básica para uma melhor implementação do regime taylorista-fordista.

Três foram as contribuições de *A burocratização das empresas industriais* para o desenvolvimento da futura sociologia uspiana do trabalho: a primeira, a introdução do método empírico e da observação de campo nos estudos sobre o novo mundo industrial que se iniciava no país; a segunda, o referencial teórico da sociologia industrial estadunidense e francesa, novidades naquele momento no interior das ciências sociais; e, por fim, a utilização de Max Weber para os estudos sobre burocracia em contextos empresariais e de emprego[30].

---

[27] Idem.
[28] Vieira da Cunha considerava que a sociologia industrial sofria dos males do "utopismo", o que a impedia de avançar em contribuições para a ciência da administração. Em seu livro, cita Friedmann (1946) e Touraine (1949) como "as principais contribuições europeias recentes"; Mario Wagner Vieira da Cunha, "A burocratização das empresas industriais (estudo monográfico)" (tese de cátedra, Universidade de São Paulo, 1951).
[29] Conforme afirmou Vieira da Cunha em entrevista, "muitas vezes, no Instituto de Administração, fiz seminário para o pessoal da indústria, e o pessoal de administração de pessoal não entendia nada, nunca tinha ouvido falar de certas coisas, de modo que precisava começar a arejar aquilo. Então, a tese coloca isso e procura mostrar o que é a organização paternalista, que eles desenvolviam naquela época, e como já havia indícios de modificação"; Fernando Antonio Pinheiro Filho e Sergio Miceli, "Entrevista com Mário Wagner Vieira da Cunha", cit.
[30] O primeiro contato de Vieira da Cunha com Weber se deu no México, quando voltava de sua passagem pelos Estados Unidos, ainda nos anos 1940. Foi naquela ocasião que encontrou

## Brandão Lopes e a resistência do mundo tradicional

Entre os autores da sociologia uspiana do trabalho, Juarez Rubens Brandão Lopes foi o único que não teve um vínculo formal, nas décadas de 1950 e 1960, com nenhuma das duas cadeiras de Sociologia da FFCL-USP. Formou-se bacharel em ciências sociais, em 1949, e especialista na mesma disciplina, em 1951, pela ELSP. Durante esse período, foi assistente de pesquisa de Donald Pierson, participando de um estudo de comunidade coordenado pelo estadunidense. Entre 1951 e 1954, estudou na Universidade de Chicago com bolsas da instituição e do governo estadunidense[31]. Obteve o título de *master of arts* em sociologia, em 1953, e chegou a iniciar, logo em seguida, um doutorado na mesma universidade. Porém, por motivos diversos, nunca conseguiu defender sua tese em Chicago[32].

Durante sua estadia nos Estados Unidos, o jovem acadêmico teve contato com a sociologia industrial estadunidense. Recorda-se que nunca frequentou nenhum curso sobre isso na universidade, apesar de Chicago

> ter estado nos primórdios com uma investigação que foi feita extremamente num ângulo positivista, mas de longos anos numa fábrica da General Electric e foi publicada por vários autores. Eu tive contato lá com os escritos de Elton Mayo, um sociólogo australiano nos Estados Unidos, e dois de seus discípulos tinham publicado vasta pesquisa de 700 páginas...[33]

Assim que retornou ao Brasil, em 1954, obteve um posto de substituto de técnico de administração na FEA-USP, onde trabalhava Vieira da Cunha. Paralelamente a isso, foi professor da ELSP (1950-1956) e, durante um curto período, da Escola de Administração da FGV (1955-1958), quando ela formava um grupo de docentes e discentes em torno da sociologia industrial[34]. Trabalhou também

---

uma tradução do sociólogo alemão feita por José Medina Echevarría para o Fondo de Cultura Económica.

[31] Brandão Lopes recebeu bolsas de estudos do Departamento de Estado do governo estadunidense (1951-1952), uma *scholarship* (1952-1953) e uma *fellowship* (1953-1954) do Departamento de Sociologia da Universidade de Chicago (ver 59.1.14900.1.7, CX: 2070-08, Contrato de Trabalho. Arquivo Geral da USP).

[32] Brandão Lopes defendeu sua tese de doutorado em sociologia somente em 1964, na Cadeira de Sociologia I da FFCL-USP, com o título "Relações industriais na sociedade tradicional brasileira: estudos de duas comunidades mineiras".

[33] Ver depoimento de Brandão Lopes dado no seminário internacional "Quando a sociologia se submete à análise sociológica", homenagem à socióloga emérita Lucie Tanguy, realizado pelo Decise/FE/Unicamp, CNRS/Fapesp, agosto de 2009 (transcrição).

[34] Na ELSP, Brandão Lopes ministrou a disciplina sociologia industrial para a pós-graduação em antropologia e sociologia. Na FGV, organizou uma disciplina sobre "sociologia e psicologia do trabalho", quando a instituição recrutava jovens acadêmicos para estudarem na Universidade de Michigan e, em seguida, estagiarem em Harvard, retornando ao Brasil como professores da faculdade (ver Depoimento de Brandão Lopes dado no seminário internacional "Quando a sociologia se submete à análise sociológica", cit.).

como assistente técnico da Estrada de Ferro Sorocabana, ajudando no processo de readaptação profissional de seus empregados, e foi conselheiro do Instituto de Sociologia e Política da Federação de Comércio de São Paulo de 1955 a 1958. Em 1959, Brandão Lopes se tornou efetivo no Instituto de Administração da FEA--USP, passando para a categoria de professor e, logo em seguida, de 1960 a 1963, substituiu Vieira da Cunha no cargo de diretor do Instituto de Administração, em meio a uma crise política da faculdade. Tornou-se livre-docente em Estudos Sociais e Economia na FAU-USP, em 1966, e professor titular, em 1972[35].

Entre a segunda metade da década de 1950 e a primeira metade da década seguinte, Brandão Lopes teve dois importantes objetos de pesquisa que o levaram a refletir, ao mesmo tempo, sobre as consequências do processo de industrialização e urbanização em regiões tradicionais do país e sobre a capacidade de adaptação e a consciência do operário industrial de origem agrícola[36]. As duas pesquisas foram realizadas no marco de programas impulsionados pelo CBPE.

A primeira investigação, intitulada "Educação e mobilidade social na cidade de São Paulo" e dirigida por Bertram Hutchinson, foi realizada entre 1956 e 1958. O objetivo era verificar o quanto o processo de industrialização e urbanização impunha um novo papel à educação brasileira. No caso do estudo a cargo de Brandão Lopes, buscou-se analisar o perfil dos alunos secundaristas, levando-se em consideração a nacionalidade e a ocupação dos pais e a profissão almejada.

---

[35] Brandão Lopes também atuou na FFLCH-USP como professor convidado da área de ciência política e ajudou a construir o Cebrap. Em diversas ocasiões, colaborou como assessor da ONU e da OIT. De 1966 a 1967, ajudou a Seção de Planejamento Social da Divisão de Desenvolvimento Social da ONU em atividades relativas a aspectos sociais da industrialização e da urbanização. Em 1970, na Colômbia, participou de um estudo-piloto do "Programa Mundial de Emprego" (Programa de Ottawa), com o objetivo de analisar as condições de emprego do país. Essa missão científica foi chefiada por Dudley Seers, da Universidade de Sussex, e contou com técnicos e professores de 25 países (ver 59.1.14900.1.7, CX: 2070-08, Contrato de Trabalho. Arquivo Geral da USP). Nos anos 1980, ajudou a construção do programa de doutorado em ciências sociais no Instituto de Filosofia e Ciências Humanas da Unicamp (ver "Homenagem a Juarez Rubens Brandão Lopes (1925-2011)", *Revista Brasileira de Ciências Sociais*, v. 26, n. 77, 2011, p. 7-9).

[36] A preocupação sobre as transformações da sociedade brasileira frente ao processo de industrialização e urbanização aparecem em vários estudos das Cadeiras de Sociologia I e II da USP. Em 1952 e 1953, sob a orientação de Fernando Azevedo, Azis Simão e Frank Goldman empreenderam um projeto de pesquisa de treinamento de estudantes de graduação na cidade de Itanhaém, no litoral paulista; Azis Simão e Frank P. Goldman, *Itanhaém: estudo sobre o desenvolvimento econômico e social de uma comunidade litorânea* (São Paulo, Universidade de São Paulo, Faculdade de Filosofia, Ciências e Letras, 1958). A pesquisa de campo esteve a cargo de Frank Goldman e o levantamento histórico foi de Azis Simão. Os dois orientaram os estudantes envolvidos e contaram com ajuda financeira da universidade. O objetivo da pesquisa era verificar as mudanças socioeconômicas operadas numa região que até então se encontrava à margem da economia mercantil e da vida urbana. O resultado foi a publicação da monografia intitulada *Itanhaém: estudo sobre o desenvolvimento econômico e social de uma comunidade litorânea*, veiculada no boletim número 1 da Cadeira de Sociologia II, em 1958.

Para isso, lançou-se mão de informações coletadas, em 1948, por uma pesquisa com aplicação de questionários de Enertina Giordano a ginasianos de dezessete escolas. Um dado gritante, obtido nesse trabalho e que evidencia o caráter restritivo e elitista da educação brasileira, era que, em 1948, somente 8,4% dos estudantes secundaristas eram filhos de pais que tinham ocupação manual, enquanto na USP, em 1956, esse número era de apenas 9,2%. Essa pesquisa deu origem aos artigos "Escolha ocupacional e origem social de ginasianos em São Paulo" (1956) e "Estrutura social e educação no Brasil" (1959), publicados na revista *Educação e Ciências Sociais* do CBPE.

Durante essa sua investigação sobre mobilidade social em São Paulo, Brandão Lopes ficou responsável pelo estudo do processo de integração dos imigrantes nacionais provenientes de outros pontos do território nacional, tomando como campo a metalúrgica Metal Leve, localizada em Mogi Guaçu, em São Paulo. Esse trabalho deu origem ao artigo "A fixação do operário de origem agrícola rural na indústria: um estudo preliminar", publicado, em 1957, na revista do CBPE, e serviu de base para dois capítulos do livro *Sociedade industrial no Brasil*, publicado na coleção Corpo e Alma do Brasil da editora Difel, em 1964[37].

A segunda grande pesquisa de que Brandão Lopes participou teve início em 1958 e foi realizada no marco de um acordo entre o CBPE e a Campanha Nacional de Erradicação do Analfabetismo. Ela tinha como objetivo analisar os aspectos sociológicos dos processos de industrialização em duas cidades-piloto, Leopoldina e Cataguases, localizadas na região da Zona da Mata de Minas Gerais. Novamente, nessa região, Brandão Lopes era responsável pela análise das relações industriais, prevalecentes nas duas cidades. Tal investigação deu origem a sua tese de doutorado, defendida no programa da Cadeira de Sociologia I da FFCL-USP, em 1964, e publicada com o título *Crise do Brasil arcaico*, em 1966[38].

\*\*\*

---

[37] Para a confecção desse livro, Brandão Lopes volta a analisar, em 1961, o material coletado nos anos anteriores. Agora ele focava também na reflexão acerca das inter-relações entre a organização formal e informal da indústria. Para esse trabalho de aprofundamento, o autor contou com a ajuda de sua colega May Nunes de Souza, técnica do Instituto de Administração da FEA-USP. Ela realizou novas entrevistas com trabalhadores em 1959 a fim de constatar modificações no sistema de comunicação no interior da fábrica (ver 59.1.14900.1.7, CX: 2070-08, Contrato de Trabalho. Arquivo Geral da USP).

[38] A defesa de sua tese de doutorado ocorreu em 23 de junho de 1964, com o título "Relações industriais na sociedade tradicional brasileira: estudos de duas comunidades mineiras" (ver *Contrato docente: Juarez Brandão Lopes*. Arquivo Geral da USP. Código: CX 2070-08). A homenagem publicada, em 2011, na *Revista Brasileira de Ciências Sociais* comete o erro de considerar *Sociedade industrial no Brasil*, livro publicado em 1964, como sua tese de doutorado; ver "Homenagem a Juarez Rubens Brandão Lopes (1925-2011)", cit., p. 7-9.

A pesquisa na Metal Leve foi realizada do primeiro semestre de 1956 a meados de 1957, quando o número de operários girava ao redor de 500. Os estudos nas cidades-piloto foram encaminhados em dois períodos, em julho e em dezembro de 1958. Os dois tiveram como coluna vertebral as entrevistas que o autor e seus assistentes realizaram com os operários. Elas eram pouco estruturadas e seguiam roteiros que variavam conforme o tipo de informante. Na fábrica, o autor se concentrou em analisar os operários não qualificados ou pouco qualificados, já que sua maioria era composta de migrantes estrangeiros ou de outras regiões do país. Nas cidades-piloto da região de Minas Gerais, Brandão Lopes entrevistou mais de 350 pessoas, obtendo uma vasta e riquíssima quantidade de depoimentos que alimentaram os dois livros citados. Eles falavam de diversos temas, tais como as condições de vida, as trajetórias e as expectativas quanto ao futuro, constituindo uma espécie de "etnografia" da subjetividade dos operários. Foi com base nas respostas dadas por esses operários que o autor elaborou sua tese principal.

Esses dois grandes estudos de Brandão Lopes tinham como problemática central a adaptação da sociedade tradicional, representada pelos trabalhadores rurais, à nova sociedade industrial, em particular representada pelas fábricas. Em um dos estudos, portanto, analisou o processo de transformação do meio tradicional (Leopoldina e Cataguases) com a chegada da indústria, enquanto, no outro, abordou a subsistência do tradicional nas relações de trabalho. A perspectiva dualista expressa nesses estudos, marcada pela ideia de dois Brasis, um arcaico e outro moderno, é tomada da obra de Jacques Lambert[39], com quem os sociólogos da USP tinham contato por conta dos trabalhos do CBPE e, posteriormente, do Clapcs.

Nas entrevistas com os operários da Metal Leve, Brandão Lopes destacou a importância das experiências pretéritas na constituição da consciência operária. Por exemplo, a forma como a propriedade rural era compreendida, em muitos casos como familiar ou coletiva, tinha um peso significativo sobre as atitudes e os valores dos operários industriais que vinham daquele meio. O fato de que a propriedade continuava nas mãos de familiares deixava em aberto a possibilidade de um retorno ao campo. Por outro lado, a relação social e de trabalho experimentada no meio rural dificultava a adaptação desses trabalhadores no mundo fabril, que se organizava sob a lógica do taylorismo-fordismo. A jornada rígida e demarcada de trabalho, a monotonia das funções parcelares e a subordinação a um patrão eram fatores que afugentavam essa camada de operários e mantinham em suas mentes o desejo de emancipação.

No entanto, essa emancipação não estava associada a uma perspectiva de ruptura da ordem social e à construção de uma sociedade de produtores livres associados. A emancipação para esses trabalhadores precários era, segundo Brandão Lopes,

---

[39] Jacques Lambert, *Le Brésil: structure sociale et institutions politiques* (Paris, Armand Colin, 1953).

conquistar a condição de trabalhar por "conta própria". Na passagem a seguir, o autor anuncia sua tese:

> A inclinação para atividades comerciais, que se nota tanto nos que vêm da lavoura como nos que moravam em pequenas cidades, é parte de um padrão de independência econômica difundida no Brasil. Neste trabalho interessam as formas que tomam nas classes baixas rurais, principalmente no Nordeste, esse valor cultural *de trabalhar por conta própria, ser independente, valer-se da própria iniciativa e não se subordinar diretamente a ninguém*.[40]

A questão central dos estudos que Brandão Lopes realizou nas cidades-piloto, em Minas Gerais, era que, mesmo com a introdução de relações impessoais e de uma maior racionalidade com a chegada da indústria, o que se verificou foi a perpetuação de relações pessoais e uma boa dose de comportamento tradicional. Isso ocorreria porque a ordem patrimonialista e as relações paternalistas insistiam em sobreviver na sociedade urbano-industrial. Por exemplo, no que concerne às relações industriais, a hierarquia das fábricas analisadas não tinha como prioridade a lógica da racionalização capitalista em sua forma mais moderna, pois elas eram uma maneira de assegurar a reprodução das formas tradicionais que se expressavam desde as relações de trabalho até a política eleitoral das cidades[41].

Portanto, Brandão Lopes buscou demonstrar as relações entre a forma de organização da fábrica (a hierarquia e os postos de trabalho), o emprego (sua obtenção e sua estabilidade), as diversas formas de assistência oferecidas pelas fábricas a seus empregados e familiares, e a política eleitoral local (a retribuição dos subalternos a seus superiores na forma de voto em seus candidatos). Essa relação se constituía por meio de uma subordinação dos subalternos e uma obrigação de cuidar deles e da comunidade por parte dos dominantes.

Em *Desenvolvimento e mudança* (1970), Brandão Lopes afirma que

> a relação de dependência [...] e a sua sobrevivência sob novas formas, no Brasil de hoje, mesmo em suas partes mais modernizadas, são fenômenos indubitavelmente de grande relevância. Não podemos esquecer-nos, entretanto, que as consequências dessas relações, valores e atitudes, quando fazem parte de uma estrutura de poder como a patrimonialista, são diferentes das que resultam quando tais fenômenos, modificados, se inserem na organização social e política, muito mais complexa, do Brasil urbano--industrial. Para aceitar tal fato basta lembrar, primeiramente, que a sobrevivência de tais relações, transformadas, no meio urbano, na política de massa e nas "panelinhas político-econômicas", é elemento fundamental da nova estrutura de poder do país e, em segundo lugar, que da análise procedida depreende-se que o desenvolvimento, no modo particular pelo qual se deu, e a nova estrutura política, inter-relacionam-se

---

[40] Juarez R. Brandão Lopes, *Sociedade industrial no Brasil* (São Paulo, Difel, 1964), p. 36 (grifos nossos).
[41] Idem, "Relations industrielles dans deux communautes brésiliennes", *Sociologie du Travail*, 1961, p. 330-44.

intimamente. É importante apontar a continuidade cultural no meio urbano-industrial das relações de dependência, mas isso não nos deve fazer esquecer o fato de que essas reações, como parte da nova sociedade, funcionam de modo diferente.[42]

Portanto, conclui Brandão Lopes, havia entre os operários de origem agrícola uma predisposição de abandonar o meio industrial para retornar ao rural com o objetivo de adquirir uma propriedade, muitas vezes com as míseras economias de seus salários ou as indenizações decorrentes das demissões, ou de se manter na cidade iniciando uma atividade comercial, com frequência no comércio informal.

É interessante notar como nos diversos relatos reproduzidos nesses dois livros de Brandão Lopes[43] há certas particularidades da classe operária brasileira que nos parecem estruturais, reproduzindo-se ao longo de décadas. Esses relatos nos mostram uma particularidade importante do nosso capitalismo periférico, ou seja, a superexploração do trabalho e as precárias condições de vida da classe trabalhadora. Como abordou Ruy Mauro Marini[44], a renda do trabalhador no mundo periférico é insuficiente para que ele possa se reproduzir socialmente, obrigando-o a buscar subterfúgios de sobrevivência, como as habitações precárias suburbanas e a desnutrição. Portanto, o processo de urbanização e industrialização ocorrido no Brasil – e, de certa forma, nos países periféricos – não poderia seguir o mesmo percurso de progresso econômico e social da Europa do pós-guerra.

Seria interessante uma comparação entre os estudos de Brandão Lopes e os de Touraine e Ragazzi[45] sobre a mesma problemática, ou seja, a adaptação dos operários industriais de origem agrícola ao meio urbano. Para o francês, os operários encontravam na cidade um ambiente que lhes possibilitava a ascensão social de sua família, seja pelas atividades econômicas que lhe permitiam uma melhor remuneração, seja pelo ingresso de seus filhos no sistema educacional. Já no Brasil, o migrante rural se deparava com a precariedade total da vida e com uma estrutura social marcada pelo bloqueio à ascensão social. Portanto, a austeridade laboral do fordismo, também sentida pelos operários europeus, não era compensada, no Brasil, por uma rede de proteção social e pela inserção no consumo de massa, o que torna totalmente compreensível a nostalgia pelo meio agrário, tão presente ao longo da história da classe operária brasileira[46].

---

[42] Juarez R. Brandão Lopes, *Desenvolvimento e mudança social: formação da sociedade urbano--industrial no Brasil* (São Paulo, Companhia Editora Nacional, 1978), p. 185.
[43] Idem, *Sociedade industrial no Brasil*, cit.; idem, *Crise do Brasil arcaico: estudo das relações industriais na sociedade patrimonialista brasileira* (São Paulo, Difel, 1966).
[44] Ruy Mauro Marini, "Origen y trayetoria de la sociología latinoamericana", em *América Latina, dependencia y globalización* (Bogotá, Clacso y Siglo del Hombre, 2008).
[45] Alain Touraine e Orietta Ragazzi, *Ouvriers d'origine agricole* (Paris, Seuil, 1961).
[46] Podemos afirmar que o sonho de retorno ao mundo rural por parte dos trabalhadores urbanos, mesmo entre os filhos ou netos de retirantes, foi o que alimentou as fileiras dos movimentos sociais de luta pela terra e a reforma agrária a partir da década de 1980.

Não houve aqui a conformação de um *compromisso fordista* como na Europa, pois o capitalismo periférico não podia e não queria arcar com os altos salários e tributos que demandam um Estado de proteção social. No entanto, criou-se outra forma de "compromisso" por meio do assim chamado populismo, ou seja, a mediação dos conflitos entre as classes fundamentais pela figura do chefe do executivo do Estado brasileiro, alimentado pelas concessões da legislação trabalhista e da estrutura sindical. A base social dele eram, principalmente, os operários urbanos semiqualificados ou qualificados[47]. Porém, como foi estruturado e alimentado pela esfera político-legislativa, esse pacto era extremamente instável.

O que Brandão Lopes percebeu em seus trabalhos foram duas faces do desenvolvimento desigual e combinado do capitalismo periférico, uma fase histórica em que convivem paralelamente relações sociais e condições técnicas e estruturais arcaicas e modernas. No entanto, a compreensão do processo real se limita a uma análise muito mais próxima do funcionalismo, influenciada pelo modelo interpretativo de Max Weber da estrutura social em termos de classe, *status* e poder, do que uma perspectiva dialética, em que as resoluções dos problemas se dão pelos conflitos de classe no interior das relações sociais. Segundo essa perspectiva, a superação da condição operária não era vista em tendência revolucionária, pelo menos não entre os operários de origem agrícola, pois não seriam capazes de constituir uma consciência de classe antagônica. Para eles, a luta era entre os "trabalhadores", entendidos como sinônimo de pobres, contra os ricos.

> O que está surgindo entre esses operários de origem rural não é ainda a consciência de serem indivíduos numa situação nova (a de trabalhador industrial), que os distingue da de outros grupos da população, mas sim um sentimento de revolta da classe baixa (pobres, povo) contra as classes superiores, que não distingue operários, pessoas em ocupações urbanas modestas e meeiros, camaradas, pequenos sitiantes no campo. Sentimento do qual podem participar, portanto, pessoas que não estão completamente integradas, nem subjetiva, nem objetivamente, no meio industrial, mas que alternam ocupações agrícolas, comerciais e industriais de classe baixa.[48]

Portanto, o sindicato não é, para essa camada de operários, um meio de manifestação do classismo, mas de atingir seus fins econômicos individuais (aumento salarial, indenização, aviso prévio etc.). Em livro posterior, o autor considera que os sindicatos brasileiros teriam, em alguns casos, assumido o papel paternalista que antes era reservado ao empregador. As modificações ocorridas na estrutura econômica brasileira, aliada ao processo de urbanização e industrialização em curso, impuseram uma maior concorrência para os pequenos industriais. Ao tentarem aumentar a produtividade de suas fábricas e reduzir os custos da força de trabalho,

---

[47] Esse compromisso não envolvia os trabalhadores rurais e camponeses.
[48] Juarez R. Brandão Lopes, "A fixação do operário de origem rural na indústria: um estudo preliminar", *Educação e Ciências Sociais*, v. 2, n. 6, 1957, p. 319-20.

produziram uma quebra das relações tradicionais de trabalho e o aumento das tensões entre operário e mestres. "Estas são as condições que levam à organização do sindicato e motivam os trabalhadores para a ele se associarem e a ele recorrerem, quando precisam de auxílio e conselho, ao invés de procurarem o patrão ou os mestres, como o faziam tradicionalmente."[49] No entanto, esse processo teria sido irreversível e sua resultante seria a desagregação dos vínculos patrimonialistas.

*Fernando Henrique Cardoso e os estudos sobre proletariado e industrialização*

Fernando Henrique Cardoso era, no grupo de Fernandes, o que mais se especializara no debate sobre a industrialização capitalista. Diplomado bacharel e licenciado em ciências sociais pela USP em 1952, especializou-se em sociologia (1953) com uma monografia sobre "o processo de industrialização em São Paulo". No último ano da graduação, foi contratado para serviços técnicos no Instituto de Administração da FEA-USP, tornando-se, em seguida, assistente da Cadeira de História Econômica Geral e do Brasil (1952-1953). Em 1953, tornou-se auxiliar de ensino da Cadeira de Sociologia I e, no ano seguinte, quando Fernandes substituiu Roger Bastide, foi promovido para primeiro assistente (1955-1961). Na segunda metade dos anos 1950, dedicou-se aos estudos sobre relações étnico-raciais, defendendo uma tese de doutorado sobre o tema em 1961. Após essa temática, retornou à sua preocupação sobre a industrialização nos países periféricos[50]. Talvez Friedmann tenha visto em Cardoso a mesma energia juvenil e a mesma potencialidade acadêmica que encontrara em Touraine uma década antes.

Em "Le Prolétariat brésilien: situation et comportement social", publicado na edição especial sobre operários e sindicatos na América Latina, organizada por Touraine para a revista *Sociologie du Travail*, em 1961, Cardoso expõe algumas de suas conclusões sobre a formação do proletariado brasileiro com base em estudos realizados ao longo da década de 1950, concordando com muitas das teses de Brandão Lopes, que também publicou um artigo nesse mesmo número da revista francesa. O texto analisa o comportamento do proletariado brasileiro ao longo das distintas fases da industrialização do país, destacando as particularidades deste e das suas ações em relação ao movimento operário tradicional (europeu). Segundo o autor, as diferentes fases da industrialização acabaram por criar diferentes formas de relações contratuais e de perspectivas de acesso e de integração do operariado à sociedade brasileira. Essas experiências, portanto, teriam produzido formas específicas de comportamento e de consciência, sendo sua principal consequência a dificuldade de se constituir um modelo de ação tradicional do proletariado[51], conforme citação a seguir:

---

[49] Juarez R. Brandão Lopes, *Desenvolvimento e mudança social*, cit., p. 191-2.
[50] Ver *Processo n. 51.1.11656.1.0*, Contrato Autárquico, Arquivo Geral da USP.
[51] Nesse texto, ficavam evidentes as influências de Touraine sobre os sociólogos da USP, em particular no que se referia à classe trabalhadora da América Latina.

Em efeito, o sistema institucional de poder e os mecanismos de base do controle social sancionavam a dominação do tipo patriarcal e estática exercida pelos grandes sobre a manutenção do sistema de autoridade-submissão definido em torno do rol de dominante jogado pelo chefe de família. Nem as instituições legais, nem as formas espontâneas de controle permitiam a aparição de um tipo de comportamento que se propagava de uma forma qualquer de modelos rotineiros onde os direitos e as obrigações eram definidos em função dos interesses e da visão de mundo dos setores dominantes tradicionais. *Neste quadro institucional, as camadas operárias não tinham nenhuma possibilidade de se manifestar enquanto grupo social com seus interesses, suas reivindicações e suas formas de ação particulares.*[52]

Portanto, conclui Cardoso, a dinâmica da formação do proletariado brasileiro teria limitado a consciência da situação e a organização do movimento operário a alguns setores restritos, principalmente aqueles vindos ou descendentes da migração europeia. "Os problemas do poder e das necessidades de uma consciência totalizante aparecem somente como questão puramente intelectual para alguns grupos da elite operária", afirma o autor[53].

Assim como Brandão Lopes, Cardoso considera que a legislação trabalhista aprovada durante o governo de Getúlio Vargas é apresentada por ele e recebida pelos trabalhadores como uma concessão. Nesse sentido, a nova estrutura de representação e regulação do conflito entre capital e trabalho tiraria a autonomia dos trabalhadores, mantendo, por meio de uma roupagem diferente, formas semelhantes de relação de poder que havia no sistema patriarcal.

Outro aspecto em que o autor concorda com seu colega é o fato de que o ciclo de industrialização inaugurado após a Segunda Guerra Mundial, que buscou o operário no meio rural, pautava-se menos na esperança de uma ascensão social e de integração, como teria ocorrido nos anos anteriores, e mais na miséria do campo. Esse grupo de migrantes, que apresentava uma preparação sociocultural mínima para se integrar à vida industrial, já chegava desapontado em sua primeira tentativa de mobilidade social. Isso teria produzido um operário menos exigente e mais disposto a aceitar as condições de vida e de trabalho do mundo industrial. Alguns desejavam retornar ao meio rural após acumular alguma economia. Portanto, seu comportamento era frequentemente orientado por valores extraproletários. "O desejo de deixar a indústria para se consagrar ao pequeno comércio ou aos serviços urbanos ou até mesmo de retornar ao campo é ainda muito difundido sobre uma parte importante da massa operária", ressalta Cardoso.[54]

Porém, ainda que o seu comportamento fosse conformista e apolítico, a sociedade industrial (de permanente tensão e conflitos) e a política de massas conduziam

---

[52] Fernando Henrique Cardoso, "Le Proletariat brésilien: situation et comportement social", *Sociologie du Travail*, v. 3, n. 4, 1961, p. 55 (grifos nossos).
[53] Ibidem, p. 59.
[54] Ibidem, p. 62.

os operários a participar ativamente da política, por meio da ação dos sindicatos, levando assim à formação de novas dinâmicas de politização dos operários. Os sindicatos, portanto, ao longo dos anos 1950, foram assumindo um papel cada vez mais importante e teriam se desprendido da tutela do Estado. Porém, "a falta de 'tradição proletária' e a falta de experiência da classe operária, o desconhecimento de seus direitos, favorizavam um tipo de comportamento político onde o operário participa da luta pelo poder mais como uma 'massa de manobra' que como classe social verdadeiramente consciente de seus interesses"[55].

Ainda que Cardoso concordasse com a tese central de Brandão Lopes, nesse texto de 1961, antes da fundação do Cesit, ele já expressava uma tensão existente na própria sociedade brasileira quanto às transformações políticas e sociais que estavam em curso acelerado no início da década de 1960. Ele chegou a apontar, no final desse artigo em francês, a possibilidade dos movimentos sindical e operário assumirem um papel mais protagonista no cenário brasileiro.

## Azis Simão e os primeiros estudos sobre a consciência operária

Azis Simão é um exemplo da assimetria desse projeto de disciplina construído na USP ao longo dos anos 1950 e 1960. Como afirmamos, não há como encontrar uma homogeneidade programática na sociologia uspiana do trabalho, como se as pesquisas expostas aqui fossem parte de um projeto articulado e planejado. O que se consolida na USP está mais próximo de uma "tradição sociológica", no sentido defendido por Chapoulie[56], que de uma "escola", pois, ainda que não consciente, houve entre esses diversos autores uma preocupação teórica e temática, além de um determinado método, comuns em seus estudos. Simão não apenas foi um importante personagem no impulso desse tipo de preocupação sociológica, sendo o primeiro a fazer uma pesquisa sobre a tendência eleitoral e a consciência do operariado brasileiro, como também fez parte da articulação da cooperação entre os brasileiros e os franceses e na construção do Cesit, assim como na orientação de pesquisas de diversos jovens e futuros sociólogos.

Nascido em Bragança Paulista, em 1912, o percurso de Simão difere do da maioria absoluta dos estudantes da Maria Antônia. Quando jovem, trabalhou como gráfico e se tornou militante político junto ao sindicato da categoria. Formou-se em farmácia, em 1932, pois queria uma aproximação com a ciência, mas seguiu a carreira em ciências sociais, adquirindo o bacharelado e a licenciatura

---

[55] Ibidem, p. 63-4.
[56] Jean-Michel Chapoulie, *La Tradition sociologique de Chicago: 1892-1961* (Paris, Seuil, 2001); idem, "Un cadre d'analyse pour l'histoire des sciences sociales", *Revue d'Histoire des Sciences Humaines*, v. 13, n. 2, 2005, p. 99.

pela FFCL-USP em 1950. Assim que se formou, foi trabalhar como assistente da Cadeira de Sociologia II, com Fernando de Azevedo. No entanto, devido a dois deslocamentos de retina, Simão se tornou deficiente visual, condição que nunca o impediu de seguir seus estudos[57].

Suas primeiras pesquisas giravam em torno da questão eleitoral, da consciência operária, dos partidos políticos e da formação do proletariado brasileiro. Em 1950 e 1951, contribuiu com as pesquisas realizada por Charles Morazé, "da família patriarcal aos partidos políticos em municípios paulistas" e "os programas partidários no Brasil"[58], e de Florestan Fernandes sobre os "sírios e libaneses em São Paulo". No mesmo período, realizou sua pesquisa sobre o voto operário na capital paulista e ajudou nos estudos sobre "a formação do proletariado de São Paulo, de 1870 a 1920", sob orientação da professora Paula Beiguelman.

Mas o estudo pelo qual Simão ganhou projeção intelectual foi realizado também entre 1950 e 1951 sobre o voto operário e a consciência de classe na cidade de São Paulo. Essa pesquisa foi uma grande novidade na época e uma das comunicações mais comentadas e citadas durante e depois da realização do I Congresso Brasileiro de Sociologia, em 1954, na cidade de São Paulo[59]. Com seu trabalho, o voto foi abordado, pela primeira vez, como um problema sociológico, elaborando uma tipologia sobre as atitudes, os comportamentos e as situações típicas de uma parcela do proletariado de São Paulo no que se refere à questão eleitoral.

Para a realização da pesquisa, o autor analisou os resultados da votação das legendas partidárias para a Assembleia Legislativa do Estado de São Paulo, na eleição de 1947, em quatro distintas zonas eleitorais operárias[60]. Para a constituição dessas zonas, Simão tomou como referência os dados sobre as profissões dos

---

[57] Azis Simão, "Entrevista concedida a José Albertino Rodrigues (Departamento de Ciências Sociais, UFSCar) e Vera Rita da Costa (*Ciência Hoje*)", *Cientistas do Brasil: depoimentos* (São Paulo, SBPC, 1998); disponível em: <biblio.fflch.usp.br/AbSaber_AN_1015093_EntrevistaConcedida.pdf>; acesso em: 28 mar. 2023.

[58] Essas pesquisas deram origem ao livro de Morazé, *Les Trois Âges du Brésil: essai de politique* (1954) (ver *Contrato docente: Azis Simão*. Arquivo Geral da USP. Código: 52.1.2214.1.0 CX 452).

[59] A comunicação "O voto operário em São Paulo" foi publicada nos Anais do I Congresso Brasileiro de Sociologia (1955) e na *Revista Brasileira de Estudos Políticos* (1956). Também foi reproduzido um resumo no *International Political Sciences Abstracts*, da Universidade de Oxford.

[60] As zonas eleitorais operárias eram aquelas em que a presença dos trabalhadores assalariados estava acima de 44,17%. Elas representavam 32 distritos da zona urbana e suburbana da capital e contavam com 374.082 eleitores, sendo 170.370 operários. A zona 1, composta de dezenove distritos, constituía a antiga região industrial, envolvendo os bairros da Mooca, Bom Retiro, Penha, Brás, Santana, entre outros. A zona 2 (quatro distritos), ao sul da cidade e de recente industrialização, englobava os distritos de Santo Amaro, Indianópolis, Ibirapuera e Saúde. A zona 3 (seis distritos), região suburbana que margeia as estradas de ferro, a nordeste, noroeste e oeste, com atividade industrial reduzida, envolvia Itaquera, Guaianases, Baquirivu, Pirituba, Perus e Osasco. Por fim, a zona 4 (três distritos), envolvia Butantã, Capela do Socorro e Parelheiros (ver Azis Simão, "O voto operário em São Paulo", *Revista Brasileira de Estudos Políticos*, v. 1, n. 1, 1956).

eleitores registrados no Tribunal Regional Eleitoral até dezembro de 1948. "Os dados obtidos sugerem ter havido uma correlação entre a composição profissional do eleitorado e a votação recebida pelo Partido Comunista do Brasil (PCB) e o Partido Trabalhista Brasileiro (PTB)."[61]

O estudo não foi realizado com a aplicação de questionários, em razão da falta de recursos e da resistência dos entrevistados a certas perguntas, principalmente aquelas ligadas à simpatia pelo PCB ou à relação com ele, já que o partido havia sido novamente colocado na ilegalidade. Portanto, restou a utilização dos métodos da observação participante, as entrevistas informais e a consulta a documentos e publicações de propaganda e programas eleitorais. A militância política de Simão foi fundamental na aproximação com os militantes do meio operário. "As entrevistas formais foram feitas com velhos e novos militantes do movimento operário, do círculo de nossas relações, alguns dos quais também nos têm auxiliado colhendo informações com terceiros"[62].

O país havia passado mais de dez anos sem eleições (de 1934 a 1945) e, no início dos anos 1950, com um eleitorado em São Paulo que ultrapassava a cifra de um milhão e meio de pessoas[63], tinha-se como novidade a participação das massas nas eleições, em particular do proletariado. O estudo de Simão buscava, portanto, entender o peso dessa camada social nos pleitos eleitorais da débil e jovem democracia brasileira regida pela Constituição de 1946.

A conclusão foi que o eleitorado operário do PCB era majoritariamente de indivíduos nascidos na capital ou nela estabelecidos nos primeiros anos da Segunda Guerra Mundial, residindo em sua grande maioria em antigos bairros industriais. Era composto majoritariamente de homens, entre 18 e 40 anos, e com a maior qualificação profissional. Os resultados indicaram que havia uma predominância da influência eleitoral do PCB na zona mais industrializada (zona 1), mas, quanto às atitudes desse proletariado, "as motivações mais significativas de seus atos políticos encontravam-se na insatisfação com as condições de vida, no julgamento de que a legislação trabalhista é precária, apesar dos benefícios trazidos, e na aspiração por uma reforma da organização econômica e social, unidos à atribuição de qualidades carismáticas ao chefe do partido"[64].

Já o eleitorado operário do PTB, concentrado majoritariamente nas zonas suburbanas e periféricas (zonas 2, 3 e 4), era mais heterogêneo, composto tanto de homens, acima de 40 anos, quanto de mulheres, de diferentes idades, que se fixaram em São Paulo nos primeiros anos da guerra e estavam empregados em

---

[61] Ibidem, p. 134.
[62] Ibidem, p. 137.
[63] Em 1933, o número de eleitores registrado no Estado de São Paulo era de 299.074. Em 1948, esse número saltou para 1.565.248 eleitores. As razões desse crescimento foram o aumento demográfico, a queda da taxa de analfabetismo e, principalmente, a extensão do direito ao voto a todos os brasileiros acima de 18 anos, alfabetizados e de ambos os sexos; ibidem, p. 130-41.
[64] Ibidem, p. 139.

diversas categorias profissionais. Compunham esse eleitorado aqueles que tinham vindo do meio rural para trabalhar na indústria, em serviços que exigiam baixo ou nenhum grau de qualificação profissional ou em outras categorias, tais como transportes, indústria da construção civil e pequenos ofícios.

Em todas essas camadas, mas principalmente entre os eleitores do PTB, Simão detectou diferentes atitudes com relação às eleições para o Executivo e o Legislativo, sendo que "às primeiras tem sido dada grande importância e os eleitores manifestaram maior decisão na escolha dos candidatos"[65], enquanto o pleito do segundo era muitas vezes julgado como dispensável ou complementar para a constituição do governo. Nesse sentido, conclui o autor que

> para eles, principalmente para os provenientes das zonas rurais, a possibilidade de viver na capital do Estado e as disposições legais sobre o trabalho e a assistência social apresentam-se como dádivas inesperadas e recebidas de uma só vez, graças ao governo do chefe do PTB. As motivações mais significativas da conduta de ambos os grupos do eleitorado *petebista* achavam-se no reconhecimento dos benefícios trazidos pela Legislação Trabalhista, no desejo de garanti-los e ampliá-los e na satisfação proporcionada por certas melhorias de vida individualmente alcançadas, unidos à atribuição de qualidades paterno-carismáticas ao seu chefe.[66]

Simão constatava, talvez pela primeira vez, o fenômeno que viria a ser chamado de populismo. Observa-se que, entre a coleta e a análise dos dados e a redação da comunicação apresentada no congresso da SBS, ocorreu a eleição em que Getúlio Vargas retornou ao poder da República sob o voto popular. Esse fenômeno político-eleitoral, ainda que não citado em seu texto, não poderia estar à margem da reflexão que o autor fez sobre o eleitorado proletário de São Paulo. Não à toa, o estudo seguinte de Simão seria sobre a relação entre Estado e sindicatos no Brasil, uma das questões-chave para compreender o getulismo.

Portanto, as preocupações sobre o desenvolvimento do proletariado brasileiro, suas formas de organização política e sindical e sua consciência estiveram presentes no conjunto dos estudos de Azis Simão[67]. Dentre esses, a mais importante contribuição talvez tenha sido sua tese de livre-docência, uma síntese dos estudos realizados ao longo de mais de uma década[68] e publicada em 1966 com o título

---

[65] Ibidem, p. 138.
[66] Ibidem, p. 140.
[67] Azis Simão também realizou pesquisa sobre a formação do proletariado de São Paulo entre 1870 e 1920, com a professora Paula Beiguelman, e estudos sobre a organização e o comportamento sindicais e políticos sobre o proletariado de São Paulo que deram origem a sua tese de doutorado.
[68] Os outros trabalhos foram o já citado estudo sobre o voto operário em São Paulo e os artigos "As funções do sindicato na sociedade moderna brasileira", em *Revista de Estudos Socioeconômicos*, v. 1, n. 1 São Paulo, 1961; "Industrialisation et syndicalisme au Brésil", em *Sociologie du Travail*, 1961; "O sindicato na estrutura política do Brasil", *Anais do II Congresso Brasileiro de Sociologia*, Belo Horizonte, 1962.

*Sindicato e Estado: suas relações na formação do proletariado de São Paulo*. Nesse livro, Simão busca compreender o processo de burocratização dos sindicatos e as consequências da estrutura sindical brasileira vinculada ao aparato estatal. Mais uma vez, busca compreender o processo de industrialização e urbanização sob a perspectiva das relações de trabalho, num contexto em que esse processo ocorreu com a presença de um Estado como agente econômico e organizador da vida social e política. Nesse sentido, "o fato novo e dominante consistiu na interferência do Estado nas relações das classes, catalisando o processo de sua modificação, particularmente ao nível das condições dos conflitos de trabalho"[69].

\*\*\*

Em "Industrialisation et syndicalisme au Brésil", publicado também na edição especial da revista *Sociologie du Travail*, em 1961, Simão parece apresentar uma pequena divergência com Cardoso e Brandão Lopes quanto ao caráter paternalista dos sindicatos. Ele concorda que, apesar de a vanguarda operária apresentar uma tendência à ação racional – declarando que o objetivo do sindicato era de "unir e organizar os operários a fim de lutar por suas reivindicações"[70] –, a manutenção das ações de tipo paternalista (com as assistências sociais na sede do sindicato etc.) explicava-se pela situação sociocultural da maioria dos operários. No entanto, ressalta que essa orientação não dependia das origens demográficas de sua base. Os operários de origem rural ou de outras regiões do Brasil encontravam-se, no final dos anos 1950, numa situação marginal em relação ao sindicato (muitos ignoravam a palavra *sindicato*). Mesmo os operários nascidos em regiões industriais mantinham um distanciamento em relação às entidades. E aqueles que se filiavam comportavam-se como membros "beneficiários", apesar das particularidades culturais que os distinguiam dos operários de origem agrícola. Isso ocorreria, porque os sindicatos, criados no seio de uma sociedade de tipo paternalista, "não eram considerados como uma instituição legítima, de forma racional e durável, exceto por uma minoria de filiados".[71]

---

[69] Azis Simão, *Sindicato e Estado: suas relações na formação do proletariado de São Paulo* (São Paulo, Dominus/Editora da Universidade de São Paulo, 1966, coleção Ciências Sociais Dominus, v. 7), p. 3.
[70] Simão afirma isso com base nos resultados da primeira pesquisa empírica realizada sobre a consciência do proletariado brasileiro, em 1959, pelos jovens Michael Löwy e Sarah Chucid (1962). Para uma reflexão sobre os significados dessa pesquisa, ver Ricardo C. Festi, "Michael Löwy e a sociologia do trabalho: a descoberta da consciência de classe do operariado", *Caderno CRH*, v. 31, n. 83, 2018.
[71] Azis Simão, "Industrialisation et syndicalisme au Brésil", cit., p. 75.

## O Centro de Sociologia Industrial e do Trabalho

*As pretensões intelectuais do Cesit*

As atividades de pesquisa do Cesit começaram um pouco antes de sua formalização entre os membros da Cadeira de Sociologia I e receberam o nome de "Economia e sociedade no Brasil: análise sociológica do subdesenvolvimento". A sua formulação permitiu dar um sentido intelectual e prático ao futuro instituto de pesquisa, servindo de projeto-base para angariar apoios políticos e financeiros, como foi o caso da doação da CNI. Essa verba possibilitou que os estudos já estivessem em andamento, ainda que em fase inicial, quando o projeto foi apresentado para as instâncias deliberativas da USP. Esse fator, obviamente, foi decisivo para retirar o projeto do Cesit das "mãos" da Cadeira de Sociologia II, mantendo-o exclusivamente sob influência de Florestan Fernandes e seus associados[72].

Com o "Economia e sociedade", Fernandes queria fazer em São Paulo o mesmo que a "Escola de Chicago", ou seja, tornar o município objeto de estudos[73]. No caso do Cesit, o primeiro projeto buscava compreender os efeitos da industrialização sobre a região metropolitana da capital paulista. "Nós optamos por uma abordagem que nos coloca diante da empresa industrial como ela se manifesta no fluxo do crescimento econômico e do desenvolvimento social da cidade de São Paulo", revela o desdobramento do projeto[74].

A formação do Cesit permitia, portanto, avançar nas pretensões intelectuais de Fernandes e seu grupo, concretizando a concepção de sociologia que vinham formulando em torno da *sociologia aplicada*. O momento histórico, "a era da revolução social", demandava uma maior contribuição da ciência e da tecnologia para o desenvolvimento econômico e social. Segundo o projeto, por várias vias e por distintos meios, os países subdesenvolvidos estavam despertando para o *progresso*, dispondo-se a superar todas as barreiras que impunham sua estagnação econômica, o atraso cultural e a dependência política. No entanto, a ideia de um *salto histórico* no desenvolvimento tecnológico, como se fosse possível uma simples transplantação para a periferia daquilo que havia de mais avançado nos países centrais, foi rejeitada pelo projeto, pois nem sempre o que havia dado certo num país serviria a outro. Portanto, caberia aos intelectuais, cientistas, acadêmicos e tecnocratas do Brasil adquirir a capacidade de produzir conhecimentos científicos

---

[72] No entanto, mesmo assim, a Cadeira de Sociologia II apoiou a criação do Cesit. Fernandes revela, em notas finais de seu livro *A sociologia numa era de revolução social*, que a formulação do projeto "Economia e sociedade no Brasil" contou com a colaboração do CRPE-SP, que não era mais dirigido por Azevedo, que se aposentara, mas ainda tinha a influência de sua antiga cadeira.
[73] Ver Fernando Henrique Cardoso, entrevista concedida ao autor em 6 dez. 2017.
[74] Fernando Henrique Cardoso e Octavio Ianni, "A empresa industrial em São Paulo (projeto de estudo)", em Florestan Fernandes, *A sociologia numa era de revolução social* (2. ed., Rio de Janeiro, Zahar, 1976, coleção Biblioteca de Ciências Sociais), p. 343).

e tecnológicos originais para colocar a ciência e a tecnologia a serviço dos projetos nacionais de desenvolvimento econômico, social e cultural[75].

Com a constituição do Cesit, em 1962, formou-se uma equipe de pesquisadores em torno da Cadeira de Sociologia I e teve início uma pesquisa ainda mais ambiciosa sobre a "estrutura da empresa industrial em São Paulo". A investigação deveria proporcionar conhecimentos objetivos e precisos sobre a situação global das indústrias na Grande São Paulo (em particular, de São Paulo, Santo André, São Bernardo, São Caetano e Guarulhos), os caracteres estruturais dos vários tipos de empresa industrial existentes e, por fim, a organização, as tendências de crescimento e as condições de integração ao sistema socioeconômico vigente de empresas vistas como típicas. Também consideravam importante investigar a relação da industrialização do Estado de São Paulo com o desenvolvimento da nação, em particular os impedimentos desse desenvolvimento decorrentes das condições de atraso da sociedade brasileira[76].

Após essa reflexão inicial, e com a doação financeira da CNI, foram decididos quatro eixos temáticos de investigação sistemática para complementar os estudos sociológicos sobre a empresa industrial. Cada um desses temas daria origem a projetos específicos de investigação, tendo cada um deles um responsável pelo planejamento, direção e elaboração dos relatórios finais, conforme podemos visualizar no Quadro 9.1 (na próxima página). Além dos responsáveis por cada tema-eixo de investigação, colaboraram também Celso de Rui Beisigel, Leôncio Martins Rodrigues, Gabriel Bolaffi, José Carlos Pereira e Lourdes Sola, todos na condição de pesquisadores vinculados à Cadeira de Sociologia I, assim como especialistas e auxiliares de pesquisa que podem ser mais bem visualizados no Quadro 8.1 (do capítulo 8).

No projeto inicial de "Economia e Sociedade" estava prevista "a redação de quatro monografias independentes e de uma análise global, com intentos integrativos e de síntese, dos problemas do desenvolvimento econômico na sociedade brasileira do presente, na qual também seriam aproveitadas as conclusões da pesquisa sobre a estrutura da empresa industrial em São Paulo"[77]. Para que isso ocorresse, Florestan previa que os projetos de pesquisas absorveriam, em cada caso, de dois a três anos de trabalho em equipe. "Isso significa que as quatro monografias parciais serão entregues dentro desse período de tempo e que a contribuição integrativa só poderá ser elaborada dentro de um prazo aproximado de quatro a cinco anos"[78].

---

[75] Florestan Fernandes, "Economia e sociedade no Brasil: análise sociológica do subdesenvolvimento", em idem, *A sociologia numa era de revolução social*, cit., p. 314-37.
[76] Idem.
[77] Ibidem, p. 319.
[78] Ibidem, p. 336.

**Quadro 9.1 – Temas, descrições e responsáveis pelos projetos específicos sobre a estrutura da empresa industrial da Cadeira de Sociologia I da FFCL-USP e do Cesit (1961-1962)**

| Eixos temáticos | Descrição | Responsável pelo projeto específico |
|---|---|---|
| I – A mentalidade do empresário industrial | Fator "decisivo para a compreensão do crescimento econômico e das tendências de consolidação da ordem social competitiva na sociedade brasileira" | Fernando Henrique Cardoso |
| II – Estado e desenvolvimento | O papel da intervenção construtiva do Estado na criação ou fomento de condições para provocar ou acelerar o desenvolvimento econômico geral | Octavio Ianni |
| III – A mobilização da força de trabalho | Sob as condições de transição da economia tradicional para a era tecnológica, estudo sobre os desequilíbrios econômicos, demográficos e sociais resultantes desse processo, bem como "os influxos positivos da racionalização do aproveitamento do fator humano na reintegração da ordem econômica e política" | Marialice Mencarini Foracchi e Maria Sylvia Carvalho Franco Moreira |
| IV – Desenvolvimento econômico e mudança social | Estudo sobre desenvolvimento e mudança, por meio de análise "comparada de comunidades bem-sucedidas na instauração da ordem social competitiva" | Florestan Fernandes |

Fonte: elaborado pelo autor, com base em informações obtidas em Florestan Fernandes, *A sociologia numa era de revolução social*, cit.

No entanto, após o golpe militar de 1964, todo o plano inicial teve de ser revisto, como o próprio Fernandes menciona em nota incorporada à segunda edição do já citado livro *A sociologia numa era de revolução social*, de 1976:

> O projeto em questão sofreu um forte impacto negativo com os acontecimentos ligados à implantação do regime político vigente, à desagregação do grupo da Cadeira de Sociologia I, ao desaparecimento do Centro de Sociologia Industrial e do Trabalho, ao falecimento de Marialice Mencarini Foracchi e à transferência de Maria Sylvia Carvalho Franco para o setor de Filosofia.[79]

Dos quatro eixos temáticos do projeto inicial, o primeiro e o terceiro ganham relevância para a análise empreendida neste livro. O primeiro, "a mentalidade do empresário industrial", partia da constatação de que nada se sabia "a respeito das condições de recrutamento, de ressocialização e de atuação social do empresário industrial"[80]. O que se pressupunha era que seria fundamental a constituição de um novo tipo de empresário, com um perfil racional e planejador, consciente da

---

[79] Ibidem, p. 319.
[80] Ibidem, p. 323.

importância de suas ações estarem articuladas com a lógica do mercado competitivo, sabendo aproveitar, da melhor maneira possível, os novos perfis de operários e o conhecimento científico produzido em seu tempo. Porém, esse ideal de burguês industrial precisaria ultrapassar, pressupunham, as barreiras da sociedade tradicional, arcaica e paternalista. Portanto, produzir conhecimento sobre a mentalidade dos empresários industriais era fundamental para orientar e disciplinar essa camada social no processo de modernização da sociedade.

Na outra ponta do antagonismo das classes sociais, estava a "mobilização da força de trabalho", a qual o Cesit pretendia estudar, partindo do pressuposto de que as formas de estratificação social produzidas pela colonização e pela escravidão no Brasil deixaram como legado a degradação da força de trabalho. "Do *trabalho escravo* ao *trabalho livre*, realizamos todo o progresso aparente da civilização moderna, sem conseguirmos jamais conferir ao trabalho as funções dinamizadoras que ele deveria desempenhar como fator social construtivo", ressalta o projeto[81].

Ao destacar a precariedade como fator estrutural da constituição da força de trabalho brasileira, os autores rejeitaram a tese de que o desenvolvimento industrial de uma nação se deve exclusivamente às transformações tecnológicas e econômicas. Aqui, de forma decisiva, a sociologia industrial estadunidense e a sociologia do trabalho francesa mostravam sua influência sobre a sociologia uspiana do trabalho. O *fator humano*, no sentido clássico discutido nos Estados Unidos, seria um elemento fundamental para o progresso socioeconômico da "civilização industrial". Porém, ele não deve ser considerado em sua forma isolada, no interior da fábrica, mas com base em sua historicidade e como parte do todo de uma sociedade, conforme afirmaram as teses francesas sobre o trabalho.

Nesse sentido, para que a revolução industrial tivesse sucesso no Brasil, seria necessária uma transformação da mentalidade dos empresários e dos operários, constituindo uma nova moral para suportar o ritmo e a disciplina da fábrica taylorista-fordista, visando progressivamente ao aumento da produtividade do trabalho. Isso não ocorreria sem a constituição de uma ordem racional, que superasse os elementos atrasados da sociedade brasileira.

\*\*\*

Desse grande projeto fundador do Cesit, "Economia e sociedade no Brasil", desdobrou-se um segundo, mais específico, que ficou conhecido como "Empresa industrial em São Paulo". Ele também teve início em 1961, antes mesmo da aprovação e da efetivação do Cesit. Ao analisar os dois projetos, vemos poucas diferenças teóricas ou de perspectiva político-acadêmica, sendo que o primeiro foi escrito por Fernandes e o segundo por Cardoso e Ianni. Na prática, os dois eram o mesmo. Suas existências se explicam pela estratégia da Cadeira de Sociologia

---

[81] Ibidem, p. 331.

I de buscar, por diversas vias, auxílios financeiros. Portanto, se o "Economia e sociedade no Brasil" convenceu a CNI a doar para o Cesit sete vezes mais o valor anual da cadeira, o "Empresa industrial em São Paulo" angariou recursos da recém-criada Fapesp[82]. Mas o primeiro era algo como os princípios norteadores do Cesit, enquanto o segundo foi o seu primeiro projeto operacional.

Numa primeira fase, que tomou todo o primeiro e parte do segundo semestre de 1961, realizou-se uma pesquisa coletiva por meio de um levantamento da "situação global das empresas industriais" da Grande São Paulo, acrescida de um estudo minucioso das "empresas representativas". Participaram dessa primeira fase, além de todos os nomes listados no Quadro 9.1, o colaborador do CBPE e associado à Cadeira de Sociologia I, mantido no Brasil pela Unesco, Bertram Hutchinson[83]. Logo em seguida, ainda no final do segundo semestre de 1961, produziram o questionário que seria aplicado nas trezentas empresas selecionadas[84]. Portanto, todo o trabalho de elaboração dos questionários, de levantamento e escolha das empresas industriais foi realizado antes da efetivação do próprio Cesit.

Quando o centro já estava aprovado por decreto estadual, começou a terceira fase do estudo, em 1962, com a aplicação dos questionários nas empresas incluídas na amostra, a tabulação e a análise dos dados obtidos[85]. Foram escolhidas 285 empresas industriais, sendo 96 delas com um número de operários que variava de 20 a 99 operários, 95 entre 100 e 499 e 94 com 500 ou mais (segundo dados de 1958 do Departamento de Estatística de São Paulo). Sobre a *survey* (ou "inquérito social"), Fernandes ressalta que "constitui um instrumento de pesquisa relativamente limitado. Ele é aconselhável quando as informações globais sobre determinada unidade de investigação são precárias ou insuficientes e quando se pretende selecionar problemas para pesquisa em profundidade. No caso, as duas razões recomendaram a aplicação da técnica"[86].

---

[82] Como afirma Fernandes, no prefácio de seu livro, o projeto foi desenvolvido graças a dotações fornecidas pela Fapesp, suplementadas por recursos proveniente da USP e da CNI. Ver Florestan Fernandes, citado em José Carlos Pereira, *Estrutura e expansão da indústria em São Paulo* (São Paulo, Companhia Editora Nacional, 1967, coleção Ciências Sociais), prefácio.

[83] Também pertenceu aos quadros da Cadeira de Sociologia I, como colaborador do setor docente, em 1968, Manoel Tosta Berlinck, sustentado com recursos da Fapesp. Ver Florestan Fernandes, "Em busca de uma sociologia crítica e militante". Fernandes, Florestan. "Em busca de uma sociologia crítica e militante", em *A sociologia no Brasil: contribuição para o estudo de sua formação e desenvolvimento*, Petrópolis, Vozes, 1977, coleção Sociologia Brasileira, v. 7).

[84] Nessa segunda fase, contaram com a ajuda do estatístico Lindo Fava, que ajudou a fixar em trezentos o número de empresas a serem incluídas na *survey*.

[85] Os que participaram da aplicação dos questionários, na condição de colaboradores do Cesit, eram na maioria mulheres: José Francisco Fernandes Quirino dos Santos, Maira do Carmo Campelo de Souza, Eduardo Kugelmas, Maria Márcia Smith, Cacilda Maria Asciutti, Lúcia Campello de Souza, Maria Irene Franco Queiroz Ferreira, José Rodrigues Barbosa e Daisy Maria del Nero.

[86] Florestan Fernandes, "Prefácio", em José Carlos Pereira, *Estrutura e expansão da indústria em São Paulo*, cit.

Por fim, em 1963, começaram os estudos de casos, sob supervisão dos pesquisadores-responsáveis (ver Quadro 8.1 do capítulo 8). Foi nessa fase, por exemplo, que José Carlos Pereira e Leôncio Martins Rodrigues desenvolveram as pesquisas que se desdobraram em suas teses de doutorado. Os dois se concentraram em realizar uma análise qualitativa dos dados obtidos na *survey*. Entretanto, Rodrigues seguiu colaborando com outras pesquisas, como a de Cardoso sobre o "empresário industrial e o desenvolvimento econômico" e a de Marialice Foracchi sobre "as condições sociais do ajustamento do estudante à universidade". Seu principal estudo ocorreu entre 1964 e 1967, numa indústria automobilística de São Paulo, sobre as atitudes e motivações dos trabalhadores industriais[87].

Fernando Henrique Cardoso, com base na pesquisa coletiva "Empresa industrial em São Paulo", deu prosseguimento a um estudo comparativo sobre a mentalidade dos empresários e o desenvolvimento econômico entre o Brasil e outros países da América Latina, com o apoio da Cepal e do Clapcs. Por conta disso, solicitou, em 1963, um afastamento de 96 dias para realizar pesquisas sobre a "industrialização da América Latina", abrangendo Argentina, Chile, Colômbia e México, sendo que as despesas seriam custeadas pelo Clapcs. Isso atesta uma reaproximação entre o grupo do Rio de Janeiro e a Cadeira de Sociologia I, movimento que vinha sendo feito desde o seminário de 1959 sobre "Resistências à mudança". No entanto, essa pesquisa ocorreu justamente no momento em que Cardoso se exilou, após o golpe militar e a busca policial a sua pessoa na FFCL-USP, o que explica o rápido apoio que obteve da Cepal para seguir seus trabalhos no Chile[88]. Foi durante essa pesquisa que o sociólogo brasileiro

---

[87] Em 1968, Rodrigues iniciou pesquisa sobre "atitudes e orientações de quatro categorias socioprofissionais", com a pretensão de embasar sua tese de livre-docência. Em 1969, quando era diretor do Cesit, realizou pesquisas sobre os efeitos sociais da introdução de alta tecnologia na indústria paulista e sobre o lazer e as expectativas sociais dos comerciários de São Paulo. A partir de 1963, Rodrigues assumiu a responsabilidade pelas disciplinas de sociologia do trabalho ou de sociologia industrial ministradas pela Cadeira de Sociologia I (ver *Contrato Docente: Leôncio Martins Rodrigues Netto*. Arquivo Geral da USP. Código: 47-61/08-A).

[88] A solicitação de afastamento para realizar sua pesquisa foi feita ao reitor da USP em 1963. Ele o concedeu por apenas trinta dias em 1964. No entanto, quando o golpe militar ocorreu, Cardoso usou essa permissão para deixar o Brasil e se instalar em Buenos Aires. Em 22 de abril de 1964, o diretor da FFCL-USP, Mário Ferri, solicitou mais trinta dias de afastamento para Cardoso, "a fim de continuar as pesquisas que está dirigindo em Buenos Aires, Santiago e Cidade do México sobre os empresários industriais e o desenvolvimento econômico da América Latina, no programa em colaboração entre Cesit e a Unesco". Em 4 de abril, Cardoso enviou carta ao reitor informando que não participaria do Conselho Universitário de abril, maio e junho por conta de pesquisa em andamento. Logo em seguida, o diretor da FFCL-USP enviou novo ofício ao reitor solicitando afastamento de um ano, com prejuízo de vencimentos, para Cardoso, "a fim de, a convite do Instituto Latino Americano de Planificação Econômica e Social (Ilapes), órgão filiado à Cepal e mantido pela ONU, realizar pesquisas em Santiago do Chile". E complementou: "cumpre-me informar que o interessado deverá continuar as

formulou as teses que viriam compor o livro que escreveu com Faletto sobre a teoria da dependência na América Latina[89].

Esperava-se a produção de um relatório global da documentação reunida, elaborado de forma coletiva, e a produção de pelo menos cinco monografias sobre os tipos de empresa industrial selecionados para o estudo intensivo, a cargo dos pesquisadores-responsáveis do projeto, Leôncio Martins Rodrigues, Gabriel Bolaffi, José Carlos Pereira, Lourdes Soula e Cláudio José Torres Vouga. Pelo planejado, tudo deveria estar finalizado em meados de 1964; no entanto, por conta de naturais atrasos de um projeto desse porte e, principalmente, da mudança da conjuntura política após o golpe militar de 1964, muitos estudos ou não terminaram ou tiveram de ser finalizados antes para serem defendidos como teses de doutoramento. Dos pesquisadores-responsáveis envolvidos no projeto do Cesit, apenas Leôncio Martins Rodrigues conseguiu cumprir toda a parte do programa que lhe foi incumbida, defender a tese e publicá-la antes dos demais. Os outros estudiosos acabaram produzindo relatórios que não foram publicados, à exceção de José Carlos Pereira[90].

**Quadro 9.2 – Livros publicados como desdobramentos das pesquisas e reflexões ocorridas nos projetos desenvolvidos pelo Cesit, conforme autor, título, editor, data da primeira edição e coleção**

| | |
|---|---|
| Fernando Henrique Cardoso | *Empresário industrial e desenvolvimento econômico no Brasil* (São Paulo, Difel, 1964, coleção Corpo e Alma do Brasil, v. 13) |
| | *Política e desenvolvimento em sociedades dependentes: ideologias do empresariado industrial argentino e brasileiro* (Rio de Janeiro, Zahar, 1971, coleção Biblioteca de Ciências Sociais; edição prévia em francês, 1969) |
| Octavio Ianni | *Estado e capitalismo: estrutura social e industrialização no Brasil* (Rio de Janeiro, Civilização Brasileira, 1965, coleção Perspectivas do Homem) |
| Leôncio Martins Rodrigues* | *Conflito industrial e sindicalismo no Brasil* (São Paulo, Difel, 1966, coleção Corpo e Alma do Brasil) |
| | *Industrialização e atitudes operárias: estudo de um grupo de trabalhadores* (São Paulo, Brasiliense, 1970, coleção Obras de Ciências Sociais) |

---

pesquisas iniciadas em dezembro de 1963, quando esteve afastado conforme publicação no *Diário Oficial* de 9/10/1964, sobre o empresário industrial na América Latina, as quais fazem parte do programa de trabalhos da Cadeira de Sociologia I, e visitar os centros industriais latino-americanos mais importantes" (ver *63.1.27005.1.6, CX 2514, Fernando Henrique Cardoso, Afastamento*. Arquivo Geral da USP)

[89] Fernando Henrique Cardoso e Enzo Faletto, *Dependência e desenvolvimento na América Latina: ensaio de interpretação sociológica* (7. ed., Rio de Janeiro, Zahar, 1984, coleção Biblioteca de Ciências Sociais).

[90] Estes trabalhos foram: "Racionalização na indústria paulistana" (dat., 1964), de Lourdes Sola; "Direção das empresas industriais de São Paulo" (dat., 1964), de Carlos José T. Vouga; "A racionalização da empresa privada ou a racionalização do sistema econômico: o falso dilema em que se debate a civilização industrial no Brasil" (dat., 1965), de Gabriel Bolaffi.

| José Carlos Pereira | *Estrutura e expansão da indústria em São Paulo* (São Paulo, Companhia Editora Nacional, 1967, coleção Biblioteca Universitária, série Ciências Sociais) |
|---|---|
| Luiz Pereira | *Trabalho e desenvolvimento no Brasil* (São Paulo, Difel, 1965, coleção Corpo e Alma do Brasil) |
| Paul Singer | *Desenvolvimento econômico e evolução urbana: análise da evolução econômica de São Paulo, Blumenau, Porto Alegre, Belo Horizonte e Recife* (São Paulo, Companhia Editora Nacional: Edusp, 1968) |
| Gabriel Cohn | *Petróleo e nacionalismo* (São Paulo, Difel, 1965, coleção Corpo e Alma do Brasil) |
| Florestan Fernandes | *Sociedade de classes e subdesenvolvimento* (Rio de Janeiro, Zahar, 1968, coleção Biblioteca de Ciências Sociais)<br>*A revolução burguesa no Brasil: ensaio de interpretação sociológica* (Rio de Janeiro, Zahar, 1975, coleção Biblioteca de Ciências Sociais) |

Fontes: elaborado pelo autor, com informações extraídas de Florestan Fernandes, *Ensaios de sociologia geral e aplicada* (3. ed., São Paulo, Pioneira, 1976) e Fernando Henrique Cardoso e Octavio Ianni, "A empresa industrial em São Paulo (projeto de estudo)", em Florestan Fernandes, *A sociologia numa era de revolução social*, cit., p. 338-58.

No Quadro 9.2 (acima), demonstramos os meios de publicação das pesquisas realizadas pelo Cesit, visto que é um fator fundamental para compreender o impacto que elas tiveram no debate sociológico da época e na posteridade. Tanto Cardoso quanto Fernandes coordenavam coleções em duas importantes editoras, respectivamente Corpo e Alma do Brasil, na Difusão Europeia do Livro (Difel), e Biblioteca Universitária, série Ciências Sociais, na Companhia Editora Nacional. Essa relação facilitou com que os trabalhos produzidos pela Cadeira de Sociologia I (e o Cesit) fossem rapidamente publicados e difundidos.

*A sociologia uspiana do trabalho e a modernização*

Quando Touraine visitou pela primeira vez São Paulo, em 1960, ele rapidamente estabeleceu um forte vínculo com os jovens sociólogos da USP e abriu um primeiro diálogo sobre metodologia e perspectiva analítica. Esse encontro deu origem ao dossiê especial publicado na revista *Sociologie du Travail*, v. 3, de 1961. Cardoso nos concedeu o seguinte relato sobre esse momento:

> Nós tínhamos escrito uns trabalhos que foram publicados no *Les Temps Modernes*. Alguns de nós já estávamos lidando com o trabalhador, a classe operária. Nós éramos todos socialistas. Todos não! Realmente, eu é que era mais militante. O Octavio Ianni nunca foi militante de partido na época, mas tinha visão. O Juarez Brandão Lopes, que tinha uma formação mais americana, escrevia sobre o trabalho também. Ou seja, muitos de nós estávamos interessados em entender a questão da classe trabalhadora. Eu não vou esquecer nunca que nós demos ao Touraine um exemplar do *Les Temps Modernes* que tinha esses artigos. E o Touraine disse: "Olha... muito bom! Vocês estão pensando que estão analisando as classes sociais como na Europa" (e de fato nós estávamos estudando a formação da classe operária) [...] "e aqui a situação é outra, pois

tem o Estado, tem a Nação..." Essas ideias que o Touraine cultivava bastante e tinham razão de ser. Aquilo me chamou bastante atenção. "As aves que aqui gorjeiam não gorjeiam como lá." Tudo bem que parece que é, mas não é. Há uma certa cumplicidade. A dependência é isso. É a mesma coisa e não é... Então, o Touraine me influenciou muito a partir da visão que ele tinha. E o Touraine é uma pessoa generosa. Ele lia. Nós éramos muito jovens. Ele também era jovem [...]. Aí criou-se a ideia de fazer um centro de sociologia do trabalho. Era animador essa nova maneira de ver a relação de trabalho. A sociologia se voltar para isso. Por causa do Friedmann.[91]

Após o seu contato com a realidade chilena, Touraine passou a considerar o processo de modernização da América Latina com base em suas particularidades, como o fato de a distinção entre dirigentes e dirigidos não ser tão nítida quanto nos processos de industrialização ocorridos na Europa. Na região latino-americana, esse processo teria sido realizado por grupos nacionalistas ou revolucionários e os dirigentes políticos e econômicos se confundiam em muitas ocasiões com os líderes dos movimentos populares e operários. Nesse sentido, como afirma Touraine, há uma influência das próprias massas no processo de transformação[92].

Na verdade, se analisarmos os textos produzidos por Touraine e pelos sociólogos da USP, em especial Brandão Lopes, Azis Simão e Cardoso antes do encontro deles em 1960, perceberemos que já existia uma proximidade em suas conclusões. Para a produção da sociologia uspiana do trabalho até então, havia, entre os operários industriais, uma camada que, provinda do meio rural, tinha um projeto de mobilidade social e, portanto, um desejo de sair da condição operária. A participação deles no processo político se dava menos como classe e mais como povo. Essa é uma perspectiva bem semelhante ao que Touraine chama de "projeto", conceito que permitiria unir as expectativas, os modos de participação e as exigências normativas dos indivíduos, conforme abordamos no capítulo 6.

A sociologia uspiana, principalmente a produzida no Cesit, buscou uma interpretação e uma análise da realidade brasileira com base em uma perspectiva totalizante. As obras desses autores continham uma tensão interna em razão do confronto entre o modelo funcionalista, valorizado ao longo dos anos 1950, e o método dialético, incorporado pelos mais novos em suas pesquisas após as leituras de Marx e de autores marxistas no famoso seminário de *O capital*[93].

---

[91] Ver Fernando Henrique Cardoso, entrevista concedida ao autor em 6 dez. 2017.
[92] Alain Touraine, "Industrialisation et conscience ouvrière à S. Paulo", *Sociologie du Travail*, v. 4, 1961.
[93] Na introdução de *Capitalismo e escravismo no Brasil meridional*, Cardoso defende, pela primeira vez, o "método dialético" na sociologia. "Em termos sucintos: o livro visa analisar a *totalidade social concreta* que resultou da interação entre senhores e escravos na sociedade gaúcha"; Fernando Henrique Cardoso, *Capitalismo e escravidão no Brasil meridional: o negro na sociedade escravocrata do Rio Grande do Sul* (São Paulo, Difel, 1962, coleção Corpo e Alma do Brasil, v. 8), p. 9. No entanto, é fundamental ressaltar que a perspectiva incorporada pelos uspianos era mais parecida com o que Anderson chamou de "marxismo ocidental"; Perry Anderson, *Considerações sobre o*

Entretanto, suas produções não superaram a visão dualista em voga nas ciências sociais, ainda que eles se colocassem críticos a elas. Por meio de pesquisas empíricas e *surveys*, tendo como objeto central o mundo urbano e industrial (o lado "moderno" do país), os membros do Cesit buscaram demonstrar as razões pelas quais o projeto modernizador encontrava resistências no Brasil. Por exemplo, a hipótese de Leôncio Martins Rodrigues era a de que a "natureza do moderno processo de industrialização, em interação com determinadas características da sociedade brasileira, acarretou uma posição relativa da classe operária no interior da nação e tipos de orientações e atitudes políticas divergentes das observadas nos países de antiga industrialização"[94]. Ainda segundo o autor, não houve no Brasil, no seio de seu proletariado, o desenvolvimento de ideologias questionadoras (negadoras) do capital, como teria ocorrido no proletariado dos países de capitalismo central. As especificidades de nosso país estariam no fato de que a emergência política das camadas trabalhadoras e a ampliação de sua participação política se efetuaram sob a égide do populismo, ou seja, "orientadas não por ideologias negadoras do sistema social, mas por aspirações de integração à sociedade urbana e moderna, sob lideranças de tipo paternalista originárias das classes superiores"[95].

A temática sobre a *consciência operária* ou as *atitudes operárias* era uma preocupação central na primeira fase da produção intelectual de Alain Touraine (ou seja, de 1948 a 1968). Lembremos que, naquele período da sociologia do trabalho francesa, ocorreram inúmeros estudos sobre as resistências operárias ao processo de transformação técnico-administrativo no mundo do trabalho, que contaram com a aplicação de *enquêtes* (*surveys*) com o objetivo de medir a consciência operária. Dessa forma, acreditava-se que, compreendendo as questões que normatizavam as ações dos trabalhadores, seria possível aos sindicatos, aos patrões e aos agentes dos governos planejarem as políticas necessárias para acelerar o processo de modernização da sociedade.

Semelhante reflexão foi realizada no Brasil pela sociologia uspiana dos anos 1960. Segundo ela, o *desajustamento* dos trabalhadores na sociedade industrial se refletia numa falta de consciência de classe. Com esse limitador, os sindicatos e os movimentos sociais dos trabalhadores não poderiam cumprir, portanto, o

---

*marxismo ocidental* (trad. Isa Tavares, São Paulo, Boitempo, 2004). Cardoso, na mesma introdução, defende a diferença entre o Marx cientista e o Marx militante revolucionário, sendo que ele estava se apropriando do primeiro. Ver também Lidiane S. Rodrigues, *A produção social do marxismo universitário em São Paulo; mestres, discípulos e "um seminário" (1958-1978)* (tese de doutorado, Universidade de São Paulo, 2011); e Roberto Schwarz, "Um seminário de Marx", *Novos Estudos*, n. 50, 1998.

[94] José Albertino Rodrigues, *Sindicato e desenvolvimento no Brasil* (São Paulo, Difel, 1968, coleção Corpo e Alma do Brasil, v. 27), p. 341.

[95] Ibidem, p. 342.

papel de sujeitos históricos. Com a ausência de uma ação radical, os sindicatos se desenvolveriam controlados e subordinados ao Estado, permitindo a emergência do *populismo*.

Uma análise parecida foi feita sobre a mentalidade dos empresários no famoso estudo de Cardoso, *Empresário industrial e desenvolvimento econômico no Brasil*[96]. Influenciados pelo arcaísmo de nosso passado, os empresários industriais apresentavam a ausência de uma *racionalidade instrumental weberiana*, fundamental para o desenvolvimento capitalista, elemento agravado com dependência da economia brasileira. Portanto, caberia ao Estado, com o auxílio de técnicos e com o conhecimento científico, o papel de impulsionar e incentivar a industrialização com métodos modernos.

Como apontamos, ainda que os intelectuais do Cesit tentassem superar o dualismo predominante de seu tempo, eles não puderam romper totalmente com sua lógica explicativa. A crença de que a modernização da sociedade dependeria de impulsos externos, justificados pela etapa da civilização industrial, tornou mais difícil que essa geração produzisse uma crítica radical das formas de ser e de organização do trabalho dos anos 1950 e 1960. No entanto, é inegável o legado teórico que essa geração deixou para aquelas que a ela se seguiram.

## Uma inflexão após o seminário de 1959

Já destacamos em capítulo anterior a importância do seminário de 1959, "Resistências à mudança", organizado pelo Clapcs e pela Flacso, como marco da inflexão no desenvolvimento do pensamento dos autores da Cadeira de Sociologia I da USP. Essa mudança teve implicações no projeto de pesquisa que esse grupo encampou nos anos seguintes, materializando-se na criação do Cesit. Uma forma de atestar essa transição é acompanhar as reflexões realizadas em seus textos entre 1959 e 1964, período marcado por intensas atividades políticas e acadêmicas.

Para confirmar nossa hipótese, abordaremos dois textos sintomáticos de Florestan Fernandes, escritos em momentos diferentes dessas duas "fases" de reflexão teórico-política. O primeiro foi encomendado para o seminário de 1959, intitulado "Atitudes e motivações desfavoráveis ao desenvolvimento", e publicado em duas ocasiões, ambas em 1960, nos anais do evento e em *Mudanças sociais no Brasil*, pela Difel[97]. O segundo texto começou a ser elaborado nos meses finais de 1961 e foi, aos poucos, publicado nas páginas do *Suplemento Literário* do jornal *O Estado*

---

[96] Fernando Henrique Cardoso, *Empresário industrial e desenvolvimento econômico no Brasil*, cit.
[97] Clapcs, "Resistências à mudança: fatores que impedem ou dificultam o desenvolvimento", em *Anais do Seminário Internacional, reunido no Rio de Janeiro, em outubro de 1959* (Rio de Janeiro, Clapcs, 1960), v. 10, p. 349; Florestan Fernandes, *Mudanças sociais no Brasil: aspectos do desenvolvimento da sociedade brasileira* (3. ed., São Paulo/Rio de Janeiro, Difel, 1979, coleção Corpo e Alma do Brasil, v. 3).

*de S. Paulo*[98]. Versões refundidas e ampliadas saíram, em 1962, na revista *Estudos Sociais e Políticos* e, em 1963, na coletânea *A sociologia numa era de revolução social* com o título "Reflexões sobre a mudança social no Brasil"[99].

O autor reconhece que essa transição na maneira de abordar a questão da modernização e do desenvolvimento brasileiro foi motivada tanto pelas discussões ocorridas no próprio seminário de 1959 quanto, e principalmente, pelo seu deslocamento para um maior engajamento político nos anos 1960, sobretudo a partir da sua ativa participação na luta em defesa da educação pública, conforme ele mesmo confirma nesse segundo texto que estamos tomando como referência:

> Graças à Campanha de Defesa da Escola Pública, alguns meses após participar desse simpósio ["Resistências à mudança"] tive a oportunidade de sair do relativo isolamento a que ficam condenados, por contingências da carreira e por outros motivos menos louváveis, os professores universitários. O longo debate, que se seguiu a cada conferência, ofereceu-me um instrumento de sondagem endoscópica da sociedade brasileira, de real significação para os meus centros de interesse científico. Em quase cinco dezenas de debates, no município da Capital de São Paulo, em outras comunidades do interior do nosso Estado e em várias "grandes cidades" brasileiras, consegui estabelecer um diálogo, por vezes de natureza polêmica, com representantes dos diferentes círculos e correntes sociais da sociedade brasileira contemporânea.[100]

Esse contato com os homens e as mulheres de "carne e osso", esse processo de sair do círculo acadêmico da universidade e se engajar nos grandes embates contemporâneos, deslocando as reflexões sobre a modernização para um âmbito mais imediato e concreto, permitiu a Fernandes iniciar um processo de revisão crítica de suas posições e se distanciar da forma como vinha abordando a questão:

> O afã coletivo pelo "desenvolvimento" não contribuirá, por si mesmo, para alterar o padrão e o ritmo da mudança social nos países latino-americanos. Para se obter um efeito tão radical, é preciso auxiliar os homens a identificarem e a combaterem as condições e os fatores sociais mais profundos, que regulam em níveis muito baixos sua capacidade de atuação coletiva inovadora e impedem o recurso a técnicas sociais conhecidas de manipulação das forças que operam na porção organizada do ambiente.[101]

A passagem acima foi escrita em 1960 e expressa a mesma perspectiva que o autor assumia no seminário de 1959. Naquela ocasião, Fernandes vinha de um longo período de reflexão sobre a "sociologia aplicada", tendo como referenciais

---

[98] Florestan Fernandes publicou pequenos artigos sobre essa reflexão entre 9 de dezembro de 1961 e 26 de maio de 1962. Ao todo, foram sete publicações nos números 259, 263, 264, 267, 272, 279 e 282 do *Suplemento Literário* (ver *O Estado de S. Paulo*, Acervo Digital).
[99] Florestan Fernandes, *A sociologia numa era de revolução social*, cit.
[100] Idem, "Reflexões sobre a mudança social no Brasil", em *A sociologia numa era de revolução social*, cit., p. 204.
[101] Idem, "Padrão e ritmo de desenvolvimento na América Latina", em *A sociologia numa era de revolução social*, cit., p. 238.

as discussões de Mannheim e de Freyer sobre o papel do intelectual acadêmico frente à sociedade em plena transformação. Ele se colocava diante do velho dilema entre a política e a ciência, a produção objetiva do conhecimento e a tomada de posição partidária, e apelava, como forma de solucioná-lo, para o que chamou de "ética da responsabilidade" do cientista, isto é, a "universalização e o respeito pelos direitos fundamentais da pessoa humana, a democratização da educação e do poder, a divulgação e a consagração de modelos racionais de pensamento e de ação, a valorização e a propagação do planejamento em matérias de interesse público etc."[102].

Envolto ainda na perspectiva da sociologia da modernização, desenvolvida essencialmente ao longo das décadas de 1950, não apenas nos círculos intelectuais brasileiros e uspianos, mas, sobretudo, na comunidade internacional de ciências sociais, Fernandes defendeu, em sua exposição no seminário de 1959, a possibilidade de planejar e dirigir o desenvolvimento, superando, portanto, os supostos fatores que impediriam a mudança. Segundo essa perspectiva, o conflito social não seria o único elemento que dinamiza o desenvolvimento social, pois, diferentemente da época de Marx, o século XX teria desenvolvido novas técnicas e normas de dominação que ultrapassavam a esfera do controle, adentrando na do consentimento. Por isso, o desenvolvimento social seria um processo histórico-social que "exige certas condições dinâmicas fundamentais, referentes à organização da personalidade, da sociedade e da cultura, bem como ao grau de integração orgânica deles entre si"[103].

A importante questão do desenvolvimento social e, em particular, do "salto histórico" necessário aos países de economia dependente, passaria por um processo de conscientização dos atores envolvidos. Nesse sentido, Fernandes tinha a convicção de que o problema da educação no Brasil era uma questão-chave, que não se limitava apenas à necessidade da alfabetização ou da inserção das pessoas no sistema escolar, mas que, sobretudo, tinha a ver com a os seres humanos modernos terem a possibilidade de perceber e conhecer realmente as complexas condições histórico-sociais do seu mundo. Dessa forma, tanto os indivíduos quanto os movimentos sociais poderiam identificar suas demandas e seus interesses no interior da estrutura social, o que seria a base para a exploração racional do planejamento[104].

Nesse sentido, reforçava o autor em sua intervenção no seminário de 1959:

---

[102] Idem, *Mudanças sociais no Brasil*, cit., p. 323.
[103] Ibidem, p. 338.
[104] Ou seja: "A crise contemporânea, na medida em que ela se revela através da perplexidade do homem moderno diante dos graves problemas sociais do presente, seria superada pela gradual absorção das técnicas e das concepções científicas pela educação e pela rotina social. Em cada situação, os membros de cada classe social poderiam estabelecer, com segurança, os alvos e os efeitos da mudança social progressiva favoráveis a seus interesses sociais e compatíveis com seus valores sociais. Em outras palavras, poderiam colocar-se em condições de valorizar positivamente

[...] não só se precisa de conhecimentos prévios mais sólidos e profundos sobre a situação, como se torna indispensável saber, de antemão, quais são as mudanças que se pretendem provocar e como desencadeá-las, tendo-se em vista as condições favoráveis ou desfavoráveis da intervenção. Isto significa que o aumento do controle do homem sobre as condições e as forças do ambiente social exigem novos esquemas intelectuais, nos quais a exploração do elemento racional se subordina a mudanças que são provocadas deliberadamente e segundo planos preestabelecidos.[105]

A ideia de que seria possível ter um controle dirigido da mudança social estava na base dos projetos de pesquisa da Cadeira de Sociologia I, do Cesit e das reflexões de seus autores ao longo da década de 1960. No entanto, se seguirmos o desenvolvimento dessas reflexões, encontramos um deslocamento progressivo da crença na modernização como planejamento da mudança social para o debate sobre os conflitos sociais e, nesse sentido, sobre a imprevisibilidade de seus resultados. Se olharmos de uma maneira mais ampla a obra de Fernandes, desde seus estudos sobre a questão racial no início dos anos 1950, mostrou-se decisivo para essa transição o papel relevante que foram ganhando as questões relativas ao mundo do trabalho.

No debate ocorrido na sessão plenária em que expuseram seus textos Fernandes, Gino Germani e Wright Mills, este observou que, nos países subdesenvolvidos, como os da América Latina, o desenvolvimento econômico e a democracia liberal se apresentavam incompatíveis. Acrescentou, também, que nesse processo o proletariado não teria capacidade de influenciar construtivamente. Segundo o estadunidense, as facções, as classes e as instituições que governam o mundo subdesenvolvido em geral o fazem com muita eficácia. Então, perguntou-se, por que eles deveriam querer mudar isso? Essas camadas dominantes da sociedade estariam muito mais para parasitas da economia que para instrumento de uma nova sociedade. Assim, ele conclui que, "como sociólogos, é melhor estudarmos esse tipo de coisa como 'obstáculo'. Eu acho que isso é mais importante do que o 'tradicionalismo" das populações indígenas e muitos outros problemas"[106].

Essas posições de Wright Mills parecem que ressoaram em Fernandes alguns anos mais tarde, a ponto de ele revisar e atualizar aquilo que apresentou no seminário de 1959:

[...] ao rever as realizações dos colaboradores desse simpósio e a contribuição que apresentei, verifico que haveria a necessidade de discutir com maior amplitude temas específicos, relacionados diretamente com a situação histórico-social dos países latino-americanos. Em particular, parece que seria recomendável dar-se atenção

---

o desenvolvimento social, agora sob o marco da "atuação política" e, por conseguinte, da exploração racional do planejamento"; ibidem, p. 340.

[105] Ibidem, p. 341.
[106] C. Wright Mills, "Remarks on the Problem of Industrial Development", em Clapcs, "Resistências à mudança", cit., p. 285.

concentrada aos fatores que retardam ou solapam as possibilidades do "arranco econômico" nesses países.[107]

A mudança de posição parece ser sutil, mas foi significativa. Nesse texto escrito entre 1961 e 1962, publicado incialmente no Suplemento Literário do jornal *O Estado de S. Paulo*, Fernandes apontou para uma aproximação com a perspectiva de Wright Mills em 1959, quando escreveu que "nós nos modernizamos por fora e com frequência nem o verniz aguenta o menor arranhão. É uma modernização postiça, que se torna temível porque nos leva a ignorar que os sentimentos e os comportamentos profundos da quase totalidade das *'pessoas cultas'* se voltam contra a modernização"[108]. Portanto, nesse artigo de 1962, Fernandes passa a compreender que o maior impedimento à aceleração do desenvolvimento não estaria numa coalizão de forças conservadoras, mas na presença de uma *resistência residual ultraintensa à mudança social* com o único objetivo de preservação pura e simples do *status quo*:

> Tudo se passa como se pessoas e grupos humanos colocassem acima de tudo as posições alcançadas na estrutura de poder da sociedade. Os influxos inovadores e seus efeitos previsíveis acabam projetados na área das "forças do mal" – sendo percebidos, interpretados e repelidos num contexto de atuação irracional. O que se faz, agindo-se e pensando-se conforme tais inspirações, é abrir um vulcão incontrolável no seio da vida social organizada. As influências inovadoras, continuamente represadas e comprimidas, não encontram formas pacíficas e construtivas de elaboração espontânea disciplinada. Se a situação não se alterar, com o tempo terão de explodir num clima de violências, arrasando as camadas e círculos sociais obnubilados por interesses estreitos, mas destruindo, também, elementos da tradição cultural que poderiam ser preservados.[109]

Logo em seguida, no mesmo texto, o autor destaca que

> [...] o "desenvolvimento" não pode ser avaliado e desejado como um bem em si e para si mesmo. Ou "aspiramos a alguma coisa socialmente", a ser atingida através da mudança social; ou a própria mudança social carece de sentido no plano de reintegração do sistema societário global, interessando somente às minorias de privilegiados, em condições de "comercializar" os proventos das transformações econômicas, sociais e culturais. Além disso, é preciso não esquecer que o padrão colonial de reação societária aos problemas sociais está sendo inapelavelmente superado pelas forças histórico-sociais, que concorrem para remodelar a configuração da "civilização ocidental" nos países latino-americanos.[110]

Podemos encontrar nos textos escritos entre 1959 e 1964 as reflexões que levaram Fernandes a uma guinada na forma como ele interpretava a sociedade brasileira, em

---

[107] Florestan Fernandes, "Reflexões sobre a mudança social no Brasil", cit., p. 204.
[108] Ibidem, p. 205.
[109] Ibidem, p. 211-2.
[110] Ibidem, p. 219.

particular em suas reflexões sobre a modernização periférica. O movimento final dessa guinada se expressou no livro *A revolução burguesa no Brasil*[111], publicado em 1975, e em sua interpretação sobre o modelo autocrático-burguês de transformação capitalista. No entanto, esse deslocamento de perspectiva não reverberou nas conclusões dos trabalhos desenvolvidos no Cesit, justamente porque o seu projeto institucional foi interrompido com o golpe militar de 1964, impedindo a continuidade das reflexões iniciadas em 1959 e desenvolvidas nos anos posteriores.

**Outros caminhos possíveis?**

Como buscamos afirmar neste livro, o estilo de pesquisa desenvolvido pela sociologia do trabalho na França e no Brasil, no decorrer das décadas de 1950 e 1960, refletia uma visão de mundo que tinha no processo de modernização da sociedade capitalista seu fim. Nessa época, a ambição da sociologia ainda era se tornar a disciplina hegemônica das ciências sociais, contrapondo-se à perspectiva das ciências econômicas que reduzia a sociedade ao utilitarismo[112]. No entanto, esse estilo de pesquisa, apesar de hegemônico, não era o único proposto, muito menos o melhor para seu objetivo de compreender a realidade social.

Muitos autores, de épocas posteriores, buscaram realizar uma crítica à geração da sociologia uspiana do trabalho e de seus correlatos internacionais[113]. Celso Frederico, por exemplo, aponta que as generalizações teóricas dos intelectuais da USP careciam, em sua maioria, de uma pesquisa empírica séria. Ele também acha que a perspectiva dualista de suas obras é um reflexo da separação entre o *sujeito* e o *objeto*. Segundo o autor,

---

[111] Florestan Fernandes, *A revolução burguesa no Brasil* (Rio de Janeiro, Zahar, 1975, coleção Biblioteca de Ciências Sociais).

[112] Nessa questão, utilizamos as pistas dadas por Christian Laval, *L'Ambition sociologique: Saint-Simon, Comte, Tocqueville, Marx, Durkheim, Weber* (Paris, La Découverte, 2002, coleção Recherches, série Bibliothèque du M.A.U.S.S.). Na interpretação do autor, a sociologia surgiu no século XIX como contraposição ao *Homo economicus* e ao pensamento utilitarista, contestando, assim, o *status* que as ciências econômicas davam a si mesmas como capazes de explicar a totalidade do mundo social. A ambição da sociologia, portanto, era substituir a economia como verdadeira ciência social, mas ela fracassou e o mundo da economia se impôs a todas as ciências sociais, inclusive a sociologia. Ainda que Laval tenha analisado apenas a sociologia clássica europeia, ou seja, as produções de até meados dos anos 1920, vale utilizar sua lógica para pensarmos o projeto de construção da sociologia no período do pós-guerra, mesmo que esta já estivesse bastante incorporada ao debate reducionista do econômico sobre o social e os seus embates e dilemas com a economia.

[113] Outra instigante crítica pode ser encontrada em Ruy Braga, *A política do precariado: do populismo à hegemonia lulista* (São Paulo, Boitempo, 2012, coleção Mundo do Trabalho).

[...] essas diferentes abordagens traduziriam, no fundo, uma postura idêntica perante a classe operária: ela seria apenas o objeto ao qual se aplicam e se "confirmam" as teorias sociológicas acadêmicas ou, em alguns casos, o objeto com a qual "se faz política". De qualquer forma, como se abstrai a prática concreta dos trabalhadores, essas análises acabam sempre considerando o operariado como um conjunto homogêneo que viveria um mesmo nível de consciência determinada pelos condicionamentos situados fora da luta de classes.[114]

A crítica de Frederico à sociologia uspiana do trabalho dos anos 1950/60 é centralmente contra as teses sustentadas nos estudos realizados pelo Cesit, em particular os de Cardoso e Rodrigues. No entanto, é importante relativizar e destacar dois problemas nessa crítica. O primeiro é a generalização de toda sociologia uspiana do trabalho, não diferenciando a heterogeneidade de intepretações e pesquisas realizadas, como foi o caso dos estudos de Brandão Lopes e Azis Simão, por exemplo. O segundo está na sua crítica à falta de investigações empíricas, o que não procede, como demonstramos ao longo deste livro.

Nesse caso, o que Frederico fez foi misturar a crítica aos métodos de pesquisa com a crítica à perspectiva de mundo dos autores e às teses que se tornaram, nas gerações seguintes, argumentos ideológicos. É compreensível que, para a geração de intelectuais que viveu o ciclo de lutas operárias e populares iniciado em 1978, as "teses da USP" sobre o desajustamento do operário ao mundo industrial e seu desejo individualista de se emancipar da fábrica, assim como seu conservadorismo e sua incapacidade de se contrapor politicamente ao capital, eram descabidos. A realidade política e social da década de 1980 se apresentava como uma prova cabal dos erros das teses uspianas.

No entanto, Frederico contesta o que se tornou ideologia, um argumento falsificador da realidade social, e que teve, durante a ditadura militar, um efeito político desmobilizador. Isso não significa desconsiderar as conclusões dos autores da sociologia uspiana do trabalho. O que Brandão Lopes, Cardoso, Rodrigues e outros fizeram foi registrar um momento dado do desenvolvimento político-social da industrialização do Brasil e da própria classe operária brasileira com base em suas visões de mundo. O erro desses autores não esteve apenas em concluir que essa classe tinha um potencial conservador – os dados coletados em seus questionários pareciam atestar isso –, mas na crença de que os métodos quantitativos – no caso, as *surveys* – eram capazes de captar a consciência de classe dos trabalhadores e, com base nisso, construir teorias sobre a sociedade brasileira.

É necessário, quando se busca reconstituir a história dessa geração, que a crítica seja feita com muitas mediações, sobretudo porque seus autores caminhavam, individual e institucionalmente, para uma transição na forma de pensar e nos métodos

---

[114] Celso Frederico, *A vanguarda operária* (São Paulo, Símbolo, 1979), p. 14.

de pesquisa[115]. Essa relativização se faz ainda mais necessária a todo grupo de intelectuais que teve seus planos de pesquisas e estudos interrompidos por alguma força autoritária externa. Depois do golpe militar de 1964, muitas das investigações que estavam em curso, como era o caso das que Rodrigues e Pereira vinham realizando, foram concluídas antes do tempo previsto ou sem as condições apropriadas.

Evidentemente o senso comum de que a classe operária brasileira seria conservadora e incapaz de agir autonomamente contra a sociedade do capital – difundido, sobretudo, ao longo do período do regime militar –, teve muitas vezes como base as obras e os estudos da sociologia uspiana do trabalho.

No entanto, quando os operários da Scania de São Bernardo do Campo, no dia 12 de maio de 1978, às sete horas da manhã, ingressaram na empresa, bateram seus cartões e não trabalharam, dando início a um movimento que extrapolou as dependências da fábrica, houve ali uma das mais importantes inflexões da história do movimento operário brasileiro, rompendo com os limites impostos pela lei antigreve e com o arrocho salarial. A ideia de que germinava algo novo nos impactantes movimentos grevistas marcou as análises dos intelectuais que se debruçaram sobre esse processo. As novas gerações de pesquisadores (acadêmicos e militantes) do pós-1978, observadores e/ou partícipes desses movimentos, colocaram novas questões sobre a forma de *ser* e de *agir* da classe operária brasileira. O resultado, no plano das elaborações teóricas das ciências sociais, foi uma revisão dos antigos debates, "buscando as raízes do presente, invisíveis nas formas passadas de representação social"[116]. Nesse sentido, "foi então questionada uma imagem constituída nas ciências sociais, no interior da qual os trabalhadores eram vistos como subordinados ao Estado graças a determinações estruturais da industrialização brasileira"[117].

Estávamos diante de novos personagens que entravam em cena, num contexto de crise econômica e política, cravando seu lugar na dinâmica da sociedade como sujeitos sociais[118]. Esse potente proletariado colocou em questão o processo de

---

[115] Uma tentativa de contraponto à sociologia uspiana pode ser encontrada no singelo trabalho realizado por Löwy e Chucid, em 1959, sob orientação de Azis Simão, acerca da consciência operária dos delegados sindicais do Congresso Nacional Metalúrgico. O resultado dessa pesquisa deu origem a duas publicações: em 1962, na *Revista Brasileira de Estudos Políticos*, e em 1970, nos *Cahiers Internationaux de Sociologie*. Este segundo texto, escrito ao mesmo tempo que o primeiro, apontava para uma tendência de análise diferente da sociologia da USP dos anos 1950/60. Uma problematização disso pode ser encontrada em Ricardo C. Festi, "Michael Löwy e a sociologia do trabalho", cit.

[116] Maria Paoli, Eder Sader e Vera da S. Telles, "Pensando a classe operária: os trabalhadores sujeitos ao imaginário acadêmico", *Revista Brasileira de História*, São Paulo, Marco Zero, v. 3, n. 6, 1983, p. 130.

[117] Idem.

[118] Eder Sader, *Quando novos personagens entraram em cena: experiências, falas e lutas dos trabalhadores da Grande São Paulo, 1970-1980* (Rio de Janeiro, Paz & Terra, 1988). Segundo o autor, "todo

transição lento, gradual e pactuado do regime ditatorial para a democracia liberal, impondo suas demandas e perspectivas ao novo regime que surgiu no pacto estabelecido em 1988. A luta de classes demonstrava mais uma vez que "a situação da classe operária é a base real e o ponto de partida de todos os movimentos sociais de nosso tempo porque ela é, simultaneamente, a expressão máxima e a mais visível manifestação de nossa miséria social"[119].

---

discurso é obrigado a lançar mão de um sistema de referências compartilhado pelo que fala e seus ouvintes. Constitui-se um novo sujeito político quando emerge uma matriz discursiva capaz de reordenar os enunciados, nomear aspirações difusas ou articulá-las de outro modo, logrando que indivíduos se reconheçam nesses significados" (p. 60).

[119] Friedrich Engels, *A situação da classe trabalhadora na Inglaterra segundo as observações do autor e fontes autênticas* (trad. B. A. Schumann e José Paulo Netto, São Paulo, Boitempo, 2008), p. 41.

# Considerações finais

> *[...] pertenço a uma geração perdida, um conjunto de intelectuais que enfrentou os seus papéis e, em sentido concreto, cumpriu suas metas. Mas, nem por isso, chegou a atingir os seus objetivos e a ver o seu talento aproveitado pela sociedade [...] a nossa presença transcendeu as possibilidades da história, na medida em que a sociedade brasileira precisava de nós, contudo, ao mesmo tempo, não tinha como livrar-se de estruturas de poder obsoletas, que entraram em conflito frontal com as nossas tentativas de um audacioso "salto para a frente" [...]. No fim de umas três décadas, o que pretendíamos fazer já não possui sentido prático e vemos os "novos" retomarem os mesmos caminhos, para refazer o que já foi feito, sem aproveitar o esforço de um avanço que, pelo menos, deveria representar um novo ponto de partida e uma reflexão crítica mais madura e profunda quanto às relações entre talento e sociedade no Brasil [...]*[1]

O Brasil é um país com forte tradição sociológica, ainda que, na esfera da política hegemônica, ela seja renegada, marginalizada e difamada. Algumas das principais interpretações de nossa história e de nosso complexo mundo político-social foram elaboradas por intelectuais que navegaram em diferentes campos das ciências sociais – tendo a sociologia como o principal, alimentando-se do ecletismo no método e no objeto e, em alguns casos, na perspectiva teórica. O conjunto de elaborações que nossos mestres nos deixaram constitui uma riquíssima base para todos que desejam se aventurar no desafio de compreender o Brasil e o mundo contemporâneo e, sobretudo, produzir um conhecimento em base científica que seja capaz de impulsionar ações transformadoras e emancipadoras.

Entre as múltiplas tradições do pensamento brasileiro, a sociologia do trabalho talvez seja aquela que menos tenha sido estudada de uma perspectiva crítica e histórica, reconstituindo os passos e as reflexões de seus diferentes autores e "escolas"[2].

---

[1] Florestan Fernandes, *A sociologia no Brasil: contribuição para o estudo de sua formação e desenvolvimento* (Petrópolis, Vozes, 1977), p. 213-4.

[2] Os estudos sobre a história das ciências humanas e sociais são recentes, mas têm produzido um riquíssimo debate entre um número cada vez maior de acadêmicos em todo o mundo. Uma demonstração desse crescimento pode ser verificada nos anais dos congressos mundiais da

Consciente de seus limites, este livro anseia ser um primeiro passo dessa longa e difícil tarefa. Todo e qualquer esforço individual para reconstituir criticamente a história de nossas ciências sociais é sempre insuficiente, o que nos impõe uma incrível demanda por novas reflexões e pesquisas empíricas. Porém, construir uma nova narrativa sobre a origem e o desenvolvimento da sociologia do trabalho brasileira, em particular da sociologia uspiana do trabalho, tendo como base uma sistemática pesquisa em arquivos, levou-me, inevitavelmente, a estudar a sociologia do trabalho francesa e os percursos cruzados entre ela e a brasileira. Também tive de problematizar e redesenhar as várias iniciativas e articulações que permitiram a constituição de uma comunidade acadêmica internacional das ciências sociais.

Neste livro, busquei um caminho diferente na interpretação de um dos mais importantes períodos da sociologia brasileira. Retornei às grandes reflexões e aos embates sobre a formação do Brasil por meio da ótica do mundo da indústria e do trabalho, compreendendo que esse foi um dos objetos centrais de nossa disciplina ao longo dos anos 1950 e 1960. Ao aproximar dois campos que, em geral, não dialogam entre si, isto é, a sociologia do trabalho e o pensamento social brasileiro, acredito ter realizado uma intersecção entre eles, inaugurando uma nova possibilidade de estudos e reflexões. Não apenas existe um imenso material em arquivos para ser explorado, como há também múltiplas possibilidades de reflexões a partir dos resultados das pesquisas realizadas por aquela geração, tais como os livros, os artigos, as revistas, os anais dos eventos acadêmicos, as intervenções públicas, entre tantos outros. Nesse sentido, estou convicto de que este estudo me permitiu não apenas propor uma nova perspectiva de interpretação da sociologia uspiana, mas, sobretudo, elaborar uma agenda de pesquisa.

***

Nas três décadas após a Segunda Guerra Mundial, a sociologia emergiu no Ocidente com a ambição de ser o principal e o melhor método de interpretação das ciências sociais, apresentando uma explicação sobre a realidade concreta que não se reduzisse ao utilitarismo da tradição da ciência econômica. Porém, diferentemente dos clássicos, os sociólogos do pós-guerra estavam abertos a incorporar as análises e, sobretudo, os métodos das demais disciplinas das ciências sociais – em particular, a economia – e das ciências da natureza. Essa geração estava convicta de que praticava uma ciência homóloga aos tempos modernos, em uma época histórica em que o *sujeito* se tornara supostamente senhor de seu destino,

---

Associação Internacional de Sociologia (ISA), por meio do aumento e da diversificação temática do grupo de trabalho História da Sociologia. Em particular, no conjunto dos eventos acadêmicos, tem aumentado a quantidade de trabalhos sobre a história da disciplina na América Latina. Na França, a *Revue d'Histoire des Sciences Humaines*, publicada desde 1999, nos oferece um panorama abrangente desse debate ao longo de duas décadas.

intervindo na sociedade e modificando-a. Os próprios intelectuais se colocavam como *sujeitos*, engajando-se nas lutas políticas de então.

Nesse contexto, o mundo do trabalho e da indústria se tornou objeto de estudos fundamentais para a compreensão da sociedade. Como ilustrou Alain Touraine em suas memórias, se nos anos 1940 lhe pedissem para representar o mundo ocidental, ele teria desenhado uma mina de carvão e uma fábrica[3]. Naquele mundo, a classe operária e seus movimentos sociais emergiram como os principais protagonistas da transformação social. Segundo essa concepção, que marcou a sociologia francesa e brasileira, não haveria, portanto, o mundo moderno, nem o progresso técnico e a evolução social, muito menos a democracia liberal, sem a participação consciente dos trabalhadores. Nesse sentido, se o processo de modernização foi o aspecto político mais importante daquele período, a *consciência* dos *sujeitos*, em particular a consciência operária, era a problemática teórica central para que o curso do progresso almejado fosse realizado com êxito.

O desenvolvimento da sociologia do trabalho ao longo das décadas de 1950 e 1960 esteve associado às políticas impulsionadas por diversos agentes, visando à constituição de uma comunidade acadêmica internacional de ciências sociais. Esse conjunto de ações contou com o protagonismo de organizações internacionais governamentais e não governamentais, intergovernamentais, fundações filantrópicas, universidades, institutos de pesquisa e órgãos de governo. De fato, durante aquele período, a sociologia se institucionalizou e se profissionalizou como disciplina e ciência[4].

Como resultado desse processo, os intelectuais e suas ideias passaram a contar com uma rede internacional estabelecida por meio dessas novas instituições e associações, além dos intercâmbios e das missões técnicas ou acadêmicas e, ainda, das revistas e dos eventos acadêmicos internacionais. Essa rede reforçou os laços sociais, políticos e acadêmicos, ao mesmo tempo que estabeleceu uma linguagem e temas de reflexão em comum. Foi nesse cenário de forte circulação de intelectuais e de ideias que a sociologia do trabalho se apresentou como projeto político e acadêmico.

No ideário da modernização da sociedade ocidental que ganhou hegemonia no pós-guerra, as ciências sociais seriam fundamentais para responder cientificamente aos problemas contemporâneos da sociedade e instrumentalizar as ações com vistas ao progresso econômico e social. Incentivava-se não apenas a formação de novos acadêmicos nas áreas de ciências humanas e sociais, mas, sobretudo, de novos técnicos, fundamentais para aparelhar as burocracias estatais e privadas.

---

[3] Alain Touraine, *Un désir d'histoire* (Paris, Stock, 1977, coleção Les Grands Auteurs).
[4] Com a ajuda da Unesco, foi criada, em 1949, a Associação Internacional de Sociologia (ISA) e, concomitantemente a isso, foram impulsionadas diversas associações regionais e nacionais, como foi o caso da Associação Latino-Americana de Sociologia (Alas) e da Sociedade Brasileira de Sociologia (SBS).

Desde o início, os sociólogos brasileiros foram parte e partícipes desses projetos que reconstruíram a sociologia no cenário internacional. Se, por exemplo, durante os anos 1950, a participação latino-americana nos eventos da ISA e da Unesco foram bem menores que a europeia e a estadunidense, o contrário se verificou nos espaços de decisões políticas dessas entidades. A presença permanente de latino-americanos e, em especial, de brasileiros em todas as diretorias da ISA, ao longo dos anos 1950, comprova a importância política e acadêmica da América Latina no desenvolvimento do campo das ciências sociais. Foi nesses novos espaços que a velha amizade intelectual entre franceses e brasileiros ganhou novas direções com novos protagonistas, tendo sido a criação e o desenvolvimento da sociologia do trabalho um de seus principais projetos.

A compreensão do mundo da indústria e do trabalho foi uma demanda social latente em todos os países no decorrer dos trinta anos após a Segunda Guerra Mundial. Era natural, portanto, que as temáticas relativas a esse mundo estivessem em destaque nas pesquisas e nos projetos que essa nova comunidade internacional impulsionou. Georges Friedmann e aqueles que trabalharam no seu entorno estavam convencidos de que a sociologia poderia auxiliar os Estados e as entidades da sociedade civil na prevenção de determinados problemas sociais e na melhor adaptação ao desenvolvimento da técnica na produção industrial. Não à toa, todos os congressos mundiais de sociologia nos anos 1950 pautaram a questão da capacidade da sociologia de intervir no processo de transformação social em curso.

Durante os "Trinta Gloriosos" franceses ou a "era de ouro" brasileira vimos surgir um *sujeito* embebido na utopia da modernização. Compartilhando de uma mesma visão de mundo, formada em um período excepcional da expansão da economia capitalista e, consequentemente, da circulação de mercadorias, ideias e pessoas em escala global, no centro e na periferia os estratos políticos e acadêmicos alimentaram a esperança de que seria possível superar as mazelas produzidas pela sociedade do capital por meio do esforço coletivo, pelo avanço das tecnologias e pela ação das mulheres e dos homens na esfera do trabalho e da política. A simbiose entre os mundos da academia, do Estado e dos mercados parecia abrir uma nova era da ilustração instrumental e de progresso social[5].

\*\*\*

---

[5] Não foi possível neste livro desenvolver uma melhor caracterização da subjetividade desse *sujeito* da época da utopia da modernização capitalista. A perspectiva de mundo de que seria possível avançar na resolução das questões fundamentais da sociedade contemporânea por meio do desenvolvimento progressivo das forças produtivas se chocou com o período posterior, em que prevaleceu a *subjetividade neoliberal* do imediato, do contingencial, do individualismo exacerbado, da flexibilidade, da imprevisibilidade e da "servidão voluntária". Porém, é fundamental destacar

As *missões de produtividade* da França nos Estados Unidos, no início dos anos 1950, convenceram os franceses de que era necessário consolidar em seu país um "novo espírito capitalista", um "espírito produtivista", que pudesse superar o patrimonialismo e o tradicionalismo dos empresários industriais e que considerasse como relevantes os "fatores humanos" na produção. Importaram-se, portanto, os modelos de organização "científica" do trabalho, o taylorismo-fordismo, assim como as instituições de ensino e pesquisa dos estadunidenses. Foi nesse cenário que emergiu a utopia da modernização capitalista, crendo que o progresso se daria com o desenvolvimento da produtividade do trabalho, da incorporação de novas formas de gestão e da mudança cultural, ao lado de um Estado democrático liberal que tinha no planejamento sua marca distintiva. Isso permitiu, por exemplo, a aproximação entre o principal ideólogo do produtivismo francês, Jean Fourastié, e o principal intelectual do trabalho e crítico do taylorismo-fordismo do pós-guerra, Georges Friedmann. Os dois compartilhavam da crença de que os "fatores humanos" eram de extrema importância para se pensar a política industrial, a gestão das fábricas e a construção de um mundo do trabalho mais humanizado.

A ilusão da modernização em um país periférico se expressou ideológica e politicamente de diferentes formas com relação aos países centrais, ainda que fosse semelhante à crença num progresso econômico e social no interior do próprio capitalismo. No caso do Brasil, essa perspectiva de mundo se expressou no que ficou conhecido como nacional-desenvolvimentismo. As particularidades de nossa nação e a situação excepcional em que se encontrava a economia do país nos anos 1950 e início dos anos 1960 entusiasmou amplas camadas de reformadores, políticos e intelectuais, sindicalistas e empresários, fazendo-os crer que finalmente estávamos diante da oportunidade de um "salto histórico" que superaria as heranças do nosso passado colonial. As bases dessa crença estavam nas condições objetivas dos processos de transição pelos quais passava o país: o êxodo rural, a explosão demográfica, a industrialização, a urbanização, o crescimento da classe operária e do papel político de seus movimentos reivindicativos, o aumento da classe média e, consequentemente, da sociedade de consumo entre muitos outros fatores.

A sociologia implementada na França nos "Trinta Gloriosos", e que influenciou a sociologia brasileira nos anos 1950 e 1960, buscou fundir as tradições das sociologias estadunidense e francesa do período anterior à guerra, originando um

---

que a história não tem um caminho predefinido, ainda que o olhar do historiador possa narrar os acontecimentos de forma teleológica. As vias históricas são sempre definidas no terreno da luta de classes. No interregno entre essas épocas e suas subjetividades, entre as décadas de 1960 e 1980, abriu-se uma fenda de utopias revolucionárias em todo o mundo, influenciadas pelas transformações políticas e culturais em curso, como a revolução sexual, as lutas feministas, os movimentos negros, a crítica ecologista, a emergência de novos movimentos sociais, as revoluções vitoriosas em Cuba e na Nicarágua, assim como as derrotadas na Hungria e na Tchecoslováquia, e, por fim, as rebeliões estudantis e operárias de 1968.

novo estilo de pesquisa marcado pelo empiricismo, espelhando-se no modelo das ciências da natureza e pela busca de explicações teóricas que dessem conta da totalidade concreta. Portanto, se por um lado os franceses se alimentaram do estrutural-funcionalismo desenvolvido na Escola de Chicago e da sociologia industrial de Elton Mayo, por outro ambicionaram superá-los e construir uma nova tradição em torno de uma nova disciplina, a sociologia do trabalho.

O momento ápice desse projeto na França ocorreu nos anos de 1955 a 1964, isto é, entre o início da grande pesquisa sobre as transformações ocorridas com a implementação de novos maquinários e de novas formas de organização do trabalho na siderurgia e na metalurgia, assim como os estudos sobre automação industrial, passando pelas viagens e pelas investigações na América Latina; pelo lançamento e pela publicação da revista *Sociologie du Travail* e dos *Traités de Sociologie du Travail*; e terminando nas publicações das teses da nova geração de sociólogos, que se formou ao longo dessas pesquisas empíricas, com a defesa de novas teorias sociológicas gerais. Esse foi o caso de Touraine com sua tese sobre a *sociologie de l'action*. Porém, a sociologia do trabalho perdeu seu lugar de destaque no final dos anos 1960 quando o modelo de modernização vigente entrou em crise.

Entre as várias instituições francesas criadas nos "Trinta Gloriosos", a mais notável foi o Institut des Sciences Sociales du Travail (ISST). Fundado em 1951, vinculado à Universidade de Paris e ao Ministério do Trabalho, o ISST passou a realizar pesquisas empíricas, tornando-se um modelo de ciências sociais almejado pelos modernizadores. Ela foi apresentada pelos seus entusiastas como uma instituição capaz de estabelecer a ponte entre o mundo do conhecimento científico e o da indústria, entre os acadêmicos e os sindicalistas e patrões, entre a teoria e a prática. Essa instituição, obviamente, era guiada por um ideal de modernização e de superação dos problemas latentes da implementação do taylorismo-fordismo, o que colocava dilemas teóricos e políticos para aqueles que participavam de seus projetos, como foi o caso de Touraine e Jean-Daniel Reynaud.

De 1940 a 1960, três problemáticas estiveram presentes em grande parte das pesquisas em sociologia na França: (I) as consequências das transformações técnicas sobre o trabalho e o conjunto da sociedade, (II) as atitudes operárias e (III) a organização e a remuneração do trabalho. Entre os estudiosos mais importantes, pode-se citar Alain Touraine, Jean-Daniel Reynaud, Michel Crozier e Pierre Naville.

Uma das conclusões de Touraine sobre as pesquisas que realizou e dirigiu na França e no Chile foi que, no processo de modernização, isto é, de superação da sociedade arcaica e tradicional pela sociedade moderna, novas relações sociais foram criadas, passando de uma situação em que os conflitos carregavam a lógica da ruptura, ou seja, do antagonismo irreconciliável entre as classes, para o conflito entre os diversos grupos no interior da ordem democrática liberal. Nesse cenário, os movimentos sociais incorporavam o *sujeito histórico*, quer dizer, os atores da transformação da própria sociedade. Portanto, na sociedade moderna, a consciência operária se manifestaria de forma mais viva, porém, diferentemente da perspectiva marxista, ela seria a consciência do desenvolvimento.

A sociologia do trabalho francesa dos anos 1950 e 1960 continha uma tensão entre as perspectivas críticas e contemplativas da modernização – em particular da evolução técnica e das novas formas de gestão das empresas –, que a levava ora ao pessimismo ora ao otimismo sobre o futuro da humanidade. Ainda que seus autores fossem críticos à industrialização sob a dinâmica do taylorismo-fordismo e apontassem como uma de suas consequências a perda da autonomia do trabalhador frente ao processo de produção, eles mantiveram, no conjunto de suas obras, até finais dos anos 1960, a crença de que o desenvolvimento das forças produtivas prepararia as condições objetivas para que a humanidade, num futuro não longínquo, se emancipasse e superasse o capital.

Haveria uma relação entre o processo de modernização, de automação e de constituição de uma sociedade de conflitos entre os grupos sociais. Na compreensão de Friedmann[6], por exemplo, a dialética interna da divisão do trabalho se encarregaria de levar o *maquinismo* em direção à *automação*. Nesse sentido, não seria possível a existência do automatismo sem antes ter havido o parcelamento das funções no trabalho do taylorismo-fordismo, como teria verificado Touraine em suas observações de campo na fábrica Renault no final dos anos 1940[7]. Segundo Friedmann, a grande indústria tenderia a reconstruir, sob a máquina automatizada polivalente, uma nova forma de unidade do trabalho, dando origem ao que ele chamou de *novo artesão*. Isso significava que os operários passariam a supervisionar e a controlar o novo maquinário da fase da automação.

Nas décadas de 1950 e 1960, o *automatismo* e a *automação* tornaram-se um dos principais temas da sociologia, da economia e da psicologia que se dedicaram ao campo do trabalho. Ela encantava seus entusiastas, e horrorizava seus críticos. Milhares de artigos e livros foram publicados e importantes pesquisas empíricas foram realizadas em diferentes ramos da economia com o objetivo de compreender as implicações da automação sobre a sociedade. A contemplação a esse processo, presente em alguns autores franceses, os conduziu a pensar que a automação livraria as mulheres e os homens do fardo do trabalho parcelar, assim como das altas jornadas de trabalho, e lhes permitiria ter uma vida com mais tempo para o lazer e para a família – diagnóstico que se mostrou extremamente equivocado nas décadas posteriores.

Em meados dos anos 1950, essa nova geração de sociólogos do trabalho ocupava postos importantes no sistema de ensino e pesquisa da França e em órgãos

---

[6] Georges Friedmann, *Problèmes humains du machinisme industriel* (Paris, Gallimard, 1946, coleção Machine et Humanisme, v. 2).
[7] Alain Touraine, *L'Évolution du travail ouvrier aux usines Renault* (Paris, Centre National de la Recherche Scientifique, 1955).

internacionais. Em 1956, Friedmann assumiu a presidência da Associação Internacional de Sociologia (ISA), impulsionando em seu interior as reflexões sobre o mundo da indústria e do trabalho. Foi nesse momento que ele realizou suas primeiras viagens para a América Latina e, em particular, o Brasil, e se tornou presidente de honra da então recém-criada Flacso. Foi também Friedmann quem abriu o caminho para que Touraine viesse à USP contribuir para a criação do Cesit, em 1960, e iniciar uma longa parceria pessoal e intelectual com os acadêmicos brasileiros.

Essa parceria franco-latino-americana rendeu muitos frutos a Touraine e a seus parceiros do cone Sul. Foi o francês, após os golpes militares, quem centralizou uma das principais campanhas de ajuda e solidariedade aos acadêmicos perseguidos pelos novos regimes ditatoriais. No terreno intelectual, essas aproximações permitiram a elaboração de estudos, reflexões e projetos de pesquisas em comum. Em 1961, por exemplo, após sua passagem pela USP, publicou na revista *Sociologie du Travail* um dossiê especial sobre os operários e os sindicatos na América Latina, com artigos de Fernando Henrique Cardoso, Juarez Brandão Lopes, Azis Simão, Gino Germani e o próprio Touraine. Vários intercâmbios e estágios de estudos foram organizados entre os latino-americanos e as instituições francesas. Mesmo após os golpes militares, Touraine ambicionou, na segunda metade dos anos 1960, uma pesquisa de cooperação internacional entre o LSI e as universidades do novo continente para estudar a consciência operária e o processo de modernização.

***

A sociologia do trabalho no Brasil foi um dos vários domínios explorados por uma geração que tinha como característica o ecletismo metodológico e de objetos de pesquisa, sendo o mundo do trabalho um tema transversal entre vários acadêmicos da USP. O que denominei de sociologia uspiana do trabalho envolveu um conjunto heterogêneo de sociólogos, distribuídos em diferentes cátedras e faculdades da universidade, que realizaram estudos, ao longo das décadas de 1950 e 1960, sobre a classe trabalhadora e o mundo do trabalho. Nem todos enquadrados nessa denominação se viam como tais, como foi o caso de Florestan Fernandes, mas suas contribuições foram determinantes para a institucionalização dessa disciplina. De fato, as investigações relativas a esse domínio emergiram associadas a um projeto maior de produção de um conhecimento em torno das transformações sociais e econômicas geradas pelo processo de constituição de um capitalismo industrial dependente no Brasil.

Não se tratava de um projeto que tinha como foco compreender o papel dos atores no processo de desenvolvimento da nação, pois, apesar de essa preocupação perpassar as obras produzidas por aquela geração, as reflexões estavam muito além disso. Houve um acordo, um diálogo comum, ainda que não explícito, e um ambiente em que os temas relativos ao mundo do trabalho foram ganhando relevância ao longo dessas duas décadas, criando-se, dessa forma, uma tradição de reflexão sociológica. Essa experiência produziu uma explicação sobre a classe trabalhadora e a sociedade brasileira que influenciou e continua a influenciar gerações de sociólogos brasileiros e latino-americanos.

As narrativas hegemônicas sobre a sociologia do trabalho no Brasil acabaram por sobrevalorizar a criação do Centro de Sociologia Industrial e do Trabalho (Cesit), aprovado em 1961, e os trabalhos produzidos por seus membros, alçando-os como precursores dessa disciplina no Brasil e destacando o papel de algumas figuras em detrimento de outros personagens e grupos que vinham, desde o início dos anos 1950, produzindo pesquisas sobre o mundo industrial e do trabalho. Ainda segundo essas narrativas, a sociologia do trabalho no Brasil teria surgido quando Friedmann, em 1958, e, posteriormente, Touraine, em 1960, visitaram a USP e conheceram os jovens acadêmicos da Cadeira de Sociologia I, em particular Fernando Henrique Cardoso. Essas narrativas foram questionadas neste livro.

Muito antes da criação do Cesit, a ideia de aplicação do conhecimento sociológico no desenvolvimento de determinadas áreas da sociedade esteve na base da expansão ocorrida no Instituto Nacional de Estudos Pedagógicos (Inep), no início da década de 1950, e na criação do Centro Brasileiro de Pesquisas Educacionais (CBPE), em dezembro de 1955, uma parceria entre o governo brasileiro e a Unesco. Um dos objetivos principais do CBPE e dos seus centros regionais era realizar pesquisas sobre as condições culturais da sociedade brasileira para compreender, em suas diversas dimensões, quais eram as tendências de desenvolvimento e de regressão e as origens dessas condições e forças, visando a uma intepretação regional do país tão exata e tão dinâmica quanto possível. Nesse sentido, a modernização da sociedade brasileira, que passava pela resolução do seu gargalo "educação", no sentido mais amplo, deveria estar vinculada às ciências modernas da sociedade.

O CBPE e os seus centros regionais permitiram a constituição de uma ampla e nacional estrutura de pesquisa científica e a elaboração de diversos estudos coordenados entre as várias regiões. Muitos dos principais autores das ciências sociais brasileiras que marcaram os anos 1950 e 1960 foram patrocinados ou trabalharam nas pesquisas do CBPE, que também contaram, em suas equipes, com a ajuda de especialistas e acadêmicos estrangeiros financiados pela Unesco. No caso específico da USP, estiveram envolvidos nesses projetos Mário Wagner Vieira da Cunha, Florestan Fernandes, Fernando Henrique Cardoso, Juarez Brandão Lopes, Luiz Pereira, Fernando de Azevedo e o britânico Bertram Hutchinson.

Essas pesquisas permitiram o desenvolvimento das principais grandes reflexões sobre a industrialização e o mundo do trabalho que acabaram por moldar uma tradição sociológica. Iniciadas em meados dos anos 1950, elas tomaram como objetos de estudo a mobilidade e a estratificação social, os impactos da industrialização sobre os setores tradicionais e arcaicos e a consciência operária daqueles que migravam do campo para a cidade em busca de trabalho na indústria.

Dentre os autores da sociologia uspiana que trabalharam nas pesquisas do CBPE, Brandão Lopes teve destacado papel. Na segunda metade da década de 1950, ele realizou seus principais estudos sobre as atitudes operárias em fábricas da região metropolitana de São Paulo e de duas cidades do interior de Minas Gerais, além de se preocupar com a questão dos impactos da industrialização e da urbanização sobre a sociedade tradicional. Com base nesses estudos, o autor começou a formular teses que viraram a marca da sociologia uspiana do trabalho. O operário, recém--migrado do meio rural, tinha dificuldades em se adaptar ao novo meio urbano e industrial, carregando consigo um anseio de ascensão social e de fuga da condição operária. Essa atitude marcaria um traço conservador do operariado brasileiro e sua incapacidade de construir um projeto de negação da ordem capitalista[8].

As pesquisas realizadas nos anos 1950, influenciadas, incialmente, pela sociologia estadunidense, tinham no método quantitativo, em particular na *survey*, sua característica distintiva. Nessa fase, os estudos ainda eram realizados de forma individualizada e fragmentada. No entanto, a interdisciplinaridade foi um traço marcante dessa época e refletia, ao mesmo tempo, a falta de especialização no interior das ciências sociais, mas, sobretudo, uma posição metodológica frente ao grande objeto de preocupação dessa geração, ou seja, a formação da sociedade brasileira. Foi somente com a criação do Cesit que os estudos sobre o mundo da indústria e do trabalho ganharam um caráter mais institucional.

Quando os sociólogos franceses chegaram à USP, entre 1958 e 1960, encontraram um estilo de pesquisa semelhante ao que buscavam na França. Além disso, os dois lados criticavam a perspectiva do estrutural-funcionalismo que restringia os problemas das fábricas a um sistema fechado em si mesmo. Buscavam, portanto, construir um conhecimento que partia do particular para compreender a totalidade social.

Os diálogos, os intercâmbios e as missões científicas entre esses dois grupos tiveram repercussão significativa em suas teses e pesquisas. Touraine, em sua tese de Estado, reconheceu a importância da teoria da dependência – ainda em gestação quando chegou a São Paulo, em 1960 – em sua teoria geral. Fernando Henrique Cardoso recorda-se dos conselhos do francês sobre a necessidade de analisar a classe operária latino-americana com base em suas singularidades, evitando a rigidez de um "modelo europeu".

A criação do Cesit, em fevereiro de 1962, que acabou por colocar em prática o projeto de uma *sociologia aplicada* esboçada na Cadeira de Sociologia I, regida por Florestan Fernandes, só foi possível frente à conjuntura política nacional e

---

[8] Outro autor fundamental nos primeiros anos da sociologia uspiana do trabalho foi Azis Simão. Ele foi o primeiro a realizar um estudo sobre a consciência operária a partir das suas tendências eleitorais. Essa pesquisa acabou ganhando repercussão ao ser apresentada no I Congresso Brasileiro de Sociologia, em 1954. Ver Azis Simão, "O voto operário em São Paulo", em *Anais do I Congresso Brasileiro de Sociologia* (São Paulo, 1955).

estadual. No âmbito de São Paulo, o governo estadual implementava uma política de planificação com o Plano de Ação do Estado de São Paulo e incentivava uma relação estreita entre os quadros da burocracia estatal e a USP. No plano nacional, a crise aberta com a renúncia de Jânio Quadros possibilitou que a Confederação Nacional da Indústria fosse gerida por um amigo de longa data de Fernando Henrique Cardoso, o que facilitou uma doação relevante para o início dos trabalhos do novo centro de pesquisa[9].

O principal projeto de pesquisa do Cesit se chamou "Economia e sociedade no Brasil: análise sociológica do subdesenvolvimento". Com ele, buscou-se compreender os efeitos da industrialização sobre a região metropolitana da capital paulista. Paralelamente a esse projeto, o Cesit encaminhou uma pesquisa sobre a "estrutura da empresa industrial em São Paulo", proporcionando conhecimentos objetivos e precisos sobre a situação global das indústrias na região, os caracteres estruturais dos vários tipos de empresa industrial existentes e, por fim, a organização, as tendências de crescimento e as condições de integração ao sistema socioeconômico vigente de empresas consideradas típicas. Por fim, o Cesit também investigou a relação da industrialização de São Paulo com o desenvolvimento da nação, em particular, os impedimentos desse desenvolvimento devido às condições de atraso da sociedade brasileira.

Um eixo-temático de pesquisa desenvolvido pelo Cesit foi sobre "a mentalidade do empresário industrial". A ideia era compreender esse ator social com o objetivo de contribuir para a constituição de um novo tipo de empresário, com um perfil racional e planejador, consciente da importância de suas ações estarem articuladas com a lógica do mercado competitivo e sabendo aproveitar, da melhor maneira possível, os novos perfis de operários e o conhecimento científico produzido em seu tempo. Em última instância, acreditava-se que seria possível superar o perfil de um burguês industrial marcado pela sociedade tradicional, arcaica e paternalista. Portanto, produzir conhecimentos sobre a mentalidade dos empresários industriais seria fundamental para orientar e disciplinar essa camada social no processo de modernização da sociedade. No entanto, as conclusões de Cardoso eram que, influenciados pelo arcaísmo de nosso passado, os empresários industriais apresentavam a ausência de uma *racionalidade instrumental*, fundamental para o desenvolvimento capitalista, elemento agravado com a dependência da economia brasileira. Portanto, caberia ao Estado, com o auxílio de técnicos e o conhecimento científico, o papel de formular e incentivar a industrialização com métodos modernos.

Na outra ponta do antagonismo de classe, ocorreu a pesquisa sobre a "mobilização da força de trabalho", para a qual o Cesit partia do pressuposto de que as formas de estratificação social produzidas pela colonização e a escravidão no

---

[9] Foram fundamentais também para o funcionamento do Cesit os auxílios financeiros recebidos da então recém-criada Fundação de Amparo à Pesquisa do Estado de São Paulo (Fapesp), em particular nos anos de 1962 e 1963.

Brasil deixaram como legado a degradação da força de trabalho. Ainda que seus autores quisessem romper com a lógica dualista, o fato é que suas pesquisas e conclusões se mantiveram nessa perspectiva. Por exemplo, a hipótese de Leôncio Martins Rodrigues era a de que a "natureza do moderno processo de industrialização, em interação com determinadas características da sociedade brasileira, acarretou uma posição relativa da classe operária no interior da nação e tipos de orientações e atitudes políticas divergentes das observadas nos países de antiga industrialização"[10]. Ainda segundo esse autor, muito próximo das conclusões de Brandão Lopes, não houve no Brasil a formação de uma ideologia questionadora do capital no interior da classe operária. Portanto, o *desajustamento* dos trabalhadores na sociedade industrial se refletia numa falta de consciência de classe. Com esse limitador, os sindicatos e os movimentos sociais dos trabalhadores não poderiam cumprir, portanto, o papel de sujeitos históricos. Com a ausência de uma ação radical, as entidades sindicais se desenvolveriam controladas pelo Estado e a ele subordinadas, permitindo a emergência do *populismo*.

No entanto, após o golpe militar de 1964, todo o plano inicial teve de ser revisto, ficando o Cesit restrito a uma espécie de laboratório de pós-graduação para seus membros pesquisadores. Uma mudança de perspectiva começava a se delinear em seus principais dirigentes quando a frustração, a resistência, o exílio e a repressão acabaram dando o tom da dinâmica das atividades do centro. De 1959 a 1964, Fernandes passou a questionar a ideia central do ideário do nacional-desenvolvimentismo, isto é, de uma modernização que planejaria e controlaria a mudança social e econômica. Após o seminário "Resistências à mudança" organizado pelo Clapcs e a Flacso, em 1959, a Cadeira de Sociologia I deslocou sua reflexão para o debate sobre os conflitos sociais e, nesse sentido, para a imprevisibilidade de suas consequências. Os resultados dessa transição não aparecem de forma acabada nas conclusões das pesquisas do Cesit, ainda presas a seu projeto e à visão de modernização iniciais, e sim nos trabalhos pós-golpe de seus autores, como foi o caso de *A revolução burguesa no Brasil* (1975) de Fernandes, e *Dependência e desenvolvimento na América Latina* (1969) de Cardoso e Faletto[11].

\*\*\*

Os golpes militares ocorridos nos países da América Latina, em particular no Brasil, na Argentina e no Chile, colocaram fim ao projeto da disciplina "sociologia do trabalho" e ao estilo de pesquisa relatado neste livro, pautado na investigação

---

[10] José Albertino Rodrigues, *Sindicato e desenvolvimento no Brasil* (São Paulo, Difel, 1968, coleção Corpo e Alma do Brasil, v. 27), p. 341.
[11] Florestan Fernandes, *A revolução burguesa no Brasil: ensaio de interpretação sociológica* (Rio de Janeiro, Zahar, 1975, coleção Biblioteca de Ciências Sociais); Fernando Henrique Cardoso e Enzo Faletto, *Dependência e desenvolvimento na América Latina: ensaio de interpretação sociológica* (7. ed., Rio de Janeiro, Zahar, 1984, coleção Biblioteca de Ciências Sociais).

empírica e na crença de que o conhecimento científico produzido poderia instrumentalizar as ações políticas no processo de modernização das sociedades. Essa saída autoritária para os impasses abertos nesse processo, carregados de tensões e contradições sociais, foi relatada por um dos mais importantes sociólogos dessa geração no Chile, Manuel Garretón:

> Os golpes terminaram com a época dos projetos desenvolvimentistas, populistas, populares, alguns revolucionários [...]. Os golpes deram fim à época que deu nascimento à sociologia. A pergunta sociológica da época que termina era exatamente esta, "como se faz uma sociedade se desenvolver?", e então o desenvolvimento passava a ser um projeto limite. E, depois, "como se faz uma sociedade não capitalista?", ou seja, a revolução. E a revolução e o socialismo passaram a ser o conceito limite da sociologia. Nós conhecemos a história dos grandes projetos dos modelos fundacionais da sociologia. O projeto científico-profissional e o projeto científico-crítico. Ambos morreram com o golpe militar. E morreu também uma forma de institucionalidade da sociologia.[12]

Em suas memórias, Touraine ressalta que o golpe de 1964 no Brasil "dispersou (ao menos provisoriamente) a vida intelectual, suprimiu durante um longo período a vida política e fez surgir neste continente bastante pacífico a tortura e a repressão sistemática"[13]. Ele próprio viveu de perto o drama de um golpe fascista, em 1973, no Chile, momento em que ministrava um curso na Flacso e foi obrigado a formar, com a ajuda de outros intelectuais, um Comitê Internacional de Ciências Sociais pelo Chile com o objetivo de contribuir para a sobrevivência ou o exílio dos acadêmicos e de seus familiares atingidos pela repressão. Nesse estreito país, encontrava-se a "síntese" do pensamento latino-americano, os exilados e refugiados de outros golpes militares, em especial Brasil e Argentina, o que permitia um frutífero debate político e intelectual entre as várias perspectivas de interpretação sobre os dilemas da modernização ou da revolução do continente americano. Com os golpes, foram impostos à intelectualidade, mais uma vez, o silêncio, a repressão, a morte ou o exílio.

Fernandes, anos depois, quando se encontrava no exílio, escreveu um "pequeno balanço", instigado por seu colega brasileiro Costa Pinto, que foi publicado em seu livro *A sociologia no Brasil* (1977)[14]. Nele, caracterizava sua geração, que construiu a sociologia ao longo dos anos 1950 e 1960, como uma "geração perdida". Esse sentimento de derrota ou de projeto inacabado expresso por Fernandes não o impedia de ter um olhar retrospectivo positivo. De fato, as pesquisas e as obras,

---

[12] Ver Conferência de Manuel Antonio Garretón, "40 anos después: sociología política y sociedad en América Latina y Chile", proferida na abertura do XXIX Congreso de la Asociación Latinoamericana de Sociología: Crisis y Emergencias Sociales en América Latina, Alas, Chile 2013; disponível em: <https://youtu.be/cC_YsAmrNe8>; acesso em: 28 mar. 2023.
[13] Alain Touraine, *Un désir d'histoire*, cit., p. 149.
[14] Florestan Fernandes, *A sociologia no Brasil: contribuição para o estudo de sua formação e desenvolvimento* (Petrópolis, Vozes, 1977).

realizadas e escritas por essa geração constituíram uma tradição sociológica que influenciou e continua a influenciar aqueles que vieram depois. Reconhecer seus limites metodológicos e teóricos não nos impede de afirmar sua importância e seu legado para a história das ciências sociais.

Numa época em que as ciências sociais estão dominadas pelas teses da incognoscibilidade da totalidade concreta e pela tendência à especialização e à fragmentação das ciências em múltiplos campos, isolando as partes do todo complexo, o projeto defendido pela sociologia do trabalho francesa e brasileira dos anos 1950 e 1960 se torna um importante objeto de reflexão para a busca de uma saída para a atual crise da disciplina. Esse projeto, expresso no primeiro número da revista *Sociologie du Travail* e no primeiro volume do livro *Traité de sociologie du travail*, priorizava uma análise que partia da totalidade social e que compreendia o trabalho como uma categoria base e fundante da sociedade contemporânea.

O projeto de sociologia desenvolvido na Universidade de São Paulo, que colocava os estudos sobre o mundo do trabalho e da indústria como parte do conjunto das reflexões sobre a formação da sociedade brasileira e, em particular, sobre a capacidade dos sujeitos sociais de atuarem na transformação da realidade, também é um ponto de partida importantíssimo para se contrapor a uma sociologia que se fragmentou em especialidades e na incapacidade de visualizar para além da miséria do possível.

Esse ousado projeto permitiu que seus protagonistas abordassem os mais variados temas e reflexões sobre a sociedade industrial que, por mais que fossem ligados a uma época de excepcional expansão da economia capitalista, podem nos servir de ponto de partida para reflexões atuais. No entanto, diferentemente da "era de ouro" em que floresceu essa sociologia do trabalho, o período da crise estrutural do capital torna ainda mais difícil a proliferação, no meio sociológico, de visões contemplativas sobre o progresso técnico. Nesse sentido, com base em uma revisita crítica às sociologias francesa e uspiana do trabalho, podemos encarar os novos discursos sobre a "modernização" que se alça contra o "mundo arcaico" de uma forma muito mais profunda e sem os "encantos" propagados, mais uma vez, pela nova era digital do trabalho.

Os novos desafios que o mundo contemporâneo, em particular o mundo do trabalho, têm colocado para as ciências sociais, com uma sensação de que a expansão da precarização da vida não é uma exclusividade dos países periféricos, nos permitem voltar às teorias formuladas nas décadas anteriores e compreendê-las como parte de um debate datado e influenciado pelo ideário da modernização. O dualismo, por exemplo, foi uma perspectiva explicativa típica desse período, contrapondo moderno e atrasado, centro e periferia como lados opostos de uma mesma moeda. Na realidade, o que uma análise crítica sobre esse período nos permite hoje é compreender que o desenvolvimento do capitalismo ocorre de forma desigual e combinada, numa dialética em que não existem preferências de lugar para o capital, apenas a lógica do valor.

# Fontes e bibliografia

## 1. Dicionários, obras de referência, catálogos, histórias institucionais comemorativas, anuários estatísticos e verbetes

BARBIER, Jonathan; MANDRET-DEGEILH, Antoine. *Le Travail sur archives:* guide pratique. Malakoff, Armand Colin, 2018.

BEAUD, Michel. *L'Art de la thèse:* comment préparer et rédiger un mémoire de master, une thèse de doctorat ou tout autre travail universitaire à l'ère du net. Edição revista, atualizada e ampliada. Paris, La Découverte, 2006.

BUREAU INTERNATIONAL DU TRAVAIL. *Annuaire des statistiques du travail, 1945-1989*: édition rétrospective sur les recensements de population. Genebra, Bureau International du Travail, s.d.

COMISIÓN ECONÓMICA DE AMÉRICA LATINA Y EL CARIBE. Anuario Estadístico para América Latina, 1975. Nova York, Organização das Nações Unidas, 1975; 1984; 1990.

*DICCIONARIO biobibliográfico de miembros de la Universidad de Chile.* Preedición, Santiago [Chile], Biblioteca Central de la Universidad de Chile, 1986.

INSTITUT NATIONAL DE LA STATISTIQUE ET DES ÉTUDES ÉCONOMIQUES. *Annuaire rétrospectif de la France:* séries longues, 1948-1988. Paris, Insee, 1990.

INSTITUTO BRASILEIRO DE GEOGRAFIA E ESTATÍSTICA. *Anuário estatístico do Brasil*, de 1951 a 1981.

JAVEAU, Claude. Crozier Michel (1922-2013). *Encyclopædia Universalis* [online]. Disponível em: <https://www.universalis.fr/encyclopedie/michel-crozier/>; acesso em: 23 mar. 2016.

*LES BOURSES Unesco pour 1951.* Paris, Unesco, 1951.

MITCHELL, Brian Redman. *International Historical Statistics:* Europe, 1750-1988. 3. ed., Nova York, Macmillan, 1992.

\_\_\_\_. *International Historical Statistics:* the Americas, 1750-2005. 6. ed., Basingstoke, Macmillan, 2007.

SHORTER, Edward; TILLY, Charles. *Strikes in France:* 1830-1968. Londres, Cambridge University Press, 1974.

SPEAKMAN JR., Cummins E. *Intercambio educativo internacional.* Buenos Aires, Troquel, 1968.
UNESCO. *Programmes and Activities Relating to Higher Education in Latin America.* Paris, Unesco, 1963.
\_\_\_\_. *Statistical Yearbook. Annuaire statistique. Anuario estadístico*: 1963; 1956; 1970; 1976; 1980; 1983; 1986; 1990; 1995. Paris, Unesco, 1964; 1966; 1970; 1977; 1980; 1983; 1986; 1986; 1990; 1995.
\_\_\_\_. *Study Abroad*: estudios en el extranjero – repertorio internacional de becas e intercâmbios, t. 1-14, de 1948 a 1963.
UNITED NATIONS. *Anuario estadístico de América Latina.* Santiago, NovaYork, Organização das Nações Unidas, Comissão Econômica para a América Latina, 1973.
\_\_\_\_. *Statistical Yearbook*: *annuaire statistique.* Lake Success, Nova York, Organização das Nações Unidas, 1955; 1960; 1965; 1970; 1975; 1982.
UNITED STATES OF AMERICA; BUREAU OF LABOR STATISTICS. *Productivity measures for Selected Industries, 1958-84* (Bulletin/US Department of Labor, Bureau of Labor Statistics, 2256). [s.l.: s.n.], 1986.
VALADE, Bernard. Naville Pierre (1904-1993). *Encyclopædia Universalis* [*online*]. Disponível em: <http://www.universalis.fr/encyclopedie/pierre-naville/>; acesso em: 23 mar. 2016.
OBRENAN, Jean van den Broek d'. Automatisation, *Encyclopædia Universalis* [*online*]. Disponível em: <http://www.universalis.fr/encyclopedie/automatisation>; acesso em: 26 abr. 2016.
VATIN, François. Sociologie du Travail. *Encyclopædia Universalis* [*online*]. Disponível em: <http://www.universalis.fr/encyclopedie/sociologie-du-travail/>; acesso em: 23 mar. 2016.

## 2. Livros, artigos e teses

ABRAMO, Laís; MONTERO, Cecilia. A sociologia do trabalho na América Latina: paradigmas teóricos e paradigmas produtivos. *Revista Brasileira de Informação Bibliográfica em Ciências Sociais – BIB*, n. 40, 1995, p. 65-83.
ALMEIDA, André A. de. *A intersubjetividade na internacionalização do ensino superior:* perspectivas para um processo humanizador. Tese de doutorado, Campinas, Universidade Estadual de Campinas, 2017.
AMORIM, H. J. D. *Teoria social e reducionismo analítico:* para uma crítica ao debate sobre a centralidade do trabalho. Caxias do Sul, Educs, 2006.
ANDERSON, P. *Considerações sobre o marxismo ocidental.* Trad. Isa Tavares, São Paulo, Boitempo, 2004.
ANTUNES, R. *A rebeldia do trabalho*: o confronto operário no ABC paulista – as greves de 1978/80. Campinas, Unicamp/Ensaio, 1988.
\_\_\_\_. *Adeus ao trabalho?:* ensaio sobre as metamorfoses e a centralidade do mundo do trabalho. 9. ed., São Paulo/Campinas, Cortez/Unicamp, 2003.
\_\_\_\_. *Classe operária, sindicatos e partido no Brasil:* um estudo sobre a consciência de classe: 1930-35. Dissertação de mestrado, Campinas, Universidade Estadual de Campinas, 1980.
\_\_\_\_. *Classe operária, sindicatos e partido no Brasil:* um estudo sobre a consciência de classe – da Revolução de 30 até a Aliança Nacional Libertadora. São Paulo, Autores Associados/Cortez, 1982.

_____. *O privilégio da servidão:* o novo proletariado de serviços na era digital. São Paulo, Boitempo, 2018.

_____. *Os sentidos do trabalho:* ensaio sobre a afirmação e a negação do trabalho. 2. ed., 10. reimpressão revista e ampliada. São Paulo, Boitempo, 2009.

ARON, R. *Les Étapes de la pensée sociologique:* Montesquieu, Comte, Marx, Tocqueville, Durkheim, Pareto, Weber. Paris, Gallimard, 1988.

ATTAL, F. Reconstruire l'Europe intellectuelle: les sciences sociales en Italie (1945-1970). In: TOURNÈS, L. (org.). *L'Argent de l'influence:* les fondations américaines et leurs réseaux européens. Collection Mémoires Culture. Paris, Autrement, 2010.

BARROS, J. R. M. A experiência regional de planejamento. In: MINDLIN, B. (org.). *Planejamento no Brasil.* São Paulo, Perspectiva, 1974.

BASTOS, E. R. Pensamento social da escola sociológica paulista. In: MICELI, S. (org.). *O que ler na ciência social brasileira.* São Paulo/Brasília, Anpocs/ Sumaré/Capes, 2002, t. 4.

BERMAN, E. H. *The Ideology of Philanthropy:* the Influence of the Carnegie, Ford, and Rockefeller Foundations on American Foreign Policy. Albany, State University of New York Press, 1983.

BERMAN, M. *Tudo que é sólido desmancha no ar:* a aventura da modernidade. 2. ed. São Paulo, Companhia das Letras, 2005.

BIELSCHOWSKY, R. *Pensamento econômico brasileiro*: o ciclo ideológico do desenvolvimentismo. 5. ed. Rio de Janeiro, Contraponto, 2004.

BIHR, A. *Du grand soir à l'alternative:* le mouvement ouvrier européen en crise. Paris, Les Éditions Ouvrières, 1991.

BOLTANSKI, L. America, America, le plan Marshall et l'importation du management. *Actes de la recherche en sciences sociales,* n. 38, 1981, p. 19-42.

_____. *Les cadres:* la formation d'un groupe social. Paris, Éditions de Minuit, 1982.

BOLTANSKI, L.; CHIAPELLO, È. *Le Nouvel Esprit du capitalisme.* Paris, Gallimard, 2011.

BORTONE, E. DE A. *A participação do Instituto de Pesquisas e Estudos Sociais (Ipes) na construção da reforma administrativa na ditadura civil-militar (1964-1968).* Dissertação de mestrado, Niterói, Universidade Federal Fluminense, 2013.

BORZEIX, A.; ROT, G. *Genèse d'une discipline, naissance d'une revue*: Sociologie du Travail. Nanterre, Presses Universitaires de Paris Ouest, 2010.

BOULAT, R. *Jean Fourastié, un expert en productivité:* la modernisation de la France, années trente – années cinquante. Besançon, Presses Universitaires de Franche-Comté, 2008.

BOURDIEU, P. *Homo academicus.* Florianópolis, Ed. da UFSC, 2013.

_____. Les Conditions sociales de la circulation internationale des idées. In: SAPIRO, G. (org.). *L'Espace intellectuel en Europe:* de la formation des États-nations à la mondialisation XIXe- -XXIe siècle. Paris, La Découverte, 2009.

_____. *Science de la science et réflexivité:* cours du Collège de France 2000-2001. 3. ed. Paris, Raisons d'Agir, 2007.

BRAGA, R. *A nostalgia do fordismo:* elementos para uma crítica da Teoria Francesa da Regulação. Tese de doutorado, Campinas, Universidade Estadual de Campinas, 2002.

_____. *A nostalgia do fordismo:* modernização e crise na teoria da sociedade salarial. São Paulo, Xamã, 2003.

_____. *A política do precariado:* do populismo à hegemonia lulista. São Paulo, Boitempo, 2012.

BRANDÃO LOPES, J. R. A fixação do operário de origem rural na indústria: um estudo preliminar. *Educação e Ciências Sociais,* v. 2, n. 6, nov. 1957, p. 293-322.

_____. *Crise do Brasil arcaico*. São Paulo, Difel, 1967.

_____. *Desenvolvimento e mudança social:* formação da sociedade urbano-industrial no Brasil. São Paulo, Companhia Editora Nacional/Edusp, 1968.

_____. Escolha ocupacional e origem social. *Educação e Ciências Sociais*, v. 1, n. 2, ago. 1956, p. 43-62.

_____. Relations industrielles dans deux communautés brésiliennes. *Sociologie du Travail*, 1961, p. 330-44.

_____. *Sociedade industrial no Brasil*. São Paulo, Difel, 1964.

BRAUDEL, F. Histoire et sociologie. In: GURVITCH, G. (org.). *Traité de sociologie*, 2. ed. Paris, PUF, 1962, Bibliothèque de Sociologie Contemporaine, t. 1.

BRAVERMAN, H. *Trabalho e capital monopolista:* a degradação do trabalho no século XX. 3. ed. Rio de Janeiro, LTC, 1987.

BRINGEL, B. et al. Notas sobre o Clapcs na "era Costa Pinto" (1957-1961): construção institucional, circulação intelectual e pesquisas sobre a América Latina no Brasil. In: *Sociologia latino-americana II*: desenvolvimento e atualidade. Rio de Janeiro, Núcleo de Estudos de Teoria Social e América Latina, 2015.

BRINGEL, B.; NÓBREGA, L.; MACEDO, L. A experiência do Centro Latino-Americano de Pesquisas em Ciências Sociais (Clapcs) e os estudos sobre a América Latina no Brasil. In: *Sociologia latino-americana*: originalidade e difusão. Rio de Janeiro, Núcleo de Estudos de Teoria Social e América Latina, 2014.

BROCHIER, C. *La Naissance de la sociologie au Brésil*. Rennes, Presses Universitaires de Rennes, 2016.

BROOKE, N.; WITOSHYNSKY, M. (orgs.). *Os 40 anos da Fundação Ford no Brasil:* uma parceria para a mudança social. São Paulo/Rio de Janeiro, Edusp/Fundação Ford, 2002.

CAMARGO, M. J. DE. Inventário dos bens culturais relativos ao Plano de Ação do governo Carvalho Pinto (1959-1963). *Revista CPC*, n. especial, 2016, p. 164-203.

CÂNDIDO, J. C. *Entre a "política" e a "polícia":* a constituição e a crítica da sociedade industrial democrática na sociologia paulista dos anos 1950 e 1960. Dissertação de mestrado, São Paulo, Universidade de São Paulo, fev. 2002.

CARDOSO, F. H. *Capitalismo e escravidão no Brasil meridional:* o negro na sociedade escravocrata do Rio Grande do Sul. São Paulo, Difel, 1962.

_____. *Empresário industrial e desenvolvimento econômico no Brasil*. São Paulo, Difel, 1964.

_____. *Fernando Henrique Cardoso (depoimento, 2011)*. Rio de Janeiro, CPDOC/FGV; LAU/IFCS/UFRJ; ISCTE/IUL, 2012.

_____. Le Proletariat brésilien: situation et comportement social. *Sociologie du Travail*, v. 3, n. 4, 1961, p. 50-65.

_____. *Um intelectual na política:* memórias. São Paulo, Companhia das Letras, 2021.

CARDOSO, F. H.; FALETTO, E. *Dependência e desenvolvimento na América Latina:* ensaio de interpretação sociológica. 7. ed., Rio de Janeiro, LTC, 1970.

_____.; IANNI, O. A empresa industrial em São Paulo (projeto de estudo). In: FERNANDES, F. (org.). *A sociologia numa era de revolução social*, coleção Biblioteca de Ciências Sociais. 2. ed., Rio de Janeiro, Zahar, 1976, p. 338-58.

CARRÉ, J.-J.; MALINVAUD, E.; DUBOIS, P. *La Croissance française, un essai d'analyse économique causale de l'après-guerre*. Paris, Seuil, 1972.

Centre d'Études Sociologiques. *Cahiers Internationaux de Sociologie*, v. 1, n. 1, 1946.

CHAPOULIE, J.-M. *La Tradition sociologique de Chicago:* 1892-1961. Paris, Seuil, 2001.

_____. Un cadre d'analyse pour l'histoire des sciences sociales. *Revue d'Histoire des Sciences Humaines*, v. 13, n. 2, 2005, p. 99.

CHLOÉ, M. *L'Unesco de 1945 à 1974.* Tese de doutorado, Paris, Université Panthéon-Sorbonne, Paris I, 2006.

CLAPCS. "Resistências à mudança: fatores que impedem ou dificultam o desenvolvimento". In: *Anais do Seminário Internacional, reunido no Rio de Janeiro, em outubro de 1959*. Rio de Janeiro, Clapcs, 1960.

CORIAT, B. *A revolução dos robôs:* o impacto socioeconômico da automação. São Paulo, Busca Vida, 1989.

_____. *El taller y el robot:* ensayos sobre el fordismo y la producción en masa en la era de la electrónica. Trad. Rosa Ana Domínguez Cruz, 3. ed., México: Siglo Veintiuno, 1996.

_____. *La robotique*. Paris, Éditions La Découverte/Maspero, 1983.

CUETO, M. (org.). *Missionaries of Science:* the Rockefeller Foundation and Latin America. Bloomington, Indiana University Press, 1994.

CUNHA, M. W. V. da. *Burocratização das empresas industriais:* estudo monográfico. Tese de Cátedra, São Paulo, Faculdade de Ciências Econômicas e Administrativas, Universidade de São Paulo, 1951.

DAL-ROSSO, S. *Mais trabalho!:* a intensificação do labor na sociedade contemporânea. São Paulo, Boitempo, 2008.

DESMAREZ, P. *La Sociologie industrielle aux États-Unis*. Paris, Armand Colin, 1986.

DICKSON, W. J.; ROETHLISBERGER, F. J. *Management and the Worker:* an Account of a Research Program Conducted by the Western Electric Company, Hawthorne Works, Chicago. Cambridge, Harvard University Press, 1939.

DI TELLA, T. S et al. *Huachipato et Lota:* étude sur la conscience ouvrière dans deux entreprises chiliennes. (Recherche menée par l'Institut de Recherches Sociologiques de l'Université du Chili). Paris, Éditions du Centre National de la Recherche Scientifique, 1966.

DOFNY, J. et al, A. *Les Ouvriers et le progrès technique* – étude de cas: un nouveau laminoir. Paris, Armand Colin, 1966.

DUBOIS, P. Ruptures de croissance et progrès technique. *Économie et Statistique*, v. 181, n. 1, 1985, p. 3-31.

DURAND, C. Les Ouvriers et le progrès technique: Mont-Saint-Martin vingt ans après. *Sociologie du Travail*, v. 20, n. 1, mar. 1980, p. 4-21.

_____.; GUILBOT, O. De la théorie à la recherche: La conscience ouvrière d'Alain Touraine. *Sociologie du Travail*, n. 2, 1967, p. 210-15.

DURKHEIM, É. *Da divisão do trabalho social*. Trad. Eduardo Brandão, 2. ed., São Paulo, Martins Fontes, 1999.

ENGELS, Friedrich. *A situação da classe trabalhadora na Inglaterra*. São Paulo, Boitempo, 2008.

EVAN, W. M. L'Association Internationale de Sociologie et l'internationalisation de la sociologie. *Revue Internationale de Sciences Sociales* (Unesco), t. 27, n. 2, 1975, p. 410-20.

FARGE, A. *Le Goût de l'archive*. Paris, Seuil, 1989.

FAZZI, Rita de Cássia; LIMA, Jair Araújo de (orgs). *Campos das ciências sociais:* figuras do mosaico das pesquisas no Brasil e em Portugal. Petrópolis, Vozes, 2020.

FERNANDES, Florestan. *A revolução burguesa no Brasil:* ensaio de interpretação sociológica. 7. ed., Rio de Janeiro, Zahar, 1975.

_____. *A sociologia no Brasil:* contribuição para o estudo de sua formação e desenvolvimento. Petrópolis, Vozes, 1977.

____. *A sociologia numa era de revolução social*. São Paulo, Companhia Editora Nacional, 1963.

____. *A sociologia numa era de revolução social*. 2. ed., Rio de Janeiro, Zahar, 1976.

____. Atitudes e motivações desfavoráveis ao desenvolvimento. In: CLAPCS (org.). Resistências à mudança: fatores que impedem ou dificultam o desenvolvimento. In: *Anais do Seminário Internacional, reunido no Rio de Janeiro, em outubro de 1959*. Rio de Janeiro, Clapcs, v. 10, 1960, p. 219-59.

____. Economia e sociedade no Brasil: análise sociológica do subdesenvolvimento. In: *A sociologia numa era de revolução social*. 2. ed., Rio de Janeiro, Zahar, 1976, coleção Biblioteca de Ciências Sociais, p. 314-37.

____. Em busca de uma sociologia crítica e militante. In: *A sociologia no Brasil:* contribuição para o estudo de sua formação e desenvolvimento. Petrópolis, Vozes, 1977. v. 7, coleção Sociologia Brasileira, v. 7.

____. *Mudanças sociais no Brasil:* aspectos do desenvolvimento da sociedade brasileira. 3. ed., São Paulo, Difel, 1979.

____. Padrão e ritmo de desenvolvimento na América Latina. In: *A sociologia numa era de revolução social*. São Paulo, Companhia Editora Nacional, 1963, p. 237-84.

____. Reflexões sobre a mudança social no Brasil. In: *A sociologia numa era de revolução social*. São Paulo, Companhia Editora Nacional, 1963, p. 202-36.

FERREIRA, M. dos S. *O Centro Regional de Pesquisas Educacionais de São Paulo (1956/1961)*. Dissertação de mestrado, São Paulo, Universidade de São Paulo, 2001.

FESTI, Ricardo C. A primeira geração de sociólogos do trabalho no Brasil (1950/60) e seus diálogos com a "escola" francesa. In: *Anais do 18º Congresso Brasileiro de Sociologia*. Brasília, 2017. Disponível em: <http://www.sbs2017.com.br/anais/index.htm>; acesso em: 30 mar. 2021.

____. Michael Löwy e a sociologia do trabalho: a descoberta da consciência de classe do operariado. *Caderno CRH*, v. 31, n. 83, ago. 2018.

FOSDICK, R. B. *The story of the Rockefeller Foundation*. New Brunswick, Transaction Publishers, 1989.

FOURASTIÉ, J. *Le Grand Espoir du XX$^e$ siècle*: édition définitive. Paris, Gallimard, 1971.

____. *Les Trente glorieuses ou la révolution invisible de 1946 à 1975*. Paris, Fayard, 1979.

FREDERICO, C. *Consciência operária no Brasil:* estudo com um grupo de trabalhadores. 2. ed., São Paulo, Ática, 1979.

FRIEDMANN, G. Automatisme et travail industriel. *Cahier Internationaux de Sociologie*, t. 1, Cahier Double, 1946.

____. La Crise du progrès et l'humanisme nouveau. *Union pour la vérité*, n. 3, 4, jan. 1936.

____. *La Crise du progrès:* esquisse d'histoire des idées. 1895-1935. 6. ed. Paris, Gallimard, 1936.

____. *Le Travail en miettes:* spécialisation et loisirs. Bruxelas, Éd. de l'Université de Bruxelles, 1956.

____. *Le Travail en miettes:* spécialisation et loisirs. Bruxelas, Éd. de l'Université de Bruxelles, 2012.

____. *Où va le travail humain?* Paris, Gallimard, 1950.

____. *Pour l'unité de l'enseignement*: humanisme du travail et humanités. Paris, Armand Colin, 1950.

____. *Problèmes d'Amérique Latine*. Paris, Gallimard, 1959.

____. *Problèmes d'Amérique Latine II:* signal d'une troisième voie? Paris, Gallimard, 1961.

____. *Problèmes humains du machinisme industriel*. Paris, Gallimard, 1946.

_____. *Sete estudos sobre o homem e a técnica.* São Paulo, Difel, 1968.
_____. Société et connaissance sociologique. *Annales: Économies, sociétés, civilisations*, v. Extrait, n. 1, fev. 1960, p. 9-17.
_____. Techniques industrielles et condition ouvrière. *Esprit*, v. 19, n. 7 e 8, jul./ago. 1951.
FRIEDMANN, G.; NAVILLE, P. *Traité de sociologie du travail*, v. 1 Paris, Armand Colin, 1961.
_____. *Traité de sociologie du travail*, v. 2 Paris, Armand Colin, 1962.
FURTADO, C. *Formação econômica do Brasil.* São Paulo, Companhia Editora Nacional/Publifolha, 2000.
GEMELLI, G. (org.). *The Ford Foundation and Europe, 1950's-1970's:* Cross-Fertilization of Learning in Social Science and Management. Bruxelas, European Interuniversity Press, 1998.
GERMANI, G. *La Sociologia en la America Latina:* problemas y perspectivas. Buenos Aires, Ed. Universitaria de Buenos Aires, 1964.
GOLDMANN, L. *Le Dieu caché:* étude sur la vision tragique dans les *Pensées* de Pascal et dans le théâtre de Racine. Paris, Gallimard, 1997.
GRAMSCI, A. *Cadernos do cárcere.* 2. ed., Rio de Janeiro, Civilização Brasileira, 2007.
GUIMARÃES, N. A.; LEITE, M. de P. A sociologia do trabalho industrial no Brasil: desafios e interpretações. *Revista Brasileira de Informação Bibliográfica em Ciências Sociais – BIB*, v. 37, 1994, p. 39-59.
GURVITCH, G. La Vocation actuelle de la sociologie. *Cahiers Internationaux de Sociologie*, v. 1, n. 1, 1946.
HAROUEL, J.-L. Jean Fourastié: l'homme et sa pensée. In: FOURASTIÉ, J. (org.). *Productivité et richesse des nations.* Paris, Gallimard, 2005, coleção Tel.
HARVEY, D. *Condição pós-moderna:* uma pesquisa sobre as origens da mudança cultural. Trad. Adail Ubirajara Sobral e Maria Stela Gonçalves, 16. ed., São Paulo, Loyola, 2007.
HEILBRON, J. Pionniers par défaut?: Les débuts de la recherche au Centre d'Études Sociologiques (1946-1960). *Revue Française de Sociologie*, v. 32, n. 3, jul. 1991, p. 365.
HEILBRON, J.; GUILHOT, N.; JEANPIERRE, L. Internationalisation des sciences sociales: les leçons d'une histoire transnationale. In: SAPIRO, G. (org.). *L'Espace intellectuel en Europe:* de la formation des États-nations à la mondialisation – XIX$^e$-XXI$^e$ siècle. Paris, La Découverte, 2009.
HOBSBAWM, E. J. *A era das revoluções:* Europa – 1789-1848. 2. ed., Rio de Janeiro, Paz & Terra, 1979.
HUSSON, M. *Misère du capital:* une critique du néolibéralisme. Paris, Syros, 1996.
_____. *Productivité, emploi et structures de l'appareil productif:* une comparaison internationale. Noisy-le-Grand: Ires, 1996.
IANNI, O. *Sociologia da sociologia latino-americana.* 2. ed., Rio de Janeiro, Civilização Brasileira, 1976.
JACKSON, L. C.; BLANCO, A. *Sociologia no espelho:* ensaístas, cientistas sociais e críticos literários no Brasil e na Argentina *(1930-1970).* São Paulo, Editora 34, 2014.
JACOBY, R. *Os últimos intelectuais:* a cultura americana na era da academia. São Paulo, Trajetória Cultural/Edusp, 1990.
KUISEL, R. F. 'L'American way of life' et les missions françaises de productivité. *Vingtième Siècle: Revue d'histoire*, n. 17, mar. 1988, p. 21-38.
LAJOINE, G. Sociologie du travail: vers de nouvelles frontières. In: *Une nouvelle civilisation?* Hommage à Georges Friedmann. Paris, Gallimard, 1973.

LAMBERT, J. *Le Brésil:* structure sociale et institutions politiques. Paris, Armand Colin, 1953.

\_\_\_\_. *Os dois Brasis.* 4. ed., São Paulo, Companhia Editora Nacional, 1969.

LAUDE, C. Le Centre d'Études Sociologiques. *Revue Française de Sociologie*, v. 1, n. 1, 1960, p. 93-7.

LAVAL, C. *L'Ambition sociologique:* Saint-Simon, Comte, Tocqueville, Marx, Durkheim, Weber. Paris, La Découverte, 2002, coleção Recherches, série Bibliothèque du M.A.U.S.S.

LE CHATELIER, H. *Le Taylorisme*. Paris, Dunod, 1928.

LE LABORATOIRE DE SOCIOLOGIE INDUSTRIELLE DE L'ÉCOLE PRATIQUE DES HAUTES ÉTUDES. VIe section. *Revue Française de Sociologie*, v. 1, n. 2, 1960, p. 218-19.

LEBEL, J.-P. *Alain Touraine:* sociologie de l'action – pour une sociologie des mouvements sociaux. Paris, Ellipses, 2012.

LEITE LOPES, J. S. Sobre o trabalhador da grande indústria na pequena cidade: crítica e resgate da "crise do Brasil arcaico". *Boletim do Museu Nacional*, n. 43, out. 1983.

\_\_\_\_. Touraine e Bourdieu nas ciências sociais brasileiras: duas recepções diferenciadas. *Sociologia & Antropologia*, v. 3, n. 5, 2013, p. 43-79.

LEITE LOPES, J. S.; PESSANHA, E.; RAMALHO, J. R. Esboço de uma história social da primeira geração de sociólogos do trabalho e dos trabalhadores no Brasil. *Educação & Sociedade*, v. 33, n. 118, mar. 2012, p. 115-29.

LEITE, Marcia de Paula. A sociologia do trabalho na América Latina: seus temas e problemas (re)visitados. *Sociologia & Antropologia*, v. 2, n. 4, 2012, p. 103-27.

LINHART, D. *A desmedida do capital*. São Paulo, Boitempo, 2007.

\_\_\_\_. *La Comédie humaine du travail:* de la déshumanisation taylorienne à la sur-humanisation managériale. Toulouse, Érès, 2015.

LÓPEZ, Jorge García. Pierre Naville y la otra sociología del trabajo. *Política y Sociedad*, v. 38, 2001, p. 197-216.

LÖWY, Michael. *A jaula de aço:* Max Weber e o marxismo weberiano. Trad. Mariana Echalar, São Paulo, Boitempo, 2014.

\_\_\_\_. Estrutura e consciência de classe operária no Brasil. Trad. Ricardo Festi, *Caderno CRH*, v. 31, n. 83, 2018, p. 229-37.

LÖWY, Michael; CHUCID, S. Opiniões e atitudes dos líderes sindicais metalúrgicos. *Revista Brasileira de Estudos Políticos*, n. 13, 1962.

LÖWY, Michael; SAYRE, R. *Revolta e melancolia:* o romantismo na contracorrente da modernidade. São Paulo, Boitempo, 2015.

LOYER, E. *Lévi-Strauss*. Paris, Le Grand Livre du Mois, 2015.

\_\_\_\_. *Paris à New York:* intellectuels et artistes français en exil, 1940-1947. Paris, Hachette Littératures, 2007, coleção Pluriel.

LUCAS, M. R. *De Taylor a Stakhanov:* utopias e dilemas marxistas em torno da racionalização do trabalho. Tese de doutorado, Campinas, Universidade Estadual de Campinas, 2015.

LUKÁCS, G. *Para uma ontologia do ser social*, v. 1. São Paulo, Boitempo, 2012.

\_\_\_\_. *Para uma ontologia do ser social*, v. 2. São Paulo, Boitempo, 2013.

MARCEL, J.-C. *Le durkheimisme dans l'entre-deux-guerres*. Paris, PUF, 2001.

MARINI, R. M. Origen y trayetoria de la sociología latinoamericana. In: *América Latina, Dependencia y Globalización*. Bogotá, Clacso y Siglo del Hombre, 2008.

MARTINIÈRE, G. *Aspects de la coopération franco-brésilienne:* transplantation culturelle et stratégie de la modernité. Grenoble/Paris, Presses Universitaires de Grenoble/Éditions de la Maison des Sciences de l'Homme, 1982.

MARX, Karl. *Capítulo VI (inédito)*. Trad. Ronaldo Vielmi Fortes, São Paulo, Boitempo, 2023.
\_\_\_\_. *Manuscritos econômico-filosóficos*. Trad. Jesus Ranieri, São Paulo, Boitempo, 2004.
\_\_\_\_. *O capital: crítica da economia política,* Livro I: O processo de produção do capital. Trad. Rubens Enderle, São Paulo, Boitempo, 2013, coleção Marx & Engels.
\_\_\_\_. *O capital: crítica da economia política*, Livro II: O processo de circulação do capital. Trad. Rubens Enderle, São Paulo, Boitempo, 2014, coleção Marx & Engels.
MARX, K.; ENGELS, F. *A ideologia alemã:* crítica da mais recente filosofia alemã em seus representantes Feuerbach, B. Bauer e Stirner, e do socialismo alemão em seus diferentes profetas (1845-1846). Trad. Rubens Enderle, Nélio Schneider e Luciano Cavini Martorano, São Paulo, Boitempo, 2007.
MARX, K.; ENGELS, F. *Manifesto Comunista*. Trad. Álvaro Pina e Ivana Jinkings. São Paulo, Boitempo, 1998.
MASSI, F. Franceses e norte-americanos nas ciências sociais brasileiras – 1930-1960. In: MICELI, S. (org.). *História das ciências sociais no Brasil*. São Paulo, Idesp/Vértice/Finep, 1989.
MAYO, E. *The Human Problems of an Industrial Civilization*. Nova York, The Macmillan Company, 1933.
\_\_\_\_. *The Social Problems of an Industrial Civilization*. Boston, Harvard University Press, 1945.
MÉSZÁROS, I. Consciência de classe necessária e consciência de classe contingente. In: *Filosofia, ideologia e ciências sociais*. São Paulo, Ensaio, 1993.
\_\_\_\_. *Para além do capital*: rumo a uma teoria da transição. São Paulo, Boitempo, 2002.
MICELI, S. (org.). *A Fundação Ford no Brasil*. São Paulo, Fapesp/Sumaré, 1993.
\_\_\_\_. *A desilusão americana:* relações acadêmicas entre Brasil e Estados Unidos. São Paulo, Sumaré, 1990.
MICELI, S.; MASSI, F. (org.). *História das ciências sociais no Brasil*. São Paulo, Idesp/Vértice/Finep, 1989.
MOSCOVICI, S.; ACKERMAN, W. La Sociologie existentielle d'Alain Touraine, note critique. *Sociologie du Travail*, v. 2, 1966, p. 205-9.
MOTOYAMA, S. (org.). *Fapesp:* uma história de política científica e tecnológica. São Paulo, Fapesp, 1999.
MOTTEZ, B. *La Sociologie industrielle*. Paris, PUF, 1975.
NASCIMENTO, A. S. *Fernando Azevedo: dilemas na institucionalização da sociologia no Brasil*. São Paulo, Cultura Acadêmica, 2012.
NAVILLE, P. *L'Automation et le travail humain:* rapport d'enquête, France, 1957-1959. Paris, Centre National de la Recherche Scientifique, 1961.
\_\_\_\_. *Vers l'automatisme social?:* machines, informatique, autonomie et liberté. Paris, Syllepse, 2016.
\_\_\_\_. *Vers l'automatisme social?:* problèmes du travail et de l'automation. Paris, Gallimard, 1963.
\_\_\_\_. Vers l'automatisme social. *Revue Française de Sociologie*, v. 1, n. 3, 1960.
NOGUEIRA, Oracy. Projeto de instituição de uma área laboratório para pesquisas referentes à educação. *Educação e Ciências Sociais,* Boletim do Centro Brasileiro de Pesquisas Educacionais, v. 3, n. 7, abr. 1958.
NOTICIÁRIO do CBPE. *Educação e Ciências Sociais,* Boletim do Centro Brasileiro de Pesquisas Educacionais, v. 1, n. 1, mar. 1956.
OLIVEIRA, F. de. *Crítica à razão dualista:* o ornitorrinco. 1. ed., São Paulo, Boitempo, 2003.
ORTIZ, R. Notas sobre as ciências sociais no Brasil. *Novos Estudos – Cebrap*, v. 2, n. 27, jul. 1990, p. 163-75.

OS ESTUDOS e as pesquisas educacionais no Ministério da Educação e Cultura. *Educação e Ciências Sociais*, Boletim do Centro Brasileiro de Pesquisas Educacionais, v. 1, n. 1, mar. 1956.
PAOLI, Maria C.; SADER, Eder; TELLES, Vera da S. Pensando a classe operária: os trabalhadores sujeitos aos imaginários acadêmicos. *Revista Brasileira de História*, Marco Zero, 1984.
PENNA, M. L. *Fernando de Azevedo*. Recife, Fundação Joaquim Nabuco/Massangana, 2010.
PEREIRA, J. C. *Estrutura e expansão da indústria em São Paulo*. São Paulo, Companhia Editora Nacional, 1967.
PEREIRA, L. *Trabalho e desenvolvimento no Brasil*. São Paulo, Difel, 1965.
PIKETTY, T. *O capital no século XXI*. Rio de Janeiro, Intrínseca, 2014.
PILLON, T. *Georges Friedmann*: problèmes humains du machinisme industriel – les débuts de la sociologie du travail. Paris, Ellipses, 2009.
PINHEIRO FILHO, F. A.; MICELI, S. Entrevista com Mário Wagner Vieira da Cunha. *Tempo Social*, v. 20, n. 2, nov. 2008.
PINTO, G. A. *A organização do trabalho no século XX:* taylorismo, fordismo e toyotismo. São Paulo, Expressão Popular, 2007.
PROJETO de pesquisa sobre os processos de industrialização e urbanização. *Educação e Ciências Sociais*, Boletim do Centro Brasileiro de Pesquisas Educacionais, v. 5, n. 11, ago. 1959.
PULICI, C.; SALLUM JÚNIOR, B. *Entre sociólogos:* versões conflitivas da "condição de sociólogo" na USP dos anos, 1950-1960. São Paulo, Edusp/ Fapesp, 2008.
REVEL, J.; WACHTEL, N. *Une école pour les sciences sociales:* de la VI$^e$ Section à l'École des Hautes Études en Sciences Sociales. Paris, École des Hautes Études en Sciences Sociales, 1996.
REYNAUD, J.-D.; BOURDIEU, P. Une sociologie de l'action est-elle possible? *Revue Française de Sociologie*, v. 7, n. 4, 1966, p. 508-17.
RIBEIRO, D. O programa de pesquisas em cidades-laboratórios. *Educação e Ciências Sociais*, Boletim do Centro Brasileiro de Pesquisas Educacionais, v. 3, n. 9, dez. 1959.
ROCHER, Guy. *Talcott Parsons e a sociologia americana*. Rio de Janeiro, Francisco Alves, 1976.
RODRIGUES, J. A. *Sindicato e desenvolvimento no Brasil*. São Paulo, Difel, 1968.
RODRIGUES, L. M. (org.). *Sindicalismo e sociedade*. São Paulo, Difel, 1968.
____. *Industrialização e atitudes operárias:* estudo de um grupo de trabalhadores. São Paulo, Brasiliense, 1970.
RODRIGUES, L. S. *A produção social do marxismo universitário em São Paulo:* mestres, discípulos e "um seminário" (1958-1978). Tese de doutorado, São Paulo, Universidade de São Paulo, 2011.
ROETHLISBERGER, F. J. *Management and Morale*. Cambridge, Harvard University Press, 1941.
ROLLE, P. Naville Pierre. L'Automation et le travail humain – rapport d'enquête. *Revue Française de Sociologie*, v. 3, n. 2, 1962, p. 198-201.
ROMÃO, Wagner de M. *A experiência do Cesit:* sociologia e política acadêmica nos anos 1960. Dissertação de mestrado, São Paulo, Universidade de São Paulo, 2003.
____. *Sociologia e política acadêmica nos anos 1960*: a experiência do Cesit. São Paulo, Humanitas, 2006.
SADER, Eder. *Quando novos personagens entraram em cena:* experiências, falas e lutas dos trabalhadores da Grande São Paulo, 1970-80. Rio de Janeiro, Paz & Terra, 1988.
SANTOS, J. J. H. *Automação industrial*. Rio de Janeiro, LTC, 1979.

SARTRE, J.-P. *Situations, II:* septembre 1944 – décembre 1946. Nova edição revista e aumentada, Paris, Gallimard, 2012.

SCHWARCZ, L. M.; STARLING, H. M. M. *Brasil:* uma biografia. São Paulo, Companhia das Letras, 2015.

SCHWARZ, Roberto. Um seminário de Marx. *Novos Estudos,* n. 50, 1998.

SEGNINI, Liliana R. P. Notas de leitura da obra de Lucie Tanguy: a pesquisa como atividade social e a relação entre ciência e política. *Educação & Sociedade,* v. 33, n. 118, 2012, p. 131-45.

SILVA, R. A. da. *Dilemas da transição:* um estudo crítico da obra de Lênin de 1917-1923. Dissertação de mestrado, Campinas, Universidade Estadual de Campinas, 2007.

SILVER, B. J. *Forças do trabalho:* movimentos dos trabalhadores e globalização desde 1870. São Paulo, Boitempo, 2005.

SIMÃO, A. Industrialisation et syndicalisme au Brésil. *Sociologie du Travail,* n. 4, 1961.

\_\_\_\_. O voto operário em São Paulo. In: *Anais do I Congresso Brasileiro de Sociologia.* São Paulo, 1955.

\_\_\_\_. O voto operário em São Paulo. *Revista Brasileira de Estudos Políticos,* v. 1, n. 1, dez. 1956, p. 130-41.

\_\_\_\_. *Sindicato e Estado:* suas relações na formação do proletariado de São Paulo. São Paulo, Dominus/Editora da Universidade de São Paulo, 1966, coleção Ciências Sociais Dominus, v. 7.

SIMÃO, A.; GOLDMAN, F. P. *Itanhaém:* estudo sobre o desenvolvimento econômico e social de uma comunidade litorânea. São Paulo, Universidade de São Paulo, Faculdade de Filosofia, Ciências e Letras, 1958.

SINGER, P. I. *Desenvolvimento econômico e evolução urbana:* análise da evolução econômica de São Paulo, Blumenau, Porto Alegre, Belo Horizonte e Recife. São Paulo, Companhia Editora Nacional/Edusp, 1968.

SUTTON, F. X. The Ford Foundation and Europe: Ambitions and Ambivalences. In: GEMELLI, G. (org.). *The Ford Foundation and Europe, 1950's-1970's:* Cross-Fertilization of Learning in Social Science and Management – Memoirs of Europe. Bruxelas, European Interuniversity Press, 1998.

TANGUY, L. *A sociologia do trabalho na França:* pesquisa sobre o trabalho dos sociólogos (1950-1990). Trad. Estela dos Santos Abreu, São Paulo, Editora da USP, 2017.

\_\_\_\_. A sociologia: ciência e ofício. *Educação & Sociedade,* v. 33, n. 118, 2012, p. 33-46.

\_\_\_\_. *La Sociologie du travail en France:* enquête sur le travail des sociologues, 1950-1990. Paris, La Découverte, 2011.

\_\_\_\_. *Les Instituts du travail:* la formation syndicale à l'université de 1955 à nos jours. Rennes, Presses Universitaires de Rennes, 2006.

\_\_\_\_. Retour sur l'histoire de la sociologie du travail en France: place et rôle de l'Institut des Sciences Sociales du Travail. *Revue Française de Sociologie,* v. 49, n. 4, 2008, p. 723.

TARTUCE, Gisele Lobo. Pierre Naville e os estudos sobre a automação na França do pós-guerra. *Revista de Ciências Sociais, Política & Trabalho,* t. 35, 2018.

TAYLOR, F. W. *La Direction des ateliers:* étude suivie d'un mémoire sur l'emploi des courroies. Paris, Dunod, 1930.

TOURAINE, A. Ambiguïtés de la sociologie industrielle américaine. *Cahiers Internationaux de Sociologie,* v. 12, 1952.

\_\_\_\_. *Critique de la modernité.* Paris, Librairie Générale Française, 1998.

\_\_\_\_. *Défense de la modernité.* Paris, Seuil, 2018.

____. Industrialisation et conscience ouvrière à S. Paulo. *Sociologie du Travail*, v. 4, 1961.
____. *L'Après-socialisme*. Paris, Grasset, 1983.
____. *L'Évolution du travail ouvrier aux usines Renault*. Paris, Centre National de la Recherche Scientifique, 1955.
____. *La Conscience ouvrière*. Paris, Seuil, 1966.
____. *La Parole et le sang:* politique et société en Amérique Latine. Paris, O. Jacob, 1988.
____. La Raison d'être d'une sociologie de l'action. *Revue Française de Sociologie*, v. 7, n. 4, 1966, p. 518-27.
____. *La Société post-industrielle*: naissance d'une société. Paris, Denoël, 1969.
____. Les Ouvriers d'origine agricole. *Sociologie du Travail*, v. 2, n. 3, set. 1960.
____. *Production de la société*. Paris, Seuil, 1973.
____. *Sociologie de l'action*. Paris, Seuil, 1965.
TOURAINE, A.; PÉCAUT, D. Conscience ouvrière et développement économique en Amérique Latine: propositions pour une recherche. *Sociologie du Travail*, v. 9, n. 3, 1967, p. 229-54.
TOURAINE, A.; RAGAZZI, O. *Ouvriers d'origine agricole*. Paris, Seuil, 1961.
TOURAINE, A.; VERLEY, E. Enquête française de sociologie industrielle. *Cahiers Internationaux de Sociologie*, v. 7, 1949, p. 109-21.
TOURNÈS, L. *Sciences de l'homme et politique les fondations philanthropiques américaines en France au XXe siècle*. Paris, Classiques Garnier, 2011.
WEBER, H. *Le parti des patrons:* le CNPF, 1946-1986. Paris, Seuil, 1986.

## 3. Coletâneas de entrevistas, depoimentos e homenagens, entrevistas e depoimentos individuais, biografias, memórias, discursos proferidos e palestras

ARON, R. *Mémoires*. Paris, Julliard, 1983.
AZEVEDO, F. de. Discurso proferido na inauguração do Centro Regional de Pesquisas Educacionais de São Paulo. *Educação e Ciências Sociais*, Boletim do Centro Brasileiro de Pesquisas Educacionais, v. 1, n. 2, ago. 1956.
____. *História de minha vida*. Rio de Janeiro, José Olympio, 1971.
CARDOSO, F. H. *Fernando Henrique Cardoso (depoimento, 2011)*. Rio de Janeiro, CPDOC/FGV; LAU/IFCS/UFRJ; ISCTE/IUL, 2012. Disponível em <https://cpdoc.fgv.br/cientistassociais/fernandohenrique>; acesso em: 30 mar. 2021.
CROZIER, Michel. *Mémoires*. Paris, Fayard, 2002.
FRIEDMANN, G. *Journal de guerre: 1939-1940*. Paris, Gallimard, 1987.
FURTADO, C. *Obra autobiográfica de Celso Furtado*, t. 1. São Paulo, Paz & Terra, 1997.
____. *Obra autobiográfica de Celso Furtado*, t. 3. São Paulo, Paz & Terra, 1997.
GURVITCH, G. Mon itinéraire intellectuel ou exclu de la horde. *L'Homme et la société: revue international de recherches et de synthèses sociologiques*, n. 1, set. 1996.
Homenagem a Juarez Rubens Brandão Lopes (1925-2011). *Revista Brasileira de Ciências Sociais*, v. 26, n. 77, 2011, p. 7-9.
NOGUEIRA, Oracy. José Albertino Rosário Rodrigues. *Tempo Social*, v. 4, n. 1-2, 1992.
RAMALHO, José Ricardo; RODRIGUES, Iram Jácome. Sociologia do trabalho no Brasil: entrevista com Leôncio Martins Rodrigues. *Revista Brasileira de Ciências Sociais*, v. 25, n. 72, 2010, p. 133-79.

REGO, J. M. Entrevista com Enzo Faletto. *Tempo Social*, v. 19, n. 1, jun. 2007.
RODRIGUES, L. M. *Leôncio Martins Rodrigues Netto (depoimento, 2008)*. Rio de Janeiro, CPDOC/FGV; LAU/IFCS/UFRJ; ISCTE/IUL, 2010. Disponível em: <https://cpdoc.fgv.br/cientistassociais/leonciomartins>; acesso em: 30 out. 2021.
SIMÃO, A. Entrevista concedida a José Albertino Rodrigues (Departamento de Ciências Sociais, UFSCar) e Vera Rita da Costa (*Ciência Hoje*). *Cientistas do Brasil:* depoimentos. SBPC, maio de 1998. Disponível em: <biblio.fflch.usp.br/AbSaber_AN_1015093_EntrevistaConcedida.pdf>; acesso em: 28 mar. 2023.
TOURAINE, A. *Un désir d'histoire*. Paris, Stock, 1977.
\_\_\_\_. *Vie et mort du Chili populaire:* journal sociologique, jul.-set. 1973. Paris, Seuil, 1973.

## 4. Documentação institucional, relatórios de atividade ou de pesquisa e atas de congressos

AGENCE EUROPÉENNE DE PRODUCTIVITÉ (org.). *Répertoire des recherches et des instituts dans les sciences humaines appliquées aux problèmes du travail*. Établi par l'Agence Européenne de Productivité avec l'aide des centres nationaux de productivité. Suisse. Paris, Oece, 1960.
\_\_\_\_. *Adaptation du travail a l'homme*. Conferência Internacional de Zurique. Relatório geral elaborado pelo professor Bernard Metz, Estrasburgo. Paris, Oece, 1960.
\_\_\_\_. *Agriculture et alimentation:* inventaire des activités de l'AEP depuis sa création en 1953. Paris, Oece, 1960.
\_\_\_\_. *Deuxième programme d'Action de l'Agence Européenne de Productivité 1954-1955*. Paris, Oece, 1954.
\_\_\_\_. *La Recherche sociale et l'industrie en Europe:* problèmes et perspectives. Paris, Oece, 1960.
\_\_\_\_. *Résumé du Premier Programme Annuel d'Action de l'Agence Européenne de Productivité*. Paris, Oece, 1953.
CENTRE D'ÉTUDES SOCIOLOGIQUES. *Centre d'Études Sociologiques*. Paris, Centre National de la Recherche Scientifique, 1963.
CONGRÈS MONDIAL DE SOCIOLOGIE. *World Congress of Sociology*. Actes des Congrès Mondiaux de Sociologie. Londres, International Sociological Association, 1959, 1950, 1953, 1956, 1959.
ELLIOTT, Alan. Les Statistiques relatives aux études à l'étranger. *Bulletin International des Sciences Sociales* (Unesco), t. 8, n. 4, 1956, p. 621-31.
L'ORGANISATION EUROPÉENNE DE COOPÉRATION ÉCONOMIQUE. *Histoire et structure*. 6. ed., Paris, Oece, 1957.
\_\_\_\_. *Les Problèmes de gestion des entreprises:* opinions américaines, opinions européennes. Paris, Oece, 1954.
*LE LABORATOIRE de Sociologie Industrielle*. Paris, Ephe/Laboratoire de Sociologie Industrielle, 1966.
\_\_\_\_. Paris, Ephe/Laboratoire de Sociologie Industrielle, 1969.
MISSION FRANÇAISE DE PRODUCTIVITÉ. *Enseignement des relations industrielles aux États-Unis:* enquêtes en vue de l'accroissement de la productivité (23 out-26 nov 1953). Paris, Société Auxiliaire pour la Diffusion des Éditions de Productivité, 1953.

ORGANISATION DE COOPÉRATION ET DE DÉVELOPPEMENT ÉCONOMIQUES. *Les Travailleurs et les changements techniques*: une vue d'ensemble des recherches par Alain Touraine, en collaboration avec Claude Durand, Daniel Pecaud, Alfred Willener. Paris, Ocde, 1965.
ROCKEFELLER FOUNDATION. *Directory of Fellowships and Scholarships 1917-1970*. Nova York, the Rockefeller Foundation, 1972.
SÃO PAULO (ESTADO), GOVERNADOR (1959-1963: CARVALHO PINTO). *Plano de ação do governo 1959-1963:* administração estadual e desenvolvimento econômico social. São Paulo, Imprensa Oficial do Estado, 1959.
SPEAKMAN JR., Cummins E. *Intercâmbio educativo internacional*. Buenos Aires: Troquel, 1968.
UNESCO. *Guide des Boursiers Unesco*. Paris, Unesco, 1959.
_____. *Les Sciences sociales*. Paris, Unesco, 1954.
_____. *Programmes and Activities Relating to Higher Education in Latin America*. Paris, Unesco, 1963.
VALDERRAMA, Fernando. *Histoire de l'Unesco*. Paris, Unesco, 1995.

## 5. Entrevistas realizadas pelo autor

*Alain Touraine*: entrevista realizada em 22 fev. 2017, Paris, França. Gravada digitalmente, 1h52'09".
*Michael Löwy*: entrevista realizada em 6 dez. 2016, Paris, França. Gravada digitalmente, 34'46".
*Fernando Henrique Cardoso*: entrevista realizada em 6 dez. 2017, São Paulo, Brasil. Gravada digitalmente, 50'12".

## 6. Jornais consultados (período consultado: de 1949 a 1973)

*A Noite* (RJ)
*Correio da Manhã* (RJ)
*Diário de Notícias* (RJ)
*Diário do Paraná* (PR)
*El Correo* (publicação da Unesco, 1949 a 1964)
*Folha da Manhã* (SP)
*Folha de S.Paulo* (SP)
*Jornal do Brasil* (RJ)
*Jornal do Commercio* (RJ)
*O Estado de S. Paulo* (SP)
*O Globo* (RJ)
*O Jornal do Rio de Janeiro* (RJ)
*Última Hora* (RJ)

## 7. Arquivos e bibliotecas pesquisados

*França*

**Archives Nationales, Fontainebleau, France**
910024 DPC: Dossiers de carrière d'agents et des chercheurs du CNRS, Alain Touraine et Jean-Daniel Reynaud

**Conservatoire National des Arts et Métiers, Paris, France**
Georges Friedmann: Chaire d'histoire du travail
Fonds Administrative Générale.
Analyse sociologique du travail, de l'emploi et des organisations, 1932-1996.
Rapport de la commission chargée d'entendre les candidats a la chaire d'histoire du travail. 10 out. 1945.
Correspondance. Chaire histoire du travail, 1935-1946. 2CC/4.
Fonds CDMT. Vacance de chaire.
Fonds Thiercelin [70 CH 14]. Histoire du travail, sociologie du travail.
1CC /25 e 1CC/26 – cours du CNAM

**Écoles des Hautes Études en Sciences Sociales (Ehess), Paris, França**
103 EHE 11: Georges Friedmann – Dossier de carrière
CEMS1: Rapport d'activité du Laboratoire de Sociologie Industrielle. 1966
CEMS1: Rapport d'activité du Laboratoire de Sociologie Industrielle.
CP9/72: Fonds Louis Velay: fonds de dossier sur l'Amérique Latine. Années 1960.
Fonds Clemens Heller – Amérique Latine

**Institut Mémoires de l'Édition Contemporaine (Imec), Caen, França**
Fonds Alain Touraine. Dossiers de correspondance. Códigos:
TRN 12: Chili: dossiers de demande d'aide, 1973-1978.
TRN 13: Chili: dossiers de demande d'aide, 1973-1976
TRN14: Chili: dossiers de demande d'aide, 1973-1976
TRN15: Chili: associations, comités de soutien et aide internationale, 1973-1977

**Fondation Maison des Sciences de l'Homme, Paris, France**
4A1/3248 e 5A21394: Sociologie – Touraine

**Archives de l'OCDE, Paris, France**
Projet 164: Recherche en sociologie industrielle (jun. 1955-jun. 1959)
Publications e documentos de pesquisa da Agence Européenne de Productivité (1950-1969).
Documents statistiques sur les augmentations de produtivité en France, États-Unis et le monde (annuaire statistique etc.) pendant les années 1945 à 1975.
Rapports entre Oece et les universités et centres de recherches en France.

**Archives de l'Unesco, Paris, France**
(Consulta a diversos documentos referentes a publicações, escritórios regionais, documentos de trabalho, relatório, documentos de reuniões, conferências, eventos, missões de trabalho e científicas etc.)

SS-11 1954 / SS-28 1960: Conferências Rio de Janeiro, 1956 (Report).
370.23(8)374.86 "55" / 370.23(8)067 "56": Conferência sobre ensino universitário de ciências sociais na América do Sul.
370.230.63(81)AMS: Avant projet de réglement du Clapcs, soumis a la sous-commission de sciences sociales de l'Ibecc pour discussion par la Costa Pinto.
3A06(8)TA "59": Projeto seminário científico do Clapcs, 1959, "Resistências à Mudança".
3:37 (8) a 06 (81) "56" AMS: Meeting 1956, "1956 Regional Conference on Teaching of Social Sciences in South America – BRAZIL", Part I (31.09.55), Part II (31.12.56) e Part III (01.01.57).
3:37 (08) a 06 (81) "57" AMS: Meeting 1957, Brazil – Education – Social Science – Latin America – Part. Prog. – Part I (01.01.57) e Part II (01.02.57).
Département des sciences sociales.
Rapports de mission scientifique Amérique Latine (Chili et Brésil).
Documents sur la Flacso: Santiago du Chili – 1957-1975.
Documents sur le Centre latino-américain de recherches en sciences sociales, Rio de Janeiro, 1958-1965.
4-R-8070: International Sociological Association – 1955-1960.

**Bibliothèque Nationale de France, Paris, França**
Consulta a vários acervos e periódicos (microfilmes e microfichas).

**Archives de l'Institut des Hautes Études de l'Amérique Latine, Paris, França**
Consulta a documentos e livros sobre América Latina.

## Brasil

**Arquivo Geral da Universidade de São Paulo, São Paulo, Brasil**
(Consulta a documentos relacionados a processos internos, Cesit, vida funcional de professores)
Processo 61.1.26869.1.5, Interessado Centro de Sociologia Industrial e do Trabalho, Título Criação desse centro anexo à FFCL.
Processo 62.1.18737.1.7, Interessado Centro de Sociologia Industrial e do Trabalho, Título Solicita recursos para realização de trabalhos em novos setores desse Centro visando à colaboração com o grupo de planejamento do governo do Estado.
Processo 61.1.7895.1.4, Interessado Centro Universitário de Pesquisas e Estudos Sociais, Título Realização de um curso de extensão universitária, sobre sociologia industrial.
Dossiês de carreira de Azis Simão, Fernando de Azevedo, Fernando Henrique Cardoso, Juarez Rubens Brandão Lopes, Leôncio Martins Rodrigues Netto, Mario Wagner Vieira da Cunha.

**Centro de Apoio à Pesquisa em História "Sergio Buarque de Holanda" (CAPH), USP, São Paulo, Brasil**
Fundo Azis Simão (documentos diversos).
Programas Aprovados para o curso de Ciências Sociais nos anos de 1953, 1954, 1959, 1960, 1962, 1964, 1965, 1967, 1968.

**Instituto de Estudos Brasileiros (IEB), USP, São Paulo, Brasil**
Arquivo Fernando de Azevedo (documentos relacionados às atividades profissionais e acadêmicas, manuscritos, datiloscritos, correspondência ativa e passiva, documentos institucionais, Unesco, ISA, SBS entre outros).

**Centro de Pesquisa e Documentação de História Contemporânea do Brasil (CPDOC), FGV, Rio de Janeiro, Brasil (*online*)**
AT c 1931.12.27: Arquivo Anísio Teixeira. Classificação (série C – correspondência)
TBC 56.57.68: Arquivo Temístocles Brandão Cavalcanti.

**Fundação Fernando Henrique Cardoso, São Paulo, Brasil (*online*)**
Correspondências ativa e passiva, documentos institucionais.

**Arquivo Edgard Leuenroth, Unicamp, Campinas, Brasil**
Coleção Azis Simão.

**Biblioteca Universitária UFSCar, Departamento de Coleções de Obras Raras e Especiais, UFSCar, São Carlos, Brasil**
Coleção Florestan Fernandes: correspondências ativa e passiva, documentos institucionais entre outros.

**Arquivos da Administração e do Serviço de Apoio Acadêmico – FFLCH-USP, USP, São Paulo, Brasil**
Atas das reuniões da Congregação da FFCLH-USP
Livro III: de 30 nov. 1953 a 16 dez. 1958;
Livro IV: de 16 dez. 1958 a 7 abr. 1960;
Sessões especiais: de 28 fev. 1959 a 2 mar. 1964.
Atas das reuniões da Congregação da FFLCH-USP dos anos de 1968, 1969 e 1970.
Atas das eleições de representantes docentes para a Congregação 1949 a 1969.
Congregação 1958 (só assinaturas dos presentes nas reuniões)
Atas do Conselho Técnico-Administrativo
21 jan. 1965 a 7 jun. 1966;
29 dez. 1967 a 26 ago. 1968;
5 set. 1968 a 10 abr. 1969;
11 set. 1969 a 26 fev. 1970.
Programas aprovados para o curso de Ciências Sociais nos anos de 1950, 1952, 1955, 1956 e 1957.

**Hemeroteca Digital da Biblioteca Nacional, Brasil**
Consulta ao acervo *online* de jornais digitalizados. Disponível em: http://bndigital.bn.gov.br/hemeroteca-digital/; acesso em: 3 mar. 2022.

Diego Rivera, *Detroit Industry*, 1932-1933 (detalhe). The Detroit Institute of Arts

Publicado em maio de 2023, este livro, que, por sua importância em relação ao tema, constitui um marco na história da coleção Mundo do Trabalho – que já ultrapassa os 25 anos de existência –, foi composto em Adobe Garamond Pro, corpo 11/13,2, e impresso em papel Pólen Natural 80 g/m² pela gráfica Rettec, para a Boitempo, com tiragem de 2 mil exemplares.